“十二五”普通高等教育本科国家级规划教材
面向21世纪课程教材

高等学校信息管理与信息系统专业系列教材

信息管理学

（第五版）

► 主　编　李兴国
► 副主编　顾东晓　钟金宏
► 主　审　杨善林

中国教育出版传媒集团
高等教育出版社·北京

内容简介

本书是面向21世纪信息管理和信息系统专业系列教材之一，是“十五”“十一五”“十二五”国家级规划教材。本书是在前四版的基础上，将管理学的基本理论与信息、信息资源和信息活动的特征结合起来，建立了信息管理学的新体系，在此基础上讨论信息管理学的基本问题和解决这些问题的基本方法，并按照信息管理的战略规划、计划、组织、领导、控制等职能和管理创新、变革及其应用实践展开，同时融入了党的二十大精神和课程思政元素。全书共分两篇十三章：第一篇信息管理理论包括总论、信息战略规划、信息管理计划、信息管理组织、信息管理领导、信息管理控制、“互联网+”信息管理变革、信息行为管理、信息治理与信息安全九章，第二篇信息管理应用包括高端装备智能运维服务信息管理、智慧商业、智慧教育、智慧医疗与健康四章。

本书可作为高等学校信息管理与信息系统、大数据管理与应用、管理科学、电子商务、电子政务、信息资源管理、数据科学与大数据技术、人工智能等专业和其他经济管理类、信息类专业“信息管理学”“信息资源管理”“信息管理概论”等课程的教材，也可供MBA、MPA、管理类工程硕士、高级管理干部培训以及社会读者研读。

图书在版编目（CIP）数据

信息管理学 / 李兴国主编；顾东晓，钟金宏副主编. -- 5版. -- 北京：高等教育出版社，2023.12
ISBN 978-7-04-061498-5

Ⅰ. ①信… Ⅱ. ①李… ②顾… ③钟… Ⅲ. ①信息管理-高等学校-教材 Ⅳ. ①G203

中国国家版本馆CIP数据核字(2023)第239929号

Xinxi Guanlixue

策划编辑 杨世杰 责任编辑 郭金录 封面设计 赵 阳 版式设计 杜微言
责任绘图 易斯翔 责任校对 马鑫蕊 责任印制 朱 琦

出版发行	高等教育出版社	网　　址	http://www.hep.edu.cn
社　　址	北京市西城区德外大街4号		http://www.hep.com.cn
邮政编码	100120	网上订购	http://www.hepmall.com.cn
印　　刷	大厂益利印刷有限公司		http://www.hepmall.com
开　　本	787 mm×1092 mm　1/16		http://www.hepmall.cn
印　　张	20.75	版　　次	2003年5月第1版
字　　数	450千字		2023年12月第5版
购书热线	010-58581118	印　　次	2023年12月第1次印刷
咨询电话	400-810-0598	定　　价	49.80元

物 料 号　61498-00

第五版前言

当今世界，新一轮科技革命和产业变革蓄势待发。以互联网、大数据、人工智能为代表的新一代信息技术广泛应用，正在加快人类迈向数字社会、智慧社会的步伐。新一代信息技术同实体经济深度融合发展，信息资源正在成为政府、企业与各类组织的关键性战略资源。在数字化、智慧化的新时代背景下，迫切需要全面梳理、总结和发展信息管理的相关理论和方法，构建符合新时代特征的信息管理理论新体系。

党的二十大报告指出，要坚定不移贯彻总体国家安全观，把维护国家安全贯穿于党和国家工作的各方面全过程，确保国家安全和社会稳定。总体国家安全观是党中央对国家安全理论的重大创新，是新形势下走中国特色国家安全道路、维护和塑造中国特色大国安全的强大思想武器和行动指南。信息安全是总体国家安全观中安全内涵的重要内容。信息管理必须注重信息安全管理，信息安全也是信息管理的重要目标。经济、社会、科技等各个方面的信息管理工作相互联系，信息管理的计划、组织、领导、控制等各个方面的内容也是一个整体、密不可分。本书坚持总体国家安全观的指导，探索构建中国自主的信息管理学知识体系。

《信息管理学》前四版出版以来，被全国许多高校选为教材，受到了广大读者的厚爱。结合我们现阶段的研究，考虑读者的愿望和要求，对第四版做了较大幅度的修改完善，形成《信息管理学（第五版）》。本次修订的指导思想是“守正创新、体系完善、体现前沿、融合应用”，进一步将数据科学、管理学、信息学、行为科学、心理学等学科的基本理论方法与信息技术应用加以融合，全面梳理新时代信息管理学理论和应用体系，集成我们近年来在信息管理方面的研究成果和国内外其他学者的贡献。

第五版具有以下特点：(1) 继承和发展了基于管理职能视角的信息管理基本理论体系。保留了前六章内容，即第一章总论、第二章信息战略规划、第三章信息管理计划、第四章信息管理组织、第五章信息管理领导和第六章信息管理控制，继承了原书核心理论框架和理论思想。增加了对信息管理中技术、管理、数据、与“人”等要素相互关系与影响的相关理论，进一步补充和完善了基于管理职能视角的信息管理基本理论体系。新增第七章“互联网+”信息管理变革、第八章信息行为管理和第九章信息治理与信息安全。(2) 全面重构了突出数智化时代特征的信息管理应用体系。在行业层面，重点介绍数智化赋能的制造业信息管理和商业信息管理；在公共事业领域，重点介绍数智化赋能的教育信息管理与医疗健康信息管理。基于上述考虑，新增了第十章高端装备智能运维服务信息管理、第十一章智慧商业、第十二章智慧教育和第十三章智慧医疗与健康，反映了大数据、人工智能等新一代信息技术在制造、商业、教育和医疗健康管理等领域的最新研究与应用成果。(3) 进一步丰富了数字化网络教学资源。《信息管理学（第五版)》除纸质教材外，还配有大规模在线开放课程网站（http://www.ehuixue.cn/index/Orgclist/course?cid=34061)。

《信息管理学（第五版)》由合肥工业大学李兴国教授任主编，顾东晓、钟金宏任副主编。各章的编写分工如下：李兴国（第一章至第三章)，杨颖（第四章)，钟金宏（第五章、第七章)，顾东晓（第六章)，杨雪洁（第八章，第十二章第一节)，康兰平（第九章)，张强（第十章)，孙见山（第十一章)，丁庆秀（第十二章第二节)，崔珊珊（第十二章第三、四节）和李嘉（第十三章)。

杨善林院士担任本书主审。对科大讯飞任萍萍、陈卫民、汪日贵等提供智慧教育相关资料表示由衷的感谢。苏凯翔、王芹、徐正飞、谢懿、朱凯旋、赵旺、曹林、鲍超、刘虎、李敏等博士生和硕士生也参加了资料收集、整理等编写工作，在此表示感谢。在此次修订过程中，我们参考了大量的国内外有关研究成果，充分吸取了读者通过各种渠道对前几版教材提出的许多宝贵意见，对所涉及的所有专家、学者表示衷心的感谢。此外，对高等教育出版社的编辑和选用此书的广大教师读者表示最诚挚的谢意。

信息技术日新月异，信息管理学理论正处于快速发展阶段，加之编者水平和时间的限制，书中难免疏漏或不妥之处，恳请广大学者和读者不吝赐教，以便我们今后对此书再次修订时进行完善。

编　者

2023 年 7 月

第一版前言

近年来，互联网和全球通信等信息技术的飞速发展及广泛应用，使科技、经济、文化和社会正在经历一场深刻的变化。20 世纪 90 年代以来，人类已经进入到以“信息化”“网络化”和“全球化”为主要特征的经济发展的新时期。信息已成为重要的资源，它正在改变社会资源的配置方式，改变人们的价值观念、工作和生活方式，信息管理的重要性日益显现。信息管理学作为管理学的一个分支，有其自身的规律，在很多方面值得探讨，本书就是这一探索过程的产物。

信息管理学的研究领域很广泛，不仅包括信息的收集、加工、存储、传递、使用以及信息系统建设等信息管理技术方面的内容，而且也包括以信息为特定管理对象的信息管理过程的理论与方法研究。以“信息管理技术”为导向的信息收集、组织、加工和利用等内容的研究，对信息管理学的发展发挥了重要作用，而以“管理”为导向来研究信息管理学的论著尚不多见。在构建本书时，我们以信息作为特定管理对象的信息管理基本原理为主线，组织相关内容，形成本书的结构体系。信息管理学既然是管理学研究的一个新的分支，它也应遵循管理学的一般规律，信息管理也应具有计划、组织、领导和控制四大基本职能；另一方面，因为信息管理又有其特定的管理对象，所以信息管理的这四大职能又有其特殊性和更具体的内容。本书的特色在于将管理学的基本原理与信息、信息资源和信息活动的特征结合起来，从信息管理的战略规划、计划、组织、领导、控制和信息管理的创新与变革等方面来构造本书的基本理论体系，并按这一体系来研究信息管理学的基本问题和解决这些问题的基本理论和方法。

根据上述思路，我们将信息管理学的内容分为理论信息管理学和应用信息管理学两篇。在理论篇部分，本书围绕管理学的四大基本职能，系统地论述了信息管理的战略规划、计划、组织、领导、控制和信息化与管理变革；在应用篇部分，阐述了信息管理学的基本原理在工商企业、政府和事业单位等组织的应用以及所涉及的信息管理有关实务问题。

本书由合肥工业大学杨善林教授任主编，李兴国、何建民任副主编。各章的编写分工如下：第一章和第八章杨善林，第二章王俊峰，第三章李兴国，第四章朱卫东，第五章聂会星，第六章傅为忠，第七章胡祥培、李勇先、李玉敏，第九章刘林，第十章何建民，第十一章寿志勤。杨善林教授负责全书的策划和大纲的制定，李兴国、何建民老师负责全书的统纂工作。

本书既可以作为高等学校的信息管理和信息系统专业以及其他管理类专业、经济类或信息类专业的教材，也可以供对信息管理感兴趣的有关人士参考。

在本书编写过程中，我们参考了大量的国内外有关研究成果，对所涉及的专家、学者表示衷心的感谢。本书也是合肥工业大学计算机网络系统研究所全体教师和博士、硕士生们多年研究成果的汇聚，在此对所有贡献者表示真诚的感谢。此外，倪志伟教授认真阅读了全部书稿，并提出了一些有价值的建议和修改意见，马溪骏、刘业政、梁昌勇等老师和陈蕊、夏楠等博士生对本书的编写也给予了很大的关心和支持，在此，谨向他们表示最诚挚的谢意。由于编者水平和时间的限制，书中难免有疏漏或不妥之处，恳请广大读者不吝赐教，以便我们今后对本书改编时进行完善。

作　者

2003年5月8日

目 录

第一篇 信息管理理论

第二篇 信息管理应用

第一篇

信息管理理论

第一章　总　论

计算机、全球通信和互联网等信息技术的飞速发展及广泛应用，使科技、经济、文化和社会正在经历一场深刻的变化。20 世纪 90 年代以来，人类社会经济发展已经进入以信息化、网络化和全球化为主要特征的新时期，信息已成为支撑社会经济发展的继物质和能量之后的重要资源，它正在改变社会资源的配置方式，改变人们的价值观念及工作与生活方式。了解信息、信息科学、信息技术和信息社会，把握信息资源和信息管理，对于当代信息管理者来说，就像把握企业财务管理、人力资源管理和物流管理等一样重要。

你可以从本章了解到：

1. 信息及其特征
2. 信息科学与信息技术的研究内容
3. 信息资源与信息社会的特征
4. 信息管理的原则与职能
5. 信息管理学的理论体系

第一节　信息资源与信息社会

一、信息

（一）信息的含义

“信息”一词在英文、法文、德文、西班牙文中均形似“Information”，在日文中为“情报”，在我国台湾称为“资讯”，在我国古代用的是“消息”。作为科学术语，它最早出现在哈特莱（R. V. Hartley）1928 年撰写的《信息传输》一文中。20 世纪 40 年代，信息论的奠基人香农（C. E. Shannon）给出了信息的明确定义。此后许多研究者从各自的研究领域出发，给出了不同的定义。具有代表性的表述如下：

信息论奠基人香农认为“信息是用来消除不确定性的东西”。这一定义被人们看作经典性定义并加以引用。

控制论创始人维纳（Norbert Wiener）认为“信息是人们在适应外部世界，并使这种适应反作用于外部世界的过程中，同外部世界进行互相交换的内容的名称”。

有的经济管理学家认为“信息是提供给决策者的有效数据”。

有的物理学家提出了“信息熵”的概念，用信息熵描述系统与环境交流信息的程度。

有的电子学家、计算机科学家认为“信息是电子线路中传输的信号”。

美国信息管理专家霍顿（F. W. Horton）给信息下的定义是：“信息是为了满足用户决策的需要而经过加工处理的数据。”简单地说，信息是经过加工的数据，或者说，信息是数据处理的结果。

我国著名的信息学专家钟义信教授认为“信息是事物存在方式或运动状态，以及对这种方式或状态直接或间接的表述”。

根据近年来人们对信息的研究成果，普遍接受的信息概念可以概括如下：

信息是客观世界中各种事物的运动状态和变化的反映，是客观事物之间相互联系和相互作用的表征，表现的是客观事物运动状态和变化的实质内容。

（二）数据、信息和知识

在看书和读报过程中，我们经常遇到数据、信息和知识这三个词，它们之间有什么联系和区别呢？图 1-1 基本揭示了三者之间的关系：数据是基础，信息寓于数据之中，知识隐含于数据与信息之中。

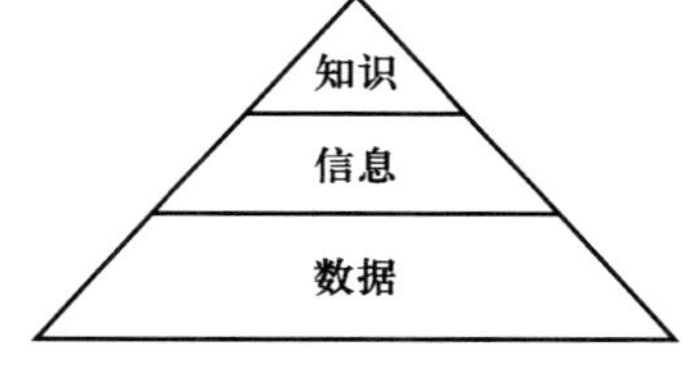

图 1-1　数据、信息和知识的关系

（1）数据是对物质、事件、活动和事务的客观记录、分类和存储，它不具有任何特定意义。构成数据的内容可以是数值、字符（串）、图、声音、图像/图片等。

（2）信息是被组织起来、对接受者有特定意义的数据。它包含一些接受者可能知道或可能令其意外的预先未知的内容，接受者自己能够理解这种意义。

（3）知识是通过对数据的加工、提取形成的有重要应用前景、能反映过去经验、具有价值性的数据，其应用效果取决于使用者对这些知识的掌握程度。

（三）信息的特征

1. 客观性

信息是事物变化和运动状态的反映，它以客观存在为前提，其实质内容具有客观性。信息的客观性特征是由信息源的客观性决定的。信息一旦形成，本身就具有客观实用性。

2. 普遍性

世界是物质的，物质是运动的，物质及其运动的普遍性决定了信息的普遍性。由于信息是对事物运动状态和方式的表述，而宇宙万物又都在不停地运动着，因此信息无处不在、无时不有。

3. 不完全性

人们对客观事物的认识是随社会和科学的发展而不断深入和发展的，因此描述这种认识的信息也是不断发展的，即信息对客观事物的描述具有不完全性。

4. 依附性

依附性又称为寄载性。信息必须依附于一定的载体而存在，并且这种载体可以变换。信息载体有纸、磁介质、电流、声波和光波等。人类通过视觉、听觉、嗅觉等感官感知、识别和利用信息。可以说，没有载体，信息就不会被人们感知，信息也就不存在。因此，信息必须依附载体，依靠载体的传输和记忆实现信息的传输和存储。

5. 价值性

信息是使用价值和价值的统一。信息的使用价值是指信息对人们的有用性，即特定的信息能够满足人们特定需要的属性，如信息能满足人们学习、研究、购物等方面的需求。信息的价值则是指凝结在信息商品中的人类一般劳动，这是信息商品的社会属性，体现出信息生产者和信息需求者之间的关系，也就是他们之间交换劳动的关系。

6. 时效性

信息的时效性是指从信源发送信息，经过采集、加工、传递直到使用的时间间隔和效率。信息的使用价值与信息经历的时间间隔成反比，即信息经历的时间越短，使用价值就越大；反之，使用价值就越小。

7. 可传递性

任何信息从信源发出到被信宿接收和利用必须经过传输，不能传输的信息是无用的。信息传输方式影响着传输的速度和质量，这对信息的效用和价值是很重要的。

8. 可存储性

所谓存储，实质上是指信息在时间上的传递。信息的依附性使信息可以通过各种载体实现信息存储，从而使得信息具有可存储性。信息的可存储性使信息可以积累，信息经过记录存储起来，以便今后使用。

9. 可扩散性

所谓扩散，是指信息在空间上的传递。信息富有渗透性，它总是力求冲破自然的约束（如保密措施等），通过各种渠道和传输手段迅速扩散，扩大其影响。正是这种扩散性，使信息能够成为全人类共同的财富。

10. 共享性

由于信息可以在不同的载体间转换和传播，并且在转换和传播的过程中不会丢失，所以谁拥有了某信息的载体谁就拥有了该信息。这与物质不同，物质从甲方传给乙方后，乙方得到了该物质，甲方就失去了该物质。而信息在传递和使用过程中，允许多次和多方共享使用，原拥有者只会失去信息的原创价值，不会失去信息的使用价值和潜在价值。因此，信息不会因为共享而消失，也不会因为共享而损失。这是信息与物质和能量的本质区别。

11. 可加工性

信息可以通过各种手段和方法进行加工、选择、精炼，排除无用的信息，使其具有更大的价值。信息的可加工性使得人们能够从大量而又繁杂的信息中提取出其感兴趣的信息资源。

12. 有用性

从信息的定义可知，信息是对人们决策有用的一种特殊数据，但信息的有用性是相对的，某信息对 A 决策有用，对 B 决策未必有用甚至有害。同一信息在不同时间、地点对于不同人的效用也是不同的。

（四）信息的常见分类

同其他事物的分类问题一样，信息的类型也取决于其分类的准则和方法，常见的信息分类有以下六种。

（1）按空间状态分类：宏观信息（如国家的）、中观信息（如行业的）、微观信息（如企业的）。

（2）按信源类型分类：内源性信息和外源性信息。

（3）按价值分类：有用信息、无害信息和有害信息。

（4）按时间分类：历史信息、现时信息和未来信息。

（5）按载体分类：文字信息、声像信息和实物信息。

（6）按信息的性质分类：语法信息、语义信息和语用信息。

其中，按信息的性质分类形成的三个类别也被称为信息的三个层次，这种分类方法被研究得最为深入。语法信息只涉及“事物运动的状态和状态改变的方式”的本身，不涉及这些状态的含义和效用，涉及其含义因素的信息部分被称为语义信息，涉及其效用因素的信息部分则被称为语用信息。语法信息是信息的最基本层次，语义信息和语用信息都是基于语法信息之上，借助于语法信息存储和传输的。

语法信息是事物运动的状态和方式。根据事物的运动状态不同，语法信息可划分为：① 连续状态和离散状态，与之对应的是连续状态语法信息和离散状态语法信息；② 有限状态和无限状态，与之对应的是有限状态语法信息和无限状态语法信息；③ 明晰状态和模糊状态，与之对应的是明晰状态语法信息和模糊状态语法信息。

事物的运动方式（各状态出现的方式）可以划分为三种，即随机型运动方式、半随机型运动方式以及确定型运动方式，它们分别对应概率型信息、偶然型信息和确定型信息。所谓随机型运动方式是指各状态完全按照概率规则或统计规律出现；半随机型运动方式是指各状态的出现是随机的而不是确定的，但这些状态的出现是偶然的，不能大量重复出现，因此不能用概率统计的规则来描述；确定型运动方式是指各状态的出现能用经典数学公式来描述，其未知因素常表现在初始条件和环境影响（约束条件）方面。

因此，根据事物运动的状态和方式不同，就可以得到 $C_2^1 \times C_2^1 \times C_2^1 \times C_3^1 = 24$ 种不同的语法信息形式。虽然，它们在理论上都是存在的，但在实际研究工作中，连续信息通常被离散化，而无限状态总是先通过对有限状态的求解然后通过求极限的方法将其延伸至无限状态。这样，最基本的语法信息形式就只有六种，即概率型信息、偶然型信息、确定型信息、模糊型概率信息、模糊型偶然信息以及模糊型确定信息。通常所说的模糊信息是指模糊型确定信息，因而真正最基本的语法信息只有四种：离散有限明晰状态的概率型信息、离散有限明晰状态的偶然型信息、离散有限明晰状态的确定型信息、离散有限模糊状态的确定型信息，将它们分别简称为概率型信息、偶然型信息、确定型信息和模糊型信息。整个信息分类如图 1-2 所示。

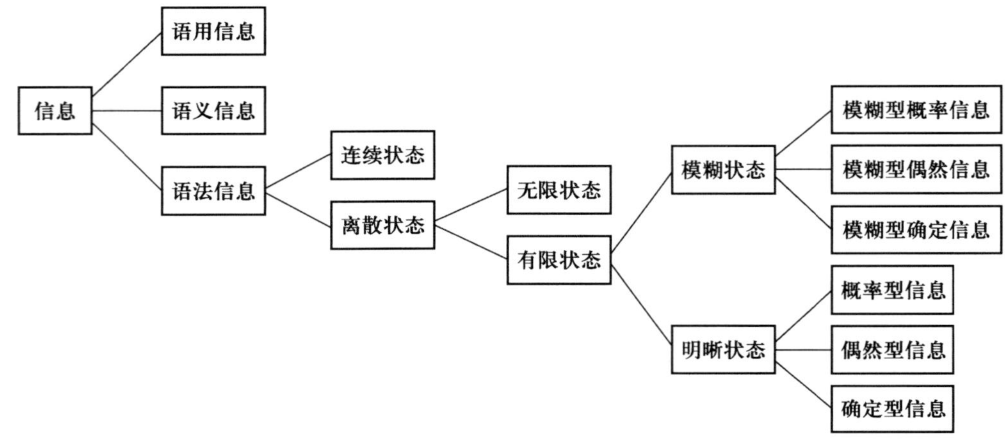

图 1-2　信息按信息性质的分类

二、信息资源

（一）信息资源的含义

维纳（控制论的创始人）指出：信息就是信息，不是物质也不是能量。也就是说，信息与物质、能量是有区别的。同时，信息与物质、能量之间也存在着密切的关系。物质、能量、信息是构成现实世界的三大要素。

只要事物之间的相互联系和相互作用存在，就有信息发生。人类社会的一切活动都离不开信息，信息早就存在于客观世界，只不过人们首先认识了物质，然后认识了能量，最后认识了信息。

信息具有使用价值，能够满足人们的特殊需要，可以用来为社会服务。但是，认识到信息是一种独立的资源还是近年来的事情。

美国哈佛大学的研究小组给出了著名的资源三角形，如图 1-3 所示。他们指出：没有物质，世界不会存在；没有能量，世界不会运动；没有信息，世界没有意义。

图 1-3　资源三角形

作为资源，物质为人们提供各种各样的材料，能量提供各种各样的动力，信息提供无穷无尽的知识。

信息是普遍存在的，但并非所有信息都是资源。只有满足一定条件的信息才能构成资源。信息资源（Information Resources），有狭义和广义之分。狭义的信息资源，指的是信息本身或信息内容，即经过加工处理，对决策有用的数据。开发利用信息资源的目的，就是充分发挥信息的效用，实现信息的价值。广义的信息资源，指的是人类信息活动中各种要素的总称。这些要素包括信息、信息技术以及相应的设备、资金和人等。

归纳起来，信息资源由信息生产者、信息、信息技术三大要素组成。

（1）信息生产者是为某种目的生产信息的劳动者，包括原始信息生产者、信息加工者和信息再生产者。

（2）信息既是信息生产的原料，也是产品。它是信息生产者的劳动成果，对社会各种活动直接产生效用，是信息资源的目标要素。

（3）信息技术是能够延长或扩展人的信息能力的各种技术的总称，是对声音、图像、文字等数据和各种传感信号的信息进行收集、加工、存储、传递和利用的技术。信息技术作为生产工具，对信息收集、加工、存储与传递提供支持与保障。

（二）信息资源的特征

信息资源作为一种资源，具有经济资源的共同特征，即需求性、稀缺性和对象的选择性。信息资源，作为一种独立存在的资源，也有自身特有的特征，如共享性、无穷无尽性和驾驭性等。

1. 需求性

信息、物质和能量构成人类社会赖以生存的三大资源，是继劳动者、劳动工具和劳动对象之后的第四个生产力要素。它一方面承担经济活动中的信息生产要素投入，在生产过程中增值；另一方面成为劳动者、劳动工具和劳动对象要素之间的“润滑剂”，促进这些非信息要素相互作用，使其价值倍增。

2. 稀缺性

由于受到时间、空间或技术等方面的限制，人们在从事特定的经济活动过程中，获取的信息资源总量是有限的；同时，任何信息资源都有其固定的使用价值（总效用），每次投入到经济活动中，其使用价值会被消耗掉一部分并获得一定的利益，随着投入次数的增多，其使用价值会逐渐衰减至零。因此，信息资源具有稀缺性。

3. 对象的选择性

信息资源的开发与利用是智力活动过程，它受到利用者的知识积累状况和逻辑思维能力的影响。因此，信息资源的开发与利用对使用对象有一定的选择性，同一内容的信息对于不同的使用者所产生的影响和效果将会大不相同。例如，股票的涨跌信息，对炒股者很有用，对不炒股票的人就不一定有用了。

4. 共享性

由于信息对物质载体有相对独立性，信息资源可以反复地被不同的人利用，在利用过程中信息量不仅不会消耗掉，反而会得到不断地扩充和升华。在理想条件下，信息资源可以反复交换、多次分配、共享使用。

5. 无穷无尽性

由于信息资源是人类智慧的产物，它产生于人类的社会实践活动并作用于未来的社会实践，而人类的社会实践活动是一个永不停息的过程，因此，信息资源的来源是永不枯竭的。

6. 驾驭性

信息资源具有驾驭其他资源的能力。例如，闲置的资本在投入信息后可以变成有利的投资。

三、信息科学与信息技术

（一）信息科学

信息科学是研究信息运动规律和应用方法的科学，是由信息论、控制论、计算机理论、人工智能理论和系统论相互渗透、相互结合而形成的一门新兴综合性学科。其支柱为信息论、系统论和控制论。

信息论是信息科学的前导，是一门用数理统计方法研究信息的度量、传递和交换规律的科学，主要研究通信和控制系统中普遍存在的信息传递的共同规律以及研究最佳地解决信息的获取、度量、变换、存储、传递等问题的基础理论。

系统论是以一般系统为研究对象的理论，其创始人是美籍奥地利生物学家贝塔朗菲（L. V. Bertalanffy）。系统是指相互作用的并具有一定整体功能和整体目的的诸要素所组成的整体。在内部，这些要素相互作用，形成一定的结构；在外部，这些要素所构成的整体与环境相互联系，表现出一定的功能，具有一定的目的。

控制论是研究控制系统的理论。控制论认为：控制是指事物之间的一种不对称的相互作用，系统事物之间构成控制关系，其间必然存在一个或多个主动施加作用的事物，称为主控事物或控制者；同时也存在一个或多个被作用的事物，称为被控事物或控制对象。

（二）信息技术

信息技术是关于信息的产生、发送、传输、接收、变换、识别和控制等应用技术的总称，是在信息科学的基本原理和方法的指导下扩展人类信息处理功能的技术，包括信息基础技术、信息处理技术、信息应用技术和信息安全技术等。

1. 信息基础技术

（1）微电子技术。微电子技术是在半导体材料芯片上采用微米级加工工艺制造微小型电子元器件和微型化电路的技术，主要包括超精细加工技术、薄膜生长和控制技术、高密度组装技术、过程检测和过程控制技术等。

（2）光子技术和光电技术。光子是物质存在和运动的基本形态之一，它具有运动速度快、不具有荷电性、最容易体现出波粒二象性、静止质量为零等特征。利用光子作为信息的载体，在某些场合效果明显优于电子，比如信息的远距离传输，光缆比电缆好。光子技术主要包括光子发生技术、光子存储技术、光子调制和开关技术、光子通信技术、光子探测技术等。利用光子技术生产的计算机和通信产品，具有运算速度更快、存储容量更大、传输更迅速的特点。

光电技术是一门以光电子学为基础，综合利用光学、精密机械、电子学和计算机技术解决各种工程应用课题的技术科学。信息载体正在由电磁波段扩展到光波段，从而使光电科学与光机电一体化技术集中在光信息获取、传输、处理、记录、存储、显示和传感等光电信息产品的研究和利用上。光电技术是光子技术与电子技术的交叉技术。

（3）分子电子技术。当光照射蛋白质分子时，其分子结构发生周期性变化，其中两种稳定结构状态可起导通和关闭的开关作用，能用来表示信息或状态。不仅蛋白质有此特性，其他许多生物分子也具有类似特性。利用这些特性可制作生物分子开关元件。分子电子技术是一种以生物分子作为载体，在分子水平上实现电子学的信息处理和存储的仿生技术，其目标是探索有关分子电子器件的制造技术、研制分子器件构造的并行分布式仿生智能信息处理系统，从而开辟信息科学发展的新途径。

2. 信息处理技术

（1）信息获取技术。人们可以通过自己的感官或技术设备获取信息。有些信息，虽然可以通过人的感官获取，但如果利用技术设备来完成，效率会更高，质量会更好。信息获取技术主要包括传感技术和遥感技术。

（2）信息传输技术。它包括通信技术和广播技术，其中前者是主流。现代通信技术包括移动通信技术、数据通信技术、卫星通信技术、微波通信技术和光纤通信技术等。

（3）信息加工技术。它是利用计算机硬件、软件、网络对信息进行存储、加工、输出和利用的技术，包括计算机硬件技术、软件技术、网络技术、存储技术等。

（4）信息控制技术。它是利用信息控制系统使信息能够顺利流通的技术。现代信息控制系统的主体为计算机控制系统。

3. 信息应用技术

信息应用技术大致可分为两类：一类是管理领域的信息应用技术，主要代表是管理信息系统技术（MIS 技术）；另一类是生产领域的信息应用技术，主要代表是计算机集成制造系统技术（CIMS 技术）。

（1）MIS 技术。MIS 是由人和计算机等组成的能进行信息收集、传输、加工、存储和利用的人机系统。其技术理论包括信息系统的分析、设计、实施和评价等。

（2）CIMS 技术。CIMS 是在通信技术、计算机技术、自动控制技术、制造技术基础上，将制造类企业中的全部生产活动（包括设计、制造、管理等）统一管理起来，形成一个最优化的产品生产大系统。CIMS 系统由管理信息系统、产品设计与制造工程设计自动化系统、制造自动化系统、质量保证系统等功能子系统组成。CIMS 技术的关键是将各功能子系统有机地集成在一起，而集成的重要基础是信息共享。

4. 信息安全技术

信息安全技术主要有密码技术、防火墙技术、病毒防治技术、身份鉴别技术、访问控制技术、备份与恢复技术、数据库安全技术等。这里只介绍前两种。

（1）密码技术。它是指通过信息的变换或编码，使不知道密钥（如何解密的方法）的人不能解读所获信息，从而实现信息加密的技术。该技术包括两个方面：密码编码技术和密码分析技术。互联网（Internet）中常用的数字签名、信息伪装、认证技术均属于密码技术范畴。

（2）防火墙技术。防火墙是保护企业内部网络免受外部入侵的屏障，是内、外网络隔离层硬件和软件的合称。防火墙技术主要有包过滤技术、代理技术、电路级网关技术等。

（三）信息技术的新发展

“互联网+”是把互联网的创新成果与经济社会各领域深度融合，推动技术进步、效率提升和组织变革，提升实体经济创新力和生产力，形成更广泛的以互联网为基础设施和创新要素的经济社会发展新形态。通俗地说，“互联网+”就是互联网+各个传统行业。

以人工智能、大数据、区块链、物联网、云计算为代表的新一代信息技术是“互联网+”的基础，正在全球范围内掀起新一轮科技革命和产业变革。随着人工智能的快速发展，越来越多的大模型被应用到各个领域中，引发了广泛的关注。大模型是指参数量非常庞大，通常拥有上亿或上千亿个参数的神经网络模型。它们可以进行更加复杂的任务，如自然语言处理、图像识别、语音识别等，具有更高的准确性和更好的性能。大模型的应用已经涉及很多领域，包括自动驾驶、医疗、金融、军事等。其中，自然语言处理领域的大模型应用最为广泛，如 OpenAI 的 ChatGPT、百度的文心一言、阿里的通义千问、腾讯的混元助手、华为的盘古大模型、讯飞的星火、北京智源人工智能研究院的悟道等，它们可以完成自然语言的语义理解、情感分析、机器翻译等任务，为人类提供更加高效的语言交流和信息处理方式。大模型是当代人工智能发展的重要趋势之一，虽然需要消耗大量的计算资源和时间，但其带来的性能提升是非常显著的。未来，随着计算资源的不断提高和算法的不断优化，大模型的应用前景将会更加广阔。

1. 移动互联网

移动互联网（Mobile Internet）实现了人们随时、随地、移动过程中从互联网获取信息和服务的愿望。它包括三个要素：移动终端、接入网络和应用服务，移动终端和接入网络是应用服务的基础设施。

移动终端是移动互联网发展创新的根本驱动力，需要具有较强的计算、存储和处理能力，以及触摸屏、定位、视频摄像头等功能组件，拥有智能操作系统和开放的软件平台。典型的移动终端是智能手机和平板电脑。现有的接入网络主要有五类：卫星通信网络、蜂窝网络（2G/3G/4G 网络）、无线城域网（WiMAX）、无线局域网（WLAN）、基于蓝牙的无线个域网。应用服务是移动互联网的核心。不同于传统的互联网服务，移动互联网服务具有移动性和个性化等特征。用户既是信息和服务获得者，又可能是它们的贡献者，如在线应用商店。常见的应用服务包括：移动搜索、移动社交网络、移动电子商务、移动互联网应用拓展、基于云计算的服务、基于智能手机感知的应用等。

移动互联网既是一个技术体系，又是一个业务体系。但目前移动互联网的定义尚未达成共识。比较有代表性的定义由 2022 年《中国移动互联网发展报告》指出："移动互联网是指通过无线网络技术（如 5G 等）将移动设备（如智能手机、平板电脑等）连接到互联网，实现信息传递、数据交换和互联互通的一种技术形式。"

2. 物联网

物联网（IoT）概念最早由美国麻省理工学院于 1999 年提出。早期的物联网是指依托射频识别（RFID）技术和设备，按约定的通信协议与互联网相结合，为实现物品信息的智能化识别、管理和互联而形成的网络。

我国工业和信息化部电信研究院给出的定义是：物联网是通信网和互联网的拓展应用和网络延伸，它利用感知技术与智能装置对物理世界进行感知识别，通过网络传输互联，进行计算、处理和知识挖掘，实现人与物、物与物信息交互和无缝链接，达到对物理世界实时控制、精确管理和科学决策的目的。

物联网网络架构由感知层、网络层和应用层组成。感知层实现对物理世界的智能感知识别、信息采集处理和自动控制，并通过通信模块将物理实体连接到网络层和应用层，包括传感器、RFID、执行器、二维码、智能设备等。网络层主要实现信息的传递、路由和控制，包括延伸网、接入网和核心网，网络层可依托公众电信网和互联网，也可以依托行业专用通信网络。应用层包括应用基础设施/中间件和各种物联网应用。应用基础设施/中间件为物联网应用提供信息处理、计算等通用基础服务设施、能力及资源调用接口，以此为基础实现物联网在众多领域的各种应用。

物联网发展的关键要素包括：由感知层、网络层和应用层组成的网络架构；物联网技术和标准；包括服务业和制造业在内的物联网相关产业；包括标识和频谱等关键资源的资源体系；实现隐私和安全保护，以及促进和规范物联网发展的法律、政策和国际治理体系。

3. 云计算

云计算（Cloud Computing）由分布式计算、并行处理、网格计算发展而来，是一种新兴的商业计算模型。其最终目标是将计算、服务和应用作为一种公共设施提供给公众，使人们能够像使用水、电、煤气和电话那样使用计算机资源。

目前，对于云计算的认识仍在不断地发展变化，云计算仍没有普遍一致的定义。维基百科上的定义是："云计算是一种基于互联网的计算新方式，通过互联网上异构、自治的服务为个人和企业用户提供按需即取的计算。"云计算的四个核心特征是：宽带网络连接，这体现在用户接入并使用云服务、云内部节点间的高速网络相连；ICT 资源的共享；快速、按需、弹性的服务；服务可测量。

云计算的物理实体是数据中心，其技术架构可分为数据中心基础设施层、ICT 资源层、资源控制层、服务层。其中，数据中心基础设施层与 ICT 资源层构成云计算“基础设施”，它通过高速网络（目前主要是以太网）连接各种物理资源（服务器、存储设备、网络设备等）和虚拟资源（虚拟机、虚拟存储空间等）。资源控制层体现为云计算“操作系统”，它统一管理云计算“基础设施”中的资源（计算、存储和网络等），构建具备高度可扩展性、能自由分割的 ICT 资源池，同时向云计算服务层提供各种粒度的计算、存储等能力。服务层提供的服务类型有：基础设施即服务（IaaS）、平台即服务（PaaS）和软件即服务（SaaS）。

云计算核心技术呈现开源化的趋势，以 Hadoop、OpenStack、Xen 等为代表的众多开源软件已经成为云计算平台的实现基础。典型云计算平台有：Google 的云计算平台、IBM“蓝云”计算平台、Amazon 的弹性计算云 EC2。

4. 大数据

大数据概念尚无共识性定义。工业和信息化部在 2021 年《“十四五”大数据产业发展规划》中指出：“大数据是数据的集合，以容量大、类型多、速度快、精度准、价值高为主要特征，是推动经济转型发展的新动力，是提升政府治理能力的新途径，是重塑国家竞争优势的新机遇。”

杨善林院士在 2014 年第十届中美工程技术研讨会上从管理角度给出了定义：“大数据是一类能够反映物质世界和精神世界的运动状态和状态变化的信息资源，它具有决策有用性、安全危害性以及海量性、异构性、增长性、复杂性和可重复开采性，一般都具有多种潜在价值。”同时指出大数据的处理技术应包括：基础性处理技术系统，如多源异构大数据的感知与融合、非结构化数据处理、大数据可视化分析、分布式实时计算等；应用驱动的处理技术，如为解决市场营销、商务智能、社会安全、舆情监控等方面的问题，所需要的特定技术；大数据应用的信息安全与隐私保护技术，如大数据访问控制技术、数据发布匿名保护技术、社交网络匿名保护技术、数据水印技术、数据溯源技术、大数据用户的快速身份验证技术等。

中国信息通信研究院在 2023 年的《大数据白皮书》中指出：数据源通过数据存储与计算实现压缩存储和初步加工，通过数据管理提升质量，通过数据流通配置给其他相关主体，通过数据应用直接释放价值，并由数据安全技术进行全过程的安全保障。并给出了数据存储与计算的技术发展历程：信息时代开启后，用于存储、计算少量结构化数据的关系型数据库、数据仓库诞生，Oracle、DB2、Teradata 等商业化产品逐渐成熟。互联网兴起后，结构化数据的规模迅速膨胀、非结构化数据开始涌现，传统关系型数据库、数据仓库能力出现瓶颈，以 ApacheHadoop 为代表的分布式存储计算框架成为新的技术潮流，Cloudera、Hontonworks 等数家商业化公司纷纷成立，大数据时代正式来临。移动互联网逐渐普及后，实时推荐、即时决策需求对海量数据处理的实时性提出更高要求，同时视频、音频、图片等非结构化数据占比大幅提升，Storm、Flink 等流处理框架受到关注，数据湖技术也开始迅速产品化。

四、信息社会

（一）信息社会的提出

1959 年，美国哈佛大学社会学家丹尼尔·贝尔（Daniel Bell）开始探讨信息社会问题，并首次提出了“后工业社会”的概念。他指出：前工业社会依靠原始劳动力并从自然界提取初级资源，工业社会是围绕生产和机器这个轴心并为了制造商品而组织起来的，后工业社会则是围绕着知识组织起来的，其目的在于进行社会管理和指导革新与变革，这反过来又产生新的社会关系和新的结构。他将后工业社会的基本特征归纳为五个方面：在经济上，由制造业经济转向服务性经济；在职业上，专业人员与科技人员取代企业主而居于社会的主导地位；在中轴原理上，理论知识居于中心，是社会革新和制定政策的资源；在未来方向上，技术发展是有计划、有节制的，重视技术鉴定；在决策上，依靠新的智能技术。

1963 年，日本社会学家梅棹忠夫在其著作《信息产业论》中首次提出了“信息社会”的概念，其后又有多位学者提到“信息社会”。直至 1979 年，贝尔认为“信息社会”的概念比“后工业社会”更确切，此后，“信息社会”的概念被人们广泛接受。

（二）信息社会的特点

美国学者阿尔温·托夫勒（Alvin Toffler）和日本学者增田米二分别在他们的著作《第三次浪潮》和《信息化社会》中总结了信息社会的特点。综合起来，信息社会有以下特点：

第一，在信息社会中，信息、知识成为重要的生产力要素，和物质、能量一起构成社会赖以生存的三大资源。农业社会，主要依赖物质、土地和劳动力；工业社会，主要依靠能量、劳动力和资本；信息社会，主要依赖信息和知识。

第二，信息社会是以信息经济、知识经济为主导的经济，它有别于以农业经济为主导的农业社会和以工业经济为主导的工业社会。

第三，在信息社会，劳动者的知识化成为基本要求。在农业社会，劳动者是农民和手工业者，劳动对象以土地为基础，劳动工具是手工工具；在工业社会，主体劳动者是工人，劳动对象以矿山等非再生资源为基础，劳动工具是机器；在信息社会，劳动对象以信息资源为基础，劳动工具主要是信息技术控制的智能化系统，劳动者不再划分为体力劳动者和脑力劳动者，而是以体力为主的知识劳动者和以脑力为主的知识劳动者，并且，以后者为社会劳动者的主体，信息与高素质知识劳动者的结合，促进社会的知识创新。信息社会是学习型社会，任何个人和组织都需要学习。社会的竞争主要表现为人才、知识和技术的竞争。

第四，科技与人文在信息、知识的作用下更加紧密地结合起来。农业社会与工业社会的文化被追求科学精神和人文关怀的新的社会规范和文化取代。经济全球化、信息网络化、社会多样化和人类个性化开始出现。

第五，人类生活不断趋向和谐，社会可持续发展。与农业社会、工业社会不同的是，信息社会由于信息和知识减少了人类对有限物质、能量的消耗和对环境的破坏，人类生活更加美好，人与自然更加和谐。

（三）信息社会存在的问题

1. 信息污染

主要表现为信息虚假、信息垃圾、信息干扰、信息无序、信息缺损、信息过时、信息冗余、信息误导、信息泛滥、信息不健康等。信息污染是一种社会现象，它像环境污染一样应当引起人们的高度重视。

2. 信息犯罪

主要表现为黑客攻击、网上“黄赌毒”、网上诈骗、窃取信息等。

3. 信息侵权

主要是指知识产权侵权，还包括侵犯个人隐私权。

4. 计算机病毒

是具有破坏性的程序，通过拷贝、网络传输潜伏于计算机的存储器中，时机成熟时发作。发作时轻者消耗计算机资源，使效率降低。重者破坏数据、软件系统，有的甚至破坏计算机硬件或使整个网络瘫痪。

5. 信息侵略

信息强势的国家通过信息垄断和大肆宣扬自己的价值观，用自己的文化和生活方式影响其他国家。

第二节　信息管理

一、信息管理的定义

信息管理（Information Management，IM）是人类为了有效地开发和利用信息资源，以现代信息技术为手段，对信息资源进行计划、组织、领导和控制的社会活动。简单地说，信息管理就是人对信息资源和信息活动的管理。对于上述定义，我们要注意从以下几个方面来理解。

（一）信息管理的对象是信息资源和信息活动

1. 信息资源

信息资源是信息生产者、信息、信息技术的有机结合体。信息管理的根本目的是控制信息流向，实现信息的效用与价值。但是，信息并不都是资源，要使其成为资源并实现其效用和价值，就必须借助人的智力和信息技术等手段。因此，人是控制信息资源、协调信息活动的主体，而对信息的收集、存储、传递、处理和利用等信息活动过程都离不开信息技术的支持。没有信息技术的强有力支持，要实现有效的信息管理是不可能的。信息生产者、信息、信息技术三个要素形成一个有机整体——信息资源，它是信息管理的主要研究对象。

2. 信息活动

信息活动是指人类社会围绕信息资源的形成和利用而开展的管理和服务活动。信息资源的形成阶段以信息的产生、记录、收集、传递、存储、处理等活动为特征，目的是形成可以利用的信息资源。信息资源的开发利用阶段以信息资源的传递、检索、分析、选择、吸收、评价、利用等活动为特征，目的是实现信息资源的价值。单纯地对信息资源进行管理而忽略与信息资源紧密联系的信息活动，信息管理就不全面，因此信息活动也是信息管理的对象。

（二）信息管理是组织管理活动的一种

一方面信息管理的基本职能是计划、组织、领导与控制，与组织管理活动的基本职能相一致，因此信息管理是组织管理活动的一种；另一方面信息资源与组织的人、财、物一样是其经营与发展的重要资源，因此组织的管理活动包括信息管理活动。

（三）信息管理是一种社会规模的活动

信息管理反映了信息管理活动的普遍性和社会性，是涉及广泛的社会个体、群体、国家参与的普遍性的信息获取、控制和利用的活动。

二、信息管理的特征

（一）管理特征

信息管理是管理的一种，因此它具有管理的一般性特征。例如，管理的基本职能是计划、组织、领导、控制，管理的对象是组织活动，管理的目的是实现组织的目标等，这些在信息管理中同样具备。但是，信息管理作为一个专门的管理类型，又有自己的独有特征：

第一，管理的对象是信息资源和信息活动。

第二，信息管理贯穿于整个管理过程之中，有其自身的管理活动，也支持其他管理活动。

（二）时代特征

1. 信息量迅速增长

随着经济全球化，世界各国和地区之间的政治、经济、文化交往日益频繁；组织与组织之间的联系越来越广泛；组织内部各部门之间的联系越来越多，以致信息大量产生。同时，信息组织与存储技术迅速发展，使得信息储存积累可靠便捷。

2. 信息处理和传播速度更快

由于信息技术的飞速发展，信息处理和传播的速度越来越快。

3. 信息处理的方法日趋复杂

随着管理工作对信息需求的提高，信息处理的方法也越来越复杂。早期的信息加工，多为一种经验性加工或简单的计算。现在的加工处理方法不仅需要一般的数学方法，还要运用数理统计、运筹学和人工智能等方法。

4. 信息管理所涉及的研究领域不断扩大

从科学角度看，信息管理涉及管理学、社会科学、行为科学、经济学、心理学、计算机科学等；从技术角度看，信息管理涉及计算机技术、通信技术、办公自动化技术、测试技术、缩微技术等。

三、信息管理的分类

（一）按管理层次分类

信息管理可分为宏观信息管理、中观信息管理、微观信息管理。

（二）按管理内容分类

信息管理可分为信息生产管理、信息组织管理、信息系统管理、信息产业管理、信息市场管理等。

（三）按应用范围分类

信息管理可分为企业信息管理、商业信息管理、政府信息管理、公共事业信息管理等。

（四）按管理手段分类

信息管理可分为手工信息管理、信息技术管理、信息资源管理等。

（五）按信息内容分类

信息管理可分为经济信息管理、科技信息管理、教育信息管理、军事信息管理等。

四、信息管理的原则

原则，是人们观察问题、处理问题的准绳。信息管理的实践表明，在信息管理中，管理者必须具有相同的观察问题和处理问题的准绳，才可能获得满意的管理效果。因此，信息管理原则对信息管理活动的各环节都具有重要的指导意义。

（一）系统原则

信息管理的系统原则是以系统的观点和方法，从整体上、全局上、时空上认识管理客体，以求获得满意结果。

信息管理为什么要遵循系统原则呢？首先是因为管理客体不仅自身是一个系统，而且必定是另一个大系统的组成部分，即子系统；其次是因为系统是信息流的通道，是信息功能得以实现的前提和基础，要管理信息资源和信息活动，就离不开对信息通道的管理；最后是因为系统是对信息资源和信息活动进行管理的重要工具，任何信息管理的意图最后都需要通过系统去实现。

系统原则包括整体性、历时性和满意化三个原则。

1. 整体性原则

整体性原则要求把管理客体作为有机整体来认识，注意构成管理客体的各要素之间的相互联系和相互制约以及与环境的关系，统一服从于系统的目标。

2. 历时性原则

历时性原则要求在信息管理中必须注重管理客体的产生、发展的过程及其未来的发展趋势，就是要把客体当作一个随时间推移而变化着的系统来考察，从客体的形成过程中所表现出来的规律来认识客体，注意其过去、现在和将来要产生的信息。

3. 满意化原则

满意化原则要求对管理客体进行优化处理，从整体的观念出发，调整整体与局部的关系，拟订若干可供选择的调整方案，然后根据本系统的需要（目的）和可能（条件），选择满意度最高的方案。

（二）整序原则

整序是指对所获得的信息按照“关键词”（某些特征）进行分类排序。信息管理为什么要遵循整序原则呢？首先，是因为信息管理中的信息量极大，如果无序，查找所需信息的速度会非常慢、非常困难，甚至找不到。其次，是因为未排序的信息只能反映单条信息的内容，不能定量地反映信息的整体在某些方面的特征。整序之后，信息按类归并，在此特征下信息总体内涵和外延容易显现，也便于发现信息中的冗余和漏缺，方便检索和利用。最后，是因为同一组信息，按不同的关键词排序所得到的序列也不相同。管理者可以根据自己的需要选择信息的特征进行整序，以便获得自己需要的信息序列。

现以文献检索说明整序原则，文献检索的整序包括分类整序、主题整序、其他整序。

1. 分类整序

分类整序是以信息内容的学科类别为信息标志，以学科层次结构体系为顺序的整序方法。

2. 主题整序

主题整序是以能够代表信息主题的词语作为信息标志，再以词语的字顺为序的整序方法。代表信息主题的词语叫主题词或关键词。

3. 其他整序

当信息内容难以区分和主题难以提取时，可以采用信息的外部特征进行整序。例如，著者整序是以作者姓名字顺为序的整序方法；号码整序是以信息的固有序号为序的整序方法；时间整序是以信息发表的时间或数据、事实发生的时间为序的整序方法；地区整序是以行政区划名称字顺为序的整序方法；部门整序是以部门名称字顺为序的整序方法。

（三）激活原则

信息管理的激活原则是对所获得的信息进行分析和转换，使信息活化。信息并不都是资源，未经激活的信息没有任何用处，只有在信息被激活之后才会产生效用。所有的管理者都应该学会自己激活信息。激活能力是管理者利用信息能力的核心。

1. 综合激活原则

这是以综合的方法，对已经拥有的较多的信息进行扩展、转换而获得新信息的激活方法。它是在深入分析和认识众多相关信息的基础上，根据需要，将信息有逻辑地组合起来，以求形成一种新的认识。

2. 推导激活原则

推导激活是根据已知的定理、定律或事物之间的某些联系，从已知的信息出发，进行逻辑推理或合理推导，从而获得新信息的方法。推导激活与综合激活不同，前者是根据单一信息通过激活而获得新信息，后者是从众多信息中通过激活而获得新信息。

3. 联想激活原则

联想是由一事物想到另一事物的心理过程。联想激活就是从已知的一条信息想到另一条或几条信息，而这些信息本身可能是激活主体所需要的新信息，或者可以将它们综合成新信息，或者可以从它们中得到启发从而产生新的信息。联想和推导不同。联想并未像推导那样经过逻辑推理或者合理推导，而是由此（已知信息）而想到彼，有时是非逻辑的思维过程，或者是仅仅因为此（已知信息）而得到的启示。

（四）共享原则

信息管理的共享原则是在信息管理活动中为获得信息的潜在价值，力求最大限度地利用信息。在信息管理活动中为什么要遵循共享原则呢？因为共享性是信息的基本特征。不仅组织需要信息共享，社会也需要信息共享，否则信息就不能发挥其潜在的价值。信息共享原则包括以下两条具体原则：

1. 贡献原则

贡献原则又称“集约原则”。它指的是信息管理者要善于最大限度地将组织拥有的信息以及企业和组织成员所拥有的信息都贡献出来，供企业和组织及其全体成员使用。贡献原则是实现信息共享的前提。

2. 防范原则

正因为信息是可以共享的，企业的竞争对手也可以共享本企业的信息，由此产生了信息安全问题，这就要求信息管理者随时予以防范。这就是信息管理的防范原则，也叫安全原则。

（五）搜索原则

信息管理的搜索原则是信息管理者在管理过程中千方百计地寻求有用信息。在信息管理中为什么要遵循搜索原则呢？是因为搜索就是查找有用信息，即使用信息时如果不能搜索，信息将毫无用处。

信息管理者应该具有强烈的搜索意识、明确的搜索范围和有效的搜索方法。搜索意识是管理者及时、有效地获取信息的前提。因为任何信息不会自动来到管理者的面前，学习信息检索方法，只解决搜索范围和方法问题，有了范围和方法不等于就一定能搜索到有用的信息，最根本的在于管理者要能够时时、处处都有一种强烈的搜索欲望和搜索动机，这就是搜索意识。

搜索原则包括以下三种搜索意识：

1. 有意搜索

有意搜索是指管理者在做任何事情之前，都要去查一查有关这一事情的现实和历史情况的信息管理意识。

2. 随意获取

随意获取是指信息管理者在事先毫无思想准备的情况下，对于发生在身边的、瞬息即逝的信息流，能够发现其中有的信息与自己已有信息的相关性，并且能够及时地抓住不放，进一步予以激活和利用的信息管理意识。

3. 求助搜索

求助搜索是指信息管理者需要搜索信息而自身又没有能力办到时，知道寻求社会帮助的意识。也就是说，请求他人帮助来搜索自身所需要的信息。

五、信息管理的职能

如前所述，信息管理是管理活动的一种，管理的计划、组织、领导和控制四种职能同样也适合于信息管理。将这四种职能作用于信息管理的对象即信息资源和信息活动，形成信息管理计划、信息管理组织、信息管理领导和信息管理控制四大职能，如图 1-4 所示，它们彼此联系、相互牵制、协同作用构成一个完整的体系，共同目的是实现组织预定的信息管理目标。

（一）信息管理的计划职能

信息管理的计划职能是指围绕信息的生命周期和信息活动的整个管理过程，通过调查研究，预测未来，根据信息战略规划所确定的信息管理目标，分解出子目标和阶段任务，并规定实现这些目标的途径和方法，制定出各种信息管理计划，从而把总体目标转化为全体组织成员在一定时期内的信息行动指南，指引组织未来的信息行为。

信息管理计划包括信息资源计划和信息系统建设计划。信息资源计划是信息管理的主计划，是指对组织活动中所需的信息，从采集、处理、传输、存储到使用和维护的全面计划，是对信息资源管理的战略规划的具体落实，包括信息收集计划、信息加工计划、信息存储计划、信息利用计划和信息维护计划等。信息系统建设计划是信息管理过程中一项至关重要的专项计划，是指组织关于信息系统建设的行动安排和纲领性文件，内容包括信息系统建设的工作范围，对人、财、物和信息等资源的需求，系统建设的成本估算，工作进度安排和相关的专题计划等。这些专题计划是信息系统建设过程中为保证某些细节工作能够顺利完成、保证工作质量而制定的，包括质量保证计划、配置管理计划、测试计划、培训计划、信息准备计划和系统切换计划等。

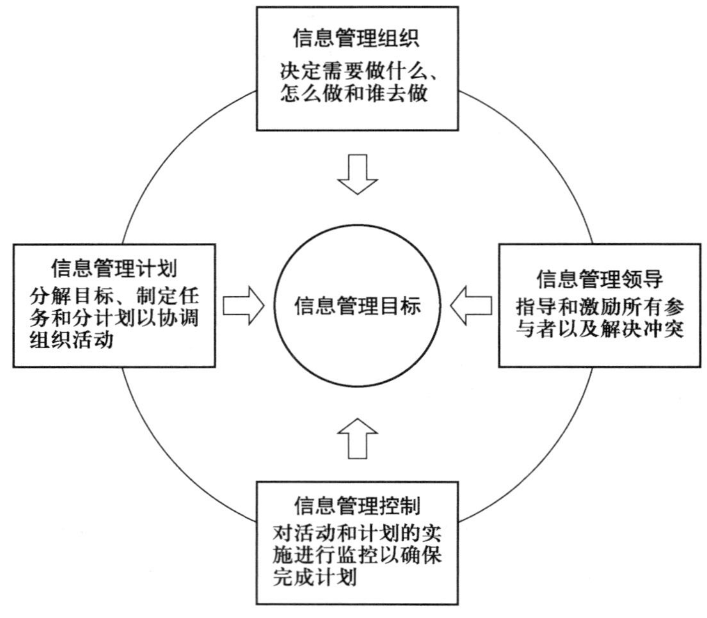

图 1-4　信息管理的职能体系

（二）信息管理的组织职能

要保障信息管理计划的顺利实施，必须明确信息管理的组织职能，信息管理组织不仅要组建信息系统、保障信息系统运行和对信息系统维护更新，还要向信息资源使用者提供信息、技术支持和培训等。归纳起来，信息管理的组织职能具体包括信息系统研发与管理组织、信息系统运行维护与管理组织、信息资源管理与服务组织和提高信息管理组织的有效性四个方面。

（三）信息管理的领导职能

信息管理的领导职能是指首席信息官（Chief Information Officer，CIO）对组织内所有成员的信息行为予以指导或引导和施加影响，使成员能够自觉自愿地为实现组织的信息管理目标而工作的过程。其主要作用就是使信息管理组织成员更有效、更协调地工作，发挥自己的潜力，从而实现信息管理的目标。信息管理的领导职能不是独立存在的，它贯穿于信息管理的全过程，贯穿于信息管理计划、组织和控制职能之中。

（四）信息管理的控制职能

信息管理的控制职能是指为了确保组织的信息管理目标能够顺利实现和为此而制定的信息管理计划能够顺利实施，信息管理者根据信息管理计划中确定的标准，对信息工作进行衡量、测量和评价，并在出现偏差时予以纠正。纠正的主要手段是调整信息行为以防止偏差继续发展或今后再度发生，当然也可以根据组织内外环境的变化和组织发展的需要修改信息管理目标和信息管理计划加以纠偏。

第三节　信息管理学的研究对象和理论体系

一、信息管理学的形成

（一）信息管理学形成的原因

1. 信息社会的需要

社会发展的需要永远是科学发展的动力源泉，人类社会从农业社会发展到工业社会，再发展到今天的信息社会，社会竞争的主要资源也从土地发展到机械设备再到信息，社会的信息化程度越来越高，社会信息活动更加普遍，但同时也出现了“信息危机”和“信息爆炸”，因此，如何科学地优化配置组织的信息资源并发挥其作用以提升组织的核心竞争力已成为组织发展必须面对的重要问题。为此，学者开始研究信息管理的基本原理和普遍规律，从理论上探索信息资源优化配置的途径，从实践中总结信息管理的经验和方法，为信息管理工作提供系统科学的理论与方法。这就是信息管理学形成的直接原因。

2. 广义信息资源论被社会普遍认可

随着信息管理学研究的不断深入和组织信息管理经验的积累，人们意识到只注重信息资源本体（狭义的信息资源）的研究已经难以解决信息管理工作中的诸多问题，于是将信息资源的概念拓宽到信息生产者、信息和信息技术，即广义的信息资源论，进而将信息管理的管理对象进一步拓宽到信息生产者、信息和信息技术等，信息综合管理的要求凸显。基于这种需求，我们将管理学的基本原理应用于广义的信息资源管理，有效地解决了组织信息资源管理的优化配置和充分利用问题，受到了众多学者的认可和社会的普遍接受。这使得信息管理学的研究内容更加丰富，研究范围更加广泛，研究对象更加复杂。

3. 学科交叉融合的结果

20 世纪以来，现代科学技术高度综合的发展使得学科间的交叉、融合程度日益提高。信息管理学就是研究广义信息资源和信息活动管理这个复杂对象的学科，信息管理现象的广泛性和复杂性要求对其进行系统和综合的研究。信息管理学是将信息科学融入管理科学形成的交叉学科，它吸收信息论、系统论和控制论的理论和方法，借鉴现代管理学的基本原理，在信息管理实践中逐步形成和发展起来。人们进一步吸收经济学、社会学、传播学、心理学、组织行为学和法学等相关学科的理论和方法，使信息管理学日渐完善。

4. 信息管理活动实践的积累

社会信息管理活动为信息管理学提供了丰富的实践经验和理论方法检验标准，这是信息管理学形成和迅速发展的基础条件。随着社会竞争日趋激烈，信息管理日益成为组织管理的主要内容之一，并受到社会的普遍关注。信息管理活动的广泛开展为信息管理学开辟了广阔的试验基地，使信息管理学在社会实践的基础上不断完善，逐渐成为一门理论与实践相结合的综合性和应用性学科。

（二）信息管理学的研究对象

信息管理学是以信息资源和信息活动管理为研究对象，是研究各种信息管理活动的基本规律、普遍原理和通用方法的学科，是对组织的信息生产者、信息和信息技术的综合管理。

（三）信息管理学研究的基本问题

信息管理学研究的基本问题包括：信息管理学的研究对象和研究范围；信息资源构成要素之间的相互作用；组织信息资源的优化配置；组织信息资源的有效利用；信息资源全生命周期的综合管理等。

（四）信息管理学与其他学科的关系

学科之间的关系是以其研究对象的关系来确定的，如果两个学科的研究对象前者包容后者，则前者为源学科，后者为子学科；若对象交叉，则为交叉学科。信息管理学是哪些学科的子学科和交叉学科呢？由表 1-1 可以看出，信息管理学是管理学的子学科，管理学的一般原理、研究方法均适用于它。同时，信息管理学又是信息学等学科的交叉学科，这些交叉学科的部分原理、方法也适用于它。

表 1-1　信息管理学与其他学科的关系

序　号	学 科 名 称	研 究 对 象	与信息管理学的关系
1	管理学	一切管理活动	源学科
2	信息学	信息和信息活动	交叉学科
3	信息传播学	信息传播活动	交叉学科
4	信息经济学	信息经济活动	交叉学科
5	信息产业学	信息产业及其管理等	交叉学科

二、信息管理学的理论体系

一个学科成立的必要条件是有其特有的研究对象和基本科学问题。一个学科成立的充分条件是形成独立的、较为成熟的理论体系。有关信息管理学的研究对象和基本科学问题，上面已经讨论过，信息管理学的理论体系可以从以下两个方面来考察。

（一）层次结构

信息管理学理论体系的层次结构可以分为宏观、中观、微观三个层次。

1. 宏观层次

宏观层次主要研究信息管理的一般原理、方法，国民经济信息化管理，国家信息化战略管理，国家信息基础设施规划、建设与管理，全球信息化战略管理等。

2. 中观层次

中观层次主要研究信息产业管理、地区性信息管理、行业信息管理、信息市场管理、信息系统管理等。

3. 微观层次

微观层次主要研究信息的生产、传播和利用，企业信息化管理，信息企业的运作与管理，非信息企业的信息管理等。

（二）内容结构

信息管理学是研究科学地组织信息管理工作的理论与应用方法的一门学科。它与信息学等学科是交叉学科，同时又是管理学的子学科。而且，作为独立的学科，它的理论研究相对落后于应用研究。因此，可将信息管理学的内容结构分为两个层次：基础理论与应用方法。与此对应，将信息管理学分为信息管理理论和信息管理应用。

1. 信息管理理论

信息管理理论主要包括下列理论内容。

（1）信息管理的基本理论。主要研究信息管理的定义、特征、分类、范畴、基本功能，信息管理的原则、方法、体系结构，信息管理的计划、组织、领导、控制等基本职能，信息管理的形成和发展等。

（2）信息科学理论。信息科学是研究信息运动规律和应用方法的科学，是信息管理最直接和最主要的理论基础科学之一。信息科学的主要研究范围是信息的本质、信息的度量、信息的运动规律、利用信息进行控制和优化的原理等。

（3）管理科学理论。管理学的基本原理均适用于信息管理学。管理学的基本内容和基本原理可以概括为系统原理、整分合原理、反馈原理、封闭原理、能级原理、弹性原理、动力原理和效益原理八个方面。这些原理彼此联系、相互制约。

2. 信息管理应用

信息管理应用主要由下列内容构成。

（1）工商企业信息管理，主要研究如何利用现代信息技术对工商企业生产经营过程中各环节所涉及的信息进行收集、整理、分析和利用，配合企业的人、财、物管理，实现企业的目标。

（2）政府信息管理，主要研究政府机关部门的信息管理、信息化和办公自动化等。

（3）公共事业信息管理，主要研究医疗卫生机构、学校、研究院所等公共事业单位的信息资源的综合开发和利用管理。

（4）信息生产管理，主要研究信息产品的开发和生产方法，包括信息的采集、鉴别、筛选、整序、激活、存储、传播的机制和方法。

（5）信息系统管理，主要研究信息系统的分析、设计、实施、评价、维护，组织信息资源的配置，信息系统管理与组织竞争战略的关系等。

（6）信息产业管理，主要研究信息产业的发展和管理模式、产业政策、产业立法、传统产业信息化，以及产业结构、产业关联、产业组织等产业经济问题和产业管理的关系问题等。

三、信息管理学的理论流派

信息管理理论起源于美国，形成于20世纪70年代后期。最初出现于工商管理领域和政府部门，其以信息资源管理思想为基础，逐步形成了信息系统学派和记录管理学派。20世纪80年代中期，信息资源管理理论逐渐传入欧洲，并直接或间接地传向世界各国。在欧洲，信息资源管理理论引起了文献情报领域研究人员的极大兴趣，在信息资源理论的研究中，自觉不自觉地导入了图书馆学、情报学的思想，并将信息资源管理简称为“信息管理”。20世纪90年代，我国文献情报领域的学者们更多地吸收了欧洲学者的信息管理思想，形成了信息管理学派。

（一）信息系统学派

信息系统学派是西方信息资源管理理论的主流。主要代表人物包括霍顿（F. W. Horton）和马钱德（D. A. Marchand）等。它是上述三大流派中最系统、最成熟的理论学派。其特点如下：

第一，注重信息的资源特性和财产特性，注重对信息资源进行成本管理，注重投入和产出分析。

第二，注重信息系统理论与管理理论的结合，一般以管理理论为纲，信息系统为内核。

第三，注重信息资源的实用性，强调信息资源管理在实践领域的应用，强调从信息资源中赢得竞争优势和识别获利的机会。

第四，注重信息资源管理的战略性质，注重CIO及其职责研究，注重决策分析。

第五，注重案例研究，注重集体研究，各种理论学说多为合作研究成果，而且合作者多由教学研究领域和实践领域的两部分研究人员组成。

第六，面向的对象主要是工商管理领域的管理者、管理信息系统专业师生及一般信息管理者。但是，该学派未包含图书馆学、档案学、情报学等学科的内容，应用范围受到一定的限制。

（二）记录管理学派

记录管理学派的代表人物是瑞克斯（B. R. Ricks）、高（K. F. Gow）和库克（Michael Cook）。其主要特点如下：

第一，将信息资源等同于记录，认为记录是一个组织的主要资源和财产，高效率的记录管理有助于实现组织目标。

第二，注重记录的生命周期——记录的创造、采集、储存、检索、分配、利用和维护等，这实质上是一种信息管理过程，这个过程构成了记录管理理论的内在依据。

第三，注重多种媒体的集成管理，它所定义的“记录”已超越了文书记录的范围而演变为类似我国学者提出的“文献信息”概念，其目的是以记录为基点实现文献信息类学科的集成。

第四，没有上升到战略管理层次，依其理论内容而言，记录信息管理似乎介于经验学科和理论学科之间。

第五，也未能真正统一文献信息管理，它所讨论的主要内容依然是信函、文件、报告、表格、缩微品等，其实质是一种扩大化的档案和文书管理。

第六，虽然也应用了信息系统理论和管理理论，但只是一个框架，所包含的内容仍是记录管理内容。

记录管理理论是与办公室文件处理有关的一种信息资源管理理论，有广阔的应用市场，在欧美各国流传甚广、影响较大。

（三）信息管理学派

信息管理学派是三大流派中内部分歧最大的理论流派，代表人物有威廉·马丁（William J. Martin）、克罗宁（Blaise Cronin）、达文波特（E. Davenport）和我国的学者卢泰宏、胡昌平等。

1. 马丁的信息管理理论

马丁的信息管理理论最接近信息资源管理理论，其理论主要涉及信息管理的内涵、意义、要素、原则、认知、制约因素、实施和过程等。

2. 克罗宁和达文波特的信息管理理论

该理论致力于不同信息学科理论的统一，试图从直觉入手，运用模型、隐喻及相关分析方法剖析信息管理的深刻内涵，并使之上升到一般理论层次。他们将信息管理归纳为三种模型：隐喻模型、转喻模型和分类模型。隐喻模型是用特征事物描述目标事物的方法，常见的隐喻包括资源、资产、财产、商品等；转喻模型是以部分代表整体的方法，常用的转喻包括肖像、关键词、文摘、概要、屏幕菜单等；分类模型是基于共同的明显的因素来约束分离的实体，常用的分类方法包括等级分类、综合分类、语义网、图形理论、结群分类等。克罗宁和达文波特的模型与隐喻方法是从已有概念所蕴含的丰富语义内容来推理、建立理论模型的方法，这是一种需要想象和创新的方法。

3. 我国的信息管理理论

（1）卢泰宏的三维结构理论。如图 1-5 所示，该理论认为信息资源管理是三种基本信息管理模式的集约化。这三种模式分别是：对应于信息技术的技术管理模式，其研究内容是新的信息系统、信息媒介和利用方式；对应于信息经济的经济管理模式，其研究重点是信息商品、信息商品市场、信息产业和信息经济；对应于信息文化的人文管理模式，其研究方向是信息政策和信息法律等。

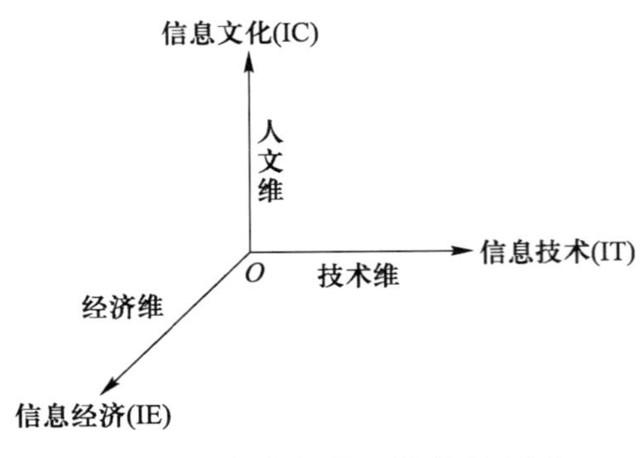

图 1-5　卢泰宏的三维结构理论

（2）胡昌平的信息管理理论。胡昌平在 1995 年出版的《信息管理科学导论》一书中，以社会信息为基点构建了宏观的信息管理科学体系。该理论以“用户与服务”为中心，以社会信息流的有序运行为纲，以社会信息流的控制与产业化问题为重点，以统一科技信息与经济信息形成一体化的信息管理机制为主导思想。其实质是科技信息管理理论的推演与扩展。

四、信息管理学的研究方法

信息管理学的研究方法，从广义上讲，是信息管理活动中一切途径、手段、工具和方法的总和。对信息管理学方法的研究有利于经验方法上升为科学方法，感性方法转化为理性方法；有利于一般方法的专门化、专门方法的精细化，为信息管理方法体系提供丰富的素材；有利于针对具体研究目标和研究环境确定适用性方法；有利于具体研究情况和特定方法的有效配合与特定研究方法对研究对象的有效调控。

信息管理学研究方法的种类很多，采用从一般到具体的方式可分为哲学方法、一般科学方法和专门研究方法。

（一）哲学方法

哲学方法是一切理论最高端的研究方法。辩证唯物主义哲学是信息管理学的理论基础，其根本是辩证唯物主义的世界观、方法论和认识论。运用辩证唯物主义哲学方法研究信息管理学的相关理论突出体现在对信息概念和性质的认识上。

例如，维纳在对信息下定义时指出：“信息就是信息，既不是物质也不是能量。”克劳斯在《从哲学看控制论》一书中，认为信息不同于物质，它是物质的普遍属性而不是物质本身，它可以脱离物质独立存在，同时又不影响物质的存在与运动，它所表现的主要是物质的运动状态和相互作用。

（二）一般科学方法

1. 系统方法

系统方法被广泛应用于信息管理中。这些方法主要有：专家系统方法、系统模型方法、系统工程方法、可行性分析方法、成本—效益分析评价法、系统决策量化方法等。

2. 运筹学方法

运筹学是在管理领域，运用数学方法，对需要管理的问题统筹规划，从而做出决策的一门应用科学。运筹学方法在信息管理中的应用有线性规划法用于对信息资源的合理配置研究，动态规划法用于计算机检索、网络建设等。

3. 数学和统计方法

数学和统计方法常用于信息度量，信息度量是指从量的关系上来精确地描述信息。信息量是客观存在的，对信息量的研究与把握，在某种意义上决定着信息科学的成熟与发展。香农在其信息度量里引用了概率理论，创造性地将信息度量与不确定性的消除联系起来，从而促使信息度量理论发生质的飞跃。数学和统计方法在信息管理中的典型应用还有：利用数学模型对信息服务环境中用户与信息记录的交互作用建立一种信息度量方法，建立信息化指标体系、信息经济规模度量、知识经济度量等。

4. 技术实验方法

信息管理学是一门实践性很强的学科，在信息组织与检索技术领域，几乎每一项新理论或新技术的产生都要从技术实验开始。例如，文本词句检索、超文本检索、Web[①]信息检索、借助叙词表的文本检索等均是从技术实验开始的。

（三）专门研究方法

信息管理学不仅采用具有普遍意义的研究方法，还有本学科专门的研究方法，主要包括信息定性研究法和信息定量研究法。

1. 信息定性研究法

信息定性研究法是运用信息的观点，把研究客体看作信息传递和信息转换的过程，通过对信息流程的分析和处理，获得研究客体运动过程规律性认识的一种研究方法。其特点是用信息概念作为分析和处理问题的基础，不考虑客体的具体结构和运动状态，而将客体的运动抽象为一个信息变换过程，即信息的输入、存储、处理、输出和反馈过程。

2. 信息定量研究法

信息定量研究法主要是对信息现象、过程、规律等进行定量的研究，以建立一套具有“量”的规定性的科学概念和计量化的途径与方法。目前该方法不仅应用于文献信息交流规律的定量研究，而且应用于情报检索理论、情报系统设计、信息服务效果定量评价以及用户信息需求调查研究等领域。

思　考　题

1. 什么是信息？信息有哪些特征？

---

① Web本意是蜘蛛网或网的意思，现广泛译作网络、互联网等。表现为三种形式，即超文本、超媒体、超文本传输协议。

2. 信息与知识、情报、消息有何异同?
3. 什么是信息资源? 它包含哪些要素?
4. 信息社会有哪些主要特征?
5. 信息技术主要有哪些?
6. 什么是信息管理? 有什么特征?
7. 信息管理有哪些基础理论?
8. 信息管理学有哪几个学派? 各有什么特点?
9. 信息管理应遵循哪些原则? 在学习和工作中应如何把握?
10. 为什么说信息管理具有计划、组织、领导和控制等职能?

即测即评

第二章 信息战略规划

人类社会已进入信息时代，无论是政府机构、社会组织，还是个人在工作或生活中都会时常遇到大量的信息问题。在工作和生活中如何更好地利用互联网和信息资源，使国家、组织和个人在生存与发展的竞争中拥有独特的差异性，从而获取竞争优势？这就涉及信息战略规划。美国哈佛商学院的学者迈克尔·波特（M. E. Porter）、钱德勒（A. D. Chandler）、安德鲁斯（K. R. Andrews）以及安索夫（H. I. Ansoff）等在20世纪60年代创建并发展了战略管理学科。战略管理是指组织为适应环境的不确定性，为实现其长期发展目标而不断调整创新，形成自身独特的竞争优势。信息战略规划是组织战略管理的重要内容之一，组织的信息战略必须服从于组织的总体战略，其宗旨是帮助组织实现战略管理目标，形成市场竞争优势。因此，信息战略规划是从组织使命、目标和战略出发，对组织信息技术应用和信息资源管理所面临的外部机遇与威胁和内部优势与劣势加以分析，制定信息战略的过程。信息战略规划的内容包括信息资源管理总体目标的确立、信息基础设施战略规划、信息系统战略规划和信息管理组织战略规划等。

你可以从本章了解到：

1. 战略规划
2. 信息战略规划的概念
3. 信息战略规划的目标和作用
4. 信息战略规划的内容
5. 信息战略规划的方法

第一节 战略规划概述

一、战略与战略管理

战略是一个产生于战场与战争的军事术语。战争年代人们重视战略，是为了夺取整个战争的最后胜利；和平时期的市场竞争日趋激烈，各竞争参与者重视对战略问题的研究是要建立取得长期市场竞争优势，以求得组织的持续生存和发展。虽然市场上的争夺同战场上的拼杀在使用手段与追求目标上根本不一样：军事战略是以打败敌军或迫使其屈服而取得战争胜利为目的，一般不计较手段，可以用欺诈与“诡道”；服务于竞争性市场的战略是要使组织在同对手的竞争与合作中求得自身的更好生存和可持续发展，其手段受到一些限制，如要符合法律法规、国际惯例、商业道德和诚信原则等。但是这两种战略在实施过程与思想方法上仍有许多相似之处，值得我们去比较和研究。

（一）战略

战略是组织为了建立或扩大其市场竞争优势的目的，对影响其生存和持续发展的全局性、长期性的重大问题（或称关键问题）所制定的有针对性的策略和谋划。理解战略概念应把握六个要点：目的性、全局性、长期性、超前性、关键性和针对性。

为了便于宣传和记忆，很多组织的总体战略往往用比较简洁的语言表达出来，通常是一句话。表 2-1 列举了一些知名企业（品牌）的一句话战略。

表 2-1　世界知名大公司（品牌）的一句话战略

公司（品牌）名称	表达总体战略的一句话
英国航空公司	世界上最好的航空公司
戴尔	取消中介商（直销）
迪士尼	全家人的娱乐和想象
联邦快递	承诺：一夜之间送货上门
福特汽车	平民化汽车
麦当劳	为了对汉堡的爱！（快）
微软	以人类解放为目标的软件
必胜客	两块比萨，一块的价钱
索尼	精致的小型化电器产品
丰田汽车	做世界上最大的汽车公司
沃尔沃（富豪）汽车	安全、耐久的汽车
海尔集团	以海尔文化激活休克鱼，做国际化企业
联想集团	做国外大公司不能做或不愿做、小公司又做不了的事

（二）战略管理

战略管理是为达到组织长期适应环境变化和确立竞争优势的目标而制定行动方案和优化配置资源以完成组织使命的动态过程。战略管理动态过程包括七个环节：组织使命、组织目标、战略分析、战略制定、战略评估与选择、战略实施和战略控制。

二、战略规划的含义和特点

（一）含义

战略规划是组织为确立竞争优势而根据外部经营环境变化，来进行组织资源优化配置的过程，包含确定长远目标以及选择实现该目标的方法和程序等。战略规划是战略管理的核心，战略管理是在战略规划理论基础上发展起来的。

（二）特点

1. 全局性

战略规划涉及一个组织的整体，需要从各个角度和各时间段去通盘考虑。不能漏掉什么，也不能夸大什么，只有考虑周全，才能准确把握事物变化的规律性，才能做出正确的决定。

2. 目的性

战略规划目的是为了组织的长期生存和持续发展而寻找出路，确立市场竞争优势和经营特色。

3. 长期性

战略规划追求的是组织长远发展目标，而不是短期的计划目标。

4. 超前性

超前性是指能根据事物的发展情况，预见其未来的走向和变化。看得远，这一点很重要，也很难做到。例如，1870 年创立了美国美孚石油公司的洛克菲勒（John D. Rockefeller），是美国历史上的第一个拥有 10 亿美元的富翁。洛克菲勒之所以富有，是因为他有非凡的超前眼光和看准了就勇往直前的行动。他的下属认为：他能看到前方很远很远处，还能拐弯。他的思维超前，经营行动超前：在战争尚未打响之前，他做谷物和火腿生意，以等待增值；在人们还不知石油为何物，甚至有人把它当药品吃时，他就看到了石油能源的价值，并选择了这一行。

5. 关键性

关键性是指能发现在一种局面之下，使组织确立竞争优势和关键问题所在，这种关键因素包括市场性能优良的、款式新颖的、稀缺的产品等。

6. 针对性

针对性是指在一定的环境中，能根据竞争者经营行为的变化而作相应变化，就是要知己知彼，采取应对措施。

三、战略规划过程

组织战略规划首先对组织的外部环境进行分析，寻找出发展的趋势，发现对组织发展构成的威胁和新的发展机会，其次寻求外部环境与组织内部条件的最佳配合，以使潜在的利益最大化。通常将战略管理过程分为战略分析、战略决策和战略实施与控制三个阶段，而战略规划过程重点是战略分析和战略决策，不包括战略实施与控制。

（一）战略分析

战略分析是指对企业的战略环境进行分析、评价，并预测这些环境未来发展的趋势以及这些趋势可能对组织造成的影响及影响方向。战略分析分为组织外部环境分析和组织内部条件分析。组织外部环境分析包括政治因素、法律因素、经济因素、技术因素、社会因素以及所处行业或领域中的竞争状况，发现威胁和机会；组织内部条件分析包括财务能力、营销能力、生产管理能力、组织效能、企业文化等因素，发现优势和劣势。

（二）战略决策

战略决策是指战略制定、战略评价和战略选择的交织过程，目的是获得最佳战略方案。战略制定是依据战略分析获得的外部机会和威胁、内部优势和劣势，制定能够实现组织发展目标的多种战略方案；战略评价是采用战略评价方法或战略管理工具对所制定的各种战略方案进行鉴别和评估，评价其优劣性；战略选择是根据战略评价结果，选择适合组织生存和发展的最佳战略方案。

四、战略规划主要方法

战略规划与战略管理理论已有 50 多年的发展历史了，在其发展进程中学者和企业的实践者提出了许多战略规划方法，如五力竞争模型、SWOT 分析矩阵、波士顿矩阵图法和价值链分析法等。

（一）五力竞争模型

五力竞争模型，又称为波特五力模型，是由美国学者迈克尔·波特提出的一种进行行业分析的模型。波特认为任何一家公司高层管理人员要决策是否进入或继续留守或退出一个行业，关键在于该行业能使他获得的机会和将付出的代价，即该行业的竞争强度和获利能力。而该行业的竞争强度和获利能力又是由行业自身和行业环境的诸多因素决定的，这些行业相关因素可归纳为五种竞争力量，即进入行业的障碍力（潜在进入者）、替代产品的威胁力（替代品生产者）、买主的还价能力（用户）、供应商的讨价能力（供应商）和现有竞争者的竞争能力（现有竞争者）。五力竞争模型就是分析这五种竞争力量的状况，以决定对该行业的取舍的模型。

（二）SWOT 分析矩阵

SWOT 分析矩阵是伦德（Learned）等提出的一种全面分析组织外部环境和内部资源条件，从而寻找适宜外部环境变化和内部资源条件的满意战略组合的分析工具，使用 SWOT 矩阵进行分析的方法称为态势分析法。组织外部环境变化给其带来机会和威胁，而组织的内部资源条件也有优势和劣势，利用 SWOT 矩阵对它们进行组合和综合分析，以获得满意的组合战略。

（三）波士顿矩阵图法

波士顿矩阵图法，又称为增长率—市场占有率分析矩阵法，是由波士顿咨询公司

（BCG）首先提出的。波士顿矩阵图法主要针对公司经营的产品或服务有多种，或是由多家经营单位所组成的情况，以市场销售增长率和相对市场占有率这两个指标构成的矩阵图来分析这些产品、服务或经营单位，以决定对策。

（四）价值链分析法

价值链分析法是波特提出来的，用以分析企业竞争优势的来源。组织的价值链就是其所从事的各种活动（包括设计、生产、销售、发运以及支持性活动）的集合体。这些价值创造活动可以分为基本活动和辅助活动两大类。基本活动涉及产品实体的生产、销售、提供售后服务等活动；辅助活动是为基本活动服务的活动，包括以提供投入、技术、人力资源以及公司范围内的各种职能等来支持企业的基础活动。组织是通过比其竞争对手更低成本或是更出色完成这些战略活动而获得竞争优势的，应用价值链分析法可以揭示这些优势。

第二节　信息战略规划的形成与发展

一、信息战略规划的形成

信息是描述客观事物存在方式、运动与变化状况的一种生产要素，信息的产生、传递、加工和形成信息产品，同其他产品一样也要消耗成本，它的正确、及时使用往往给使用者带来巨大的价值，正是：第一个利用信息赚大钱，第二个利用信息赚中钱，第三个利用信息赚小钱，第四个利用信息会亏本钱。

20 世纪 80 年代之后，在发达国家的许多企业中，信息技术已成为其生存和发展的重要支撑技术，信息资源和信息管理被提升到企业战略管理的高度，信息流成为继物流、资金流、人才流之后的第四种能流动的生产要素。学者们开始研究信息战略问题，随后很多企业开始应用信息战略。可以断言，在今天每家成功的企业都离不开信息战略。

1986 年，信息管理学者马钱德和霍顿出版了《信息趋势：如何从你的信息资源中获利》，在这本书中他们将信息管理的发展过程划分为五个阶段，信息战略规划成为信息管理发展过程的最新阶段。

（一）文本管理阶段（19 世纪末至 20 世纪 50 年代）

此阶段信息管理的核心是对信息的物理载体进行管理，信息管理人员更关心信息载体的安全和保护，而不是其传播和使用。由于企业规模的扩张和多元化发展，企业内部产生的文本大量增加，用于文本处理和维护等的信息支出急剧增加，大公司认识到必须控制通信、报告和文字记录费用，提高文本管理工作效率，企业信息管理就应运而生了。

（二）公司自动化技术管理阶段（20 世纪 60 年代至 70 年代）

此阶段企业信息管理的标志是计算机技术的引进和应用，管理重点开始由信息载体演变为信息技术，主要目的是提高信息处理速度和效率。

（三）信息资源管理阶段（20 世纪 70 年代至 80 年代初期）

发达国家的企业信息管理进入信息资源管理时期，企业开始把信息内容本身看作等同于人力资源、物质资源和资金资源的战略资源，把信息管理功能视为等同于市场营销、生产管理、财务管理和人力资源管理的重要职能。信息技术扩散到企业的所有领域，企业内部的信息系统开始向集成化的方向发展。

（四）竞争者分析和竞争情报阶段（始于 20 世纪 80 年代中期）

由于国际贸易竞争日益激烈，企业认识到必须有效利用信息来制定更积极的战略，以维持或赢得竞争优势。为此，企业开始研究和开发功能更好的能够支持企业决策的信息系统。CIO 就出现了，并进入企业决策层。

（五）信息战略规划阶段（始于 20 世纪 90 年代）

此阶段又称为“知识管理阶段”，知识本身被视为企业最重要的战略资源。由于知识管理的深入人心，企业本身会变得“聪明”起来，企业的盈利能力大大增强。如何利用信息和知识已成为企业经营战略选择的内容之一。

马钱德和霍顿的阶段划分是十分有远见的。在 20 世纪 80 年代中期，他们大胆地预测到信息资源管理必然发展到信息战略规划（管理），实践也证明了他们的预测是正确的。

信息资源成为组织战略管理要素有如下三方面原因。一是知识经济时代人们看问题能高瞻远瞩，重视把握关键问题。例如，一个产业链从头到尾有很多环节，有的提供材料，有的设计产品，有的制造产品，有的完成销售，而现在人们更重视设计，重视新知识和创新。二是计算机和互联网的应用与发展增强了组织进行信息的处理、传播和利用能力。在所有能够流动的生产要素中，信息流是比物流、资金流、人才流流动得更快的要素。三是信息是影响组织高层管理人员决策成功与否的关键因素。战略管理学者安德鲁斯认为，战略是一种决策模式，战略管理过程可以看作一种决策过程，而决策过程就是一种收集有用信息、迅速传递信息、科学处理信息和利用信息的过程。

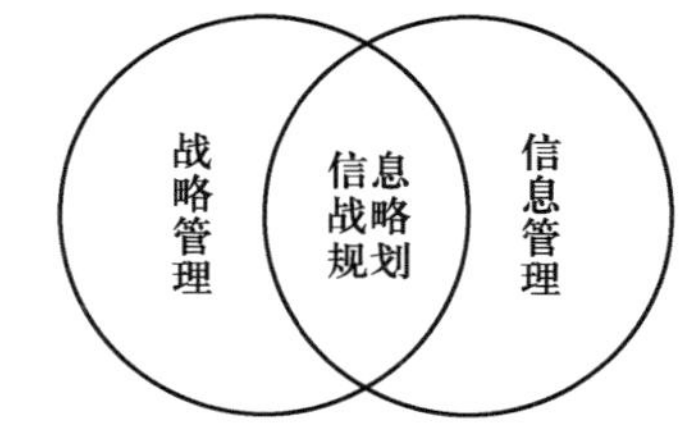

图 2-1　信息战略规划与战略管理和信息管理的关系图

到 20 世纪 90 年代，信息战略成为组织发展不可缺少的战略之一，信息战略规划也就成为学者的研究热点和企业战略管理的必然选择。如图 2-1 所示，信息战略规划可以视为战略管理与信息管理的交叉与融合，成为信息管理和战略管理的重要内容。

二、信息战略规划的概念

信息战略是指组织为适应激烈的竞争环境变化，通过利用现代信息技术，开发利用信息这一战略资源，并整合组织制度以期获得未来竞争优势的长远运作机制和体系，是组织实施信息化建设和信息资源管理的指导纲领。信息战略是组织总体战略的重要组成部分，也是组织实现总体战略的重要支撑。

信息战略规划是对组织信息资源和信息活动面临的外部机会和威胁与内部优势和劣势进行战略分析和战略决策从而确定信息战略的过程。信息战略规划从战略高度研究组织信息资源的发展和管理问题，是为实现组织战略目标，建立和扩大其竞争优势，而对其业务与管理活动中的信息生产要素（包括信息生产者、信息和信息技术等）及其功能所做的总体谋划。信息战略规划应结合组织业务的实际状况，将环境和组织内部信息生产要素资源加以匹配形成最佳信息战略方案，为组织建立竞争优势服务和提供支持。信息战略规划可以从组织信息基础设施、信息系统和信息管理组织等方面进行研究。

信息战略规划主要包括组织信息资源管理总体战略目标的确立、信息基础设施战略规划、信息系统战略规划、信息管理组织战略规划等内容。信息资源管理总体战略目标是依据组织战略目标而制定的组织信息资源建设与利用的总纲，是信息基础设施战略规划、信息系统战略规划和信息管理组织战略规划的依据；信息基础设施战略规划也称为信息技术战略规划，它依据组织战略目标和信息资源管理总体战略目标，制定适合组织业务和可持续发展的信息基础设施规划方案；信息系统战略规划是对组织涉及的信息资源及其开发和利用的生产工具进行规划，其中战略信息资源的识别及其管理问题是重要的内容；信息管理组织战略规划是指对信息管理部门和信息管理队伍进行战略规划，目标是建立起一支在组织最高层领导支持下的强有力的信息技术和信息管理队伍，推行行之有效的信息管理组织的运行机制。

三、信息战略规划的目的和作用

组织要实施信息战略规划，首先必须明确信息战略规划的目的和作用。不知道信息战略规划的目的就会迷失方向，信息战略成效就会大打折扣，有些组织甚至只能是追求形式上的信息战略，达不到实效。信息战略规划的作用是让信息战略规划工作对组织的业务和管理产生影响，以正确的信息和好的信息服务能为组织确立竞争优势提供支持。

（一）信息战略规划的目的

美国昂扬（Ernst and Young）咨询公司的信息技术和战略中心研究员迈克基（James V. McGee）和普若斯克（Laurence Prusak）在其1993年出版的名著《信息战略管理》中，开门见山地指出：组织信息技术应用的最初目的是实现“在正确的时间、正确的地点提供正确的信息”。

信息战略规划的目的是为组织高层领导提供思考信息管理和利用问题的方法，制定组织信息资源管理总体目标，全面、系统地指导组织信息化进程，充分有效地利用信息资源和信息管理全面满足组织业务发展的需求，合理规避信息技术的投资风险。

（二）信息战略规划的作用

第一，信息战略规划可以使组织的高层管理人员在知识经济时代的信息管理过程中变得更善于把握和学习重点。信息战略规划可以为组织的高层管理人员的战略管理和战略决策提供有力的信息技术和信息资源支持。例如，为确立企业市场竞争优势，在战略分析与战略选择阶段如何建立起难以模仿的信息资源管理优势，一般认为信息技术的优势易于模仿、难以持久，因此必须重点考虑信息资源、吸引并留住信息人才和信息管理制度。长期从事咨询服务实践的迈克基和普若斯克认为：信息经济时代“决定成功的因素是你所知道的东西，而不是你所拥有的东西”，并指出“组织竞争的基础是有效地获取、处理、理解和利用信息的能力”，而不是信息技术本身，这就指出了组织的信息资源、信息人才及其管理运行模式的规划工作是重点。

第二，信息战略规划能够指导组织在建设信息资源系统的过程中如何以较低的代价实现较优的信息系统与信息集成，有利于组织建立统一的信息标准，避免信息孤岛和重复投资。统计数据显示：我国20世纪80年代在MRPⅡ（制造资源计划）系统上投入约80亿元，成功率不到10%。其根本原因在于：① 系统组成部分分别来源于不同供应商，自身在技术上不配套，信息编码和数据库等定义不一致；② 软件系统与组织的业务流程、人们熟悉的工作方法和工作习惯不相符；③ 没有进行信息战略规划，没有长远的信息管理计划与目标，在组织信息资源系统的建设过程中出现无序状态。有人称此类现象为“IT黑洞”。而进行组织信息战略规划就可以解决这些问题，实现较优的信息系统与信息集成，减少人力、物力和财力的浪费。

第三，信息战略规划可以使组织处理好信息系统与信息资源如何与组织的业务过程、管理活动相配合的问题。信息技术、信息资源和信息管理体制都必须为组织的经营业务活动服务，信息工作处于从属地位，在组织外部环境发生变化时，战略实施应适时做出动态调整，此时信息系统的信息处理工作和信息主管人员应做到为经营业务与管理对信息的需求提供及时、准确、高效的信息支持。

第四，信息战略规划可以提高信息技术（Information Technology，IT）投资的收益，降低IT风险。信息战略规划的一个重要目标是降低投资风险，提高IT投资回报率，缩短投资回收期。在信息战略规划过程中，充分分析了IT投资风险，并给出了相应的风险规避策略。企业信息化建设是一项长期的、投资较大的信息工程，一旦失败就会给企业造成重大损失，严重的会导致企业总体战略难以实施。所以，在企业实施信息战略之前，必须进行切实可行的、全面的、系统的信息战略规划，明确各部门在各时期的任务，有计划、有步骤地推进信息化进程，减少盲目性，使有限的投资获得尽可能大的收益。

四、信息战略规划的主要理论

如前所述，信息战略规划理论是信息管理与战略规划理论交融的结果。因此，信息战略规划理论主要是研究如何做好为组织发展提供强有力的信息技术、信息资源与信息管理的支持工作，主要包括信息战略规划的基本概念、基本原理以及实践环节的理论来源。

信息战略规划理论产生于20世纪80年代，随着信息技术和战略管理的发展而逐步发展和完善。从决策情报管理、信息技术管理、信息资源管理一直走到信息战略规划。

一方面专家学者的理论探索与政府信息化、组织信息化（如企业信息化）、社会信息化等实践正不断丰富信息战略规划理论；另一方面信息战略规划理论又是一门新兴学科，正在不断完善。

（一）基本信息战略问题理论

1981 年，美国两位信息管理学者西诺特（William R. Synnott）和格鲁伯（William H. Gruber）出版了《信息资源管理——20 世纪 80 年代的机会和战略》（*Information Resource Management—Opportunities and Strategies for the 1980's*）一书。书中探讨了信息战略问题，并详尽地列举了多达 68 个方面的信息战略问题（如表 2-2 所示）。这 68 个信息战略问题基本涵盖了组织的高层管理人员在经营管理工作、学习和生活中要遇到的信息战略问题，既反映了组织的供应、生产、市场营销等业务过程和企业管理过程，也反映了信息获取、处理、分析、传递、利用和管理过程等，既全面、准确，又极富有预见性。

表 2-2　西诺特和格鲁伯指出的信息战略问题

编号	战略	编号	战略	编号	战略
1	信息功能的战略管理	21	顾客服务中心	40	咨询者
2	战略信息管理规划	22	信息中心	41	时间管理
3	角色识别	23	顾客取向的收费系统	42	生产率管理
4	预知变化代言人	24	关键成功因素	43	能力规划
5	集成规划者	25	决策支持系统	44	计算机绩效评估
6	整合者	26	业务图解	45	程序员生产率
7	CIO	27	CEO 的指示	46	程序包
8	分布式数据处理标准	28	年度计划	47	数据库管理
9	“特洛伊木马”战略	29	信息资源管理	48	用户圆桌会议
10	业务信息规划	30	绩效报告	49	安全
11	技术预测	31	信息管理绩效报告和评估系统	50	计算机通信
12	用户清单			51	电话网络控制
13	用户的信息管理渗透	32	职员管理系统	52	诊断中心
14	用户满意度调查	33	心理测验师	53	办公信息系统战略
15	积压任务压力	34	人类激励研讨班	54	项目生命周期
16	成功的开始	35	教师（Mentors）	55	项目选择
17	联合系统开发	36	职业路径	56	项目评估
18	信息资源产品管理者	37	系统入门培训	57	成本—效益分析
19	知识管理	38	“鹰（超人）”战略	58	标准手册
20	用户服务合同	39	守门人	59	“冰山”战略

续表

编号	战略	编号	战略	编号	战略
60	项目控制系统	63	后审（Post Audits）	66	公司政策
61	质量承诺	64	分布式处理控制者	67	供应商政策
62	项目实施	65	模型管理战略	68	战略管理的协同效应

资料来源：霍国庆．企业战略信息管理．北京：科学出版社，2001.

分析表2-2，可知他们的信息战略定位思想有如下特点：

（1）他们十分重视用户信息与信息工作为用户服务问题。他们提到“用户清单”“用户的信息管理渗透”“用户满意度调查”“用户服务合同”“顾客服务中心”“顾客取向的收费系统”“用户圆桌会议”7项明确的用户信息工作，这些具有战略意义的信息工作说明他们认为信息工作的未来应向如何做好用户服务方向发展。

（2）他们十分重视业务工作绩效和信息工作绩效问题。他们将“信息管理绩效报告和评估系统”“绩效报告”“计算机绩效评估”“关键成功因素”“成本—效益分析”和“人类激励研讨班”等纳入信息战略问题。这是因为他们非常看重计算机、信息工作在提高人们工作绩效方面的作用以及信息工作本身的绩效。

（3）他们尽管未明确列出互联网，但是还是列出了“计算机通信”“电话网络控制”等近似的概念。

（4）还有许多值得我们深入研究的、前瞻性很强的问题，如“冰山”战略、“鹰（超人）”战略、“特洛伊木马”战略和“战略管理的协同效应”等。

（二）信息资源管理理论

信息资源管理是20世纪80年代初开始在美国产生的新概念。到20世纪90年代初，信息资源管理在理论研究和实践方面均有很好的发展，其主要表现是企业等组织决策层里已开始设立专门负责信息资源管理的领导职位——首席信息官（CIO）。信息资源以其与决策紧密联系、极快的流动速度、载有潜在价值等为特点，成为日益重要的一种新的生产要素资源。

霍顿和马钱德是IRM（Information Resource Management）理论奠基人，他们关于IRM的理论要点如下：

（1）信息资源与人力、物力、财力等自然资源一样，都是企业的重要资源，因此，应该像管理其他资源那样管理信息资源。IRM是企业管理的必要环节，应该纳入企业管理的预算。

（2）IRM包括数据资源管理和信息处理管理。前者强调对数据的控制，后者则关心企业管理人员在一定条件下如何获取和处理信息，且强调企业中信息资源的重要性。

（3）IRM是企业管理的新职能，产生这种新职能的动因是信息与文件资料的激增、各级管理人员获取有序的信息和快速简便处理信息的迫切需要。

（4）IRM的目标是通过增强企业处理动态和静态条件下内外信息需求的能力，来提高管理的效益。IRM 追求“3E”（Efficient，Effective，Economical），即高效、实效、经济，“3E”之间关系密切、相互制约。

（三）战略信息系统理论

战略信息系统（Strategic Information Systems，SIS）是为组织确立竞争优势而提供支持的战略管理层次的信息系统。

战略信息系统是指运用信息技术来支持和全方位服务于企业总体战略规划，使企业确立或扩大市场竞争优势的计算机信息系统。1988 年战略信息系统开拓者之一、美国著名信息系统学者查里·魏斯曼（Charles Wiseman）在其出版的著作《战略信息系统》（*Strategic Information Systems*）中，通过大量的实例研究，总结和进一步规范了他早期提出的战略信息系统，认为战略信息系统是指运用信息技术来支持和体现企业竞争战略和企业计划，使企业获得和维持竞争优势，或者削弱对手的竞争优势；这种进攻与反攻形式表现在各种竞争力量的较量之中（如企业与供应商、销售渠道、顾客以及直接竞争对手之间为不同目的而展开的竞争），而信息技术可以打破这种平衡，使本企业获得竞争优势。

战略信息系统、信息战略规划的实施必须有一个权、责、利分明的组织，该组织应是在最高层领导的倡导和支持下，具有进取力和设置有 CIO 的信息战略规划团队。

五、信息战略规划的原则

（一）目标导向原则

组织信息资源管理总体目标必须和企业战略目标相一致。那种与实现组织总体目标无关或不切合实际的信息战略，只能把组织信息资源管理引入大量资金与人力投入的歧途，给企业发展带来巨大的负担。

（二）需求导向原则

组织经营中的关键业务和关键流程，往往对实现战略目标意义重大。信息战略必须正确识别这些关键业务和关键流程，正确识别组织战略各阶段对这些关键业务和流程的信息化需求，并从满足战略需求着眼，有重点、有针对性、有计划地进行规划。

（三）立足现实原则

实施信息战略不是简单的信息技术应用，信息战略需要与组织的实际情况相结合，需要与组织的具体发展阶段相结合，需要与组织的实际管理水平相结合。组织的信息战略规划必须立足于组织的现实，必须充分考虑组织当前的管理基础、技术基础和人力资源的信息素质基础等。

（四）适度超前原则

组织信息战略是一个不断发展的过程，一劳永逸的信息战略是不现实也不存在的。信息战略规划必须考虑组织管理水平和信息技术的发展，考虑组织发展环境变化给组织带来的影响和调整，适度超前可以保证信息系统在一定发展阶段内的先进性和可扩展性，以减少系统维护的成本，增强系统的生命力。

（五）高层领导参与原则

高层领导是组织战略的制定者，也是组织战略目标实现的主要责任者，他们的信息需求是制定组织信息战略的根本需求，他们对组织战略的理解比任何人都深刻、全面。因此，他们对判断信息战略与组织战略是否一致会更加准确，所以高层领导必须参与制定组织信息战略。

第三节　信息战略规划的主要内容与方法

信息战略管理过程包括信息战略分析、信息战略决策、信息战略实施与控制效果评价三个步骤。信息战略规划侧重于前两者，主要包括组织战略目标分析、外部信息环境和内部信息条件分析、信息战略方案制定、信息战略方案评价和信息战略选择等工作环节。信息战略规划的主要工作任务包括信息资源管理总体战略目标的确立、信息基础设施战略规划、信息系统战略规划和信息管理组织战略规划四项。本节按照这四项工作任务来讨论信息战略规划的主要内容和方法。

一、信息资源管理总体战略目标的确立

信息资源管理总体战略目标是以组织的使命、目标和战略为依据制定的，为组织信息资源建设与管理及其发展指明方向，为组织信息基础设施建设、信息系统建设和信息管理组织建设的发展方向提供准则。信息资源管理总体战略目标必须与组织的战略目标保持一致，对实现组织的战略目标起积极的支持作用。

由于影响组织信息战略制定与实施的内外部环境因素较多，不确定性问题较突出，一种能够准确确定组织信息资源管理总体战略目标的方法尚不存在。一个科学合理的信息资源管理总体目标的确定更多地取决于规划人员对组织内外环境及其发展趋势的正确估计和深刻理解，以及对目标及实现目标的可能性的智谋和远见。我们可以首先采用SWOT矩阵系统全面地分析组织信息资源建设与管理面临的外部机会和威胁、内部优势和劣势，然后采用战略集合转移法确定组织的信息资源管理总体战略目标。这样既能保证制定的信息资源管理总体战略目标与组织的发展方向保持一致，又能符合当前信息技术的发展且使实现该目标的可能性很大。

将SWOT分析和战略集合转移法联合使用，就是首先识别组织战略集，包括组织使命、目标、战略等，然后应用SWOT矩阵分析组织信息资源建设与管理面临的外部机会和威胁、内部优势和劣势制定信息战略集，最后将组织战略集与SWOT分析结果融合推导出信息资源管理总体战略目标，如图2-2所示。

（一）组织战略集构造

组织战略集由组织的使命、目标和战略组成。组织使命是描述组织是什么、为什么存在、属于什么行业以及它对社会能做出的贡献；组织目标是在组织使命的驱使下，组

织运作欲达到的目的，这些目标可能是定量的也可能是定性的，但它们具有长期性、预见性和牵引性；组织战略是组织为实现目标而制定的总方针，是对影响其生存和持续发展的全局性、长期性的重大问题所制定的有针对性的策略和谋划。

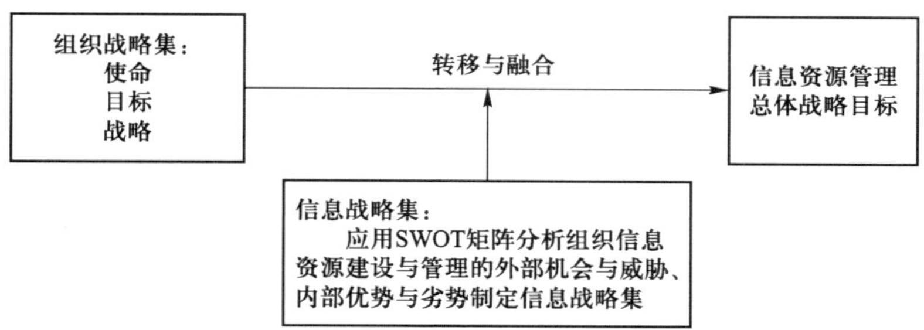

图 2-2　信息资源管理总体战略目标确立方法

构造组织战略集的步骤是：

第一，识别组织的使命、目标和战略，并对组织战略集进行分析和解释，得到与组织的使命、目标和战略密切相关的客户或团体，即关联组织。这些关联组织可能是客户、供应商、股东、政府和社会团体等。

第二，研究关联组织的信息需求。

第三，定义组织相对于每个关联组织的任务和战略。

第四，评审组织战略集。对获得的组织战略集、关联组织、关联组织的信息需求和组织相对于每个关联组织的任务和战略分解进行评审，以保证组织战略集的识别与分析结果的准确性。组织战略集评审一般由组织的最高层管理者会同有关的行业或管理专家甚至包括关联组织的最高层管理者来完成。

（二）信息资源建设与管理 SWOT 矩阵分析

组织信息资源管理总体战略目标除服从于组织战略集外，还受到组织信息资源建设与管理所面临的外部信息管理环境和内部信息管理条件的影响，因此制定组织信息资源管理总体战略目标必须分析组织信息资源建设与管理所面临的外部环境和内部条件。使用 SWOT 矩阵可以识别组织信息资源管理所面临的外部机遇和威胁，理清组织内部的优势和劣势。

组织信息资源建设与管理 SWOT 矩阵分析的步骤是：

第一，调查研究组织信息资源建设与管理所面临的外部机会和威胁。外部环境的影响因素主要包括国家政策、法规、信息化战略，信息技术发展趋势，所在行业的信息化水平，所在行业的信息化建设的先进技术和障碍、经验和教训，竞争对手的信息战略等。分析这些因素对组织信息资源建设与管理提供的机会和可能构成的威胁，为制定能够利用机会避开威胁的信息战略提供依据。

第二，分析组织信息资源建设与管理的内部优势和劣势。内部条件的影响因素主要包括管理水平、管理的思想和方法、领导的信息利用意识和信息价值观、人力资源的信息素质、信息技术应用现状和水平、内部信息管理组织的完善程度、内部信息管理制度的制定与执行情况、信息标准化程度、信息系统的应用情况、信息资源的积累等。分析这些内部因素发现组织信息资源建设与管理的内部优势和劣势，为能够制定扬长避短的信息战略提供支持。

第三，使用 SWOT 矩阵，比较分析这些外部机会和威胁、内部优势和劣势，制定出具有竞争性的信息战略集。

（三）信息资源管理总体战略目标确立

用组织战略集过滤信息战略集，并加以融合形成与组织战略集相一致的信息资源管理总体战略目标。

二、信息基础设施战略规划

组织信息基础设施战略规划是指对支撑组织信息技术应用的基础设施的建设加以规划。研究信息技术应用与组织战略的关系，根据组织信息资源管理和信息化建设的总体目标，确定信息技术应用与组织业务活动和管理的匹配关系，明确组织信息技术应用的当前需求和发展趋势，规划其支撑环境，即信息基础设施。组织信息基础设施战略规划主要是对支撑组织信息技术应用的计算机网络系统、操作系统和数据管理技术进行规划。

（一）计算机网络系统规划

1. 网络需求分析

网络需求分析是网络规划的基础，认真分析组织信息资源管理的发展目标，从近期和长期的需求出发，分析信息资源管理对计算机网络的分布范围、功能、速度等方面的要求。网络需求分析一般从应用系统需求、信息点需求及分布、网络流量等多个方面考虑。

2. 建网目标和策略

根据网络需求分析，一般从系统可靠性、传输速度、资源共享范围、可扩充性、网络管理和安全、Intranet（企业内部网）和 Internet 应用模式等方面考虑。

3. 主干网设计规划

主干网是连接组织主要建筑物（如大楼、分厂等）之间的网络。计算机网络设计主要应从网络的拓扑结构、传输介质和 MAC（介质访问控制）协议三个方面进行优化，构成不同应用规范和功能的标准网络体系结构。目前，比较典型规范的计算机局域网标准有快速以太网和 ATM（异步传输模式）等。根据组织的地理分布情况、信息化应用基础和发展需求，选择一种性能价格比较高的方案。

4. 各建筑物内局域网或网段的设计规划

各建筑物内局域网或网段的设计主要包括拓扑结构和布线方案设计。拓扑结构设计决定各建筑物内局域网或网段连接主干网的方式，布线方案决定各建筑物局域网的物理走线方式和原则。根据建筑物内信息点的分布方式以及与主干网的连接方式，采用 PDS（结构化综合布线）进行设计。

5. 远程接口设计规划

远程接口分两类：一类是组织内部的远程用户接口；另一类是组织与外部的联系接口，目前主要是与 Internet 相连。对于组织内部的远程用户上网访问，如职工在家里上本组织网、采购员在外地上本组织网等，可以采用 Internet 接入方式。组织接入外网目前一般采用专线方式接入 Internet，专线的方式有 DDN①、X. 25②、ISDN③、宽带接入等。

6. 异地网络连接方案规划

目前，与异地网络连接方式有：租用光缆连接两地；租用电信网 DDN、ATM 专线入网；通过 ISDN/ADSL④/宽带方式连接。后两种方式均可通过 Internet 连接建立 VPN⑤通道。

7. 网络管理规划

随着大型企业计算机网络的应用深入，其网络管理和维护越来越复杂。对网络管理软件的选择和配置也是网络设计的一个重要组成部分。网络管理软件是网络管理工具，一般具有自动发现网络拓扑结构和网络配置、智能监控并进行相应处理和告警、多厂商集成、用户接口友好等特征。目前网络管理软件很多，著名的有华为公司的 eSight、中兴通讯的 NetNumen、HP（惠普）公司的 Open View、3COM 公司的 ISO-View、Sunsoft（升阳）公司的 Sunnet Manager、Microsoft（微软）公司的 System Management Server、Cisco（思科）公司的 Cisco Works 等，这些网管软件都各有其优缺点，可以结合网络硬件类型加以选择。

8. 网络安全规划

随着 Internet 应用的深入，计算机网络安全性设计越来越成为一个十分重要的问题。对于连入 Internet 的组织内部网，可通过不同级别的防火墙措施实现内部与外部的隔离保护。防火墙是位于两个网络之间执行控制策略的系统，用来限制外部非法（未经许可）用户访问内部网络资源和内部非法向外部传递信息，而允许那些授权的数据通过。防火墙可以是软件或硬件，或者两者并用。企业网络建设应充分考虑网络的安全，采取不同的防火墙控制策略，保证网络信息安全，免受外界的攻击和防止重要信息的外泄。

9. 关键设备选型策略

计算机网络设备的选型对系统的速度、升级、可靠性等有着重要的意义。计算机网络关键设备有主交换机、二级交换机、服务器、路由器等。网络设备选型一般遵循如下原则：可靠性高；可扩展性、可升级性好；性能价格比高；生产厂商实力雄厚，售后服务良好。根据这些原则确定关键设备选型策略，如自主可控策略、国产为主策略、高可靠性策略等。

---

① DDN 指数字数据网，即平时所说的专线上网。

② X. 25 是一种使用电话或 ISDN 作为网络硬件设备来架构广域网的网络协议。

③ ISDN 指综合业务数字网。

④ ADSL 指非对称数字用户环路。

⑤ VPN 指虚拟专用网络。

（二）操作系统规划

操作系统（Operating System，OS）是管理计算机资源和进一步发挥计算机功能的一组程序。它是组织信息系统的软件支撑环境。操作系统规划就是对组织使用的计算机操作系统选择进行规划，这对于组织信息系统建设和信息技术人才储备具有重要的指导意义。目前流行的操作系统及特点如下：

1. Windows

Windows 操作系统是 1985 年由微软公司推出的，其后不断发展形成的系列操作系统。其总体结构可以分为核心态（执行体）和用户态（保护子系统，即服务器进程，每个服务器进程有一个 API①）两部分。Windows 操作系统界面友好、操作简单易学，是目前最流行的操作系统。

2. UNIX

UNIX 是 1969 年 AT&T 公司贝尔实验室开发的多用户操作系统，其后被不同计算机厂商发扬光大，形成诸如 SUN Solaris、IBM AIX、HP UX、Compaq Tru64 UNIX 和 SCO UNIX Ware 等大家族。UNIX 是目前结构最严紧、功能最完善、安全性最高的操作系统，但其界面友好程度较低、使用复杂、会使用和管理的人较少，因此推广受到制约，主要适合大型应用，常与大型数据库管理系统 Oracle 联用。

3. Linux

Linux 是 1984 年由 Richard Stallman 组织开发的完全基于自由软件的多用户操作系统。它实质是 UNIX 的一个克隆版。Linux 的版本号分为内核与发行套件两套。内核是在 Linux 领导下的开发小组开发的系统内核的版本号，如 Linux 5. 17、Linux 5. 16 等；一些软件厂商将 Linux 内核同应用软件和文档包装在一起，并提供一些安装界面和系统设定与管理工具，从而形成发行套件，如 Ubuntu 20. 04、Fedora 38、Debian 12 等。Linux 具有免费使用、源代码开放、稳定性高、速度快、功能完善、硬件需求低、用户程序多、硬件支持广泛、软件兼容性好等优点。

4. 其他常用操作系统

IBM 公司的 OS/2（微机上运行的多任务操作系统）、zOS（IBM 的大型主机系统 z900 系列上运行的 64 位操作系统）、PC DOS（PC 操作系统），微软公司的 MS DOS（PC 操作系统），华为公司的 HarmonyOS，苹果公司的 iOS 和 iPadOS，Novell 公司的 NetWare 网络操作系统，Android 操作系统等。

（三）数据管理技术规划

随着计算机和网络技术的发展，数据管理技术出现了人工管理系统、文件系统、集中式数据库系统、分布式数据库系统、对象数据库系统和网络数据库系统等形式，这些形式分别适合不同的组织在不同时期的应用，组织实施信息资源管理，面临如何选择这些数据管理技术，制定其数据管理策略。在组织信息资源管理的不同阶段可以

① API 是指应用程序编程接口。

选择不同的数据管理技术，关键是如何无缝过渡；在不同的应用中也可以选择不同的数据管理技术，关键是如何保障不同应用间的信息畅通。这就是要进行数据管理技术规划的原因。

1. 人工管理系统

人工管理系统的数据不是保存在计算机中，而是存储在传统介质（如纸、胶片等）或人的大脑中。其缺点是存储介质占用空间大、存取速度慢、加工自动化程度低、传输和扩散困难等；其优点是不仅可以管理概率信息、确定性信息和偶然信息，而且可以管理模糊信息。这种数据管理形式常被用于决策支持系统来管理一些计算机难以管理而人擅长管理的模糊信息。

2. 文件系统

文件系统的优点为：数据以文件形式可以长期保存在外部存储器中；数据的逻辑结构与物理结构有了区别；文件组织形式多样化；数据可以与程序保持独立，并能够被重复使用；对数据的操作以记录为单位。

文件系统的缺点为：数据冗余；数据不一致；数据联系弱；数据存取单位太大；数据存取速度较慢。

文件系统对于长文本、音频、视频、图像、数据流等存储与管理仍然是较好的选择。

3. 集中式数据库系统

集中式数据库系统的优点为：采用数据模型表示复杂的数据结构；有较高的数据独立性；为用户提供了方便的用户接口；提供了数据库的并发控制、恢复、完整性和安全性等数据控制功能；对数据的操作支持以记录和数据项为单位，从而提高了数据存取的便捷性；集中存储，便于共享、集中管理、集中投资，提高数据安全可靠性。

集中式数据库系统的缺点为：数据库系统的优劣在很大程度上取决于数据库的设计；数据量巨大且存取集中，存取效率受到影响；系统庞大，数据存取权限管理复杂。

集中式数据库系统是目前各行各业建立信息系统的首选。

4. 分布式数据库系统

分布式数据库系统的特点为：数据库中的数据在物理上是分布在不同场地的服务器中，但在逻辑上是一个整体；各个场地既可以访问本地数据库，也可以访问异地数据库；各地的计算机由数据通信网络实现异地访问通信，而本地访问则无须远程通信开销。分布式数据库系统兼顾了集中管理和分布处理两方面的优点，因此受到大型应用者的青睐，但其实现和维护技术难度大、安全性投资大和相关人才短缺等缺点限制了其推广应用，主要用于一些特殊行业，如金融、保险等。

5. 对象数据库系统

随着数据处理应用不断深入，尽管层次、网状、关系数据库在很多领域的表现相当出色，但对于多媒体数据、多维表格数据、CAD（计算机辅助设计）数据等应用问题，仍然显得力不从心。对象数据库正是适应这种形势发展起来的。它是面向对象的程序设计与数据库技术结合的产物，主要适合一些涉及多媒体数据的特殊应用。对象数据模型能够完整地描述现实世界的数据结构，能够表达数据间的嵌套、递归等关系；具有面向对象技术的封装性（把数据与操作定义在一起）和继承性（继承数据结构和操作）等特点，提高软件的复用性。

6. 网络数据库系统

随着 C/S（客户机/服务器）结构、B/S（浏览器/服务器）结构和多层结构等软件体系结构不断发展，人们可以充分利用网络环境实现信息资源的有效利用。但在网络环境中，如何隐藏各种结构的复杂性，就出现了中间件。中间件是网络环境中实现不同的操作系统、通信协议和 DBMS（数据库管理系统）之间对话、互操作的软件系统，其中涉及数据访问的中间件有 ODBC（开放数据库互联）技术和 JDBC（Java 数据库连接）技术等。采用通信手段将地理位置分散的、各自具备自主功能的若干台计算机和数据库系统有机地连接起来组织广域网或 Internet 应用，采用 XML（可扩展标记语言）等标准，用于实现通信交往、资源共享和协同工作等目标，这就是网络数据库系统研究的问题。

三、信息系统战略规划

信息系统是组织信息资源建设与管理的核心内容，也是信息资源采集、组织、加工、检索、传输、利用和维护的重要工具。信息系统建设是组织信息资源建设与管理的关键，信息系统战略规划应充分考虑组织信息资源管理总体战略目标、内部业务流程、业务与管理人员对信息的需求，也应容纳先进业务流程和先进管理方法来提高组织信息系统的有效性。信息系统战略规划是一项复杂的任务，难度大，不确定程度高，需要科学的工作方法。目前常用的规划方法有企业系统规划法（Business System Planning，BSP）与关键成功因素法（Critical Successful Factors，CSF）。以下介绍 BSP 方法。

（一）BSP 方法的基本思想

众所周知，组织的结构和人员是处于经常的变动之中的，但是，其基本功能（或基本业务）则是相对稳定的。因此，从长远来看，信息系统建设必须针对组织的基本业务。切实理清组织的基本业务流程及其对信息系统的要求（包括信息结构和内容及信息管理功能）就能够指导信息系统建设，并且能够适应机构、人员等不断变化，保持信息系统的长期稳定和有效。BSP 方法就是基于这种需求而被提出的。该方法的基本出发点是：

第一，信息系统必须支持组织的目标。

第二，信息系统规划必须紧紧围绕组织的基本业务或核心业务。

第三，信息系统必须从全局出发全面考虑各个环节、各个层次的管理过程与信息需求。

第四，信息系统必须对整个组织提供完整的、一致的信息和信息服务。

第五，信息系统应当在组织的结构、人员发生变化时，保持其生命力。只要组织的基本业务（或核心业务）不变，信息系统就应该能够持续有效地为组织服务。

第六，信息系统建设需要贯彻统一规划、分步实施的原则。

（二）BSP 方法的实施步骤

第一，准备工作。建立 BSP 方法的组织机构，制定工作计划。

第二，调查研究。对组织结构、经营管理状况、业务过程等进行全面调查研究，也包括对同行业的信息技术应用状况和水平、国家政策、法规等外部环境的调查研究。

第三，定义业务过程。打破组织现有职能部门的限制，识别出组织的基本业务过程。

第四，业务流程重组。依据组织目标，对基本业务过程进行归并、组合和消冗，得到新的基本业务过程和管理功能组，据此对组织结构进行重组。建立过程/组织矩阵描述重组后基本业务过程和管理功能组与重组后的组织结构的联系。

第五，定义数据类。数据类是指支持一些业务过程所必需的逻辑上相关的数据，包括这些业务过程产生、控制和使用的数据。这些数据类分为存档数据类、事务数据类、计划数据类和统计数据类。以组织资源为基础，建立组织资源/数据类矩阵，识别组织的数据类，并对这些数据类加以描述。

第六，分析基本业务过程与数据类的关系，建立过程/数据类矩阵。过程/数据类矩阵也称为 U/C 矩阵，它以行表示业务过程，列表示数据类，行列交叉处填写业务过程和数据类的关系，字母 C 表示该业务过程产生该数据类，字母 U 表示该业务过程使用该数据类，空白表示该业务过程与该数据类没有关系。建立该矩阵时应将同一管理功能组中的业务过程集中连续排列，以减少下一步的工作量。

第七，确定系统的总体结构。两行或两列完整对调，调整业务过程和数据类的位置，使矩阵中的 C 最靠近对角线，U 相对集中。将表中有 C 的地方圈在一起，并命名构成子系统，框外的 U 说明子系统间的数据流。将子系统与数据流重新绘制成图，此图称为信息系统的顶层数据流程图，表述信息系统的总体结构。

第八，确定子系统开发的优先顺序。分析子系统间的数据流向即数据依赖关系，确定各子系统的前导子系统，按前导子系统由少到多和前导关系对子系统排序，即得子系统开发的优先顺序。

第九，编写规划报告，建立实施机制。

从以上的工作步骤可以看出，BSP 方法突出了全面性和长远目标，从而能够帮助组织理清信息系统建设的指导思想与思路。类似的方法还有总体数据规划方法、信息系统工程方法等，也都是试图从全局和基础上把握组织信息系统建设的全局和全过程，保证信息系统应用的长期稳定有效。

四、信息管理组织战略规划

信息战略的顺利实施，强有力的组织保证是必需的，因此信息管理组织战略规划也是信息战略规划的重要内容。信息管理组织战略规划的目的是为组织建立一支在最高层管理者的领导和支持下的强有力的信息资源建设和管理队伍，以及为组建信息管理部门指明方向和出谋划策。信息管理组织战略规划主要包括以下三个方面。

（一）高层信息资源领导规划

组织的战略目标是靠高层领导来组织完成的，高层领导对于信息资源的利用程度决定了信息战略实施的主要成效，因此组织必须建立一种机制来保障高层领导对信息资源的利用和管理支持，这种机制可以是建立组织 CIO、组建组织信息资源管理指导委员会或实施信息资源管理“一把手”原则等。也就是说，要么是高层领导直接参与信息资源管理，要么是信息资源管理领导进入高级管理层。

1. CIO 规划

现代 CIO 的职能包括直接参与高层管理决策，负责组织制定和实施信息战略，负责组织制定信息政策和信息基础标准，负责组织开发和管理信息系统，负责协调和监督各部门的信息工作，负责组织管理信息资源，负责管理信息管理部门。CIO 是目前组织信息资源管理领导体制中的最佳形式，通过规划设立 CIO 并保证其权力有利于组织信息战略的制定与实施，有利于组织战略目标的实现。

2. 组织信息资源管理指导委员会规划

如果组织设立 CIO 的时机尚不成熟，组织可以建立组织信息资源管理指导委员会对组织的信息管理部门与信息管理工作予以指导，保障组织信息资源系统建设取得成功。组织信息资源管理指导委员会是由组织负责人与若干代表组织内部各职能的高级管理者组成，指导委员会确立信息资源系统的优先级，并保证信息资源系统的功能可以满足组织的总体要求。其职能包括：制定组织信息资源系统发展方向；确定信息资源系统的规划与实施；确定信息管理组织结构；确定信息资源系统主要管理人员，并明确其权力与责任；明确信息资源系统的职能岗位与工作标准，确定相关的规章制度等。

3. 信息资源管理“一把手”原则规划

如果组织规模不大，可以由“一把手”兼职 CIO，担任组织信息资源管理的领导。这样有利于组织信息资源的统一管理和利用，有利于组织战略和信息战略的实施，缺点是分散“一把手”的精力，这可以通过加强信息管理部门建设来弥补。

（二）信息资源管理部门规划

为了使得组织的信息资源建设与管理的具体工作有良好的组织保障，组织必须对信息管理部门进行规划，规划其结构、规模和职能发展趋势，选择合适的管理体制，制定相关考核标准。

（三）信息资源管理队伍规划

组建一支优秀的、富有创新精神的信息资源管理队伍是组织信息管理工作成败的关键。组织在不同发展时期对信息管理队伍的需求是不同的。根据实现组织信息资源管理总体战略目标的需求和信息管理部门规划的需要，合理规划组织信息资源管理队伍的规模及其专业结构、技术结构、知识结构、能力结构、学历结构、学缘结构和年龄结构的发展趋势。信息资源管理队伍规划的优劣对于既能保证组织信息资源管理总体战略目标的顺利实现，又不会出现人浮于事或人才浪费的现象具有重要的影响。

思　考　题

1. 组织为什么要进行信息战略规划?
2. 简述信息战略规划的主要理论。
3. 进行信息战略规划是否要坚持“一把手”原则？为什么？
4. 信息战略规划主要包括哪些内容?
5. 信息战略规划有哪些主要方法？分别适合何种场合？
6. 举例说明如何对一家企业进行信息战略规划。

即测即评

第三章 信息管理计划

高附加值的信息是企业发展、政府主动、国家富强、社会进步的关键因素之一，但浩若烟海的信息，只有经过有效获取、科学加工、规范组织、合理利用和有序管理，才能成为可利用的资源。信息作为一种资源，从管理学观点来看，其管理基本职能包括计划、组织、领导和控制，其中计划是组织、领导和控制职能的龙头。信息管理计划普遍存在于组织信息管理的每个层次、每个部门和每个环节，是为了保证信息战略规划制定的目标能够得以实现而制定的行动纲领和依据，为组织信息管理总体战略目标的实现提供强有力的保证。

你可以从本章了解到：

1. 管理的计划职能
2. 信息资源计划
3. 信息系统建设计划
4. 信息系统开发项目计划管理方法

第一节　计划职能概述

一、计划与计划工作

计划是指用文字、图表和指标等形式所表述的关于组织内部以及组织的不同部门和不同成员在未来一定时期内的行动方向、内容和方式安排的管理文件，是为了实现决策所确定的目标预先进行的行动安排。

所谓管理的计划职能，就是在战略规划的指导下为组织及其下属机构确定具体工作目标，制定为达到目标的行动方案，并制定各种计划，使各项工作和活动都能围绕预定目标去开展，从而达到预期的效果。在政治、经济、技术和其他因素发生重大变化时，计划能够为组织提供适应环境变化的手段和措施，及时调整和适应。

（一）计划的内容

计划的基本职能是明确目标，保证组织工作有效。计划的内容可用“5W1H”来概况，就是预先决定做什么、为什么做、怎么做、何时做、谁去做和怎么做。

（二）计划工作的性质

（1）计划工作聚焦于实现总目标和一定时期的分目标。

（2）计划工作具有主导性。

（3）计划工作具有普遍性。

（4）计划工作具有前瞻性。

（5）计划工作具有创新性。

（6）计划工作要追求效率和效益。

（三）计划的作用

（1）预防未来的不确定性和情况变化，使管理由事后、事中走向事前。

（2）集中注意力于目标，指引工作方向。

（3）经济合理地管理，降低工作消耗，提高工作效率和有效性。

（4）提供控制标准，计划和控制易于融合。

（四）计划的分类

（1）按计划的表现形式可以分为宗旨、目标、战略、政策、程序、规则、规划和预算。

（2）按管理层次可以分为战略计划和战术计划。

（3）按计划所涉及的时间可以分为长期计划、中期计划和短期计划。

（4）按计划内容的综合性可以分为综合计划和专题计划。

（5）按计划的明确性可以分为具体计划和指导性计划。

二、计划工作的方法与技术

（一）预测

预测（Forecasting）是以过去为基础，依据现有的已知条件对某一事物（或事件）的未来发展方向和发展动态进行科学的推测和估计。这种推测和估计不是凭空想象，而是运用数学或其他科学方法来推测和估计在将来可能出现的条件下，如果采取相应的措施和行动，将会发生什么样的变化，如果不采取措施和行动，又会发生什么样的变化。根据预测的结果，管理者就可以做出正确的计划和决策，对未来做出合适的安排和布置，实现预期的目标。

预测方法可以分为定性预测和定量预测两类。常用的定性预测方法有头脑风暴法、专家会议法和德尔菲法。定量预测方法包括简单平均法、加权平均法、移动平均法、指数平滑法和回归分析法等。

（二）预算

预算（Budget）是一种将资源分配给特定活动的数字性计划，是以货币和数量表示完成组织目标和计划所需资金的来源和用途的书面说明。预算是一种计划工具，它普遍用于各种组织和组织内部的各部门，编制计划涉及的资金预算等。预算是计划中至关重要的一部分。

预算的种类和方法很多，常用的有增量预算和零基预算。增量预算也叫传统预算，其思想是每个预算期间开始时，都以上一期的预算作为参考点，重点考察增加部分，这种方法深受计划者偏爱。零基预算是指对任何一个预算期，任何一种项目费用的开支，都不是从现有的基础出发，而是将所有还在进行的管理活动都看作重新开始，一切以零为基础，从零开始考虑各项目费用开支的必要性及其预算的规模。

三、计划的编制

制定计划必须采用科学的方法和策略，才能保证计划的科学性。计划编制工作主要有自顶向下层层分解和自底向上层层平衡两种策略。

按照不同的标准，可以把计划分成不同类型。不同类型的计划，其制定的程序也不尽相同。但一般说来，管理人员在编制计划时，都要经过以下八个步骤或环节，如图 3-1 所示。

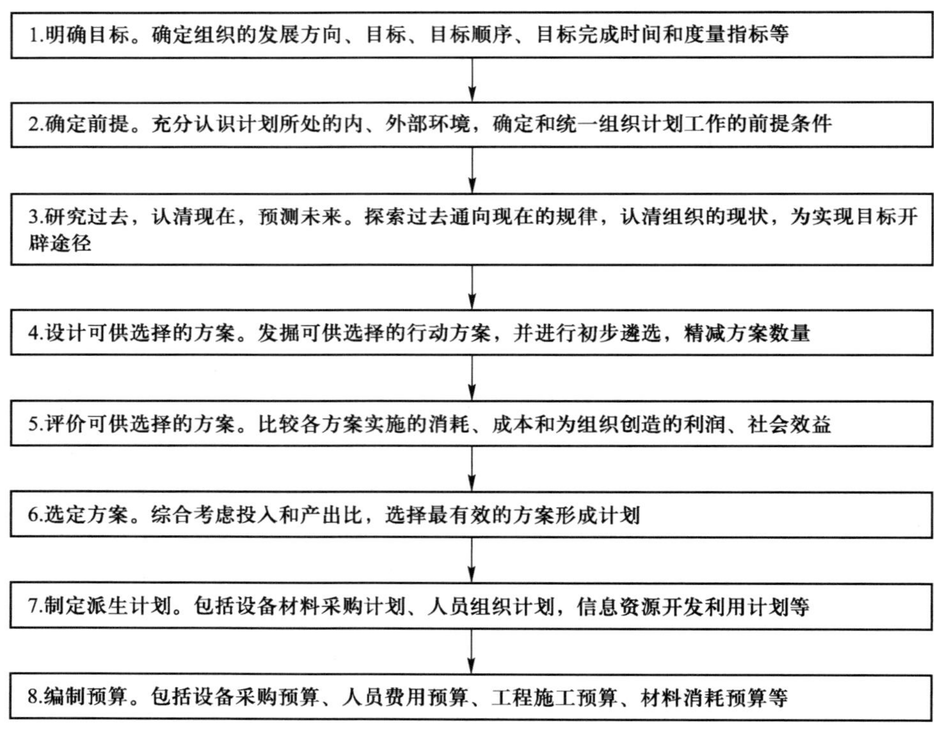

图 3-1　计划的编制过程

四、计划的实施与评价

计划编制与计划的组织实施并不是简单的先编制后组织实施这种逻辑顺序，二者往往交织在一起。战略计划的实施过程，通常就是战术计划的编制过程，因为战略计划靠战术计划去实现。而且长期计划的组织实施过程，包含中期和短期计划的制定过程与组织实施过程。计划的实施与评价过程属于管理控制职能，但由于实施与编制有时难以划分，交织在一起，因此产生了目标管理、滚动计划法和网络计划技术等集计划编制与实施于一体的管理方法。

（一）目标管理

目标管理是管理活动的中心。在整个管理过程中，应始终坚持以目标管理为基本原则。目标管理的基本思想可以概括如下：

（1）强调管理应以目标为中心。

（2）强调管理是以目标网络为基础的系统管理。

（3）强调管理是以人为中心的主动式管理。

（二）滚动计划法

滚动计划法是组织根据计划的执行情况和环境变化定期修改未来的计划，并逐期向前推移，使短期计划和中期计划有机地结合起来。由于在计划工作中很难准确地预测将来影响组织活动的政治、经济、文化、技术等各种变化因素，而且随着计划期的延长，这种不确定性就会越来越大，尤其对于信息技术，这种变化表现更甚。因此，如果组织机械地按过去制定的计划去执行，可能导致巨大的错误和损失。滚动计划法就是因此而产生的，顺应未来的变化。滚动计划法以近细远粗或短细长粗为原则，逐步逼近，实现组织的目标。

（三）网络计划技术

网络计划技术的基本思路是把一项工作或项目分解成各种作业，并分别计算出完成这些作业所需的时间或代价，然后根据作业顺序进行排列，通过网络图对整个工作或项目进行统筹规划和控制，以便用最少的人力、物力和财力资源，以最快的速度，最大限度地利用信息资源来完成这项工作或项目。在网络计划技术中，关键就是网络图。所谓网络图就是用带箭头的线段（称为箭线）将任务分解成的若干作业按照发生先后顺序连接起来的图。

第二节　信息资源计划

一、信息资源计划的概念

信息资源管理的目的是通过加强组织内外信息流的畅通和信息资源的有效利用来提

高组织的效益和竞争力。为此，需要制定信息资源计划。

所谓信息资源计划，就是指对组织活动中所需要的信息，从采集、处理、传输到使用和维护的全面计划。IRP 是信息资源计划（Information Resource Planning）的简称，是组织信息管理的主计划。要使组织的每个部门内部、部门之间、部门与外部单位、组织与外部环境的频繁、复杂的信息流畅通，充分发挥信息资源的作用，必须进行统一的、全面的信息资源计划。例如，汽车制造生产企业，无论是汽车设计、材料零配件采购、加工制造和总装，还是销售和客户服务等过程，无不充满着信息的产生、流通和运用，欲科学地进行管理，不可缺少计划。

二、信息资源计划的目的和作用

目前，有些企业（特别是大型集团企业）投以巨资建立起来的计算机网络、各种生产自动化控制系统和经营管理信息系统，由于缺乏计划，致使设计、生产和经营管理信息不能快捷流通，信息难以高度共享，形成了许多“信息孤岛”，远没有发挥信息化投资的效益。这种严重的“数字鸿沟”问题，许多人熟视无睹；有的人开始关注了，但没有解决办法，或者解决问题的方法不当。

另外，一些企业准备引进和实施企业资源计划（ERP）、制造执行系统（MES）、客户关系管理（CRM）和供应链管理（SCM）等管理软件，但见到或听到的是一些管理咨询无效、管理软件实施失败的案例。项目实施虽然也经过调研、考察、培训、研讨和评审，但由于系统性和全面性不够或方法不当，导致仍然没有形成明晰的思路。

要解决上述问题，需要引入信息资源计划。通过信息资源计划，可以梳理业务流程，搞清信息需求，建立企业信息标准和信息系统模型。用这些标准和模型来衡量现有的信息系统及各种应用，符合的就继承并加以整合，不符合的就进行改造优化或重新开发，从而积极稳步地推进企业信息化建设。

信息资源计划的目的是建立组织信息资源管理基础标准、信息系统功能模型、数据模型和体系结构模型，用以指导建设集成化、网络化的信息资源系统。

信息资源计划的作用如下：

第一，全面进行规范的信息资源建设需求分析，规范化表达运作层、管理层和决策层的信息需求，为有计划、有步骤地进行信息资源开发利用做好准备。

第二，通过系统数据建模，理清现有信息资源的不一致、冗余和复杂接口等问题，建立适应新的信息需求的规范化数据结构，为解决“信息孤岛”问题，改造和建立高档次的数据环境打下坚实基础。

第三，在系统建模过程中优化管理业务流程，以信息化支持管理创新，进一步提高管理工作效率和质量。

第四，采用相关的软件工具，建立基于网络的组织信息资源库，用以规范全面的信息系统建设，并为建立长效的计算机辅助设计与管理打下基础。

第五，在信息资源计划实施过程中，培训业务人员，使其掌握信息资源开发利用的基本知识和技能，形成组织自己的信息资源建设和管理队伍。

三、信息资源计划的工作内容

信息资源计划是在信息战略规划的基础上，为组织信息资源建设和管理制定的详细工作方案，以指导和规范组织未来的信息资源建设和管理。围绕信息资源管理总体目标进行分解细化，其主要工作内容包括定义职能域，分析职能域业务、职能域数据，建立信息资源管理基础标准、信息系统功能模型、信息系统数据模型、信息系统体系结构模型（如图 3-2 所示），以及编制一些保障信息资源管理与利用的专题计划（分计划）等。信息资源计划的制定与实施是一个循环往复、不断完善的过程。

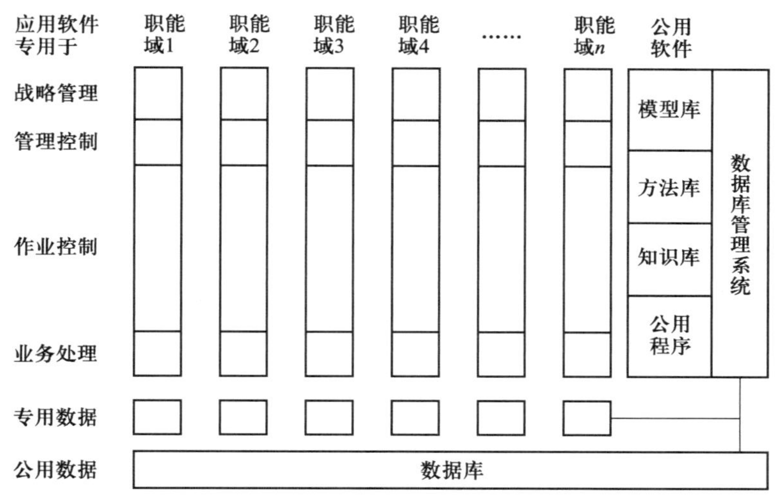

图 3-2　信息系统体系结构模型的概念模式

（一）定义职能域

按信息工程方法论（IEM）中关于信息资源计划要面向全部职能域（职能域是指相关的管理功能组合）或主要职能域的原则，信息资源计划的职能域定义应以组织的主要业务过程为重点，覆盖组织的所有职能，而不是当前职能部门的翻版。

各职能域的具体划分和定义需经过认真研究和评审，最后由主管领导确定，并具体列出各职能域与当前职能部门的覆盖关系。

（二）分析各职能域业务

分析定义各职能域所包含的业务过程，识别列出各业务过程所包含的业务活动，形成组织的管理业务模型。

（三）分析各职能域数据

对每个职能域绘出一二级数据流程图（Data Flow Diagram，DFD），从而搞清楚职能之间、职能域内部以及职能域与组织外部环境间的信息流；分析并规范用户视图（单证、报表、屏幕表单等）；进行各职能域的数据存储与输入/输出数据流的量化分析。

（四）建立信息资源管理基础标准

组织信息资源管理基础标准包括数据元素标准、信息分类编码标准、用户视图标准、概念数据库标准和逻辑数据库标准。

（五）建立信息系统功能模型

基于需求分析和业务流程重组进行系统功能建模。系统功能模型由逻辑子系统、功能模块、程序模块组成，是系统功能结构的规范化表述。

（六）建立信息系统数据模型

系统数据模型由各子系统数据模型和全域数据模型组成。数据模型的核心部件是“基表”（Base Table），这是由数据元素按“第三范式”（3NF）组织的数据结构，是系统数据集成和信息共享的基础。

（七）建立信息系统体系结构模型

将信息系统功能模型和数据模型融合到一起，形成信息系统体系结构模型。图3-2给出了信息系统体系结构模型的概念模式，不同组织的信息系统体系结构模型都是其一个子集或变种。

（八）编制信息资源计划的分计划

信息资源计划的分计划包括信息收集计划、信息加工计划、信息存储计划、信息利用计划和信息维护计划等专题计划。

四、信息资源计划书的主要内容

（一）目标

目标来源于信息战略规划制定的信息资源管理总体目标。

（二）环境分析

环境分析包括技术环境、管理环境和社会环境等。

（三）业务和技术分析

1. 全域分析

全域分析具体包括全域的业务模型、用户视图一览表、数据流程图、功能模型、数据模型、信息系统体系结构模型、信息分类编码一览表、数据元素集和基表一览表等。

2. 职能域分析

职能域（子系统）分析包括各职能域的数据流程图、业务模型、用户视图及组成、数据流（输出与输入数据流量化分析）、数据存储（量化分析）、功能模型、数据模型等。

（四）资源需求

资源需求包括人、财、物和信息资源需求。

此外，信息资源计划书还包括组织与领导、跟踪与控制机制、预算和专题计划要点等内容。

五、专题计划

为保证组织信息资源计划的顺利完成，必须制定相应的信息资源管理的日常管理专题计划，可以按年度或月度制定，用以控制和考核日常信息管理工作。从信息的生命周期来看，信息从产生到失效，经历了收集、加工、存储、利用和维护等阶段。因此，在信息资源日常管理过程中可以通过信息收集计划、信息加工计划、信息存储计划、信息利用计划和信息维护计划等来落实信息资源计划。

（一）信息收集计划

按照信息资源主计划或战略规划提出的目标制定信息收集计划，旨在有计划、有目的地集成信息，组织信息，丰富组织的信息资源库。信息收集计划是为了获得对组织决策有用的信息而预先安排的行动方案，一般可按年或季度制定，作为日常信息采集和收集工作的行动纲领和评价标准。有时也会为了某个特定目的制定专项信息收集计划。

（二）信息加工计划

信息加工是对获取的信息采用适当的方法进行加工提炼以揭示新信息，这些新信息更加贴近组织决策目标，具有更高的价值，并且这些新信息是信息资源的源泉。未经过加工的原始信息对组织决策的贡献是微弱的，信息只有经过加工，才能发掘其使用价值。同样的信息资源，采取不同的信息处理方法和管理控制手段，所获得的有用信息是不同的。所以在信息的日常管理过程中，必须围绕组织决策，制定信息加工计划，旨在有效地发现和挖掘对组织有用的信息。

（三）信息存储计划

无论是收集的原始信息，还是经过加工获得的信息，为了能够长期保存或为更多人有效便捷共享，都必须借助于特定的介质按照事先设计好的形式存储。同时，信息利用、信息加工、信息传输等都以信息存储为前提。没有信息存储，就谈不上信息资源，信息资源的利用也就更无从谈起了。信息存储计划是关于信息组织、信息筛选、信息安全、信息备份与恢复、历史信息转储与信息存储介质规划和管理的计划。

（四）信息利用计划

信息的收集、加工和存储，甚至包括维护，其目的都是为了信息利用。信息利用计划是信息管理人员制定的，规定组织的所有管理人员按其权限共享信息，完成其工作任务。虽然信息是取之不尽、用之不竭的资源，但是信息资源管理过程中需要的设备、介质、能源、技术和人等其他资源是有限的。因此，滥用信息不仅造成资源浪费，而且会产生严重的副作用，影响决策效果。所以对于信息利用，日常必须制定合理的计划，加以管理控制。

（五）信息维护计划

信息有生命期，从信息产生、被采集获得开始，到信息存储、加工、传输、利用，直至最后消亡。信息资源和其他资源不同，其他资源利用往往从一种形态转化为另一种形态，同时原形态自动消亡，而信息资源的加工和利用，往往是产生新信息，原信息并不自动消亡。这本是信息资源的优点，但同时也是缺点，因为最终会导致信息爆炸，耗费存储信息的其他资源，会影响信息资源的使用速度和效率，甚至导致信息根本无法利用。当然，增加投资会有所改观，但这种改观会随时间流逝、信息积累而显得苍白无力。

从信息的特征可以看出，信息会随时间变化和科学技术等的发展变得过时，部分变得无用。这些无用信息就不再是信息资源，而是信息垃圾。另外，由信息的定义可知，信息是对客观事物的运动状态和变化的描述，客观事物是运动的、变化的，因而描述其运动状态和变化的信息也是变化的，这也要求对信息进行维护。

因此，信息维护计划是关于整理信息、修改信息、清理信息垃圾等工作的计划。

第三节　信息系统建设计划

信息系统（Information System，IS）是进行信息资源管理和利用的重要手段和工具，利用信息系统可以把信息资源计划中确定的信息资源管理基础标准、信息系统功能模型、数据模型和体系结构模型转化为可操作的系统，科学地对信息资源进行管理和利用，为实现组织的目标服务。在知识经济时代，信息瞬息万变，我们甚至可以说信息系统是信息资源管理的唯一可行的手段或工具。因此，很多人认为信息管理就是信息系统建设和管理，目前大部分的信息管理方面的书也都是基于这种观点的。由此可见，信息系统对于信息资源开发和利用的重要性。

一、信息系统建设简介

信息系统是由人、硬件、软件和数据资源组成，能及时和正确地收集、加工、存储、传递和提供信息的系统，它能实测组织运行情况、预测未来、辅助组织决策、控制组织行为，帮助组织实现目标。具体来说，信息系统由计算机、计算机网络、系统软件、数据库管理系统、数据库、信息系统应用软件以及开发、维护和使用系统的人员共同组成。

我们不仅要把信息系统看作一个能给管理者提供帮助的、基于计算机的人机系统，而且要把它看作一个社会技术系统，将信息系统放在组织与社会这个背景去考察，并把考察的重点，从科学理论转向社会实践，从技术方法转向使用这些技术的组织与人，从系统本身转向系统与组织、环境的交互作用。

不难看出，信息系统是一个复杂的系统工程，包括网络工程和软件工程等，通常我们把信息系统建设看作一个信息工程项目。信息工程项目与一般工程项目相比，有相似之处，也有许多特殊性。结合工程项目管理和软件工程的思想，信息系统建设一般需经过系统规划、系统分析、系统设计、系统实施和系统运行与维护等阶段。如图 3-3 和图 3-4 所示，图 3-3 给出了基于生命周期法的信息系统建设的逻辑过程，图 3-4 描述了基于生命周期法的信息系统建设与管理的详细过程。

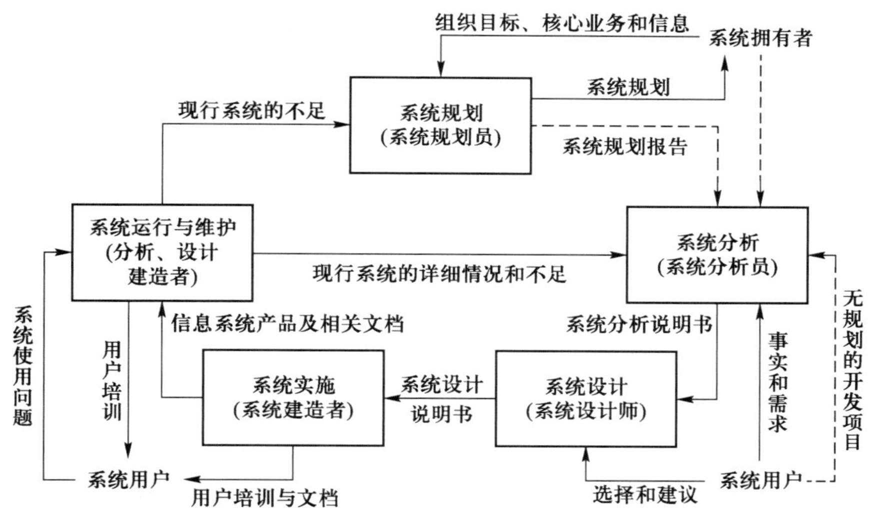

图 3-3 基于生命周期法的信息系统建设逻辑过程

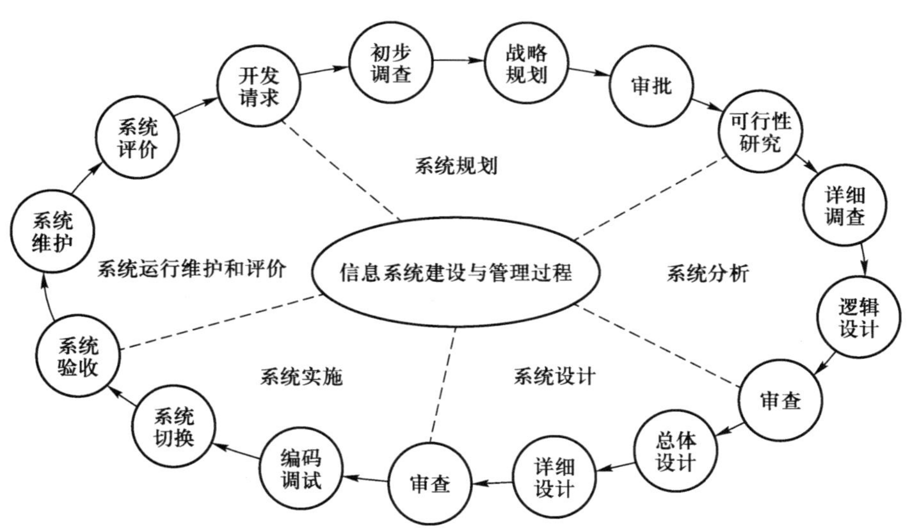

图 3-4 基于生命周期法的信息系统建设与管理过程

系统规划阶段主要是根据组织信息资源管理的总体目标确定组织信息系统建设的目标和总体结构；系统分析阶段主要依据系统规划提出的系统目标和总体结构，研究用户的详细信息需求，提出系统的逻辑方案；系统设计阶段依据系统的逻辑方案，设计系统的物理方案，一般又分为总体设计和详细设计，内容包括计算机网络集成方案、系统软件配置方案、应用软件详细设计方案等；系统实施阶段是将系统的物理方案变成现实，包括设备材料采购、网络施工、网络系统调试、应用软件程序编码、程序和系统测试、信息准备、系统安装、人员培训等；系统运行与维护阶段主要包括系统运行的日常管理如数据备份、用户定义与权限分配、运行状况记录和分析等与系统运行过程中遇到的障碍排除如网络故障修复、应用软件错误改正、数据库错误修复、管理需求变化响应等工作。通常我们把系统分析、系统设计和系统实施合在一起称为系统开发。

为了使得这些工作能够有序开展，工作效率尽可能地提高，在信息系统建设过程中必须把计划工作放在首位。

二、信息系统建设计划的内容

信息系统建设计划是指组织关于信息系统建设的行动安排和纲领性文件，内容包括信息系统建设的工作范围，对人、财、物和信息等资源的需求，系统建设的费用预算，进度安排及网络图编制和相关的专题计划等。

（一）工作范围

信息系统建设计划的第一个任务就是确定信息系统建设的工作范围，即信息系统的用途和对系统的要求。主要包括系统的功能、性能、接口和可靠性四个方面。计划人员必须使用管理人员和技术人员都理解的无二义性的语言描述工作范围。

系统的功能描述应尽可能具体化，提供更多的细节，因为这是系统的成本和进度估算的主要依据。系统性能是指系统应达到的技术要求，比如信息存取响应速度、数据处理精度要求、信息涉及的范围、数据量的估计、关键设备的技术指标、系统的先进性等。一般来说，进行成本和进度估算，需要将功能和性能联合考虑。

接口（Interface）一般分为硬件、软件和人三种。硬件是指运行信息系统的网络硬件环境，包括服务器、交换机、工作站、外围设备和连接线路等。软件是指信息系统运行和开发必需的系统软件和支持软件，如操作系统、数据库管理系统、开发工具等。此外，软件还包括构成信息系统的一些成熟的商品化应用软件。人是指系统开发人员和系统使用人员。系统开发人员包括系统分析人员、系统设计人员、程序员、网络施工人员、设备安装人员、测试人员等；系统使用人员包括系统维护人员、操作员和利用系统获取信息及辅助决策的管理人员。

系统可靠性是系统的质量指标，包括硬件系统和软件系统的质量。一方面是指系统对信息的存储、加工和分析处理的误差不影响管理人员决策；另一方面是指系统安全性高、故障率低或可恢复性强等。

（二）资源需求

工作范围确定以后，接下来就是确定所需要的资源。信息系统建设对资源的需求由低级到高级可以用金字塔来描述，如图 3-5 所示。在底层，是支持开发和运行软件系统的硬件环境；在中间，是开发和运行应用软件的软件环境；在高层，是最重要的资源——人员。无论哪种资源，都需要描述三个属性。第一是关于人、软件和硬件的描述，如需要哪种水平的人，什么样的硬件和软件；第二是开始时间；第三是持续时间。后两个特征可以看作时间窗口。

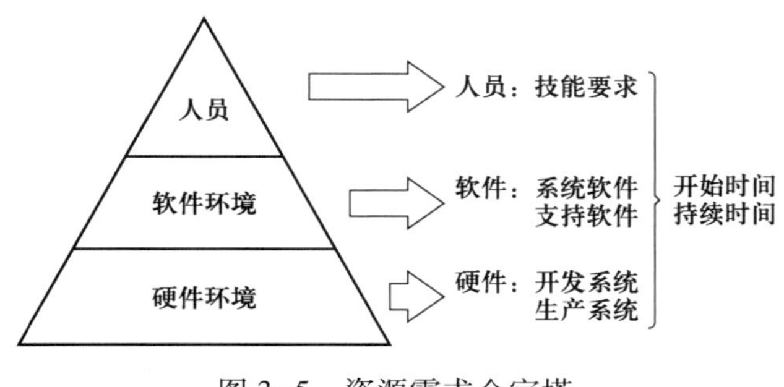

图 3-5　资源需求金字塔

信息系统建设，尤其是大型信息系统建设，人员是最重要的资源。在系统建设过程中的不同阶段，不同人员参与的程度不同，其分布如图 3-6 所示。

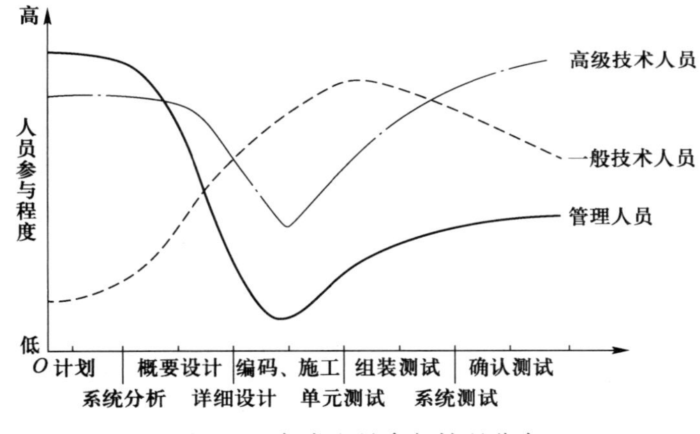

图 3-6　各类人员参与情况分布

（三）费用预算

信息系统建设计划中的一项非常重要的内容就是建设费用预算，预算以成本估算为基础。信息系统的建设成本主要包括网络环境建设成本、系统软件购置成本、应用软件开发或购置成本和使用费用等。网络环境建设成本、软件购置成本依据系统建设的技术方案和市场行情以及国家的工程施工费用计算标准，易于估算，使用费用可以统计。而软件开发的成本估算相对比较困难，国内外对此都有许多研究成果，但尚未形成一套完善的标准。因为影响软件开发成本的因素太多，如人、技术、环境、时间、市场和政治因素等。软件成本估算的关键是对软件开发工作量进行估算，有关方法我们将在后续章节中介绍。

（四）进度安排

计划离不开进度安排，信息系统建设计划也不例外。其关键在于对各环节所需时间的估计，网络系统施工、设备采购、软件采购等所需时间的估计只需考虑施工现场的环境、施工进度、采购的供应时间等，而且这些不构成系统建设的瓶颈，可以和信息系统软件开发并行。而真正难以确定进度安排的和费用估算一样，仍然是软件开发。对软件开发的时间进行估算，最终又转化为对软件开发工作量的估算。

现在我们来看一下如何对工作量进行分配和安排计划进度。

从信息系统建设的整个生命周期来看，如果把信息系统的生命期划分为开发期和使用维护期，信息系统开发约占总工作量的 40%，信息系统使用维护约占总工作量的 60%。对大量信息系统建设进行统计，得到信息系统建设的各阶段工作量如表 3-1 所示。

表 3-1　信息系统建设各阶段的工作量分配

阶　　段	工作量的百分比（%）
系统分析	30
概要设计	7
详细设计	20
编码	18
单元测试、组装测试和确认测试	15
网络施工和调试	5
系统测试	3
系统安装	2

表 3-1 所列数据只是一种统计结果，对于某个具体系统可能有所变动，不能生搬硬套，但可以此为指导，具体情况具体分析。

另外，普雷斯曼（R. S. Pressman）关于软件开发工作量分配提出了 40-20-40 的原则，即前期工作（计划、分析、设计）占 40%，编码占 20%，后期工作（测试、调试）占 40%。虽然对于信息系统软件开发来说，有些出入，但仍然对信息系统开发的各阶段工作量分配有借鉴意义。该原则强调应重视前期和后期工作。前期工作容易被忽视，主要原因是管理人员往往认为编码才是工作的开始，他们不了解前期工作的重要性，技术人员常常也急于编码，认为写出代码就算完成任务了。后期工作也容易被忽视，大部分人认为编码出来就算完事了，对测试工作要占这么大的工作量没有思想准备。所以应制定好进度计划，要求管理人员控制技术人员按计划完成任务。

进度安排是信息系统建设计划工作中一项最困难的任务，计划人员要把可用资源与项目工作量协调好，要考虑各项任务之间的相互依赖关系，尽可能并行安排某些工作，预见可能出现的问题和项目的瓶颈，并提出处理意见。最后制定出计划进度表，其格式如表 3-2 所示，其中完成任务所需时间是根据工作量来估计的。

表 3-2　计划进度表

时间 任务	1	2	3	4	5	6	7	8	9	…	m
任务 1											
任务 2											
任务 3											
任务 n											
工作量总计										…	

（五）网络图

采用网络计划技术编制网络图，确定关键路径。

（六）专题计划

信息系统建设过程中为保证某些细节工作能够顺利完成，并保证工作质量，常制定一些专题计划。这些专题计划包括质量保证计划、配置管理计划、测试计划、培训计划、信息准备计划、系统切换计划和系统维护计划等。

三、信息系统建设计划编制中的关键技术

（一）软件开发工作量和时间的估算方法

软件开发的总时间和总工作量的估算策略有两种。一种是自顶向下，即首先对整个项目的总开发时间和总工作量进行估算，然后分解到各阶段、步骤和工作单元；另一种是自底向上，即首先估计各工作单元所需的时间和工作量，然后相加，得到各步骤和阶段直至整个项目的总工作量和总时间。无论采取哪种思路，都会使用一定的方法，常用的有以下三种。

1. 专家估算法

专家估算法依靠一位或多位专家，对要建设的项目做出估计，其准确程度取决于专家对估算项目的定性了解和经验。该方法适宜于自顶向下的策略。

2. 类推估算法

对于自顶向下策略，类推估算法是将要估算的项目的总体指标与类似项目进行直接比较从而获得结果。对于自底向上策略，类推估算法是将具有相似条件的工作单元进行比较获得估算结果。

3. 算式估算法

经验表明，软件开发的人力投入 M 与软件项目的指令数 L 存在如下关系：

$$M=\frac{L}{P} \tag{3-1}$$

其中，P 为常数，单位为指令数/人日。使用该公式，必须用专家估算法和类推估算法估算指令数 L 和 P 值。而且其中 L 是源指令数还是目标指令数、是否包含未交付的试验指令，P 值如何选择、是否包括系统分析、是否包括质量保证和项目管理等，难以界定。因此式（3-1）实际使用存在许多困难。大量的研究发现，对式（3-1）稍作修改，得：

$$E=rS^{c} \tag{3-2}$$

式（3-2）却与实际统计数据惊人一致，该式也被称为幂定律算法。其中，E 为到交付使用为止的总的开发工作量，单位为人月；S 为源指令数，不包括注释，但包括数据说明、公式或类似的语句；常数 r 和 c 为校正因子，若 S 的单位为 10^3 条，E 的单位为人/月，则 r 一般在 1~5 内取值，c 的取值为 0.9~1.5。

（二）软件开发工作量和时间的经典估算模型

1. IBM 模型

1977 年，沃尔斯顿（Walston）和菲力克斯（Felix）对 IBM 联合分部负责的 60 个项目进行统计分析，用最小二乘法拟合，得到下列估算公式：

$$\begin{aligned}
&E=5.2S^{0.91}\\
&D=2.47E^{0.35}\\
&P=0.54E^{0.6}\\
&DOC=49S^{1.01}
\end{aligned} \tag{3-3}$$

其中，E 为工作量，单位为人/月；D 为项目持续时间，单位为月；P 为工作人员数，单位为人；DOC 为文档页数；S 为源代码行数，单位为 10^3 条。

2. SLIM 模型

1979 年前后，普特曼（Putman）对 50 个较大规模的软件系统成本进行估算研究，提出 SLIM 估算公式：

$$\begin{aligned}
&K=\frac{S^3}{C_k^3T_y^4}\\
&E=0.4K
\end{aligned} \tag{3-4}$$

其中，S 和 T_y 分别表示可交付的源指令数（单位为 10^3 条）和开发时间（单位为年）；K 是整个软件生存期内的总工作量，E 为总开发工作量，单位为人年；C_k 是根据经验数据确定的常数，表示开发技术的先进性级别。如果软件开发环境较差，没有采用一定的开发方法，缺少文档和评审管理，则取 $C_k=6\ 500$；如果软件开发环境一般，采用适当的开发方法，有文档和评审管理，则取 $C_k=10\ 000$；如果软件开发环境很好，采用自动生成工具和技术，文档管理自动化，评审程序化，则取 $C_k=12\ 500$。

3. COCOMO 模型

1981 年，勃姆（Boehm）公布了他的结构性成本模型 COCOMO（Constructive Cost Model）。其基本计算公式为：

$$E=rS^{c}$$

$$T=aE^{b} \tag{3-5}$$

其中，E 为总开发工作量，T 为总开发时间，S 为源指令数。r、c、a 和 b 为常数，取决于软件的类型。

Boehm 定义了三种形式的 COCOMO 模型，分别为基本 COCOMO 模型、中间 COCOMO 模型和详细 COCOMO 模型。

表 3-3 和表 3-4 分别列出了基本 COCOMO 模型和中间 COCOMO 模型的常数。它们应用自顶向下的策略确定工作量。

表 3-3　软件成本估算的基本 COCOMO 模型常数

软件类型	r	c	a	b
结构型	2. 4	1. 05	2. 5	0. 38
半独立型	3. 0	1. 12	2. 5	0. 35
嵌入型	3. 6	1. 20	2. 5	0. 32

表 3-4　软件成本估算的中间 COCOMO 模型常数

软件类型	r	c	a	b
结构型	3. 2	1. 05	2. 5	0. 38
半独立型	3. 0	1. 12	2. 5	0. 35
嵌入型	2. 8	1. 20	2. 5	0. 32

详细的 COCOMO 模型采用自底向上的策略，首先把系统分为子系统、模块等层次，然后估算底层模块的工作量，逐层向上求和，最后获得整个系统的工作量。

COCOMO 模型被广泛用于实际，信息系统应用软件大部分属于结构型，少数是半独立型。

在实际应用中，常用影响软件工作量的重要影响因素加以修正，即：

$$\text{实际工作量} = E \times \prod_{i=1}^{15} f_i \tag{3-6}$$

f_i 为影响因素的作用值，各因素的作用值如表 3-5 所示。

表 3-5　影响软件工作量的重要因素的作用值

成本影响因素 f_i		非常低	低	正常	高	非常高	超高
产品因素	软件可靠性	0.75	0.88	1.00	1.15	1.40	
	数据库规模		0.94	1.00	1.08	1.16	
	产品复杂性	0.70	0.85	1.00	1.15	1.30	1.65
计算机因素	执行时间限制			1.00	1.11	1.30	1.66
	存储限制			1.00	1.06	1.21	1.56
	虚拟机易变性		0.87	1.00	1.15	1.30	
	环境周转时间		0.87	1.00	1.07	1.15	
人员因素	分析员能力		1.46	1.00	0.86		
	应用领域实际经验	1.29	1.13	1.00	0.91	0.71	
	程序员能力	1.42	1.17	1.00	0.86	0.82	
	虚拟机使用经验	1.21	1.10	1.00	0.90	0.70	
	程序语言编程经验	1.41	1.07	1.00	0.95		
项目因素	现代程序设计技术	1.24	1.10	1.00	0.91	0.82	
	软件工具的使用	1.24	1.10	1.00	0.91	0.83	
	开发进度限制	1.23	1.08	1.00	1.04	1.10	

（三）功能模块工作量的成本估算方法

在信息系统应用软件开发过程中，最常用的办法是将系统分解成子系统，子系统分解成模块，然后估算每个功能模块在软件开发各阶段的工作量。工作量的单位一般用人/月，也有少数用人/年和人/日。考虑软件开发各阶段的工作性质和对人力资源技术要求不同，确定各阶段单位工作量成本，从而估算出软件开发成本。其总成本计算公式为：

$$C = \sum_{i=1}^{N} C_i = \sum_{i=1}^{N} E_i P_i \tag{3-7}$$

其中，C 为总成本，N 为模块数，C_i 为 i 阶段成本，E_i 为 i 阶段工作量，P_i 为 i 阶段单位工作量成本。

下面，通过某汽车配件销售信息系统开发的成本估算，说明该方法的估算步骤。估算过程和结果如表 3-6 所示。

【例】　假设有一家汽车配件公司向顾客供应汽车配件，顾客是汽车用户或是汽车修配厂，配件公司的货源来自各种不同的配件制造工厂或批发商。顾客可以当时购买，也可以预先订货，公司负责托运。该公司拥有顾客 7 000 多户，经营的汽车配件有 8 000 多种，每一品种有若干种规格，总计约有 2 万种规格。如果考虑到同品种、同规格，但是不同厂家制造的零配件，则有 6 万多种。这家汽车配件公司年销售额约 1.5 亿元，职工 600 余人。公司主要业务是处理顾客的订货要求、收款、开发票、配送汽车配件，配件不足从供应商处批发进货。

表 3-6　某汽车配件销售信息系统开发成本估算表

功能模块	系统分析	系统设计	代码编写	测试	总计
采购管理（人/月）	4.5	4.0	3.0	3.5	15.0
销售管理（人/月）	7.0	4.5	5.5	4.5	21.5
库存管理（人/月）	8.5	6.0	7.0	10.0	31.5
会计账务（人/月）	4.0	3.5	2.5	2.0	12.0
工作量汇总（人/月）	24.0	18.0	18.0	20.0	80.0
单位工作量成本（元/人/月）	8 000	6 000	3 000	2 000	
成本（元）	192 000	108 000	54 000	40 000	394 000

该汽车配件销售系统的开发成本估算步骤如下：

（1）确定软件开发方法，划分开发阶段。本例将软件开发分解为系统分析、系统设计、代码编写、测试四个工作阶段，其中系统分析和设计阶段包括项目工作计划和测试计划的编制过程。

（2）划分功能模块或子系统。大型信息系统可先分解成子系统，再将子系统分解成模块，模块再分成子模块，然后自底向上，分层估算。本例直接将系统分解成采购管理、销售管理、库存管理和会计账务 4 个模块。

（3）确定每个功能模块的工作量。对每个功能模块分阶段估算其工作量，即完成该任务所需要的人月数。

（4）确定各阶段单位工作量成本。根据各阶段的工作性质、所需人员的技术等级、国家和地区的薪酬标准、合理利润率和市场供给关系等，估算单位工作量成本。本例假定开发单位位于合肥市。

（5）统计各阶段的工作量和成本，计算总工作量和总成本。

（四）开发进度估算办法

前面介绍的内容，重点是对软件工作量的估算，有些未对开发时间做出估计。这里着重讨论开发时间与工作量之间的关系，进而安排工作进度。

假设开发工作量估算值为 E，如果在规定的 T 时间内完成，则和需要投入的人力 M 之间应满足 $M=E/T$。但是，软件项目的工作量和开发时间往往不能相互独立，Brooks 定律指出这种现象的最极端情况是：为计划不合理的项目增加人员只会越增越乱，甚至会使进度更慢。

一些研究人员发现，开发时间和开发工作量之间满足：

$$T = aE^{b} \tag{3-8}$$

其中，a 和 b 为经验常数，习惯上 E 的单位为人/月，T 的单位为月，$a \in [2,4]$，$b \in [0.25, 0.4]$。

由式（3-8）可以看出，软件开发时间和软件开发工作量的 0.25~0.4 次幂成正比，就是说要花很高的代价才能使开发时间稍有缩短，其下限是 $b=1/4$，正好与 Putman 的 SLIM 模型相吻合，表明此时无论增加多少人员，也不能提高开发进度。因为增加的这一部分工作人员的工作量都消耗在保持项目人员之间通信的开销上了。

信息系统应用软件开发各阶段的进度安排可参照表 3-7。

表 3-7　信息系统应用软件开发各阶段的进度分配

阶　段	占总开发进度的百分比
系统分析	20%~40%
系统设计	15%~25%
代码编写	15%~40%
测试	20%~25%

四、信息系统建设计划任务书格式

信息系统建设计划任务书的格式如下：

1　引言
- 1.1　计划的目的
- 1.2　范围和目标
  - 1.2.1　范围描述
  - 1.2.2　主要功能
  - 1.2.3　性能
  - 1.2.4　管理和技术约束

2　估算
- 2.1　使用的历史数据
- 2.2　使用的评估技术
- 2.3　工作量、成本、时间估算

3　日程
- 3.1　工作分解
- 3.2　进度表（甘特图）
- 3.3　预算表

4　资源
- 4.1　人员
- 4.2　硬件和软件
- 4.3　特别资源

5　人员组织
- 5.1　组织结构
- 5.2　管理方法

6　跟踪和控制机制
- 6.1　质量保证和控制
- 6.2　变化管理和控制

7　专题计划要点

五、专题计划

（一）软件质量保证计划

在进行软件开发前，应制定《软件质量保证计划》。目前较常用的是 ANSI/IEEE STOL730—1984、983—1986 标准，包括以下内容：

1 计划目的 2 参考文献 3 管理 3.1 组织 3.2 任务 3.3 责任 4 文档 4.1 目的 4.2 要求的软件工程文档 4.3 其他文档 5 标准和约定 5.1 目的 5.2 约定 6 评审 6.1 目的 6.2 评审	6.2.1 软件需求的评审 6.2.2 设计评审 6.2.3 软件验证和确认评审 6.2.4 功能评审 6.2.5 物理评审 6.2.6 内部过程评审 6.2.7 管理评审 7 测试 8 问题报告和改正活动 9 工具、技术和方法 10 媒体控制 11 供应者控制 12 记录、收集、维护和保密 13 培训 14 风险管理

（二）配置管理计划

软件配置管理（Software Configuration Management，SCM）是在项目开发中，标志、控制和管理软件变更的一种管理。配置管理的使用取决于项目规模和复杂性以及风险水平。软件的规模越大，配置管理就显得越重要。

该计划用于对信息系统项目进行软件配置管理，提高软件质量，降低软件开发成本。参照 ISO9000 标准，其主要内容如下：

1 引言 1.1 目的 1.2 术语定义 1.3 参考资料 2 软件配置 2.1 软件配置环境 2.1.1 服务器软件环境 2.1.2 硬件环境 2.1.3 配置管理客户端 2.2 软件配置项	2.3 配置管理员 3 软件配置管理计划 3.1 建立示例配置库 3.2 配置标志管理 3.3 配置库控制 3.4 配置的检查和评审 3.5 配置库的备份 3.6 配置管理计划的修订 3.7 配置管理计划附属文档 4 阶段任务完成标志表

（三）测试计划

这里所说的测试，主要是指整个信息系统应用软件的组装测试和确认测试。该计划包括每项测试活动的内容、进度安排、设计考虑、测试数据、测试设计说明以及评价准则。具体的内容如下：

1 引言	⋮
1.1 编写目的	3 测试设计说明
1.2 背景	3.1 测试 1（标识符）
1.3 定义	3.1.1 控制
1.4 参考资料	3.1.2 输入
2 计划	3.1.3 输出
2.1 软件说明	3.1.4 过程
2.2 测试内容	3.2 测试 2（标识符）
2.3 测试 1（标识符）	⋮
2.3.1 进度安排	4 评价准则
2.3.2 条件	4.1 范围
2.3.3 测试资料	4.2 数据整理
2.3.4 测试培训	4.3 评价尺度
2.4 测试 2（标识符）	

（四）其他计划

除上面介绍的三个专题计划外，还有一些专题计划，如网络施工计划、培训计划、信息准备计划、系统切换计划和信息系统维护计划等。这些计划比较简单，主要是围绕人力、财力和物力资源的调配、工作进度安排、评价标准等方面来编制，这里不再一一介绍。

思 考 题

1. 组织为什么要制定信息资源计划？主要涉及哪些内容？
2. 信息资源计划中的分计划有哪些？并简述其作用。
3. 信息系统建设计划包括哪些内容？其难点是什么？
4. 试归纳软件开发的工作量和时间估计方法。
5. 信息建设计划包括哪些主要的专题计划？各起什么作用？
6. 试编制某企业信息系统建设计划。

即测即评

第四章 信息管理组织

20 世纪 90 年代以来，随着经济全球化、网络化和知识化的推进与信息处理技术的快速发展，计算机网络、信息系统的功能日益增强，信息与知识成为组织的重要资源，组织的信息管理成为组织获得成功的关键因素和必须重视的战略问题。计算机信息处理技术的复杂性要求从事信息资源的开发、维护、操作与管理人员必须具备专门知识，由此形成了信息管理专业人员的岗位、信息管理职能部门和能承担信息技术外包业务的信息管理专业公司。信息资源系统是一个不断发展变化的系统，信息资源系统的这一动态特征决定了信息管理组织的基本结构。信息管理组织的结构形式也受整个组织的结构形式的影响。信息技术的迅速发展，要求信息管理组织应具有较高的环境适应性与学习能力，虚拟组织、团队组织、网络化组织、学习型组织等组织形态的精神也渗透到信息管理组织中。

你可以从本章了解到：

1. 管理的组织职能
2. 信息管理组织的职责
3. 信息管理组织的典型结构设计
4. 信息管理组织的人力资源开发与管理

第一节　组织职能概述

一、组织

（一）组织的含义

组织可以从组织实体、组织工作和组织职能等方面来理解。组织实体是指具有确定目标、结构和协调活动机制的与一定社会环境相联系的社会系统，如学校、医院、企业等。组织工作是指为了达到一定的目的，以某种形式按任务对做事的人进行系统安排，并形成工作秩序。组织职能是组织工作和组织实体的集合。

（二）组织的特征

1. 整体性特征

整体性特征反映整个组织的总体特征，包括组织规模、组织目标、组织文化和组织技术等。

2. 结构性特征

结构性特征反映组织的内部特征，包括组织复杂性、权力层级、集权化、规范化、专门化、标准化、职业化、人员比例等，它们为衡量和比较组织提供了基础。

3. 环境特征

环境特征主要反映组织系统边界之外的各种因素。环境可分为宏观环境与微观环境。宏观环境的特点是作用时间长、较难改变，如社会制度、社会文化、风俗习惯、经济发展水平等。微观环境的特点是作用时间较短、较易改变，如与组织相关的客户、供应商、竞争者、金融机构和社会团体等。

（三）组织的有效性

组织的有效性就是组织实现目标的有效程度。它包含两个方面：一是指组织的效率，即组织实体的输入与输出比值；二是指组织的效益，即组织运作过程中其目标任务的完成程度。组织管理的重要目的就是提高组织的有效性。

二、组织理论及其发展

组织理论是揭示组织和行为方式及其规律的科学。在社会实践中寻找这些规律，并加以归纳、总结，以利于指导今后的组织实践活动。

组织理论与管理理论和管理组织的社会实践活动密切相关，在管理活动的理论与实践中孕育了组织理论。组织理论随着管理理论与实践的发展而发展。组织理论形成于20世纪初，其发展经历了以下三个阶段和具体时间：

（一）古典组织理论

（1）1911 年，美国的泰罗（Frederick W. Taylor）的科学管理组织理论。

（2）1916 年，法国的法约尔（Henri Fayol）的一般组织管理理论。

（3）1924 年，德国的韦伯（Max Weber）的官僚制组织理论。

（4）1937 年，美国的古利克（Luther Gulick）和英国的厄威克（Lyndall F. Urwick）的组织理论。

（二）以人为本的组织理论

社会生产力的发展对古典科学管理理论产生冲击，组织中人的问题日益突出。研究人的因素和行为对组织的影响及其相互关系吸引了众多的研究者，从而形成了以人为本的组织理论。

（1）1933 年，美国的梅奥（Elton Mayo）的人际关系组织理论。

（2）1943 年，美国的马斯洛（A. H. Maslow）的需要层次组织理论。

(3) 1948 年，美国的巴纳德（Chester I. Barnard）的组织要素与平衡理论。

(4) 1957 年，美国的麦格雷戈（Douglas M. McGregor）的组织行为动力理论。

(5) 1959 年，美国的赫兹伯格（Frederick Herzberg）的组织激励理论。

（三）现代组织理论

(1) 1970 年，美国的卡斯特（F. E. Kast）和罗森茨韦克（J. E. Rosenzweig）的系统权变组织理论。

(2) 1981 年，美籍日本人威廉·大内（W. G. Ouhi）的 Z 理论。

(3) 1995 年，美国的彼得·圣吉（Peter M. Senge）的学习型组织理论。

(4) 1996 年，美国的萨维奇（Charles M. Savage）的虚拟型组织理论。

三、组织结构

组织结构是指组织内关于部门、等级、职务及权力关系的一套形式化系统，它阐明各项工作如何分配、谁向谁负责及内部协调机制。组织作为一个开放型社会系统，其结构的形成受到多种因素的影响，如组织目标与战略、规模、技术环境、组织中个体差异、工作任务要求、工作能力与技巧等。组织结构的形成取决于组织管理决策的四项内容：劳动分工、部门化、控制跨度、集权与分权。

影响组织结构设计的因素主要包括外部环境、组织战略（组织目标与策略）、组织技术及规模等。权变理论强调，没有哪种组织结构是无条件最优的，只有充分发挥组织资源的作用，并且有利于组织目标实现的组织结构才是最理想的。因此，管理人员要明确这些影响因素与不同结构之间的关系，从而合理地设计组织结构。

常见的组织结构形式主要有直线结构、直线职能制、事业部制、矩阵结构、虚拟型组织、团队组织等。

四、组织文化

组织文化是指组织在长期的生存和发展中形成的、为本组织所特有的且为组织的多数成员共同遵循的宗旨、价值观、基本信念和行为规范等的总称。组织文化具有无形性、系统性、相对稳定性和连续性等特性。充分发挥组织文化的导向作用、凝聚作用、约束作用、激励作用、塑造作用和辐射作用，可以促进组织稳定和发展，实现组织目标。

五、组织变革与学习型组织

组织是一个开放的社会系统，组织与环境不断地进行信息、人员、物质、资金等资源的交换，为了适应环境的发展要求，组织的目标、战略、生产技术、信息处理技术、组织规模、组织文化等都在不断发展、变化。经济全球化、网络化、知识化与信息处理技术的发展对组织产生了深刻的影响，组织变革成为组织生存、发展不可忽视的重要问题，扁平化组织、团队组织、虚拟组织、学习型组织成为适应环境变化的引人注目的重要组织形态。

（一）组织变革

组织变革是组织为适应环境的发展要求、更高效率地实现组织目标，打破组织系统原有的稳定平衡状态，建立适应环境形势的新的稳定平衡状态，实现组织动态平衡的发展过程。组织变革的系统模型如图 4-1 所示。

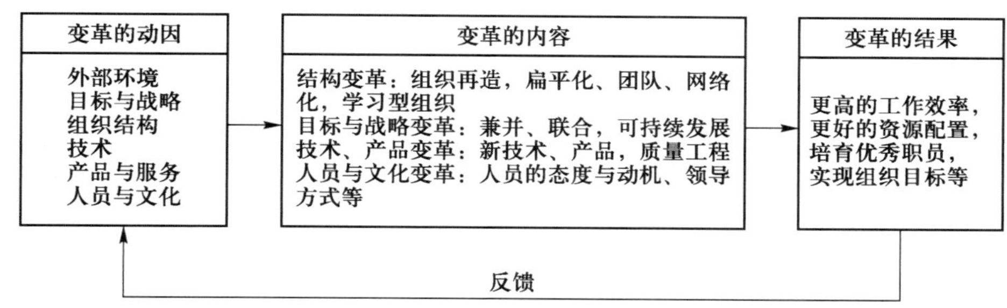

图 4-1 组织变革的系统模型

（二）学习型组织

组织环境的变化导致组织不断变革。那种能够认识环境、适应环境，进而能动地作用于环境的有效组织，我们便称之为学习型组织。学习型组织理论揭示善于应变组织的普遍规律与特征，探索组织学习、创造与发展的规律。学习型组织是组织形成竞争优势的重要源泉。面对复杂多变的竞争环境，组织领导者首要的任务是将传统的组织改造为学习型组织。

学习型组织理论中的“学习”是指组织成员对环境、竞争者和组织本身的各种情况的分析、探索和交流过程。它与传统的学习含义不同，不仅是指知识、信息的获取，更重要的是指提高自身能力以及对变化的环境做出有效的应变。学习可分为个人学习与组织学习两类。个人学习的目的是要完善和加深学习者对于组织的认识。组织学习可使成员重新认识这个世界、增长知识、集聚创造未来的力量，组织学习让成员能够做到从未做到的事情，组织学习让成员在组织中重新创造自我、实现人生价值。

第二节 信息管理组织的职责

20 世纪 60 年代，计算机开始被引入企业辅助管理人员进行业务处理，相关计算机技术人员为用户提供技术支持，帮助用户更有效地利用计算机资源。计算机信息处理技术的发展，以及在组织各项工作中的广泛应用，使组织能更好地收集情报、更快地做出决策、增强了组织的适应能力与竞争力。组织信息资源系统的规模日益增大，信息资源系统的组织管理日趋重要，信息管理组织成为组织中的重要部门，即信息管理部门。信息管理部门不仅要承担组织的信息系统组建、信息系统运行保障和信息系统的维护更新工作，还要向信息资源使用者提供信息与技术支持，以及培训等。综合起来，信息管理组织的职责包括信息系统研发与管理、信息系统运行维护与管理、信息资源管理与服务和提高信息管理组织的有效性四个方面。

一、信息系统研发与管理

信息系统是随着组织的发展而逐步完善的，信息系统提供给组织的各项决策服务，是组织进行信息资源管理的主要工具和手段。信息系统研发与管理是信息管理组织应具有的首要职能。信息管理组织要对组织的各项活动进行研究分析，确定组织信息系统的战略发展规划与工作计划。自主分析、设计、编制、测试和实施组织的信息系统以及对这些工作的管理；或者与信息技术专业公司建立战略合作伙伴关系，将信息系统的开发外包给专业公司进行，在此情况下，信息管理组织承担信息系统外包建设的监督、协调和管理工作。具体来说，信息系统研发与管理的职责如下：

（一）信息系统建设与发展战略规划

确定信息系统建设目标，把握信息系统的发展方向，明确信息系统建设的资源需求，确定信息系统的总体框架，编制信息系统涉及的相关标准和规范等。编写系统总体规划报告，组织评审并形成系统规划评审报告，制定系统开发计划，寻求合作伙伴，签订合作协议书。

（二）信息系统分析

全面调查、分析组织的业务流程和各种管理活动，明确信息管理需求，收集组织经营活动中的各种单据、票证、账本和文件等信息资源形式，绘制组织的信息系统流程图，编制组织的信息系统数据字典。编写可行性分析报告和系统分析说明书，组织专家论证形成系统分析审批意见。

（三）信息系统设计

根据系统分析说明书，组织进行总体设计、详细设计和编写设计文档。总体设计包括总体布局方案设计、应用软件总体结构设计、计算机系统集成方案设计和数据存储总体设计；详细设计包括代码设计、数据库设计、模块划分、输出设计、输入设计、用户界面设计和处理过程设计；编写设计文档包括编写概要设计说明书和详细设计说明书，组织评审形成系统设计评审报告，制定系统测试计划和系统实施计划。

（四）信息系统实施

组织实施计算机网络、编写程序代码、测试模块、测试功能、测试系统，编写系统切换计划，组织信息准备、培训和系统投入运行，编写系统测试报告和系统操作说明书，建立系统运行的相关规章制度。

（五）信息系统开发管理

在信息系统开发过程中，确定信息系统开发模式，优化调度各种资源。具体包括：合理安排和管理各种人员，如项目负责人、系统工作人员、程序员、操作员、硬件人员等；拟订各种工作计划，如项目工作计划、系统开发计划、测试计划、实施计划等；制定相应工作文件，如规章制度、操作流程、新业务流程等。

二、信息系统运行维护与管理

信息管理组织负责信息系统的安装、运行与维护、管理工作，保障信息系统正常运转，即负责设备、网络、软件和数据等的运行维护和管理。

（一）设备运行维护和管理

设备运行维护和管理包括对信息系统的核心计算机（数据服务器、软件服务器等）、终端计算机、网络设备、高级打印机和系统备份设备等的运行维护和管理。

（二）网络运行维护和管理

网络运行维护和管理包括对通信线路、网络安全、用户及其权限等的维护和管理。

（三）软件运行维护和管理

软件运行维护和管理包括系统软件和应用软件维护，其重点是应用软件的维护，它包括程序维护和数据结构维护，这些维护根据其性质不同可以分为纠错性维护（诊断和排除系统中的错误）、适应性维护（系统适应环境的变化）、完善性维护（系统适应用户需求的变化）和预防性维护（主动超前维护）。根据对各种维护工作分布情况的统计结果，纠错性维护约占21%，适应性维护约占25%，完善性维护约占50%，预防性维护约占4%，可见应用软件维护工作中一半左右都是完善性维护，因此完善性维护成为应用软件维护和管理工作的重点。

（四）数据运行维护和管理

数据运行维护和管理包括批处理工作的执行、分布式打印输出、集中数据录入、代码维护、数据整理、数据备份、数据恢复、历史数据转储、过期或失效数据的删除等工作。

三、信息资源管理与服务

信息管理组织既要负责收集组织的内部信息和与组织有关的外部信息，构筑和维护组织的信息资源，又要负责向组织内各用户提供信息和信息技术应用方面的咨询服务与帮助，协调和督促组织成员规范采集和合理利用信息资源。在硬件、软件和数据资源等方面对信息系统的使用者进行培训，为组织内各部门跨平台网络应用、计算机间数据交换和集中或分布式计算环境等提供培训和技术支持，使信息系统获得最大的成效。

四、提高信息管理组织的有效性

提高信息管理组织的有效性，即通过学习促进信息管理组织的改进与变革，使信息管理组织高效率地实现信息系统的研究开发与应用、信息系统运行和维护，向信息资源使用者提供信息、技术支持和培训等服务，使信息管理组织以较低的成本满足组织利益相关者的要求，高效率地实现信息管理组织目标，使信息管理组织成为适应环境变化的、具有积极的组织文化的、组织内部及其成员之间相互协调的、能够通过组织学习不断自我完善的、与时俱进的组织。

信息管理组织利益相关者是信息管理组织内部和外部与组织业绩有利益关系的集团和个人。每个利益相关者在组织中追求不同的利益，对信息管理的要求是不同的。对企业来说，信息管理组织的利益相关者包括股东、信息管理组织的成员、企业管理者、组织内信息用户、政府部门、债权人、供应商和客户等。利益相关者要求信息管理组织快速地提供相关的组织信息，并对信息管理组织有不同的有效性评价标准。股东注重信息管理组织的财务收益性；信息管理组织的成员希望自我实现并有好的工资待遇；企业管理者与组织内信息用户希望信息管理组织提供好的信息服务、方便地使用信息系统并能为其决策提供良好的支持；政府部门希望信息管理组织遵守法律、法规，提供真实可靠的信息；债权人、供应商希望有可靠的信用与合理的利润；客户希望信息管理组织提供关于产品和服务等方面的可信任的信息，以获得相应的实惠。

第三节　信息管理组织的结构设计

随着组织信息活动不断深入渗透，以及网络通信技术不断发展和完善，组织的信息管理组织形式出现了多样化，不同组织根据其信息资源规模、投资成本和安全性等因素做出了不同的选择。大中型组织由于信息资源规模庞大，会在组织内建立信息系统，组建自己的信息技术和信息资源管理队伍，建立系统性的信息管理组织。部分中小型的组织选择信息资源托管模式，即将信息系统建在技术力量雄厚、装备优秀、安全可靠的信息技术服务公司，依赖于信息技术公司的人才和设备完成信息资源管理，这样组织内的信息管理部门就可以简化，主要承担组织和信息技术公司的协调管理和信息资源管理与服务工作。

一、基本型的信息管理组织

依据信息管理组织的职责和组织结构设计理论，将职能部门化，可以设计出信息管理组织的基本结构，如图 4-2 所示。目前大多数企业都采用这种结构。

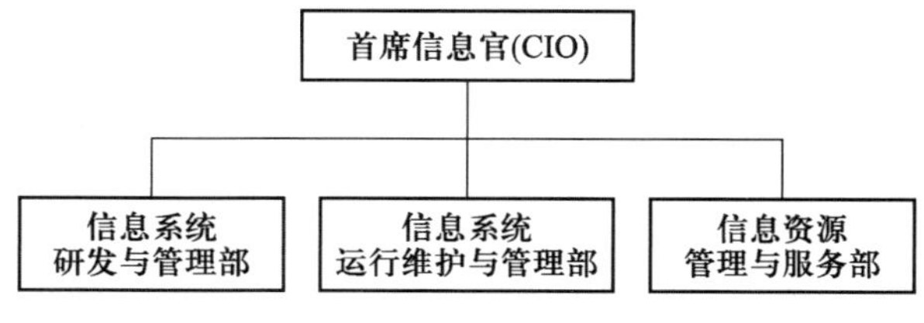

图 4-2　信息管理组织的基本结构

图 4-2 所示的结构是按信息管理部门的基本职责进行划分的，适合于中小型规模的组织或处于信息资源管理发展期的组织。CIO 是信息管理组织的负责人，其下属三个职能部门是信息系统研发与管理部、信息系统运行维护与管理部和信息资源管理与服务

部。具有一定规模的组织，其信息管理组织可按该结构设置，其好处是各个部门的职责分工明确，易于对信息部门进行管理与控制。当组织规模较小时可以将信息系统研发与管理部和信息系统运行维护与管理部合并为信息系统建设与维护管理部，甚至可以将三个分部合并为一个部门即信息管理部，更有甚者将信息管理部门设置在其他职能部门（如财务部或办公室等）下，但此时信息管理部门失去了独立性，难以发挥信息管理的作用。

二、矩阵式结构的信息管理组织

信息是组织活动的反映，组织的信息活动贯穿于组织活动之中。信息管理组织的结构形式受整个组织的结构形式的影响。信息系统组织的内部结构的确定，必须考虑协调好三方面的关系：处理好组织管理的灵活性、高效率与向用户提供高质量服务之间的关系；处理好对现存系统的维护与因用户需求和外界环境变化所导致的对系统更新之间的关系；处理好组织对信息管理组织责任与权力的设定和将信息资源的规划与组织的总体发展方向相协调的关系。矩阵结构较好地平衡了管理与用户两个方面的需求而被一些组织广泛采用，如图 4-3 所示。

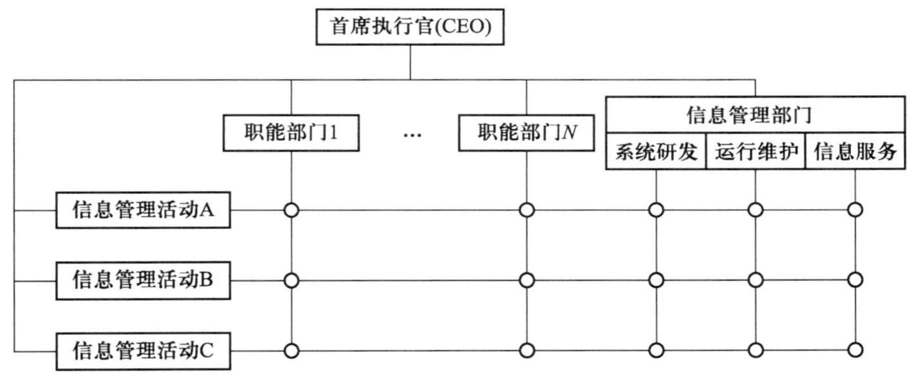

图 4-3　矩阵式信息管理组织结构

图 4-3 所示的结构是将组织信息活动与信息管理部门和其他部门融合在一起，利用信息管理活动的相互渗透明确各部门的信息管理职责，强调各部门协调配合开展信息管理工作。此结构的思想是组织的信息管理职责不仅是信息管理部门的职责，而且是组织内所有部门的职责之一，只有团结一致才能完成组织的信息管理目标。它体现了信息管理工作中必须坚持的“一把手”原则，适合于大中型规模的组织或处于信息资源管理成熟期的组织。

随着组织 CIO 机制的发展和成熟，很多大型组织将图 4-3 所示的信息管理组织结构变革为图 4-4 所示的结构。图 4-4 中从首席信息官到职能部门 1 至职能部门 N 之间的虚线表示分管这些部门的信息工作，而到信息管理部门和各信息活动的实线表示管理其所有工作。

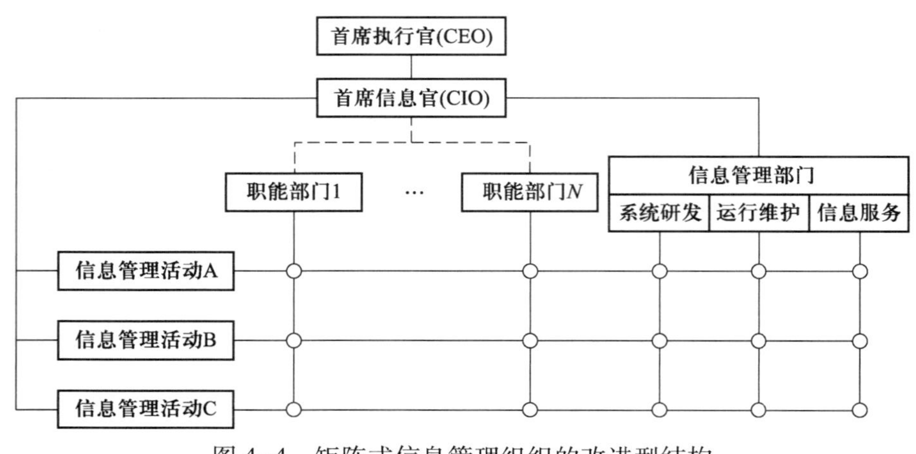

图 4-4　矩阵式信息管理组织的改进型结构

三、基于信息化领导小组的信息管理组织

有些组织在信息管理初期和发展期，CIO 机制尚不成熟，由组织的 CEO（首席执行官）直接分管信息管理工作，分散了 CEO 的精力，为此很多组织建立信息化领导小组或信息管理指导委员会来分担 CEO 的信息管理决策职责。信息化领导小组是组织信息管理的决策结构，领导信息管理部门，信息管理部门是执行机构，信息化领导小组和信息管理部门结合构成组织的信息管理组织（如图 4-5 所示），承担组织的信息管理职责。在组织内建立信息化领导小组对组织的信息管理部门与信息管理工作进行指导，往往有利于组织信息资源系统建设取得成功。组织信息化领导小组是由组织 CEO 与若干代表组织内各职能部门的高级管理者组成。信息化领导小组负责确立组织信息资源管理的目标和优先级等，并保证信息资源系统的功能可以满足组织的总体需求。

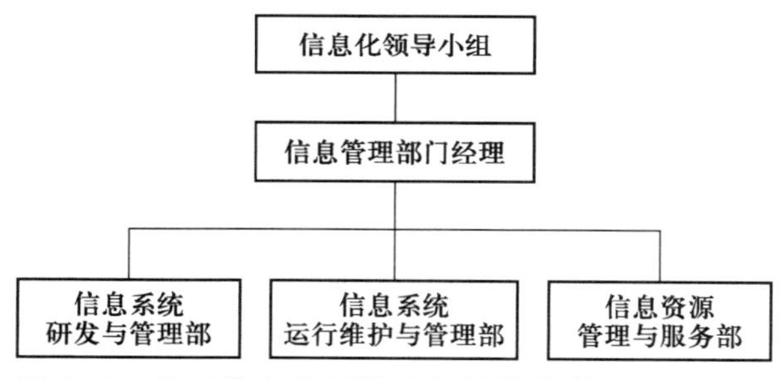

图 4-5　基于信息化领导小组的信息管理组织结构

信息化领导小组（或信息管理指导委员会）的主要职责如下：

第一，指引组织信息管理的发展方向。明确组织的战略信息需求，确定组织的信息管理发展战略，并把组织的信息管理发展战略和组织的总体战略结合起来。

第二，组织信息资源系统的规划与实施。制定组织信息资源系统发展规划，确定信息资源系统建设的资金预算，确定信息资源系统建设过程中组织内部的资源分配。

第三，确定信息管理组织的结构和职责。确定信息管理组织的基本结构，明确信息管理组织在组织中的地位和职责。

第四，确定信息管理部门的主要管理人员，并明确其权力与责任。

第五，明确信息管理部门的职能岗位与工作标准，确定相关的规章制度。

四、面向信息资源托管的信息管理组织

广域网技术的发展和专业型信息资源托管服务公司的产生，尤其是云计算应用的日趋成熟，为中小型组织信息资源系统建设提供了新的途径，信息资源托管将会成为中小型组织信息资源系统建设的首选，这样一方面解决了中小型组织信息资源系统建设专业技术人才难留的问题，另一方面解决了中小型组织信息资源系统建设投资大、安全性差、资源平均利用率低、全天候管理困难和维护成本高等问题。面对信息资源托管，组织的信息管理组织又该如何演变成为信息管理组织研究的新问题。

组织采取信息资源托管，其信息管理组织的职责就转变为与托管公司的协作、信息资源加工、信息资源利用及其服务等。图 4-6 给出了面向信息资源托管的信息管理组织的基本设想，更加完善的信息管理组织有待于进一步研究和实践验证。

图 4-6　面向信息资源托管的信息管理组织结构

第四节　信息管理组织人力资源开发与管理

随着计算机信息技术应用不断发展，特别是互联网、云计算和大数据分析等为企业提供的新机遇，使得信息资源在组织竞争中的作用比以往更加突出。随之而来的是组织在信息系统上的投资规模日益扩大，信息系统自身规模和功用也日益扩展，这使得信息管理组织及其人力资源管理成为取得组织信息系统成功的重要问题。信息管理部门的人力资源开发与管理必须考虑信息管理部门应该设立哪些职位，这些职位如何组合完成信息管理部门的职责，如何建立有效的激励与约束机制调动信息工作人员的积极性与创造性并恪守职业道德，如何招聘与选用好的信息工作人员，如何通过培训使信息工作人员跟上信息技术的快速发展步伐等问题。

一、信息管理组织人力资源开发与管理的工作程序

（一）现状评估

现状评估包括对组织外部环境、组织内部条件和信息生产者的评估。

（二）目标设定与规划

根据信息系统和信息资源发展战略目标，对信息管理部门的人力资源现状进行分析，对人员需求进行预测，确定信息管理组织的人力资源发展规划。

（三）计划与实施

计划与实施包括岗位设计、编制确定、员工招聘、员工培训、劳动关系协调、完善激励与约束机制等。

（四）考核与激励

对信息工作者和信息管理者进行考核，评估信息工作者的工作绩效与信息管理者的管理绩效，激励信息工作者和信息管理者。

（五）评价与完善

每个实施周期完成后，对信息管理组织的人力资源配置方案进行总体绩效评价，进而改进信息管理组织的岗位设计、编制确定、人员上岗和激励与约束机制等方案，以提高下一个实施周期的信息管理组织的有效性。

二、信息管理组织人力资源开发与管理的原则

信息管理部门的工作人员一般要具备较高的信息技术、应用领域和管理知识，这些人员对组织的贡献与其具备的专业知识密切相关。而对信息管理部门外的信息生产者在信息技术方面的专业知识要求可以低一些。因此，对信息管理人员的管理一般应遵循如下的原则。

（一）建设高效率的合作团队

信息系统建设和信息资源管理工作需要很多专业的人员一起协调工作，互相提供信息，为管理人员决策贡献自己的想法。良好的信息系统建设和信息资源管理部门需要充分发挥每一个员工的潜能。高效率合作团队是信息管理组织的最佳选择。高效率合作团队对组织的目标有清晰的认识和理解，管理层与员工之间相互信任，愿意共同承担风险和共享信息，有一个有效的考核系统用以评价成员的工作业绩，激励团队的活动，并持续对团队成员进行人际关系技能、行政技能、技术技能等方面的长期的、适当的培训。

（二）重视人力资本，体现按知识分配

信息系统建设与信息资源管理需要具有较高智力和知识水平的员工，智力与知识决定了信息产品的质量。而知识能力是员工自身通过多年的学习积累、投入大量的财力而形成的人力资本。这种资本投入到组织的工作中，为组织做出贡献，应该成为决定分配的重要因素。

（三）实现自我管理，拓展活动的自由空间

对信息系统建设与信息资源管理来说，很多的工作在计算机网络的平台上进行，网络给员工提供了方便快捷的通信工具。应该授予员工更多的时间与空间支配权，来激励员工努力工作，提高其工作的创造性与效率。

（四）吸取传统组织管理经验，处理好新型组织中的控制与安全问题

新型组织在放权的同时，不能削弱组织对权力的监督与控制。传统的组织管理原则与经验提供了预防风险、加强权力控制的有效途径，这是新型组织要吸取的经验。例如，有 230 多年历史的巴林银行因为一位 28 岁的交易员尼克·理森（Nick Leeson）的未授权的期货交易，导致 10 多亿美元的损失而破产。

（五）区分信息管理部门内外工作人员，在信息技术知识要求上体现内外有别、分工协作

利用信息管理部门内的工作人员在信息技术应用方面的专业特长，充分发挥其示范和支持作用，不断影响和提升信息管理部门外的信息生产者的信息获取和利用能力，从而使得信息管理部门内外的工作人员取长补短、相互支持、相得益彰，充分发挥不同专业人才的作用。

三、信息管理组织的岗位设计

信息管理组织的工作岗位需根据组织的规模、行业特点和自身发展的要求来确定。通常信息管理组织中的工作岗位可以分为 CIO、系统研发人员、运行维护人员、信息服务与技术支持人员等。图 4-7 提供了一种信息管理组织工作岗位的分布图示例。实际应用可以根据组织的实际情况采取一人多岗或多人一岗。

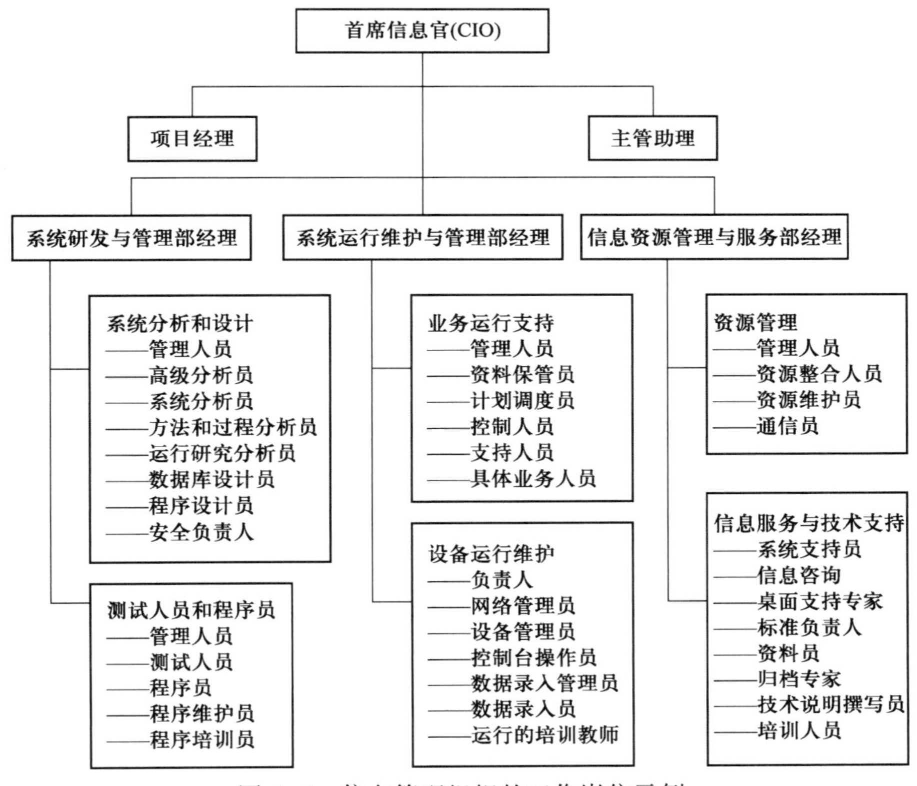

图 4-7　信息管理组织的工作岗位示例

四、信息管理组织人员招聘与培训

（一）招聘

信息管理组织的发展离不开相关专业人才的招聘与培养。信息管理组织要对人才培养做出长远规划与实施计划。招聘需要的专业人才可多渠道进行，可在报纸、杂志等各种媒体上做招聘广告，派员工到大学应届毕业生中寻找合适的人选，参加人才招聘会，请招聘代理机构帮助招聘等。招聘工作应由组织信息主管负责，根据岗位设计和岗位职责的需要，从面试的应聘者中选择思想品质好、专业知识扎实、有培养前途的人才。

（二）培训

现代信息管理组织中的职员使用计算机网络平台进行信息收集、传输、加工处理以便为决策服务。计算机及计算机网络的软件、硬件技术发展迅速，使得信息管理部门必须经常对信息管理组织的有关人员进行培训，培训与信息管理相关的硬件和软件的知识、技能和最新的发展动态信息。培训可以拓宽个人的职业发展空间，提高员工工作积极性与劳动生产率，加强职员之间的合作，提高职员对组织的忠诚度，降低员工的流失率，吸引更多的求职者。

培训有多种形式，有条件的组织可自己组织岗位培训、技术业务培训、专题研讨班或者借助社会教育培训机构进行职员培训。无条件的组织可以利用信息系统软件和硬件设备采购中供应方以合理的价格为客户提供的培训服务，也可以利用大的计算机软硬件厂商为推广新的软硬件产品在大中城市设置的用户培训机构向社会提供的培训服务。

广义的培训应包含组织学习。建立学习型组织是组织适应环境变化、与时俱进的有力保证。

五、信息管理组织人员绩效考核与激励

信息管理组织可以以职能、职务等级制度为基础，通过对员工业绩、工作能力和工作积极性进行正确评价，积极利用调动、晋升、调配、特别奖励以及教育培训等人力资源管理手段，提高每名员工的素质、能力和工作热情，从而提高信息管理组织的整体绩效。

个人绩效由员工直接上级对其进行考核，其考核结果与员工薪酬和职位晋升等挂钩。考核依据一般包括工作计划及绩效目标完成情况、部门组织说明书和员工岗位说明书、KPI（关键绩效指标法）绩效考核标准和其他管理规定等。

考核内容包括业绩、能力和态度考核。业绩考核的构成要素包括信息资源配置效果、信息化贡献率、信息加工量、信息用户满意度、信息系统开发与应用效果等；能力考核的构成要素是指担当职务所需要的基本能力，即技术、知识和技能，以及从工作中表现出来的判断力、理解力、创造力、表现力、指导和监督力、管理和统帅力等经验性能力；态度考核的要素由工作责任感、积极性、热情以及与其他部门的协作态度、遵纪守法等方面构成。

考核过程应注意加强沟通。考核者在考核期间，必须就工作成果（完成程度）、适应能力（知识、技能和经验的掌握程度）以及工作的进取精神（工作态度和工作积极性）等方面的内容与被考核者交换意见，以便相互认可。

考核者在考核结束后，须将考核结果按规定分类，上报考核者的主管领导批复，知会被考核者本人及其主管领导，以便激励被考核者自我完善。

思 考 题

1. 信息管理组织的基本职责有哪些?
2. 如何通过组织学习提高信息管理组织的有效性?
3. 信息管理组织有哪些典型结构? 分别适合哪些情况?
4. 信息管理组织的人力资源管理的工作程序与原则是什么?
5. 信息管理组织有哪些可能的岗位? 在定岗、定编、定员过程中如何体现组织规模和组织的信息管理业务量?
6. 在信息管理人员招聘与培训中应注意哪些问题? 请设计一份信息管理人员招聘面试问卷。

即测即评

第五章 信息管理领导

管理中的领导工作，就是管理者对组织成员或群体进行引导、施加影响、解决冲突，使组织更有效、更协调地实现组织目标。从信息管理的角度看，领导的过程也是采集信息（通过沟通等渠道）、加工信息（分析处理）、传播信息（通过引导、影响等方式）的过程。本章首先介绍管理的领导职能的性质、作用和领导者素质等基本概念及其理论，然后结合信息管理的特点介绍信息管理的领导职责、地位和CIO素质模型、知识与能力结构等知识以及CIO面临的机遇和挑战。

你可以从本章了解到：

1. 管理的领导职能
2. 领导者信息行为理论
3. CIO战略及其职责
4. CIO的素质模型、知识结构和能力结构
5. CIO面临的挑战与机遇

第一节　领导职能概述

一、领导与领导者

通常意义上人们习惯把领导行为的发出者称为“领导”，这里为区分起见称为领导者。而领导职能也简称为“领导”，是指领导者及其引导和激励人们去实现目标的过程。这个定义有下列四个方面的含义：

（1）领导者是领导行为的发出者。

（2）领导者要与组织中的“人们”发生联系，“人们”就是领导者的下属或称之为领导对象，没有下属的领导者谈不上领导。

（3）领导者与下属相互影响，但前者由于受组织赋予的权力及个人素质等因素影

响，其影响力远大于后者，否则领导不能成功。

（4）领导的目的是实现组织目标。

领导的本质是一种影响力。领导者通过这种影响力对组织的活动施加影响，并使组织成员追随或服从。正是由于下属的追随或服从，才使领导者在组织中的地位得以确定，领导过程得以实现。

领导可能建立在合法的、有报酬的、强制性权力基础上，更多的是建立在个人影响力、专长权和模范作用的基础上，强调直觉和情感。也就是说，领导者可以通过其影响力，使其下层追随和服从他，并以最大的努力去工作。具有职权的管理者如果没有下层的追随和服从，算不上真正意义上的领导者。因此，企业等组织应尽可能地选择领导者从事管理工作。

领导者具有指挥作用、协调作用和激励作用。

二、领导者素质

（一）领导者个体素质

1. 思想素质

领导者的思想品质是其非职位影响力的来源。领导者要坚持四项基本原则、坚持改革开放，自觉按党的路线、方针、政策办事，全心全意为人民服务；要有强烈的事业心、责任感和创业精神；有良好的思想和工作作风，严于律己，一心为公，不谋私利，戒骄戒躁，扎实工作，善于深入群众调查研究，讲究工作方法，讲究实效；要模范遵守法纪和道德规范，胸怀宽广，意志坚定，平等待人。

2. 业务素质

领导者的主要工作是对人、财、物及信息的管理，他应具有信息社会管理的各方面知识，包括管理知识、专业知识和其他相关知识，并能够随着社会的进步和发展，不断地更新和补充知识。

3. 业务能力

业务能力是知识和智慧的综合体现，它来源于学习、实践和经验。具体包括组织指挥能力、决策能力、社会交往能力、创新能力和应变能力。

4. 身心素质

领导者要有良好的心理素质、健康的体魄，始终保持充沛的精力。

（二）领导者群体素质

领导者群体素质往往是个体素质以群体方式输出，或者说，领导者群体素质不要求人人都全部具有，有的是总经理有，有的只需副总经理有就可以了，因此领导者群体需要一个合理的结构。可以从年龄结构、专业结构、知识结构和能力结构等方面去合理设计。

三、激励

如何调动员工的积极性，使他们自觉自愿地按时工作、热爱工作、高效率地工作是领导的关键问题，也就是激励问题。人人都需要激励，需要来自同事、领导和组织的激励。

激励就是利用外部诱因调动人的积极性和创造性，使人有一股内在的动力，并朝着期望的目标前进的心理过程。从诱因和强化的观点看，激励就是将外部的刺激（诱因），转化为内部心理动力，从而增强人的行为；从心理和行为过程来看，激励主要是激发人的动机，使其内在的动力促使其行为朝着所期望的目标前进的心理过程；从内部状态来看，激励就是使人的动机处于激活状态，成为推动行为的力量。

人的需求可以通过外在刺激来激发，人有了需求，就会引起动机，产生欲望，促使心理紧张，导致使欲望满足的行为；若目标达到了，则会产生新的需求，形成新的循环，若目标未达到则重新回到上述循环过程中。

四、信息沟通

信息沟通是指可解释的信息由发送人传递到接收人的过程。具体地说，它是人与人之间思想、感情、观念、态度的交流过程，是信息相互交换的过程。信息沟通是沟通双方的行为，一方传递，另一方接收，缺一不可。信息沟通也是信息传递和理解的过程，如果对方未接收到信息，或者信息未被对方感知和理解，则信息沟通是不成功的。同时，信息沟通不像物品的交换那样，接收方“原样”接收，而是信息传递者往往将自己的思想、感情等信息附加于所传输的信息之中。

美国著名的未来学家约翰·奈斯比特（John Naisbitt）指出：“未来的竞争是管理的竞争，竞争的焦点在于社会组织内部成员之间及其与外部组织的有效沟通。”也就是说，信息沟通在管理中起着重要的作用。信息沟通是正确决策的前提和基础，是组织内部交换意见、统一思想、统一行动的工具，是上下级联系的纽带，是组织成员“参政议政”的手段，是组织与外部环境联系的桥梁。没有信息沟通，领导者就难以做出正确的决策，组织将失去凝聚力，良好的人际关系就难以建立，领导的职能就难以实现，组织成员的积极性得不到充分发挥，组织的对外形象也难以建立。

信息沟通过程如图 5-1 所示。

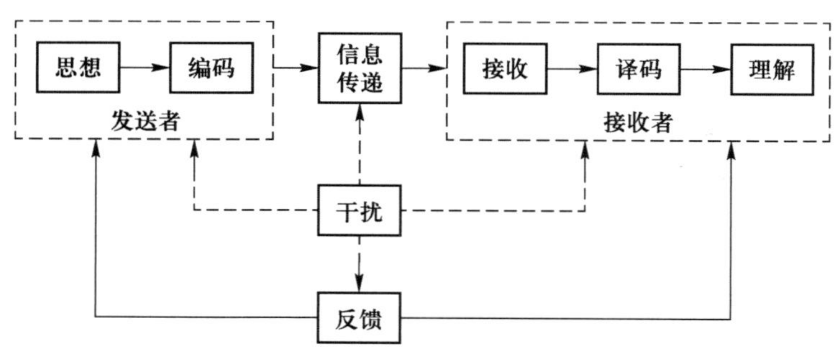

图 5-1　信息沟通过程

信息沟通方式包括书面沟通、口头沟通、非语言沟通和电子媒介沟通。书面沟通常常以文件、报告、统计报表、简报、会议纪要、备忘录、信件、合同书、规章制度等形式出现；口头沟通能迅速、充分地交换思想、感情及所掌握的情况，双方能够当面提问、回答问题，不易产生误解，有利于及时准确地解决问题；非语言沟通通常以声音、光、体态、语调等方式进行；电子媒介沟通通常以电话、传真、电报、电子邮件、论坛、新闻组、电子公告板、文件传输和微博等形式进行。

五、领导者信息行为理论

行为科学理论将心理学、社会学、人类学和经济学等学科的知识综合起来，主要研究人在自然环境、社会环境中的行为规律，其中包括个体行为、群体行为、领导行为和组织行为等。其研究目的是如何更好地发挥人的积极性和内在潜力，如何改善人际关系，提高领导的有效性，如何合理地组织劳动与分工协作，以实现组织目标。行为科学理论的发展分为两个阶段：第一阶段主要是人际关系理论，第二阶段主要是领导效能理论和激励理论。

由于信息无处不在、无时不有，因此，可以说人类行为的本质是信息行为。行为是受动机支配的，而动机是由于个体自身的需要和环境对个体的刺激而诱发的。当外界环境因素基本稳定时，个体的需要是行为动机产生的根本原因，动机导致心理紧张，从而激发信息行为，这就是领导者信息行为理论的基础。图 5-2 给出了信息需要、信息动机和信息行为之间的关系。

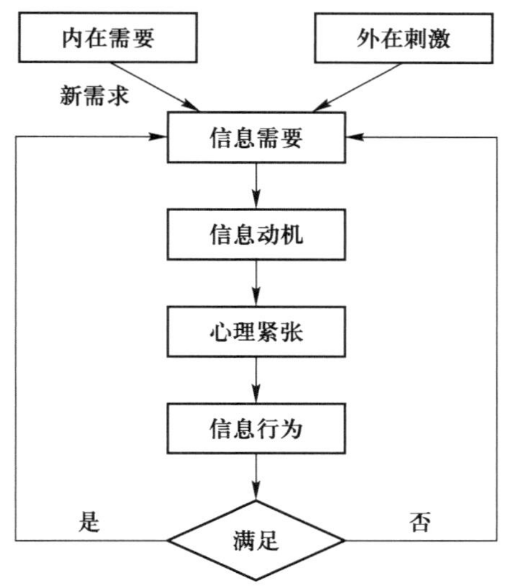

图 5-2　信息需要、信息动机和信息行为之间的关系

（一）信息需要

信息需要—信息动机—信息行为，以“需要”为“因”，以“行为”为“果”。每一位领导者都是信息行为者，都应该懂得这种“因果”关系，从而提高信息管理水平。

在心理学中，需要是指人类个体自身或其在社会生活中所必需的事物在大脑中的反映。当个体感到自己缺少什么、感到有什么不足、希望得到什么、有求助之感的时候，便产生了“内在需要”这一心理现象。而信息需要则是指人们在从事各项具体实践活动时，为解决所遇到的实际问题而产生的对信息的不足感和求助感。

信息需要是一般需要的一种，具有一般需要的所有特征，同时还具有其自身的特征。

1. 信息需要的广泛性

由于人类实践活动是广泛的，信息需要是一种普遍存在的现象：无论什么事情，无论什么人，都需要信息。同一条信息，既可以满足多个人的不同需要，也可以满足一个人的多种需要。例如，“苹果富含维生素”这一信息，可以满足某人对这一知识的需求，也可以满足他补充维生素的需求，还可以满足他关心他人的需求。

2. 信息需要的多样性

由于人类个体的性格、观念、受教育程度、信仰、兴趣爱好等不同，所处的环境也不同，因此，他对信息的需求也是不一样的，哪怕是在同一时间的不同地点或者同一地点的不同时间也是不一样的。这种“不一样”便是信息需要的多样性。

3. 信息需要的社会性

虽然信息需要是个体的，但是这一个体的人也是社会的人，其需要的产生和变化，离不开自然环境和社会环境，没有这些环境就不能形成信息需要。因此，人的信息需要具有社会性。

4. 信息需要的发展性

信息需要的社会性也就决定了信息需要的发展性。因为人类社会是在不断发展进步的，信息需要当然也会随之发生不断的变化。在人类社会发展初期，由于生产力水平低，社会信息量小，信息需要自然不明显。而今天的社会是信息社会、知识社会，信息需要当然会变得越来越多，要求也会越来越高。

5. 信息需要的层次性

领导者在管理实践中，必然会遇到各种各样的问题，解决问题就有信息需要，这种需要是客观存在的，不以人的主观意志为转移的。当管理者意识到这种信息需要，并将其表达出来——求助他人或自己动手解决时，我们称这种已表达的信息需要为现实信息需要；当管理者没有意识到信息需要或虽然意识到了但没有表达出来时，我们称这种信息需要为潜在信息需要。另外还有一种信息需要，虽然它客观存在，但尚未被认识到，我们称之为未知信息需要。

领导者掌握信息需要的层次结构是十分重要的。因为在管理实践中，潜在信息需要和未知信息需要是经常存在的，如果管理者不能认识到这一问题，就不会产生相应的动机和行为，实际工作中的问题就得不到解决。例如，在日常工作中，我们对有些问题熟视无睹，根本没有想到如何去解决，就是因为没有意识到信息需要的层次性。

（二）信息动机

在心理学中，动机是指激励和推动个体行动并维持其行动导向某一目标的心理过程。虽然人的行为并不总是有动机的，但是对于信息行为来说，它总是人类有意识的行动，总是具有目的性和持续性的。或者说人的信息行为是有动机的，这一动机就是信息动机。

信息动机是由个体的内在信息需要和外在环境的刺激所引发的。

个体内在信息需要是客观存在的，每个人随时都会有很多信息需要，只不过这种需要在不同的时间、不同的地点等条件下表现出来的强度不一样，表现最强烈的那个需要决定其信息行为。也就是说，信息需要要达到一定的强度，并且被个体意识到之后，才会转化为信息动机。或者说，信息动机是由一定条件下的信息需要转化而来的。这个条件便是信息需要被意识到并达到一定的强度。

外在环境是指个体所处的信息环境，而信息环境是指影响人类信息行为的所有因素的总和。具体包括信息资源、信息技术、信息政策、信息法规和信息伦理以及自然的、社会的、经济的环境等。

尽管个体有了信息需要，但是，如果缺乏环境的刺激，就不会被“引爆”，信息需要也就不会转化为信息动机。也就是说，个体有信息需要是内因，个体所处的环境是外因，只有当外因和内因一致时，外因才能通过内因起作用——引发信息动机。

信息动机形成后，可能产生两种作用：一种是激励作用，信息动机可能激发个体产生某种信息行为，并对个体的实际信息行为起推动和控制作用；另一种是指向作用，信息动机可以帮助个体朝着特定的方向、预期的目标实施信息行为。

但是，信息动机和信息行为二者之间的关系并不是一一对应的。同一信息动机可能引发不同的信息行为，而同一种信息行为也可能来自不同的信息动机。

当信息动机在转化过程中受到阻碍时，个体首先产生对抗心理，并尝试克服这一障碍。如果尝试成功，信息动机会得到强化，信息行为可以发生或持续下去，并最终达到目标；如果尝试不成功，信息动机的力量就会减弱，信息行为可能暂不发生或已发生的会产生中断或停止，此时个体会有挫折感，并影响其下一次信息行为。

（三）信息行为

信息行为是人们满足自己信息需要的社会活动过程，主要表现为信息查询行为、信息选择行为和信息利用行为。

信息查询行为是指管理者查找、收集所需信息的活动。而查找路线往往是先查找自己已掌握的信息源，然后查找离自己最近的信息源，最后查找较远的信息源。经过多次查找后，将会形成一条或若干条适合自己的、相对稳定的查找路线。

信息选择行为是指信息采集者从某一信息源中将符合自己需要的信息挑选出来的过程。信息选择的核心是相关性和适用性。也就是所选中的信息与管理者所需要的有关，是有用的。

信息利用行为是指信息管理者利用信息解决问题的过程，这个过程的核心是要解决问题，因此管理者要针对已提出的问题，利用已掌握的信息，构建总的解决空间，并进一步对问题进行思考、分析、表述，使问题得到解释，使解决问题的信息激活，最后达到解决问题的目的。

第二节　首席信息官

一、CIO 及其管理体制

（一）CIO 的产生

CIO 是 Chief Information Officer 的缩写，中文通常译作“首席信息官”，也有译作“信息主管”“首席信息经理”“信息总监”的，名称尚不统一。

CIO 最早出现于美国政府部门。1980 年美国政府为了克服政府部门的官僚主义，节约办公经费，提高工作效率，出台了《文书工作削减法》；规定了“管理和预算办公室”应制定并实施联邦政府的信息政策，管理联邦政府的信息资源和信息活动；设立了 CIO。接着，美国政府要求各政府部门设立 CIO 这一职位。由于 CIO 有效地改善了美国政府部门对信息资源和信息活动的管理，导致许多美国公司相继效仿，在管理者的领导队伍中，便出现了 CIO 的面孔。

具体地说，CIO 就是负责组织制定信息政策、标准，并管理控制信息资源的高级行政管理人员。据统计，到 1988 年世界排名前 500 强的企业有 80%都实行了 CIO 管理体制。

我国引入 CIO 的概念是在 20 世纪 90 年代初期。当时并没有出现 CIO 的生长环境，人们也没有对 CIO 产生共鸣。随着信息技术的普及，企业信息化、政务信息化、商务信息化的发展，21 世纪初我国开始重视 CIO 及其管理体制的引进和应用。

政府 CIO 制度的组织架构包含 4 个层级：战略决策层、管理执行层、议事咨询层和各职能部门支撑层。战略决策层即区层面 CIO，由区领导担任；管理执行层即区 CIO 办公室，为协助区 CIO 开展日常工作的执行机构，设在经信委；职能部门支撑层在各委办局设立部门 CIO，由分管信息化的领导兼任，并指定专人（团队）负责本部门支撑 CIO 制度的相关工作；议事咨询层包括联席议事协调机构（CIO 委员会）及决策咨询机构（专家咨询委员会）。CIO 通过信息技术与政府业务的结合，负责主持建立面向政务的应用系统以提高行政效率，降低行政成本，改进政府工作。

（二）信息管理机构

在我国，人们习惯于把 CIO 看作信息管理组织的领导者。因此，研究 CIO 管理体制，离不开信息管理组织。信息管理组织是信息系统管理和信息提供、咨询、处理和管理等职能部门的统称，是实现信息管理战略任务的关键。

信息管理机构（部门）能否在组织中发挥其重要作用，从某个角度讲取决于组织的重视程度。如果组织将信息管理部门设置为计算中心、信息中心、计算机室等机构，则其被视为技术部门，起不到管理和协调作用，是不合适的；如果将它并入人事、财务或设备等部门管理，便达不到统管全局的目的，也是不行的；如果将其归口为科研或技术部门，则在开始阶段由于技术等问题占主导是可行的，而之后的阶段随着技术的普及，其他诸如管理类矛盾的突出，也会使其丧失应有的作用。也就是说，信息管理部门不是组织内部技术、生产、销售、财务、人事等部门的附属机构，而应该是与它们并列的集技术与管理于一体的管理机构。即使把信息管理部门视为独立的管理机构，也不能把信息管理组织看作计算中心、网络中心，而应该赋予它信息资源和信息活动管理的职能，给予相应的权利，让其参与决策。图 5-3 给出了信息管理部门和 CIO 在组织中的地位。

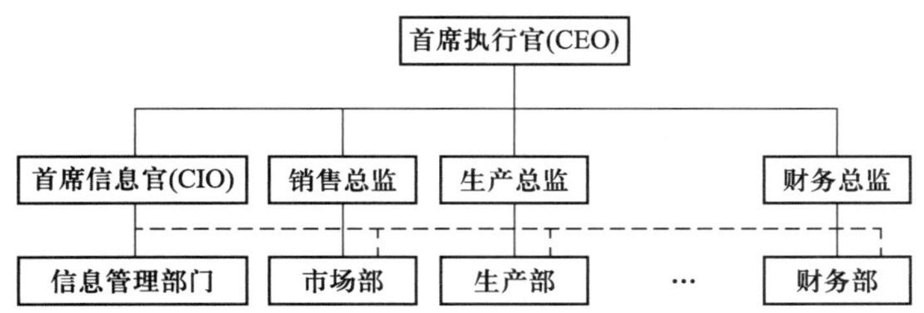

图 5-3　信息管理部门及 CIO 在组织中的地位

由图 5-3 可以看出，CIO 同负责生产、经营的总监一样，直属首席执行官（CEO）领导；CIO 除了直接管理信息管理部门外，还需从信息资源管理全组织整体出发，协调和监督其他部门提供和使用信息等。

在组织信息化程度不高的时期，CIO 的体制尚处于形成和发展阶段，此时可以在 CEO 的直接领导下，由 CIO 做副手，组建信息化领导小组之类的机构，暂时代管信息管理部门的工作，待到观念、技术、管理等各方面条件成熟以后，再进行权力移交或逐步移交。

二、CIO 的职责

CIO 是组织中的最高信息管理者，直接对 CEO 负责。其主要职责如下：

（一）参与高层管理决策

CIO 体制的出现，反映了信息管理在管理中地位的提升，其管理事务从辅助决策上升到参与制定和执行决策。但是，CIO 的本质还是“参政议政”，附属于 CEO 的地位不会改变。因此，CIO 在参与高层管理决策时，要能够向最高决策层提供解决全局性问题的信息和建议。

（二）负责组织制定信息政策和信息基础标准

组织的信息政策没有固定的模式，它必须紧紧围绕组织的战略目标，结合本领域及本地区的实际情况，及时制定、修改，使组织信息资源的开发和利用策略与人、财、物管理策略保持高度一致。信息基础标准是组织信息管理的重要依据之一，必须统一制定和管理。该标准涉及信息分类标准、代码设计标准、数据库设计标准等。

（三）负责组织开发和管理信息系统

对于已经建立计算机信息系统的组织，CIO 必须负责领导信息系统的维护、设备维修和管理等工作，主要工作包括配备人员、日常运行管理、安全管理、系统的二次开发与升级，对其他部门提供使用系统的技术支持等。对于未建立计算机信息系统的组织，CIO 必须负责组织制定信息系统建设战略规划、决策外包开发还是自开发信息系统、领导在组织内推广应用信息系统以及信息系统投运后的维护和管理等。

（四）负责协调和监督各部门的信息工作

信息流产生于业务部门，并且为业务部门服务。但是，由于各业务部门提供和使用信息的出发点不一样，管理的水平也不一样等因素的影响，必然导致信息工作步调不一致，甚至产生矛盾。CIO 必须从整体出发，协调和监督各部门做好信息工作。

（五）负责组织收集、提供和管理组织的内部活动信息、外部相关信息和未来预测信息

在信息资源的形成过程中，组织进行了大量的投入。有投入就应有回报，这个回报就是要使组织的管理水平上一个台阶，能够使各层管理者及时、方便地掌握各种信息，从而有效地进行管理和决策，提升组织的社会效益和经济效益，使有形资产和无形资产同步增值。

三、CIO 的素质要求

CIO 是 20 世纪 80 年代的产物，他们的命运如何？怎样做好一个 CIO？伦敦商学院信息管理学教授迈克尔·厄尔（Michael J. Earl）对企业 CIO 做了较全面的调查。[①] 企业信息化工作如何与业务部门合作？如何发展信息化以使企业获得持续竞争优势？如何确保信息化投资与企业战略相适应？这些都是 CIO 需要面对的重要问题。成功的 CIO 得出了共同的结论：不能单纯地按自己对信息化的认识去发展企业的信息化，而要紧密地与业务部门合作，为企业战略目标服务，为具体业务服务，同时还要让每个人都意识到并且关注企业信息化的目标；为了达成共识，必须与同级和上级保持紧密的联系，不仅要理解他们的问题，还要汇集他们的思想，然后建立联盟；CIO 应该与 CEO 建立伙伴关系，只有这样，才有更多的机会达成共识，使 CIO 的工作方向与组织活动不谋而合；CIO 必须保证信息系统安全可靠地运行，并提供值得信赖的服务；CIO 应当对业务变化保持高度的敏感性，能预感到未来可能发生的变化。

综合起来，CIO 应该具备如下素质：

（1）正直诚实，智力超群。

（2）具有杰出的领导力、沟通力和人际交往能力。

（3）具有卓越的判断力。

（4）具有在协作的环境中起作用的能力。

---

① Michael J. Earl. Past, Now, and Future of CIO, McGraw-Hill, 1996.

（5）具有与他人在一起工作的强烈愿望。

（6）对世界充满永不满足的好奇心，具有预见力。

（7）能走出困境，工作积极主动。

（8）具有系统的头脑，既有战略家的高瞻远瞩，又能做程序式可供操作的计划安排。

（9）能看到复杂现象后面的单纯之美，居高临下，以简驭繁，善于处理模糊的、混沌的、不确定的、随机的、非线性的情况和关系。

（10）勇于借鉴他人的专长，精于借势借力。

四、CIO的素质模型

厄尔教授对大量的调查资料加以分析，提出了CIO的素质模型（一），如图5-4所示。

他同时指出，由于组织信息化在迅速地发展，因此，该模型也是变化的。最近几年，这种“变化”主要表现在下列四个方面：

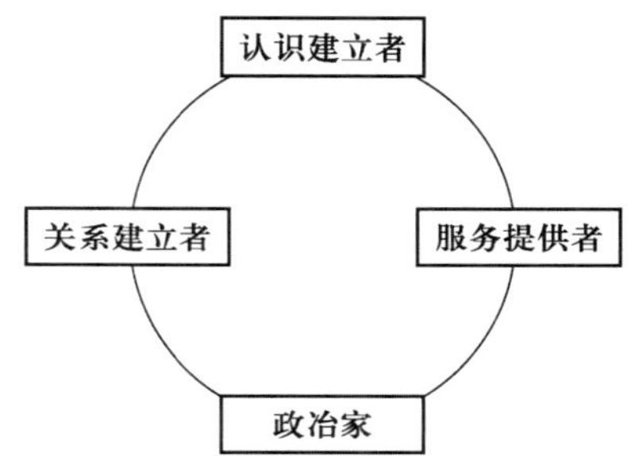

图5-4　CIO素质模型（一）

（一）改革的主导者

有的CIO曾经承担的工作范围非常广泛，责任也非常重大。例如，企业业务流程的重新设计和业务改革工作。实践告诉人们，CIO对业务流程有独到的见解，对技术引进有很好的设想，拥有大型项目的管理经验。如果将他们任命为业务改革总监或人力资源、战略规划、供应管理和运作等方面的领导者，他们一定能胜任工作。

（二）系统的重建者

成功的组织一直在通过建设新的、全球的或组织范围内的基础设施而使组织不断向前推进。这不但包括网络和新的平台，而且包括通用信息系统，换言之，IT部门一直在忙碌地进行重建。CIO没有必要将太多的精力和时间花在复杂的技术细节上，而必须确保新的工程能够满足当前的和预期的业务需要，必须紧跟形势，注意技术发展动向，注意什么时候引入什么组织、引进什么人，并及时向CEO提出建议。或者说，CIO是企业的“技术瞭望塔”。

（三）改革者

20世纪90年代，信息管理部门经历了规模缩小、资源外包、质量控制和新系统开发等变化。或者说，席卷全球的商业改革之风同样冲击信息管理部门的功能，首当其冲的是集成技术，比如多媒体技术、Internet技术等，都对技能、方法和组织提出了新的要求。因此，前沿企业的CIO们已经变成了改革者。他们必须领导自己的部门进行改革，并对一些重大问题做出回答，这种问题至少有两个：

① 什么是核心业务，哪些非核心业务可以进行资源外包？

② 如何管理一个信息活动尚不稳定的“新模式”，特别是在旧的业务方式仍然支撑着大部分业务量的时候？

（四）联盟的管理者

由于IT迅猛发展，IT商家也在不断地增加，CIO必须判断，哪些商家可以作为联盟，而不是供应商，特别是他们能提供资源外包服务时。由于用户逐步成熟，他们精通计算机和系统开发技术，希望自己开发系统，CIO必须清楚，他们会带来新技术、会创新，但他们会花费大量资金，且不大喜欢标准、不遵守“清规戒律”。因此，CIO及其管理部门必须与这些利益相关者建立联盟，也包括同级的经理和上级领导。必须区分轻重缓急，决定哪些是交易伙伴，哪些是战略伙伴——必须提供一套信息管理规划，将他们捆在一起。简要地说，CIO已变成了战略联盟的管理者。

根据以上四大变化，厄尔进一步提出了CIO的素质模型（二），如图5-5所示。

五、CIO的知识结构

CIO特有的素质要求和职责决定了CIO应具备广博的知识，其结构如图5-6所示。

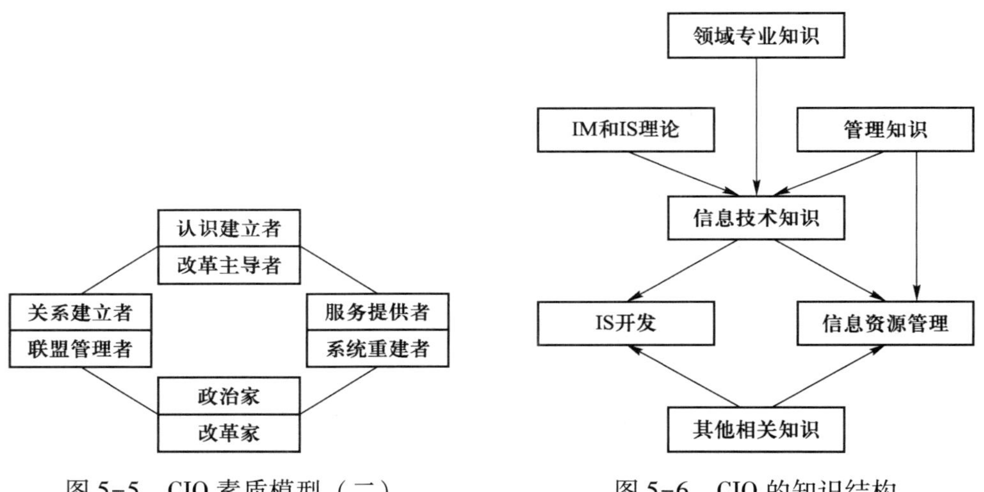

图5-5　CIO素质模型（二）

图5-6　CIO的知识结构

（一）管理知识

CIO应懂得管理的基本原理、方法，掌握本行业、本单位、本部门的特殊管理方法和规律；应了解传统的管理方法，掌握现代管理方法；应懂得对人、财、物和信息的管理，掌握充分利用信息进行管理的方法等。

（二）领域专业知识

CIO必须熟悉所在组织涉及的领域专业知识。不懂领域专业知识，就难以理解其业务流程、把握其要领，领导实现的信息系统就难以满足组织的需要，信息资源管理也就会偏离组织的目标。

（三）信息技术知识

CIO必须精通信息管理和信息系统理论，能够把握信息采集、信息组织、信息检索和信息利用等信息技术和手段，熟悉信息系统开发过程和信息资源管理方法。

（四）其他相关知识

其他相关知识是指除管理知识、领域专业知识、信息技术知识以外的工作中经常需要用到的知识，包括政治、经济、法律、财政与金融、统计学、运筹学、社会学等知识。

六、CIO 的能力结构

能力是知识和智慧的综合体现，它来源于学习、实践和经历，表现为技能和经验。图 5-7 给出了 CIO 的能力结构，概括起来主要包括以下五个方面。

图 5-7　CIO 的能力结构

（一）组织指挥能力

善于把人、财、物和信息组织起来，能够运用组织的力量，使组织中的成员、部门对于信息管理工作步调一致、配合默契。

（二）决策能力

决策是各种能力的综合表现。要使决策正确，就必须进行细致周密的调查，并对调查的内容进行仔细分析与判断，必要时可以发挥集体的智慧。

（三）社会交往能力

社会交往能力是指善于处理组织内外关系的能力。善于与人交往，倾听正反两方面的意见，理解人、关心人，习惯于替他人着想，不把自己的意志强加于人。

（四）创新能力

善于总结经验、吸取教训，不教条、不守旧，对新生事物敏感，富有想象力；善于提出新设想、新方案，敢于标新立异，不断以新的目标鞭策自己、激励下层。

（五）应变能力

在复杂多变的环境中，能够透过现象看本质，抓住主要矛盾，运用逻辑思维，有效地进行归纳、判断，找出解决问题的办法。

七、理想的 CIO 应具备的条件

从信息管理的发展历程来看，CIO 是由负责技术的基层技术员，到负责信息系统的中层管理者，再到负责全面工作的高层决策者发展而来的，CIO 的内涵实质是信息资源管理者，是战略信息开发者。CIO 的出现，标志着信息管理部门已不是一个可有可无的机构，它已成为组织管理水平提高的象征。或者说 CIO 的出现，使信息管理的管理范围由电子数据处理（EDP）和管理信息系统（MIS），扩展到对组织活动整体战略所涉及的技术、人文、经济等综合因素的把握。

因此，一名合格的 CIO 必须是管理与技术两方面都精通的复合型人才，并且他的组织管理能力比技术水平更重要。不懂计算机的人不能成为 CIO，只懂计算机的人也不能担任 CIO。

理想的 CIO 应该熟悉业务、精通技术、善于管理。

理想的 CIO 应该具备组织所涉及的领域专业知识、信息技术知识、管理知识和其他相关知识四位一体的知识结构。

理想的 CIO 应该具备信息技术技能、管理技能和相关社会工作经验三位一体的能力结构。

第三节　CIO 面临的机遇与挑战

一、CIO 变化的主要趋势

随着政府、企业和事业单位信息资源管理的深度和广度加大，CIO 成为组织重要的领导角色，供应链管理、客户关系管理、电子商务、虚拟企业等新型管理模式导致 CIO 角色呈现下列变化趋势。

第一，CIO 角色正由技术规划和实施向战略规划转变。当前，CIO 更多地以战术的而非战略的面孔出现，CIO 们倾向于聚焦在计划和实施特定的信息技术，而不是组织的长期战略。随着 CEO 逐渐意识到知识管理是战略规划的核心构件，CIO 角色职能也将发生变化。

第二，在制定战略规划时，CIO 的声音将变得更为重要。当前，CIO 在组织高层规划和决策时并不活跃，尽管已有共识—信息化是未来经营成功和扩大市场份额的关键，然而 CIO 常常并非高层决策者，这着实令人深思。

第三，对组织而言，CIO 角色的转变是一项重要的人力资源挑战，这将意味着重新认识与 CIO 功能有关的技能集，包括组织用 CIO 的方式、CIO 与高层管理人员的关系、绩效期望和评价过程以及绩效激励和报酬等。

第四，CIO 的理想品质正在发生变化。CIO 的理想经历应为既有技术、工程方面的

品格，又有金融、营销和战略规划方面的背景。

第五，CIO 越来越涉及内部和外部的客户支持。当前信息管理组织的成功更多的是和内部的通信与网络相联系的，而不是基于客户的外部技术支持。随着知识管理扩展到同时包括内外部支持功能，CIO 角色的职能很可能随之而变化。

第六，CIO 们的激励趋于来自新的、更刺激和更富挑战性的工作，而不是收入和报酬，这种趋势在美国尤其明显，因为美国 CIO 们的收入和报酬已经很高了。

二、CIO 发展的机遇

（一）组织信息化程度日益提高

今天的组织内外部环境与 20 世纪 90 年代中期相比，已经发生了重大变化。信息技术已经融入组织的日常运作，组织信息化程度日益提高，越来越多的业务开展需要信息技术的支撑，信息技术与信息系统对组织形态、治理结构、管理体制、运作流程和商业模式的影响日益深化，组织信息化建设已经从信息技术应用逐步走向信息资源管理和信息战略管理，这就要求组织设立 CIO 并提升其地位，使 CIO 由部门主管升入组织的领导层，参与组织决策。

（二）随着企业变革不断深入，公司治理问题成为企业经营的首要问题

解决公司治理问题，最核心的是公司信息的真实与准确性以及处理与传递信息的效率问题，而信息技术在实现透明管理和体现监控力度上正发挥着非常重要的作用。信息系统几乎是每个业务流程的关键组成部分，信息的准确性、可靠性和及时性在很大程度上取决于公司信息系统和控制措施的可靠性。在信息化与公司业务已经“难舍难分”的今天，信息技术已经转变为公司治理的支撑，伴随着信息技术在公司角色的改变，作为公司最高信息主管的 CIO 也就深受青睐。CIO 可以通过有效的信息技术控制手段帮助公司规避许多潜在的经营风险，给公司所有者制定正确的战略规划提供技术支持。信息系统在公司治理方面愈发重要的作用，无疑给 CIO 提供了更为广阔的舞台。CIO 应该更多地关注整个公司层面的大管理，把视野从单纯的信息技术应用管理扩展到整个组织的架构，国外已经有观点指出，未来的 CIO 将会类似于公司的组织架构师。不管未来怎样，公司治理的新发展让 IT 的作用再次得以提升，也给了 CIO 新的机遇。

（三）企业竞争模式从单个企业竞争演变为供应链竞争

20 世纪 80 年代以来，企业内部和外部环境都发生了很大的变化。企业面临的经济环境发生了很大的改变，其中一个重要的变化就是企业专业化程度的提高和分工水平的上升，以及由此带来的企业间依存度的增加。几乎每一家企业都是某个供应链上的一个环节，都具有供应商和客户的双重身份。市场竞争已经从单个企业之间的竞争演变为不同供应链之间的竞争。因此一家企业必须采取措施加强同其上、下游企业之间的合作，以减少交易费用和效率损失。企业为了适应上述变化，迫切需要一种手段将内部的各个环节和上、下游合作者有效地连接起来。20 世纪 90 年代以来，互联网的广泛应用和基于 Internet 的电子商务的兴起正满足了企业的上述需要。通过网络，企业能够同其上、

下游企业建立紧密的有效联系、形成共赢的联盟，获得总体上的竞争优势。供应链的目标就是要从系统的角度出发，对具有密切联系的不同环节统筹管理，全面地提高整条供应链的运营效率，特别是连接处的效率，形成共赢的合作关系以降低总体运营成本，提高总体竞争能力。供应链内企业的信息共享和知识分享是实现该目标的主要手段，这就要求企业的信息管理必须由企业内部转为供应链协同管理，从而拓宽了 CIO 的职责和管理范围。

（四）CIO 群体角色的转变将组织的 CIO 战略推向高潮

在中国的信息化进程中，一个新的群体开始扮演政府和企业信息化变革急先锋的角色，他们就是 CIO。例如，“中国 CIO 数字峰会”于 2022 年 8 月 5 日在重庆顺利召开。本次会议汇聚了中国 CIO 群体中最为优秀的代表。本次会议由重庆市经济和信息化委员会指导，金蝶软件（中国）有限公司主办，华为云计算技术有限公司、深圳市金蝶天燕云计算股份有限公司支持。该会议探讨了 CIO 的成长发展，明晰其在管理变革中的角色，共商中国信息化发展大计。正如主办方的一位负责人所言：“这样一次精彩的思想交流碰撞，对提升政府和企事业单位的信息化应用水平，引领企业管理变革、推进企业管理创新、开创中国信息化建设的新局面起到了积极的作用。CIO 群体在国家信息化战略实施中的作用将得到扩大。”

（五）政府对 CIO 的重视由宣传转向行动

2004 年 10 月，首批 20 位上海市高级信息技术主管（SIO）接过了由上海市人事厅和信息委共同颁发的职业资格证书，这意味着全国首批持证上岗的 CIO 诞生了。这 20 名高级信息主管，有来自市防汛信息中心、城市交通中心等的政府重要职能部门，也有来自宝钢、港务集团等大型企业的信息部门主管。在政府和企业的信息化建设中，这些高级信息技术主管担任起“统帅”的角色，根据各行各业不同的特点和本单位的发展战略，制定符合自身情况的信息化规划和个性化方案。

为提高政府信息主管 CIO 的综合素质，把握信息化领域的新要求、新应用、新趋势，由国家信息中心主办、CIO 时代承办的“第十六届政府 CIO 班”开学典礼，于 2023 年 4 月 14 日上午在北京成功举办。来自全国各地的四十多名政府信息化负责人参与了此次培训。CIO 作为新时代的经理人、管理者，与社会和技术的快速发展是密切相关的。如今，CIO 进入了大数据、数字化时代阶段，数据资源始终在政府数字化建设以及企业的数字化转型中发挥重要的作用。目前，随着信息化、工业化、智能化深度融合，人工智能、物联网、区块链、大数据、云计算、智能制造、工业互联网等热点涌现，CIO 再度成为关注热点。

三、CIO 面临的挑战

CIO 的变化趋势既给 CIO 提供了良好的发展机遇，同时也对 CIO 提出了具有挑战性的新要求。

第一，信息管理部门职能从局部的战术运作向整体的战略规划转变。

第二，重新界定 CIO 培训内容和背景要求，除了技术方面的知识，还要包括经营和金融方面的经历和经验，CIO 应该是具有合理知识结构的复合型人才。

第三，重新界定 CIO 的理想技能集。

第四，改进 CIO 和组织中高层决策者间的沟通。

第五，确认信息资源管理的价值被高层管理充分理解。

第六，探讨为什么当前 CIO 实际作用发挥的程度与信息化对组织成功重要性的程度不匹配。

第七，成功地推进 CIO 角色的进化。

第八，学会怎样利用和改变信息资源管理职能以最大化组织的竞争力和成长性。

第九，人工智能特别是大语言模型技术出现了，CIO 何去何从？

思 考 题

1. 信息需要有什么特点？信息动机和信息行为有什么联系？
2. 什么是信息沟通？不同的信息沟通方式有何特点？
3. 综述 CIO 的发展历程，据此你会联想到什么？
4. CIO 有哪些职责？当前中国 CIO 的地位如何？
5. CIO 的素质要求主要有哪些？理想的 CIO 应具备哪些条件？
6. 你认为中国 CIO 应具备什么样的知识和能力结构？
7. 预测中国 CIO 发展的主要趋势。
8. 根据 CIO 面临的挑战和机遇，探索某组织的 CIO 战略和发展对策。

即测即评

第六章 信息管理控制

领导指方向，计划是龙头，组织是保障，控制出效果。信息管理控制就是对信息管理计划制定的方案在实施过程中加以监控、统计分析实施效果，发挥组织和领导的作用，使得信息战略规划中规定的信息管理目标得以顺利实现或调整信息管理目标使组织信息管理的效益达到最大化。因此，信息管理控制是信息管理的重要职能，它直接关系到信息管理的效果，且贯穿于信息管理的全过程，具有长期性、连续性和艰巨性等特点，这就要求组织建立信息管理控制系统实现信息管理控制职能。本章首先介绍管理的控制职能，然后介绍信息管理控制系统、信息管理控制制度和信息系统项目建设控制方法。

你可以从本章了解到：

1. 管理的控制职能
2. 信息管理控制系统
3. 信息管理控制制度
4. 信息系统建设项目控制方法

第一节　控制职能概述

一、管理控制

所谓控制（Control），就是监督管理的各项活动，以保证它们按计划进行并纠正各种重要偏差的过程。管理的控制职能是指：为了确保组织的目标以及为此而拟订的计划能够实现，各级管理者根据事先确定的标准或因发展需要而重新拟订的标准，对管辖的工作进行衡量、测量和评价，并在出现偏差时予以纠正，以防止偏差继续发展或再度发生；或者，根据组织内外环境的变化和组织发展的需要，在计划的执行过程中，对原计划进行修订或制定新的计划，并调整整个管理工作的过程。控制就像一艘船上的舵，使组织朝着正确的方向前进。它不时以工作绩效将组织的实际方位与预期方位进行比较。控制为组织提供了一种有效的机制，在工作偏离了不可接受的范围时调整行进的路线，确保高效、高速地到达终点。

控制工作涉及组织的方方面面，是每个员工的职责，具有普遍性和全程性。无论哪一层次的主管人员，不仅要对自己的工作负责，还必须对整个计划的实施和目标的实现负责。因为他们本人的工作是计划的一部分，他们下级的工作也是计划的一部分。因此各级主管人员都必须承担实施控制工作的责任。

计划、组织与领导是控制的基础，控制对计划、组织和领导有积极的影响，是计划、组织和领导实施效果的保证。

二、管理控制系统

任何组织，如果没有一个与之一致的管理控制系统，就无法有效地贯彻其战略。组织中的控制活动是通过组织的控制系统来完成的，而控制系统主要包括以下几个方面：

第一，控制的目标，即进行控制活动的目标取向，也是进行控制活动的依据，来源于计划。

第二，控制的主体，即各级管理者及其所属的各职能部门。

第三，控制的对象，即组织的整个活动。

第四，控制的方法和手段，即为达到有效的控制，所采用的各种科学方法和手段。

管理控制系统的基本结构如图 6-1 所示。

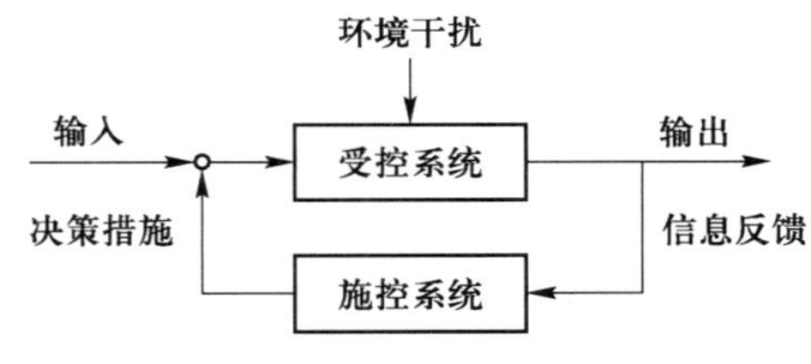

图 6-1　管理控制系统的结构

企业管理系统就是一个控制系统，这个系统是由决策领导层及计划编制者组成的施控主体，以及分厂或车间生产者组成的受控客体组成。计划部门根据决策领导层确定的经营目标，经过分解将指标下达到各个生产单位，即施控主体作用于受控客体，这就是控制作用。各个分厂、车间生产的产品是否按质、按量、按期完成了计划，在市场上销售状况如何，顾客有何反映，情况有何变化，这些信息需要反馈到计划部门，同计划目标进行对比，找出偏差加以调整或纠正，即受控客体反作用于施控主体，这就是反馈作用。同时，系统存在于环境之中，它与环境相互作用、相互制约。

三、管理控制原则

控制是一项重要的管理职能，也是常常出现问题的职能。无效的控制会导致计划无效和组织无效。控制工作的基本运行过程和原理具有普遍性。有效的控制必须具备一定的条件并遵循科学的控制原则，诸如未来导向原则、反映计划要求原则、组织适应性原则、关键点原则、例外原则、及时性原则、客观性原则、准确性原则、弹性原则和经济性原则等。

四、管理控制原理

早期的管理控制职能主要靠经验。如今的控制是以科学理论为基础的，一般认为，管理控制的理论基础是系统论、信息论和控制论。

五、管理控制过程

控制的对象一般都是针对人员、财务、作业、信息及组织的各种活动，无论哪种控制对象其所采用的控制技术和控制系统实质上都是相同的。控制的基本过程（如图 6-2 所示）都包括三个步骤：一是确定标准；二是衡量绩效；三是采取措施。

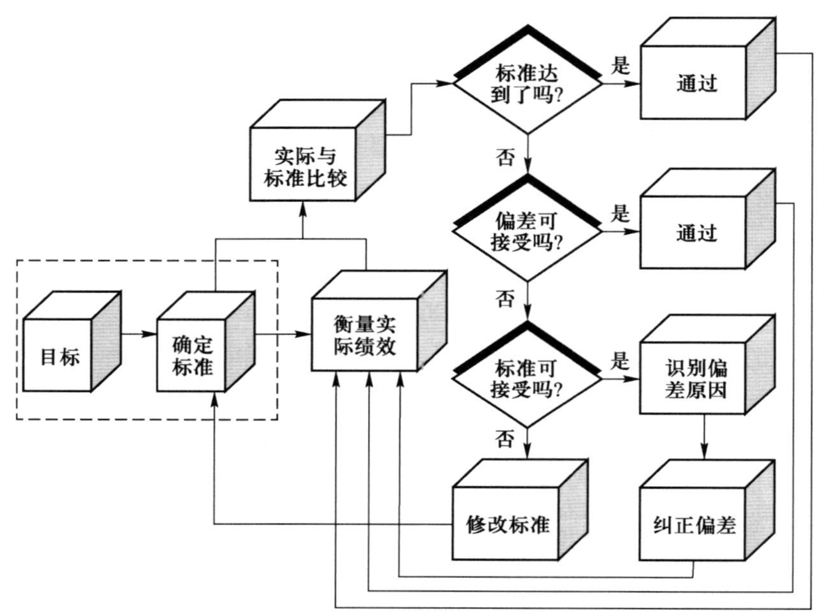

图 6-2　控制的基本过程

（一）确定标准

所谓标准，就是衡量实际工作绩效的尺度。标准必须从计划中产生，计划必须先于控制。换言之，计划是管理者设计控制工作和进行控制工作的准绳。同时，计划的详尽程度和复杂程度各不相同，而且管理者不可能事事都亲自过问，所以控制的第一步是依据计划制定具体的控制标准。

计划方案的每个目标、方案所包括的每项活动、政策、规程以及预算，都可以成为衡量实际业绩或预期业绩的标准。这些标准一般包括实物标准、成本标准、资本标准、收益标准、计划标准、无形标准和指标标准等。

（二）衡量绩效

衡量绩效其实也是控制当中信息反馈的过程。在确定了标准以后，为了确定实际工作的绩效究竟如何，管理者首先需要收集必要的信息，考虑如何衡量和衡量什么。这样，一方面可以反映出计划的执行过程，使管理者了解到哪些部门哪些员工的绩效显著，以便予以奖励；另一方面，可使管理者及时发现那些已经发生或预期将要发生的偏差。

（三）采取措施

控制的最后一个步骤就是根据衡量和分析的结果采取适当的措施。管理者应该在下列三种控制方案中选择一个：维持原状、纠正偏差和修订标准。当衡量绩效的结果比较令人满意时，可采取第一种方案；如果发现偏差，就要分析偏差产生的原因，有时可能是人员不称职或技术设备条件跟不上等造成的，也可能是计划或标准有误造成的，对不同的情况要采取不同的更正行动。

第二节　信息管理控制系统

一、信息管理控制系统的相关概念

（一）组织信息资源的概念

从管理学角度来看，数据是对组织各种活动的记录（如报表、情报和指令等），信息是这些记录的含义，是具有新内容、新知识的消息。严格地说，数据是对活动情况的客观记录，是一种可被鉴别的符号，它本身并没有意义；信息寄托于数据，信息是对数据的解释。数据经过处理，仍然是数据，只有经过解释才有意义，才成为信息。可以说，信息是经过加工处理后对组织的管理决策和管理目标的实现有参考价值的数据。在实际工作中，我们很少去严格区分信息和数据这两个概念。

狭义的信息资源是指反映事物在组织的运动过程中的活动特征及其发展变化情况的各种消息、情报和资料等（如企业生产经营活动中的原始记录、统计分析、经济技术情报、科技档案等）的总称，是用于经营和管理的信息。例如，在企业的整个生产经营活动中始终贯穿着三种运动过程：物流——劳动者利用劳动工具作用于劳动对象和加工产品的过程；资金流——伴随着物流过程，资金从货币资金形态依次变换为储备资金、生产资金、成品资金，最后又回到货币资金形态的过程；信息流——各种文件、情报、资料和数据在各生产经营环节之间的传递。信息流反映着物流和资金流的状况，并指挥着物流和资金流的运动。信息流动不畅，就难以实施有效的管理。

组织信息资源是组织的狭义信息资源与信息技术和信息生产者之和。组织信息资源是实施有效管理的重要基础，是组织的一种重要资源。组织信息资源具有如下特点：① 影响和决定组织的生存；② 能够为组织带来收益；③ 获取和使用信息要支付费用和成本；④ 对信息的使用应当考虑获取信息的费用与它为改善管理所带来的功效相比是否合算。

显然，无论是从改进计划工作、组织工作、人员配备、指导与领导工作的角度，还是从直接利用信息资源的角度，都必须加强对组织信息资源的管理。虽然组织管理信息要支付费用，并且费用可能很高，但对信息管理不善而付出的代价也许会更高。

（二）组织信息资源的特征

1. 信息来源的分散性和数量的庞杂性

任何组织的活动都涉及内外各个方面。特别是企业的生产经营过程是一项非常复杂的活动，如产品品种，生产用的材料、工具、资金，企业中的各类人员及其数量、技术、文化水平等。企业的原始数据就产生在生产经营的各个环节和方面，所以信息来源面广、数量大。这就决定了数据收集工作的复杂性和繁重性。

2. 信息加工处理的多样性

在一个组织中，各部门使用信息的目的不同，对原始信息的加工处理也必须采用多样化的方法。有的只要按不同的标志对信息进行分类、检索并进行简单运算即可；有的则要应用现代数学方法，求解一些比较复杂的数学模型，比如企业生产计划的优化、销售预测、作业排序等。所以需求不同，方法就不同。

3. 信息传递的及时性

信息具有一定的时效性。在管理中只有及时灵敏地传递和使用信息，才能不失时机地对生产经营活动做出反应并制定对策。反之，如果信息传递不及时，延误了时机，企业就抓不住机会，就可能造成损失。这时即使十分重要的信息，也会变得毫无价值。

4. 信息技术的多变性

信息技术是当前技术发展最快的高新技术之一。新技术层出不穷，要求组织的信息生产者必须时刻学习新知识和新技术。

5. 信息生产者的广泛性

信息生产者包括原始信息生产者、信息加工者和信息再生产者。原始信息生产者就是组织的所有职员，信息再生产者是组织的高层领导和中层领导。因此，信息生产者涉及人员众多，管理困难，必须建立完善的管理流程和管理制度。

（三）组织信息资源的分类

要对信息进行有效的管理，就要对信息进行科学的分类。

1. 按组织不同层次的要求分类

（1）战略信息。这种信息与最高管理层的工作任务有关，即与确定组织在一定时期的目标、制定战略和政策、制定规划、合理分配资源有关。这种信息主要来自外部环境，诸如当前和未来经济形势的分析预测资料、资源的可获量、市场和竞争对手的发展动向，以及政府政策及政治情况的变化等。

（2）控制信息。这种信息与中层管理部门的职能工作有关。它帮助职能部门制定组织内部的计划，并使之有可能检查实施效果是否符合计划目标。控制信息主要来自组织的内部。

（3）作业信息。这种信息与组织的日常管理活动和业务活动有关，如会计信息、库存信息、生产进度信息、质量和废品率信息、产量信息等。这种信息来自组织的内部，基层主管人员是这种信息的主要使用者。

2. 按信息的稳定性分类

（1）固定信息。它指具有相对稳定性的信息，在一段时间内，可以供各项管理工作重复使用而不发生质的变化。它是组织一切计划和组织工作的重要依据。以企业为例，固定信息主要由三部分组成：定额标准信息，包括产品结构、工艺文件、各类劳动定额、材料消耗定额、工时定额、各种标准报表、各类台账等；计划合同信息，包括计划指标体系和合同文件等；查询信息，包括国际标准、国家标准、专业标准和企业标准、产品和原材料价目表、设备档案、人事档案、固定资产档案等。

（2）流动信息，又称为作业统计信息。它是反映生产经营活动实际进程和实际状态的信息，是随着生产经营活动的进展不断更新的。因此，这类信息时间性较强，一般只具有一次性使用价值。但及时收集这类信息，并与计划指标互相比较，是控制和评价企业生产经营活动并不失时机地揭示和克服薄弱环节的重要手段。

一般来说，固定信息约占企业管理系统中周转总信息量的75%，整个企业管理系统的工作质量在很大程度上取决于对固定信息的管理。因此，无论是现行管理系统的整顿工作，还是应用现代化手段的计算机管理系统的建立，一般都是从组织和建立固定信息文件开始的。

（四）信息管理控制的概念

信息管理控制是指为了确保组织的信息管理目标以及为此而制定的信息管理计划能够顺利实现，信息管理者根据事先确定的标准或因发展需要而重新调整的标准，对信息管理工作进行衡量、测量和评价，并在出现偏差时予以纠正，以防止偏差继续发展或再度发生；或者，根据组织内外环境的变化和组织发展的需要，在信息管理计划的执行过程中，对原计划进行修订或制定新的计划，并调整信息管理工作的部署。也就是说，信息管理控制工作一般分为两类：一类是纠正实际工作，减小实际工作结果与原计划及标准的偏差，保证计划的顺利实施；另一类是调整组织已经确定的目标及计划，使之适应组织内外环境的变化，从而纠正实际工作结果与目标和计划的偏差。

有什么计划就有其相应的计划执行控制，信息管理控制按照相应的信息管理计划可以分为信息资源管理控制和信息系统建设控制。信息资源管理控制可以采用直接控制，即着眼于培养更好的信息管理人员，使他们能够熟练地应用信息管理的技术和原理，能以系统的观点来看待信息管理问题，从而防止出现因管理不善而造成的不良后果；信息系统建设控制通常采用项目管理控制，重点把握信息系统建设过程，监控全过程，对关键性控制点进行测量和评价，并采取相应措施，保持计划与实际工作结果的一致性。

信息管理控制工作涉及所有信息管理者，包括原始信息生产者、信息加工者和信息再生产者。有些信息管理者常常忽略了这一点，认为实施控制主要是上层和中层管理者的职能，基层部门的控制就不大需要了。其实，各层管理者只是所负责的控制范围各不相同，但各个层次的管理者都负有执行计划实施控制之职责。因此，所有信息管理者包括基层管理者都必须承担实施控制工作这一重要职责，尤其是协调和监督组织各部门的信息工作，保证信息获取的质量和信息利用的程度。

（五）信息管理控制系统的概念

信息管理控制系统就是对组织信息进行收集、分类、存储、加工处理、检索、传递、输出和销毁等，以及对组织信息技术和信息生产者的信息职能进行管理的管理信息系统，是信息管理控制的重要工具。组织利用信息管理控制系统可以有效地管理组织的信息资源，缩短信息从产生到利用的时间，提高信息处理的准确性和时效性，提高信息管理工作效率和效用。

二、信息管理控制系统的功能

一个较为完善的信息管理控制系统，应具备四项基本功能。首先，确定信息的需求，即按照组织工作的要求正确确定需要的信息类型和类别，以及需要的时间和数量；其次，按照信息的需求，对信息进行收集、加工等处理；再次，向信息用户提供信息服务；最后，对信息进行系统管理。这四项基本职能之间有着密切的联系，表现为彼此间的衔接和连续，即后一个职能的发挥都必须以前一个职能工作的完成为基础。

从狭义的组织信息资源管理过程（如图 6-3 所示）可以看出，信息资源管理包括信息需求分析、信息源分析、信息资源采集、信息资源组织、信息资源检索、信息资源开发、信息资源利用、信息资源传递和信息资源反馈等职能。再考虑对组织信息技术和信息生产者的信息职能进行管理控制，可以得知，组织的信息管理控制系统主要包括以下十个子系统。

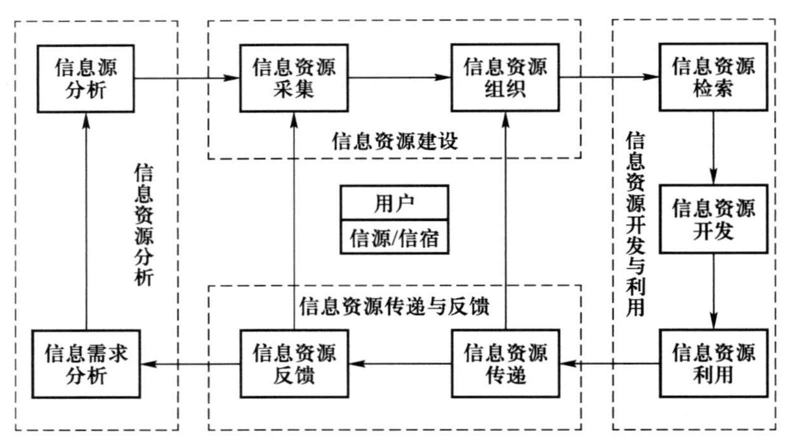

图 6-3　狭义的组织信息资源管理过程

（一）信息需求管理子系统

信息需求是指人们在从事各种社会活动过程中，为了解决不同问题所产生的信息需要。它是引发信息行为的原动力。既具备信息需求又具有信息行为的人称为信息用户。信息用户包括个人用户和团体用户。信息需求包括个人信息需求和组织信息需求。个人信息需求包括生活信息需求和职业信息需求；组织信息需求是指实现组织目标和宗旨的需要。

不同管理层次的信息用户，其信息需求的特征不同。例如，专业技术人员的信息需求表现为偏爱原始数据、专业性，管理人员的信息需求则侧重于计划、管理控制、关键问题分析、领导和礼仪活动、直接监督、业务控制和人事管理等。

建立信息需求管理的目标是为信息用户寻找合适的信息源。

（二）信息资源采集子系统

信息资源采集子系统是指人们为了收集、处理、储存和提供信息服务而建立的人工或计算机系统，其功能包括信息源获取、信息源评价、信息收集等。

（三）信息资源组织子系统

信息资源组织是指利用一定的规则、方法和技术，对信息的外部特征和内部特征进行揭示和描述，并按给定的参数和序列公式排列，使信息从无序集合转换为有序集合，将信息转为信息资源或将潜在的信息资源转为显性的信息资源的过程。信息组织子系统的功能包括信息选择、信息描述与揭示、信息加工、信息序化和信息存储。

（四）信息资源检索子系统

信息资源检索是指从大量相关信息中利用人—机系统等各种方法加以有序识别与组织，以便及时找出用户所需信息的过程。信息资源组织与检索子系统结构如图 6-4 所示。

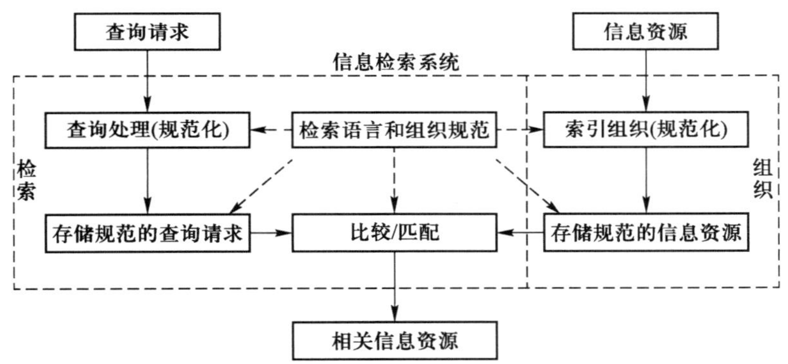

图 6-4　信息资源组织与检索子系统结构

（五）信息资源开发子系统

信息资源开发子系统包括信息的生产、表示、收集、整序、组织、存储、检索、重组、转化、传播、评价、应用等功能。该子系统与其他子系统有功能交叉。

（六）信息资源利用子系统

信息资源利用行为是指人类有目的地、有选择地、能动地利用信息资源以满足个人或组织需要的行为，是信息资源管理的目的。其过程和功能如图 6-5 所示。

（七）信息资源传递子系统

信息资源传递是指以信息提供者或储存的信息资源（如数据库、网站等）为起点，通过传输媒介或者载体，将信息资源传递给信息接收者或信息用户的过程。功能包括信息查询、信息发布、文件传输和电子邮件传输等。

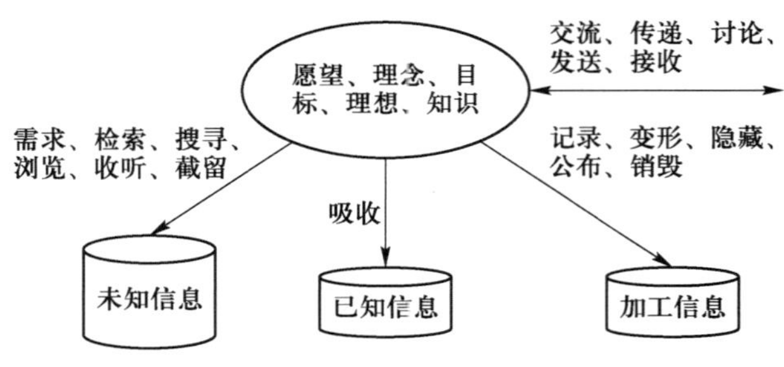

图 6-5　信息资源利用过程

（八）信息资源反馈子系统

信息资源反馈是指施控系统将信息资源输出，输出的信息资源对受控系统作用的结果又返回施控系统，并对施控系统的信息资源再次输出产生影响的过程。主要目的是提高信息资源的质量和可利用程度，功能包括检测、评价、维护、吸收、补全等。

（九）信息用户与权限管理子系统

信息用户与权限管理子系统的目的是限制系统的访问用户和信息用户的访问权限，以保证信息资源利用产生好的效果。功能包括用户定义、角色划分、权限设置、权限管理等。

（十）信息管理监控子系统

信息管理监控子系统的目的是保证信息系统有序、高效运行，提高信息资源采全率、采准率、及时率、查全率、查准率、利月率等，降低费用率和劳动耗费率。功能包括信息系统运行日志管理、信息资源评价指标统计、信息管理流程控制、信息系统使用监督、信息系统使用评比和奖惩、信息系统使用计划和指令下达等。

第三节　信息管理控制制度

一、信息管理控制制度的概念

信息管理控制制度是指以职责分工为基础对组织内部各种业务活动的信息进行制约和协调的一种管理制度。目的是确保组织的信息资源的准确可靠和及时性，贯彻信息资源管理方针和计划，提高信息管理效率和效用。理解该概念应注意以下几点：

（一）信息管理控制的主体

信息管理控制的主体是信息管理者（CIO 或信息管理部门经理）。

（二）信息管理控制的客体

信息管理控制的客体是指其控制的对象，即组织内各种业务活动和组织外相关活动所产生和需要的信息资源。

（三）信息管理控制的目标

信息管理控制的主要目标是：确保组织信息资源的准确性、可靠性和及时性，保证组织内管理部门方针政策和指令的贯彻执行，促进组织经营管理规范化和效率的提高。

（四）信息管理控制的本质

从系统论的观点看，信息管理控制是组织的整个管理系统的一个子系统。因此，从本质上讲，信息管理控制制度是组织管理制度的一部分。

二、信息管理控制制度的作用

（一）保证组织目标的顺利实现

信息资源是组织的重要资源之一，健全的和有效执行的信息管理控制制度是保证达到组织目标的强有力手段。

（二）保证组织内各项业务活动高效而有序地进行

通过信息管理控制制度所规定的各种程序和手续，可以将组织内部各职能部门和人员执行管理部门方针政策、计划定额以及其他管理制度的情况反馈给管理部门，及时发现和纠正所发生的偏差，从而保证组织各项活动的顺利进行。

（三）有利于提高组织管理的规范性和效率

严格的信息管理控制制度能够指引各职能部门和各工作人员按照制度规定的流程及时地完成自己的本职工作。

（四）保证和提高组织的管理信息质量

管理决策和日常管理所需的信息大都来自组织的管理信息系统。准确可靠的管理信息是组织的管理部门评价过去、控制现在和把握未来的重要条件。信息管理控制制度可使组织的各项业务活动产生和需要的信息得到有效控制，尽量避免差错的发生，从而可以保证和提高管理信息的质量水平。

（五）有利于提高信息工作效率

健全的信息管理控制制度，明确了各职能部门及工作人员的信息职责和权限，各司其职，各负其责，减少不必要的请示、汇报，避免相互推诿。同时，合理的信息管理控制制度，有利于组织 CIO 协调、监督各部门、各环节的信息工作，从而提高信息工作效率。

三、信息管理控制制度的内容

组织信息资源的特征决定了组织信息管理控制制度内容的丰富性，涉及组织管理的很多方面。组织的信息管理控制制度可以根据组织的实际情况部分自成一体，部分融于组织的其他管理制度之中。综合起来，这些内容应主要包括以下七个方面：

（一）信息责任制度

根据“组织机构职责和权限必须明确界定”和“不相容职务必须分离”的原则，

应建立具有预防控制功能的信息责任制度。组织的所有部门和员工都是组织的信息管理控制系统的用户，不同用户对该系统职责和权限不同。因此，为保障系统的稳定有序运行，必须规定信息用户的权限、责任、激励和处罚措施，即建立完善的信息责任制度，它是组织信息资源管理的首要制度。建立信息责任制度必须注意：

（1）从横向看，组织内部各个部门或分支机构，都应根据其信息活动的内容和性质，明确界定各自的信息职责和权限。

（2）从纵向看，组织内部从高层管理领导到每个员工都应明确其信息活动的职责范围，形成责、权、利相结合的信息管理机制。

（3）从系统层次看，各分支机构的上下级之间应形成一种层次化或网络化的信息责权制约机制。

（4）对不相容职务由不同职能部门或人员分工处理。

（二）信息统计控制制度

组织为了及时准确地对信息资源进行收集、加工、整理、存储和利用，就必须要建立健全信息统计控制制度。这样就能保证组织活动过程中涉及的信息资源按照规定的程序进行采集、统计、分类和加工整理，从而减少不必要和无关的信息对决策的干扰。

1. 信息及时性统计

统计指标包括信息采集时差和信息利用时差。

（1）信息采集时差。如果用 T_1 表示信息采集时差，t_1 表示信息发生的时间，t_2 表示信息进入信息系统的时间，则：

$$T_1=t_2-t_1$$

（2）信息利用时差。如果用 T_2 表示信息利用时差，t_3 表示信息被利用的时间，则：

$$T_2=t_3-t_2$$

理论上希望信息采集时差和信息利用时差都趋于0。

2. 信息利用度统计

统计指标包括信息利用次数、信息利用总次数和信息利用率。

信息利用次数=某信息年被访问人次

信息利用总次数=所有信息的信息利用次数之和

信息利用率=年被利用信息量/信息系统信息总量

3. 信息采集效果统计

统计指标包括采准率、采全率、及时率、费用率、劳动耗费率等。

（1）采准率。采准率用来衡量信息资源采集的针对性，即指某一信息系统（信息库）所含的全部切题信息（对该系统全体用户而言）在当期该系统所有信息中所占的比例。如果用 E 来表示采准率，r 表示该系统中切题的信息，Q 表示系统内所有的信息，那么采准率可以表示为：

$$E=r/Q$$

采准率取决于用户的信息能力和知识水平、信息收集工作者的业务水平以及系统所采集到的信息源的质量等。

（2）采全率。采全率用来衡量切题信息采集的完整程度，即指某一信息系统（信息库）所含的全部切题信息（对该系统全体用户而言）在当期系统内外所有切题信息中所占的比例。如果用 P 表示采全率，r 表示该信息系统中切题的信息，R 表示当期系统内外全部切题的信息，那么采全率可表示为：

$$P=r/R$$

采全率取决于对本系统现有切题信息展望的预测数据、用户信息需求结构、相关信息源的分布和信息流的特征。系统的经济实力、物质条件、信息管理水平都是限制性条件。

（3）及时率。及时率用来衡量信息资源采集的速度，即在最短的时间内完成信息采集过程的能力。它由收集过程的每一环节（从信息的产生到其被输入信息库）所花费的时间之和来计算，如果用 T 表示收集信息的总时间，t_i（$i=1$，2，…，n）表示每一环节所花费的时间，则及时率可表示为：

$$T=\sum_{i=1}^{n} t_i$$

（4）费用率。费用率用来衡量信息资源采集的资金效率，指用于信息库中单位信息采集的最低费用。它取决于采集过程的组织、各环节的技术装备及其他因素。困难在于单位信息很难确定，不同单位的信息不能任意分解，而且其价格不一样，如二次信息和一次信息的价格就有较大差别。我们可以用信息的件数来大致表示信息的单位。如果用 C 表示单位信息的费用率，F 表示年度采集信息的总花费，G 表示年收集到的信息量（总件数），那么费用率可表示为：

$$C=F/G$$

（5）劳动耗费率。劳动耗费率指信息系统收集到的单位信息所耗费的最低劳动量，可用收集过程中所有环节的劳动消耗总数来计算。如果用 L 表示收集信息的工作量，l_i（$i=1$，2，…，n）表示单位（件）信息在每一环节中的劳动耗费（可用人时等单位表示），那么劳动耗费率可表示为：

$$L=\sum_{i=1}^{n} l_i$$

该指标取决于信息资源采集过程的难度、条件、效率等方面的因素。在实践中，一般依照采集过程每道工序的劳动耗费定额来确定劳动耗费率和工作量。

4. 信息检索效果统计

统计指标包括查准率、查全率等。

（1）查准率。查准率是指查出的全部切题信息占查询输出信息总量的比例。如果用 S_E 表示查准率，S_r 表示查出的切题信息，S_Q 表示查询输出信息总量，则：

$$S_E=S_r/S_Q$$

（2）查全率。查全率是指查出的全部切题信息占系统内外所有切题信息的比例。如果用 S_P 表示查全率，S_r 表示查出的全部切题信息，S_R 表示系统内外所有切题信息，则：

$$S_P=S_r/S_R$$

（三）信息质量控制制度

信息质量控制制度是指为了保证反映组织业务活动信息的真实、可靠所采用的方法和措施。信息失真往往是导致决策失误的主要原因。因此，任何组织都需要建立健全相应的信息质量控制制度来确保组织系统的高效有序运转。可以从信息反馈、信息跟踪、信息检查、信息筛选、信息审核、信息控制等方面来建立信息质量控制制度。

（四）信息管理流程控制制度

为保证组织信息管理目标的实现，信息管理者为组织内部各种信息活动设计的预定运行程序，形成的动态控制机制称为信息管理流程控制制度。信息管理流程控制制度的核心，就是将组织内部的各类信息活动划分为若干个行动步骤，分别交由不同的职能部门或人员来处理。它特别强调，任何一项信息活动都应按授权、核准、执行、记录、复核等进行分工排序形成流程，不同部门或人员按流程规定的顺序和职责处理。它与信息责任制度相结合，形成动静交融的高功效信息控制系统。

（五）信息系统开发控制制度

信息系统开发生命周期包括系统规划、系统分析、系统设计和系统实施。对于规模较大的组织，其开发具有周期长、涉及面广、技术难度大、应用软件功能多、文档资料多等特点，因此可以采取项目管理办法，建立完善的信息系统开发控制制度，严格按照信息系统建设计划规定的任务加以管理。信息系统开发控制制度包括进度控制、变更控制、人力资源管理、文档管理、程序设计、系统测试、系统切换、信息准备等方面的制度。

（六）信息系统使用监控与评价制度

建立信息系统使用监控与评价制度的目的是保证信息系统使用管理的合法性。开发一个好的信息系统固然重要，但使用比开发更重要，只有达到良好使用的信息系统才能发挥组织信息资源管理的作用。组织可以通过建立信息系统维护、信息流程监控、信息安全监控、信息系统使用情况统计、统计结果公开发布、使用情况纳入员工考核体系等方面的制度来保证信息系统的正常使用。

（七）信息系统日志管理制度

信息系统日志记录信息系统使用情况的基本数据，是组织的重要信息资源，因此必须制定管理制度保障其准确性、安全性和可靠性。

第四节　信息系统建设项目的控制方法

信息系统建设项目管理的首要任务是制定一个科学合理的项目计划，以确定项目的范围、进度和费用安排。在给定的时间内完成项目是对项目的重要约束条件，能否按进度交付也是衡量项目是否成功的重要标志之一。进度管理是计划顺利实施的保障，良好的进度控制有利于项目按时按质完成，合理控制费用，协调资源有效利用。

在实际的工作中，各种各样的原因都会导致进度失控，因此对信息系统项目建设控制的核心内容是对项目的进度进行有效控制。

一、信息系统建设项目的控制管理过程

项目进度计划是项目管理人员对项目的阶段成果完成情况进行监控的依据，如果因为某种原因导致信息系统建设项目各活动完成时间发生变动，项目负责人应该提前申请并做好计划的变更，以利于项目后期顺利开展。在信息系统项目建设过程中，往往会因为多种原因导致项目的活动早于或晚于计划进度，或者已经发生的阶段成本低于或高于计划成本，这就需要变更项目计划。信息系统建设项目的控制管理过程如图 6-6 所示。

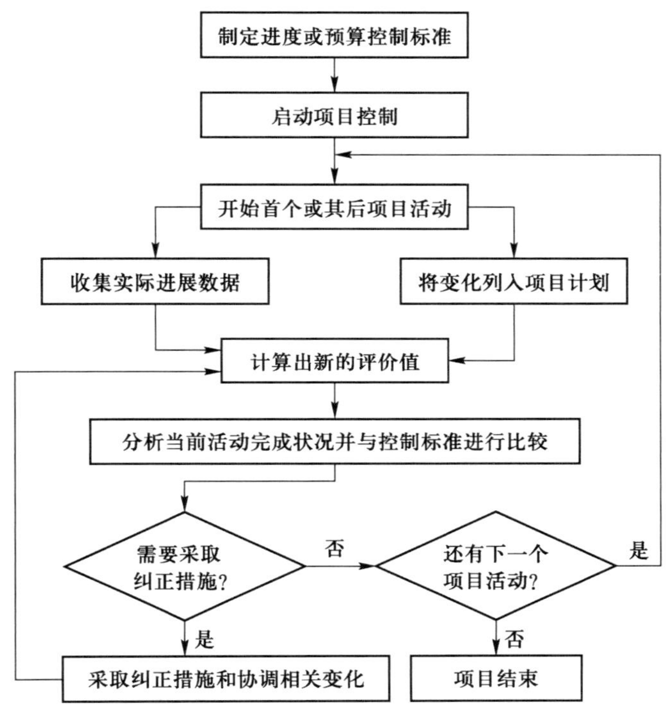

图 6-6　信息系统建设项目的控制管理过程

在信息系统建设项目执行过程中需要变更调整时，一般从以下三个方面着手：

（1）对近期内即将发生的活动加强控制，积极挽回时间和成本，以期做到早控制、早主动。

（2）对工期估计较长或预算较大的活动进一步研究，以期减少这些活动的时间和成本消耗。

（3）进一步细化可细分的未来活动，加强细化活动的并行或知识重用，以期有效压缩时间和成本。

二、信息系统建设项目执行偏差的测算

为了便于发现偏差，在各信息系统建设项目进度计划表示方法中都给出了相应办法，例如甘特图法可以用另外一种颜色来表示实际行动的进度，关键路线法可以用网络图按照最短周期、最小成本或最小资源消耗等寻找关键路径进行控制。直观的方法便于定性管理，但有时容易被管理者忽视，下面引入累计预算成本、累计实际成本和累计盈余量三个定量指标来监控项目的进度和成本，以发现项目进度控制中的偏差，启发定性管理。

累计预算成本（Cumulative Budged Cost，CBC）是指从信息系统建设项目启动到当前活动之间的所有活动预算成本之和。累计实际成本（Cumulative Actual Cost，CAC）是指从信息系统建设项目启动到当前活动之间的所有活动实际发生的成本之和。累计盈余量（Cumulative Earned Value，CEV）是指从信息系统建设项目启动到当前活动之间的所有活动实际产生的总盈余量。而盈余量=完工比例×该活动总的分摊预算，是用来衡量实际工作价值的。这里以某公司 CRM（客户关系管理）项目建设为例来说明这些定量指标的计算和应用，详细数据如表 6-1～表 6-5 所示。

表 6-1　某公司 CRM 项目建设的每期分摊预算成本与累计预算成本表（单位：万元）

活动	时间（周）										分活动小计
	0～5	6～10	11～15	16～20	21～25	26～30	31～35	36～40	41～45	46～50	
系统规划	1.7										1.7
系统分析		2.4	1.5								3.9
系统设计				1.5	1.0						2.5
系统实现						2.6	7.5	2.3			12.4
系统测试									1.8		1.8
系统切换										1.5	1.5
分期小计	1.7	2.4	1.5	1.5	1.0	2.6	7.5	2.3	1.8	1.5	23.8
CBC	1.7	4.1	5.6	7.1	8.1	10.7	18.2	20.5	22.3	23.8	

表 6-2　某公司 CRM 项目建设的每期实际成本与累计实际成本表（单位：万元）

活动	时间（周）										分活动小计
	0～5	6～10	11～15	16～20	21～25	26～30	31～35	36～40	41～45	46～50	
系统规划	1.5	0.4									1.9
系统分析		2.2	1.4	0.6							4.2
系统设计				1.0	1.2	0.2					2.4

续表

活动	时间（周）										分活动小计
	0~5	6~10	11~15	16~20	21~25	26~30	31~35	36~40	41~45	46~50	
系统实现					0.3	2.6	6.5	2.3			11.7
系统测试								0.5	1.2	0.2	1.9
系统切换									0.5	1.2	1.7
分期小计	1.5	2.6	1.4	1.6	1.5	2.8	6.5	2.8	1.7	1.4	23.8
CAC	1.5	4.1	5.5	7.1	8.6	11.4	17.9	20.7	22.4	23.8	

表 6-3　某公司 CRM 项目建设的每期完工比例表（%）

活动	时间（周）									
	0~5	6~10	11~15	16~20	21~25	26~30	31~35	36~40	41~45	46~50
系统规划	80	100	100	100	100	100	100	100	100	100
系统分析		65	80	100	100	100	100	100	100	100
系统设计				50	90	100	100	100	100	100
系统实现					20	60	80	100	100	100
系统测试								30	90	100
系统切换									30	100

表 6-4　某公司 CRM 项目建设的每期累计盈余量表（单位：万元）

活动	时间（周）										分活动小计
	0~5	6~10	11~15	16~20	21~25	26~30	31~35	36~40	41~45	46~50	
系统规划	1.36	1.70	1.70	1.70	1.70	1.70	1.70	1.70	1.70	1.70	1.70
系统分析		2.54	3.12	3.90	3.90	3.90	3.90	3.90	3.90	3.90	3.90
系统设计				1.25	2.25	2.50	2.50	2.50	2.50	2.50	2.50
系统实现					2.48	7.44	9.92	12.40	12.40	12.40	12.40
系统测试								0.54	1.62	1.80	1.80
系统切换									0.45	1.50	1.50
CEV	1.36	4.24	4.82	6.85	10.33	15.54	18.02	21.04	22.57	23.80	

表 6-5　某公司 CRM 项目建设的三指标比较表（单位：万元）

活动	时间（周）									
	0~5	6~10	11~15	16~20	21~25	26~30	31~35	36~40	41~45	46~50
CBC	1.7	4.1	5.6	7.1	8.1	10.7	18.2	20.5	22.3	23.8
CAC	1.5	4.1	5.5	7.1	8.6	11.4	17.9	20.7	22.4	23.8
CEV	1.36	4.24	4.82	6.85	10.33	15.54	18.02	21.04	22.57	23.80
项目控制评价	C	A	C	C	B	B	A	B	B	A

在表 6-5 中除了三指标值外，还包括项目控制评价，评价分为 A、B、C、D 四档，是三指标值比较得出的结论。当 CAC≤CBC 且 CEV≥CAC 时，评价为 A 档，即成本和进度得到良好控制；当 CAC>CBC 但 CEV≥CAC 时评价为 B 档，即成本虽大但进度快；当 CAC≤CBC 但 CEV<CAC 时，评价为 C 档，即成本虽小但工期拖延；当 CAC>CBC 且 CEV<CAC 时，评价为 D 档，即成本加大且工期拖延。

此外，还可以引入成本绩效指数 CPI 和成本差异 CV 等指标来度量实际成本与产生盈余量差异程度。CPI=CEV/CAC，例如 $CPI_{26-30}=1.36$；成本差异 CV=CEV-CAC，例如 $CV_{26-30}=4.14$ 万元。CPI 越接近 1，表示差异越小；CV 绝对值越大表示差异越大，CV 为正值，表示盈余大，CV 为负值，表示盈余小。

三、信息系统建设项目变更控制方法

根据上述评价，当评价结果为 C 或 D 时，就需要对信息系统建设项目进行计划变更，从而保证项目顺利实施。要保证项目目标按期完成，可以通过加大投入来缩短工期，最常用的变更控制方法就是时间—成本平衡法。时间—成本平衡法是以最低的成本增加来缩短项目工期的方法。它主要基于五个假设：

（1）每项活动都有两组工期和成本估计。这两组工期和成本是正常时间与应急时间、正常成本与应急成本。正常时间指在正常条件下完成某项活动所需的估计时间，应急时间指完成某项活动所需的最短估计时间。正常成本指在正常时间内完成某项活动所需的预计成本，应急成本指在应急时间内完成某项活动所需的预计成本。记活动(i,j)的正常时间为 $T_{N(i,j)}$，应急时间为 $T_{C(i,j)}$，正常成本为 $C_{N(i,j)}$，应急成本为 $C_{C(i,j)}$。

（2）项目成本的增加与活动进展的加快密切相关。通过投入更多的资源即增加成本（如增派更多的人员或换上高技术人员、延长员工工作时间、使用更多的设备、支付加急费用等），可以使某活动的工期从正常时间减至应急时间。

（3）应急时间是确保活动按质量完成的时间下限，即当达到某项活动的应急时间时，无论对该项活动投入多少额外的资源，也不可能在比应急时间更短的时间内完成该项活动。

（4）如果需要将活动的预计工期从正常时间缩至应急时间，则必须有足够的资源保证。

（5）在活动的正常时间点和应急时间点之间，时间和成本之间呈线性比例关系。如果将每项活动的预计工期从正常时间缩至应急时间，则各项活动都有自己的单位时间加急成本。如果将活动(i,j)的单位时间加急成本记为$C_{T(i,j)}$，则：

$$C_{T(i,j)}=\frac{C_{C(i,j)}-C_{N(i,j)}}{T_{N(i,j)}-T_{C(i,j)}}$$

下面通过一个例子来说明时间—成本平衡法的使用方法。图6-7是一个信息系统建设项目的网络图。表6-6列出了其各项活动的时间、成本和单位时间加急成本。

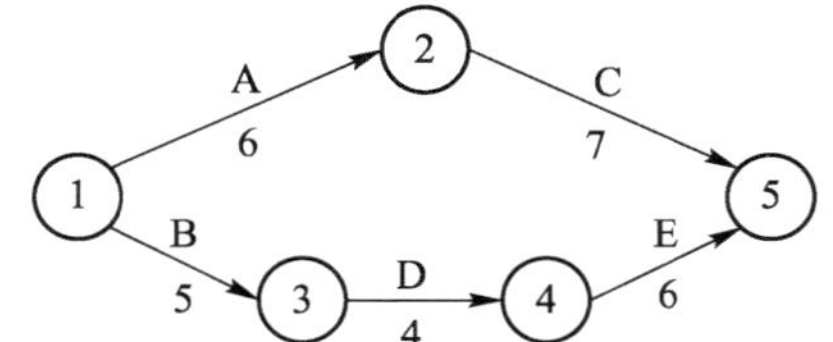

图6-7　某信息系统建设项目的网络图

表6-6　某信息系统建设项目各活动的时间和成本计划表

活动（i，j）	活动代号	$T_{N(i,j)}$	$T_{C(i,j)}$	$C_{N(i,j)}$	$C_{C(i,j)}$	$C_{T(i,j)}$
（1，2）	A	6	4	3.0	5.0	1.0
（1，3）	B	5	4	2.0	2.4	4.0
（2，5）	C	7	5	2.5	3.9	7.0
（3，4）	D	4	3	1.5	2.0	5.0
（4，5）	E	6	4	3.0	4.2	6.0

注：时间、成本、单位时间加急成本的单位分别为周、万元、万元/周

该例中，从开始到完成有两条路线，即Ⅰ：①→②→⑤和Ⅱ：①→③→④→⑤。如果按正常时间估计，则路线Ⅰ需要13周，路线Ⅱ需要15周，因此路线Ⅱ是关键路线，表明该项目的正常完成时间是15周，其总成本是所有活动的正常成本之和，为12万元。如果按应急时间估计，则路线Ⅰ需要9周，路线Ⅱ需要11周，即项目的应急完成时间为11周，其总成本是所有活动的应急成本之和，为17.5万元。

在一般情况下，项目经理关注的是关键路线的工期，因为加速非关键路线上的活动的进展不能缩短项目的完成时间，只会增加成本。时间—成本平衡法的目标就是通过压缩那些使总成本增加最少的活动的工期，来追求缩短整个项目的完成工期。因此，在每次平衡一个时间段时，尽量选择关键路线上那些有最低单位时间加急成本的活动。

如果想将项目工期从15周降至14周，关键路线是Ⅱ。在路线Ⅱ中，加速活动B的单位时间加急成本为0.4万元/周，比活动D和E低，且活动B尚未达到应急时间存在优化空间，因此如果将活动 B 加速 1 周，则项目的总工期缩短 1 周，总成本增加 0.4 万元，达到 12.4 万元。

如果再将项目工期从 14 周降至 13 周，关键路线仍是Ⅱ。在路线Ⅱ中，尽管加速活动 B 的单位时间加急成本为 0.4 万元/周，比活动 D 和 E 低，但活动 B 已达到应急时间无优化空间，此时只能选择相对单位时间加急成本为 0.5 万元/周的活动 D，因此如果将活动 D 加速 1 周，则项目的总工期缩短 1 周，总成本增加 0.5 万元，达到 12.9 万元。

如果再将项目工期从 13 周降至 12 周，这时路线Ⅰ和Ⅱ的工期都是 13 周，两条路线都是关键路线，要使项目工期缩短 1 周，两条路线都必须加速 1 周。根据前述的规则，在路线Ⅰ中，选择活动 C，加速 1 周成本增加 0.7 万元，在路线Ⅱ中，选择活动 E，加速 1 周成本增加 0.6 万元，如此则项目的总工期从 13 周降至 12 周，总成本增加 1.3 万元，达到 14.2 万元。

如此类推，直至项目工期降至 11 周，达到极限即关键路线Ⅱ的应急工期，其后继续加速，只能增加成本，而不能缩短项目工期，其过程和结果如表 6-7 所示。

表 6-7 某项目各活动的时间和成本计划表

项目总工期（周）		加速前的关键路线	被加速的活动	增加的成本（万元）	加速后的总成本（万元）	说明
加速前	加速后					
15		Ⅱ			12.0	正常估计
15	14	Ⅱ	B	0.4	12.4	活动 B 已到应急时间
14	13	Ⅱ	D	0.5	12.9	活动 B、D 已到应急时间
13	12	Ⅰ、Ⅱ	C、E	1.3	14.2	
12	11	Ⅰ、Ⅱ	C、E	1.3	15.5	活动 B、C、D、E 已到应急时间
11	11	Ⅰ、Ⅱ	A	1.0	16.5	只增加成本
11	11	Ⅰ、Ⅱ	A	1.0	17.5	所有活动已到应急时间

思 考 题

1. 谈谈你对信息管理控制原理的认识。
2. 信息管理控制可以采用哪些方法？各有怎样的特点？
3. 信息管理控制系统包括哪些功能？
4. 什么是信息管理控制制度？

5. 分析信息管理控制制度的作用。
6. 你认为信息管理控制制度应该包括哪些内容？
7. 试分析如何保证信息资源被信息用户及时利用。
8. 试应用项目管理控制方法对某企业的信息系统建设项目进行控制分析。

即测即评

第七章 “互联网+”信息管理变革

“互联网+”是把互联网的创新成果与经济社会各领域深度融合，推动技术进步、效率提升和组织变革，提升实体经济创新力和生产力，形成更广泛的以互联网为基础设施和创新要素的经济社会发展新形态。通俗来说，“互联网+”就是互联网+各个传统行业。以物联网、云计算、大数据、人工智能、区块链等为代表的新一代信息通信技术（ICT）是“互联网+”的基础，它们创新活跃，发展迅猛，正在全球范围内掀起新一轮科技革命和产业变革。本章先概述“互联网+”与农业、制造业、信息技术服务、文创和社会服务的深度融合，接着简介几种代表性的新一代信息技术，最后阐述工业 4.0、工业互联网、中国制造 2025、云制造和智能制造等新兴的制造理念与模式。

你可以从本章了解到：

1. “互联网+”带来的行业变化
2. “互联网+”的基础——新一代信息技术
3. 云制造模式
4. 智能制造模式
5. 智能制造的三种道路

第一节 “互联网+”带来的行业变化

一、“互联网+”农业

“互联网+”农业就是指将互联网新技术运用到农业的生产、加工、流通、经营和管理服务全产业链的过程，推动农业生产科技化、智能化和信息化，从而使农业的管理效能、生产效率、产品质量、种养效益等得到显著提升。以“互联网+”农业为驱动，提高农业质量效益和竞争力，实现由传统农业向智慧农业的转型。

智慧农业就是充分应用现代信息技术成果，集成应用计算机与网络技术、物联网技术、音视频技术、无线通信技术及专家智慧与知识，实现农业可视化远程诊断、远程控制、灾变预警等智能管理。智慧农业的整体架构如图 7-1 所示。

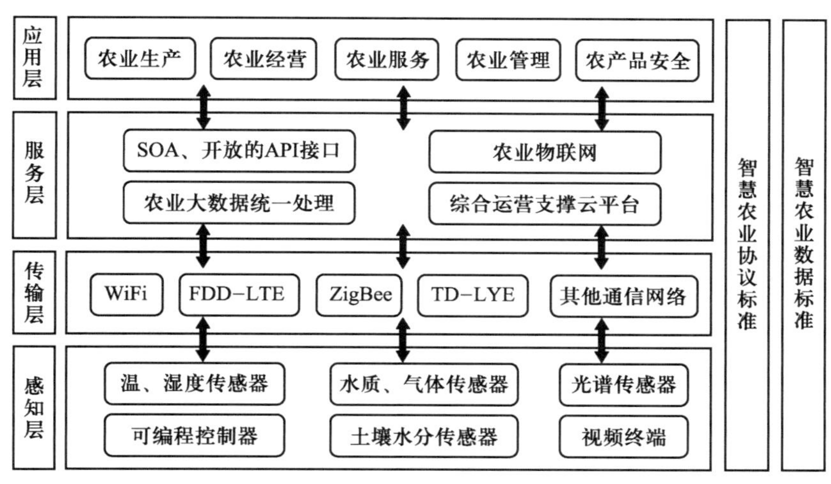

图 7-1　智慧农业的整体架构

（一）智慧农业的应用业务

智慧农业主要包含农业的智慧生产、智慧经营、智慧服务、智慧管理及智慧农产品安全五个方面，具体内容如表 7-1 所示。

表 7-1　智慧农业的业务内容

主要环节	实践形式	具体内容
智慧生产	智能化农田种植、禽兽养殖、水产养殖、农业物联网	采用大数据分析、传感技术、物联网等手段，实现农业生产的远程操控、可视化、灾害预警功能，并且利用互联网进行信息收集与分析，指导农业生产，最终实现农业生产的集约化、规模化并提升农业生产抗风险能力
智慧经营	电子广告模式、农村电商平台	农产品企业或者农户运用多媒体，在网络上投放广告，宣传农产品，但不进行在线交易，农产品企业和农户在第三方网络交易平台上进行产品销售
智慧服务	生产信息服务、物流服务平台、生活信息服务	生产信息服务及时为农民提供有关政策与方针的重要信息；物流服务平台可以最大限度地降低农产品运输中的损耗、减少农业损失；生活信息服务加大了对农业信息化基础设施建设的投入
智慧管理	农业信息平台、土地流转平台、农业大数据平台	智慧农业管理是指在现代技术与手段基础上对农业生产进行组织经营管理，有效解决农业分散种植、市场信息不充分等问题，改进产品质量、促进农业产业结构优化提升的重要方法

续表

主要环节	实践形式	具体内容
智慧农产品安全	农产品质量检测、品质认证、质量追溯	检测过程从生产前端开始，全程进行有效监管；采用品质认证管理，帮助农产品建立品质品牌；质量追溯是指可以通过农产品标码进行产品售后跟踪服务

（二）智慧农业的技术基础

农业物联网，即通过各种仪器仪表实时显示或作为自动控制的参变量参与到自动控制中的物联网，可以为温室精准调控提供科学依据，达到增产、改善品质、调节生长周期、提高经济效益的目的。农业物联网一般应用是将大量的传感器节点构成监控网络，通过各种传感器采集信息，准确地确定发生问题的位置，并且实现农业生产过程自动灌溉、自动施肥等。具体如图 7-2 所示。

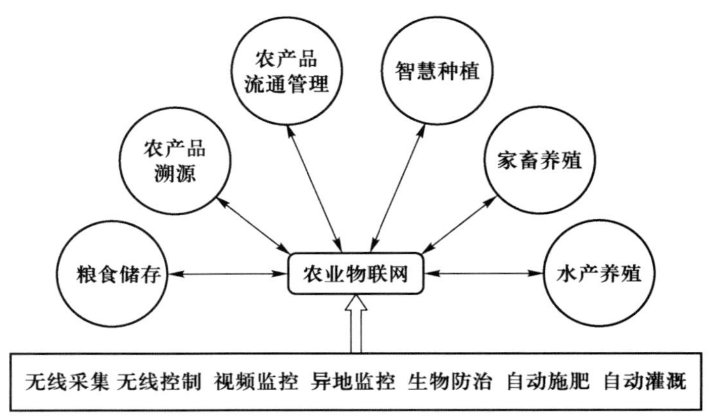

图 7-2　农业物联网工程

农业传感器是智慧农业监测环节的重要组成部分，用于将农业环境因素等非电物理量转变为控制系统识别的电信号，对水分、土壤、空气等植物和农作物所生长的环境进行监控分析，及时了解环境变化，保证植物成长和农作物质量达到适合生长的水准，为智慧农业提供判断和处理的依据。

农业大数据依靠大数据技术，将农业和技术有效结合，利用互联网技术，实现农业生产的预报和测控，提供生产依据。应用大数据技术，构建农业云平台，为农业生产提供全面精准的农业数据。实现信息化农业管理、智能化生产控制和全程化质量管控，完成电商化大宗交易，与金融化产品融合、结合，提供体系化农业服务。

二、“互联网+”制造业

（一）“互联网+”制造业内涵与特征

“互联网+”制造业是将互联网平台和信息通信技术融合到制造业全生命周期，以提升制造业的创新能力、生产效率和资源利用率，推动智能制造、绿色制造和服务型制造的发展，最终以新产品、新业态和商业模式等形式构建成现代制造业体系。“互联网+”制造业具有在线化、个性化、智能化、小型化和生态化五大特征。

（1）在线化。在线的生产，包括产品设计的在线实现和生产过程的实时在线；在线的交易，包括工业设计、采购、网络零售、在线批发、跨境电商等实现交易的在线化；在线的数据，包括采购、制造、交易等数据实现在线化，并通过工业大数据指导生产、经营、交易和管理；在线的消费者，通过互联网实现生产和消费的互联互通，实现终端消费者实时在线。

（2）个性化。“互联网+”制造业削减了供需信息不对称，使得制造业逐步成为定制化生产，具有高度个性化、服务周期长、零库存、高度数字化等特点。企业可以更加精准地获取用户的多样化、个性化需求，并通过相关产品功能模块的微小改进、重新整合成新的增值服务来快速响应市场。个性化不仅体现在设计生产环节，在销售和服务环节同样会出现个性化渠道和服务模式以供选择。企业对市场消费者需求偏好进行精准预测，并通过信息处理技术，建立生产商与销售商、电子商务买家之间动态补货 ERP 系统。

（3）智能化。“互联网+”制造业时代，制造的智能化不仅体现在工业机器人、高端智能装备等在传统制造业的应用，更多的智能化体现在生产流程、业务协同、管理等领域。智能工厂的出现是智能生产模式的一个重要载体，智能工厂主要是通过构建智能化生产流程、网络化生产布局的设置实现对制造业的智能化管理。企业通过植入 CPS 能够监测生产线上每一个基础元件的运作。在业务运营上，企业也可以对各类管理活动实现全程可视跟踪。另外，异地协同办公已经成为很多企业的新选择，实现不同区域跨时空的交流。

（4）小型化。一方面，随着装备的智能化，通过人员减少、设备集成缩小制造空间，实现空间小型化；另一方面，个性化需求使得“少量多样”的需求增加，生产小型化更灵活，也有生存空间。

（5）生态化。首先是设计的生态化，既体现在设计理念的生态化，又体现在设计过程的生态化，工业设计有更多的创新主体和空间；其次是生产的生态化，智能化生产使得过程更高效、环保，对于能源结构和资源利用率也起到正向引导作用；最后是循环经济的发展，各产业链条内部和产业之间能够交流互通，实现“零排放”、资源综合利用和再生资源回收利用等。

（二）制造业的数字化转型

数字化制造业是以信息和知识的数字化为基础，以现代信息网络为主要载体，运用数字化、智能化、网络化技术对制造业的产品设计、生产制造、仓储物流和营销效率等进行全流程、全链条、全要素的改造，充分发挥数据要素的价值创造作用的全新制造方式。

在生产环节，数字技术可以从多方面改善供给能力。在研发设计领域，虚拟仿真、人工智能等数字技术能显著降低研发成本、提高研发效率，加速科学研究进程与科技成果的工程化、产业化，加快新产品上市速度；在生产现场，依托各种数字技术，可以实现对设备、生产线、车间乃至整个工厂全方位的无缝对接、智能管控，最大限度地优化工艺参数、提高生产线效率；在品控方面，人工智能技术的使用，可以提升质检效率和水平，有效提升良品率。

在分配环节，制造业数字化转型可以从多方面稳定就业、增加劳动者收入。一是机器人、人工智能等成熟数字技术可以显著提高一些劳动密集型环节的劳动生产率，保持我国的综合成本优势，减缓劳动密集型产业外迁速度，保持就业机会。二是通过数字化转型推动制造业创新能力和生产效率提升，改善企业盈利状况，从而扩大劳动者收入增长的空间。三是制造业产业链长，制造业数字化发展能够带动产业链上下游的中小配套企业、生产服务型企业的成长，不断创造出新的就业岗位。

在流通环节，电子商务的发展及其模式的不断创新为制造企业提供了成本低、覆盖广、效率高的流通渠道。比如，制造企业直接建立在线销售渠道可以减少流通环节，实现与消费者的直接对接，大幅度降低流通成本；电商平台可以帮助制造企业快速建立线上销售渠道；大数据分析、人工智能等技术可帮助制造企业优化供应链，提高供应链效率，区块链等技术的使用还可以建立产品追溯机制，提升供应链的透明度和可靠性；社交电商等在线销售模式不断创新，帮助制造企业更充分展示商品，有利于塑造制造企业品牌形象。

在消费环节，数字技术的发展和应用使“以消费者为中心”的理念真正具备了落地基础。一是通过对用户搜索、购买、评论、使用等全过程数据的全面收集和深入分析，制造企业可以更加精准地判断消费者的消费特点及其对产品的要求，从而开发适销对路的产品。电商平台对海量消费数据的分析能够形成对产业消费特征及其变化趋势的全景图谱，为制造企业的新产品开发提供参考。二是在机器人、3D 打印、人工智能等数字技术的推动下，制造系统变得更加柔性，能够以较低的成本、更快的时间为消费者生产、交付有独特个性的商品。三是柔性化制造系统、物联网等技术，能够支撑制造企业、用户及其产品建立实时连接，通过对数据的深度分析挖掘，在产品基础上开发在线监测、远程运维、个性化定制等增值服务，从而更好地服务客户和消费者。

在竞争环节，数字化将改写原有的制造产业竞争格局，以大而全的寡头垄断和“赢者通吃”为特征的竞争格局正在发生微妙变化：一方面，专而优的制造业单项冠军地位越来越重要；另一方面，越来越多的非传统制造企业（如互联网企业）、中小型高科技企业甚至个体创业者开始以多种方式进入制造业领域，成为改变制造业竞争格局的新生力量。

三、“互联网+”信息技术服务

（一）IT 服务管理

ITIL（IT Infrastructure Library，IT 基础设施库）为企业的 IT 服务管理实践提供了一个客观、严谨、可量化的标准和规范。ITIL 主要有六大模块，即 IT 服务管理规划与实施、业务管理、ICT 基础架构管理、应用管理和安全管理，以及最核心模块：服务管理。所谓服务管理模块包括服务提供和服务支持两个流程组。

ITSS（Information Technology Service Standards，信息技术服务标准）是一套体系化的信息技术服务标准库，全面规范了信息技术服务产品及其组成要素，用于指导实施标准化的信息技术服务，以保障其可信赖，在实际应用过程中，能够有效指导 IT 服务的标准化实施。ITSS 的建立支持政府履行相关行业管理职能，并引导相关信息技术服务产品的研发，提升企业服务能力与服务质量。

ITSM（IT Service Management，IT 服务管理）是在工厂基础设施库的基础上产生的工厂服务管理模型，是一套帮助企业对 IT 系统的规划、研发、实施和运营进行有效管理的方法论。它以流程为导向、以客户为中心，旨在提高企业工厂服务的供给与支持能力。

IT 服务管理体系主要包括：IT 服务组织通过业务梳理，明确组织的业务目标，并进行 IT 服务规划；明确服务级别管理要求，从而制定服务监控及服务支持要求，并建立服务运营流程；建立统一受理平台，受理用户服务请求；针对不同客户，设置客户业务支撑流程；建立通用技术保障体系，为服务提供技术保障；建立服务评价机制，并持续进行服务改进。其中，基本服务运营流程包括 IT 服务过程管理、IT 服务资源管理、供应商管理、备品备件管理等。IT 服务管理体系架构如图 7-3 所示。

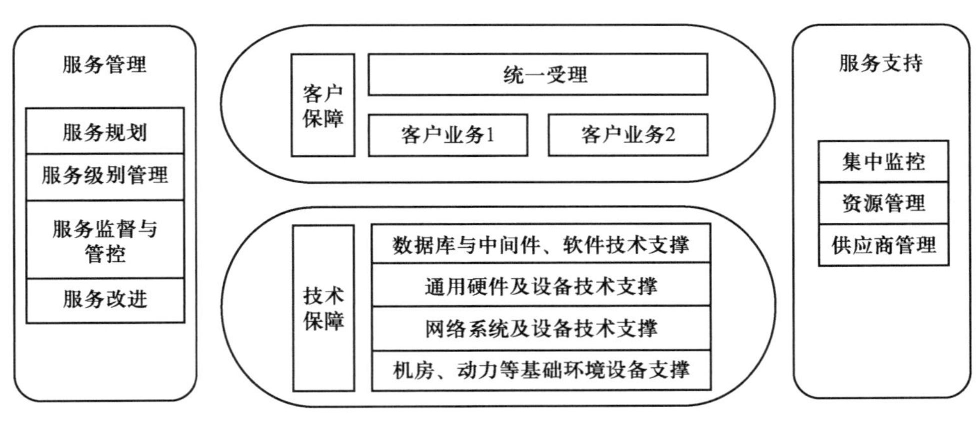

图 7-3　IT 服务管理体系架构

（二）IT 治理

IT 治理是指明确有关 IT 决策权的归属机制和有关 IT 责任的承担机制，以连接战略目标、业务目标和 IT 目标，有助于建立一个灵活的、具有适应性的企业。IT 治理能够影响信息和指示：企业能够感知市场正在发生的事，使用知识资产并从中学习，创新新产品、服务、渠道、过程；迅速应变，将革新带入市场，衡量业绩。IT 治理的总体框架，描述了 IT 治理的出发点、IT 治理的关键要素、IT 治理的对象、IT 治理的最佳实践者。IT 治理的总体框架如图 7-4 所示。

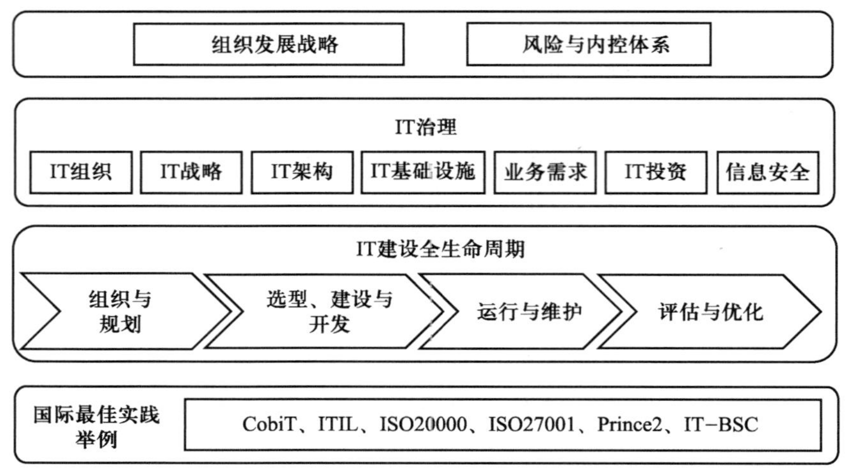

图 7-4　IT 治理的总体框架

IT 治理的目的是使 IT 与组织业务有效融合，其出发点首先是组织的发展战略，以组织发展战略为起点，遵循组织的风险与内控体系，制定相应的 IT 建设运行的管理机制。IT 治理的关键要素涵盖 IT 组织、IT 战略、IT 架构、IT 基础设施、业务需求、IT 投资、信息安全等，主要确定这些要素或活动中“做什么决策，谁来决策，怎么来决策，如何监督和评价决策”。围绕着 IT 建设全生命周期过程，构建持续的信息化建设长效机制，使 IT 治理的目标一致，因此，整个 IT 建设生命周期都是 IT 治理的对象，包括 IT 组织与规划，IT 选型、建设与交付，IT 运行与维护，IT 评估与优化。IT 治理的国际最佳实践者就是基于各个对象治理的成熟的方法论和工具，包括 CobiT、ITIL、ISO27001、Prince2 等。

（三）IT 外包服务

IT 外包服务是指把企业和个人的信息化建设工作交给专业化服务公司来做。企业将 IT 部门的职能全部或部分外包给专业的第三方 IT 外包公司管理，集中精力发展企业的核心业务。简单地说，就是企业在内部专职 IT 运维人员不足或没有的情况下，将企业的 IT 外包服务流程，包括全部办公硬件、网络及外设的维护工作转交给专业从事 IT 运维的公司来进行全方位的维护。

（四）IT 运维管理

IT 运维管理是指企业 IT 部门采用相关的方法、手段、技术、制度、流程和文档等，对 IT 运行环境、IT 业务系统和 IT 运维人员进行的综合管理。IT 运维管理主要包括八个方面的管理内容：设备管理、应用/服务管理、数据/存储/容灾管理、业务管理、目录/内容管理、资源资产管理、信息安全管理、日常工作管理。

四、“互联网+”文创

（一）互联网背景下文创产业的创新与发展

目前，大数据、云计算技术、人工智能技术、新媒体技术均能在文创产业中融入先进的技术因素，进一步加快文创产业的创新与发展。近年来，我国各地坚持“龙头企业+完整的产业链+艺术界颇具规模的高新科技产业园区”的发展思路，以“国家数字出版基地”和“国家文化创意产业与高新科技融合创新示范基地”为重点突破口，引进国际与国内知名文化创意产业，重点发展数字出版、动漫游戏、移动互联网及影视制作四大产业。

对于个人来说，互联网网络平台能够极大地宣传文化创意产品和文化寓意，使得文化创意产品拥有了更多的传播渠道。由于互联网用户群体的增多，“互联网+”文创的每一个细分市场都足够大。基于这一市场红利，适应于移动互联、低价带宽、便捷支付的文创新商业模式也不断涌现，文化创意产品可以在网络上以电子文件的形式流通，这使得流通成本大大降低，大众均可以通过网络消费文化创意产品，降低了文化创意产品的消费门槛。另外，在互联网文创平台上，人们能够进行充分的互动与交流，设计者在创作文化创意产品时可以充分地了解到消费者的诉求，进而能够设计出更符合消费者要求、更人性化的产品。通过不断在互联网文创平台上树立榜样效应、提供专业指导，将业余创意者与专业人士进行连接，人人均可以参与到文化创意产品的设计中，提出自身独具创意的建议而成为创意者。而在大众均可以踊跃地发挥创意的情况下，文化创意产品的数量和质量必然增加和提升，二者之间形成了一个良性循环，促进了文化创意产业的稳步发展。

对于企业来说，并购文化企业是近年来资本市场的重要风口。一方面，中国的互联网和文娱企业通过全球收购，购买了众多具有国际竞争力的文创企业、工作室和团队；另一方面，大型企业和金融资本通过深度融入全球资本市场、文创市场，与全球知名企业建立了多种形式的深度合作。

（二）数字化文创产业

数字化文创产业是指现代信息技术与文化创意产业逐渐融合而产生的一种新经济形态。和传统文化创意产业以实体为载体进行艺术创作不同，数字创意是以CG（Computer Graphics）等现代数字技术为主要技术工具，强调依靠团队或个人通过技术、创意和产业化的方式进行数字内容开发、视觉设计、策划和创意服务等。目前数字创意产业的应用主要体现在会展领域、虚拟现实领域、产品可视化领域等。数字创意产品即以文化创意内容为核心，依托数字技术进行创作、生产、传播和服务。数字化文创产业链如图7-5所示。

创意资源的平台化制造可以实现软件集成、统一关联模型、多领域优化、数据、知识等技术的融合，并能与主流VR、AR、3D全息成像等应用环境实现无缝集成；从设计流程、生产资料和工具、数据知识等方面深层次管理来驱动高效优质的创意资源数字化制造、加工及场景应用，从而通过B端将数字创意内容以C端的形式输出，达到通过场景的深化和内容升级实现创新循环的目的。

五、“互联网+”社会服务

社会服务是指在教育、医疗健康、养老、托育、家政、文化和旅游、体育等社会领

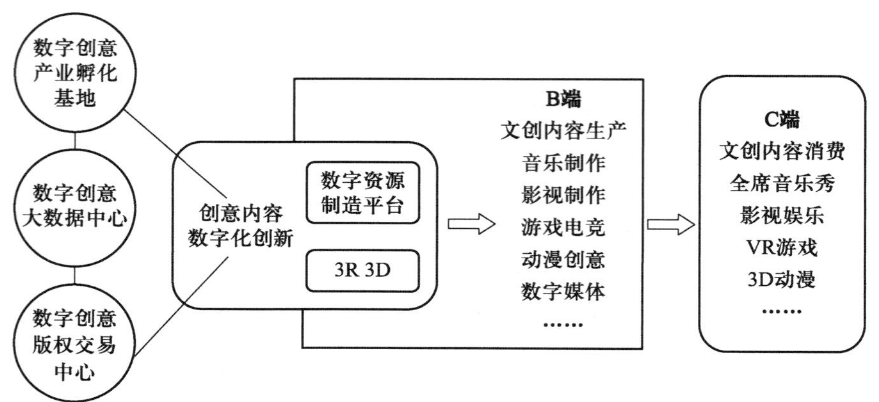

图 7-5　数字化文创产业链

域，为满足人民群众多层次、多样化需求，依靠多元化主体提供服务的活动，事关广大人民群众最关心、最直接、最现实的利益问题。要以习近平新时代中国特色社会主义思想为指导，认真落实党中央、国务院决策部署，推动“互联网+”社会服务发展，促进社会服务数字化、网络化、智能化、多元化、协同化，更好惠及人民群众，助力新动能成长。“互联网+”社会服务主要体现在以下三个领域。

（一）公共服务

随着互联网快速发展，手机成为为民服务的新窗口，在政府和群众之间搭建起零距离沟通的桥梁，“掌上政务”真正实现了“让数据多跑路，让百姓少跑腿”。各地“掌上政务”平台大多包括政务服务、办事指南、办件公示、便民服务、下载中心等多类与群众密切相关的具体政务事项。除此之外，行政审批和其他政务服务也开始触网。政务服务中心把分散的碎片式审批服务调整为集中的“一站式服务”，不同部门窗口在服务中心联合办公，优化了行政审批流程，提高了审批效率，并对照群众需求，提供方便快捷、优质高效的政务服务大厅“一站式”服务。

传统单向管理模式是一种自上而下地推行政令的规制型社会治理模式，一般由政府主导。当前社会的发展特点是社会扁平化、媒体大众化、组织虚拟化、信息透明化、产业网络化、资源社会化，这使政府的强制管控权力持续弱化，协调、组织、沟通和服务成为政府的主要工作，以人为本是政府智慧社会活动的主要特征。因此，社会治理模式从单向管理转向多向互动，从线下转向线上线下融合，从单纯的政府监管转向更加注重社会协同治理。采用利益相关方的多元主体协同共治模式，将政府监管、行业自律、社会监督结合起来，开展多边协商，充分发挥政府、企业、第三方机构、国际组织、用户个体的协同效应，拓展政务服务的业务功能，改善用户体验。

（二）个人消费服务

在休闲娱乐方面，人们外出旅游可以通过微信实现购票、景区导览、规划路线等功能。腾讯云可以帮助建设旅游服务云平台和运行监测调度平台。消费者在景区门口，不用排队，只要在景区扫一扫微信二维码，即可实现微信支付。购票后，微信将根据消费者的购票信息，进行智能线路推送。而且，微信电子二维码门票自助扫码过闸机，无须人工检票入园。消费者进行体育活动也有多种形式，“互联网+体育服务”主要通过平台为广大体育消费者提供便捷场馆预订、赛事报名、体质监测、健身定制、体育商城、健康管理等服务。

在出行方面，移动互联网催生了一批打车、拼车、专车软件，比如滴滴打车、专车定制、公交一键回家（节假日包车）等。此外，各种导航软件进行信息的实时推送，消费者能够及时规划出行路线。

在工作学习方面，借助互联网，教育资源可以跨越校园、地区、国家覆盖到世界每个角落，风靡全球的慕课，就是“互联网+”教育的产物。互联网的参与能够促进解决薄弱学校教育资源和师资水平的问题，学校只需要接入网络，投入计算机等技术设备就能获得优质的教育资源，从而提高学校的教育质量。另外，纳税人办税更便捷。网上办税、自助办税和移动办税等项目的实施，将实体办税业务大量移植到线上，一些税务机关开发的“网上购票系统”更改变了传统的纳税人购票方式，通过互联网、邮政快递实现了纳税人与税务机关的在线工作。“互联网+”改变了传统的征纳互动方式，税务机关通过微博、微信、App 工具等途径与纳税人进行“键对键”交流。网上纳税人学堂，通过互联网公布课程安排，提供培训资料下载，设置税收法规、办税辅导、网络课题等板块。

在医疗保健方面，医院通过不断拓展医疗服务的时间、空间，提高医疗服务供给与需求的匹配度。首先，针对挂号难问题，很多医院不仅开发了 App，还加入了卫生健康行政部门搭建的预约挂号平台。其次，利用“互联网+”技术可以把医疗资源和医生智力资源配置到一些匮乏地区。例如，通过搭建互联网信息平台，开展远程会诊、远程心电、远程影像诊断等服务，促进检查检验结果实时查阅、互认共享。鼓励医疗联合体借助人工智能等技术，面向基层开展预约诊疗、双向转诊、远程医疗等服务。最后，通过建立物联网数据采集平台，居民可通过相关应用，全面记录个人运动、生理数据。通过建立健康管理平台，家庭医生可随时与签约患者进行交流，为签约居民提供在线健康咨询、预约转诊、慢性病随访、延伸处方等服务。

（三）生产和市场服务

在金融行业，互联网金融是指借助于互联网技术、移动通信技术实现资金融通、支付和信息中介等业务的新兴金融模式，既不同于商业银行间接融资，也不同于资本市场直接融资的融资模式。互联网金融包括三种基本的企业组织形式：网络小贷公司、第三方支付公司以及金融中介公司。当前商业银行普遍推广的电子银行、网上银行、手机银行等也属于此类范畴。近年来，以第三方支付、网络信贷机构、人人贷平台为代表的互联网金融模式越发引起人们的高度关注，互联网金融以其独特的经营模式和价值创造方式，对商业银行传统业务形成直接冲击甚至具有替代作用。

在物流行业，互联网物流是互联网和物流的结合体，是一种新型物流模式。它利用互联网技术和平台，实现物流信息的实时采集与共享、物流过程的全程实时跟踪、物流大数据分析、物流预测、物流网络优化、运输路线规划、仓储与车辆管理等功能，从而提高物流效率，降低物流成本，提高顾客满意度，助力企业的物流运营能力提升、业务拓展。物流和互联网跨界融合，诞生了很多新模式、新业态，如个性化物流服务、精准供应链金融服务等，有力地推动了我国数字经济的发展。

在电子商务行业，互联网电子商务是指在互联网开放的网络环境下，买卖双方在任何可连接网络的地点间进行各种商务活动，实现双方或多方交易者间的生产资料交换，以及由此所衍生出来的交易过程、金融活动和相关的综合服务活动的一种商业运营模式。“互联网+”时代，电子商务借助于大数据时代的数据整合能力，能更容易、更方便地进行各个行业信息与资源的共享，与此同时，数据的经济效益也得到明显提高。而借助于大数据的强大功能，电子商务也可根据用户的喜好进行分析，为每个用户提供不同的信息服务；为用户提供多种选择，更好地满足其个性化需求。

第二节　新一代信息技术

新一轮技术革命的核心是数字技术革命。作为一个技术体系，数字新技术主要包括物联网、云计算、大数据、人工智能、区块链五大技术。物联网技术负责数据采集与传输，这是大数据的主要来源之一；云计算技术为计算模式，提供算力支撑；大数据技术负责数据管理与分析，可类比业务级工作；人工智能技术负责数据处理，为数据分析提供算法；区块链技术负责数据安全，保证交易安全、可回溯。五大数字技术是一个整体，相互融合、彼此促进，共同推动数字新经济的高速度、高质量发展。

一、物联网技术

物联网涉及感知、控制、网络通信、微电子、计算机、软件、嵌入式系统、微机电等技术领域，因此物联网涵盖的关键技术也非常多。为了系统分析物联网技术体系，本书将物联网技术体系划分为感知关键技术、网络通信关键技术、应用关键技术、共性技术和支撑技术。物联网技术体系如图 7-6 所示。

感知关键技术是物联网感知物理世界获取信息和实现物体控制的首要环节，其功能与人体结构中皮肤和五官的作用类似。传感器将物理世界中的物理量、化学量、生物量转化成可供处理的数字信号；识别技术实现对物联网中物体标识和位置等信息的获取。

网络通信关键技术主要实现信息的传递、路由和控制。其包括延伸网、接入网和核心网，网络可依托公众电信网和互联网，也可以依托行业专用通信网络。网络通信层的功能类似于人体结构中的神经中枢和大脑。其主要包括低速近距离无线通信、低功耗路由、自组织通信、无线接入 M2M 通信增强、IP 承载、网络传送、异构网络融合以及认知无线电等方面技术。

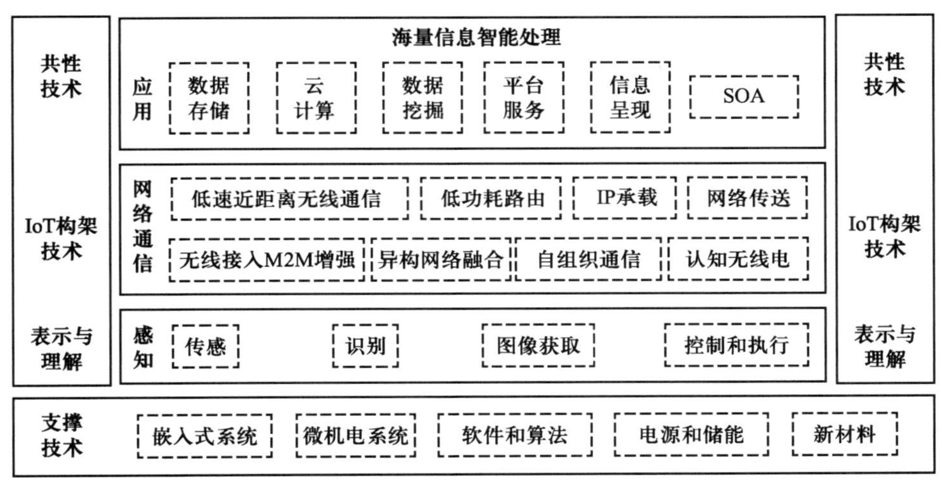

图 7-6　物联网技术体系

应用关键技术重点涉及数据存储、云计算、数据挖掘、平台服务、信息呈现等。一些互联网企业也都开发了自己的互联网应用平台，比如，百度天工是融合了百度 ABC（AI、大数据、云计算）的“一站式、全托管”智能物联网平台。从端到云，从数据采集、传输、计算、存储、展现到分析，天工提供了全面的基础产品和服务。再比如，华为鸿蒙系统（HUAWEI Harmony OS）是一款基于微内核的面向全场景的分布式操作系统，于 2019 年 8 月 9 日在东莞华为开发者大会正式发布。该系统实现模块化耦合，对应不同设备可弹性部署，可用于手机、平板、PC、汽车等各种不同的设备，是一个可将所有设备串联在一起的通用性系统。

物联网支撑技术包括嵌入式系统、微机电系统（Micro Electro Mechanical Systems，MEMS）、软件和算法、电源和储能、新材料技术等。

物联网共性技术涉及网络的不同层面，主要包括架构技术、标识与解析、安全和隐私、网络管理技术等。

二、云计算技术

云计算技术目前还没有统一的标准定义。关于云计算的描述可以归纳为三个方面：① 云计算技术包括云计算服务和云计算平台两个概念，它不仅是一种商业模式，还是一种技术实现机制。② 云计算技术是网格计算、分布计算、并行计算的延伸与发展。③ 按照构成云的网络不同，可以分为四种部署模式：私有云、社区云、公有云和混合云。

（一）云计算的特点

云计算与传统的网络应用模式相比，具有如下优势与特点：

1. 资源配置动态化

根据消费者的需求动态划分或释放不同的物理和虚拟资源，当增加一个需求时，可通过增加可用的资源进行匹配，实现资源的快速弹性提供；如果用户不再使用这部分资源，可释放这些资源。云计算为客户提供的这种能力是无限的，实现了 IT 资源利用的可扩展性。

2. 需求服务自助化

云计算为客户提供自助化的资源服务，用户无须同提供商交互就可自动得到自助的计算资源能力。同时，云系统为客户提供一定的应用服务目录，客户可采用自助方式选择满足自身需求的服务项目和内容。

3. 以网络为中心

云计算的组件和整体构架由网络连接在一起并存在于网络中，同时通过网络向用户提供服务。而客户可借助不同的终端设备，通过标准的应用实现对网络的访问，从而使得云计算的服务无处不在。

4. 服务可计量化

在提供云服务过程中，针对客户不同的服务类型，通过计量的方法来自动控制和优化资源配置。即资源的使用可被监测和控制，是一种即付即用的服务模式。

5. 资源的池化和透明化

对云服务的提供者而言，各种底层资源（如计算、储存、网络、资源逻辑等）的异构性被屏蔽，边界被打破，所有的资源可以被统一管理和调度，成为所谓的“资源池”，从而为用户提供按需服务；对用户而言，这些资源是透明的、无限大的，用户无须了解内部结构，只需关心自己需求是否得到满足。

（二）云计算的服务模式

云计算的服务模式仍在不断进化，但业界普遍接受将云计算按照服务的提供方式划分为三个大类：SaaS（Software as a Service，软件即服务）、PaaS（Platform as a Service，平台即服务）、IaaS（Infrastructure as a Service，基础设施即服务）。

1. 软件即服务

各种互联网及应用软件即是服务，或称“按需提供的软件服务”，是一种通过互联网提供软件及相关数据的模式，用户可以按使用付费，通常使用浏览器通过互联网远程访问并使用特定软件，无须购买和安装软件。

2. 平台即服务

以服务的形式交付计算平台和解决方案包，提供应用创建、应用测试及应用部署的高度集成环境，用户无须购买和管理底层的软硬件，也无须具备设备管理能力。

3. 基础设施即服务

在此服务模式下，消费者获得处理能力、存储、网络和其他基础计算资源，从而可以在其上部署和运行任意软件。

（三）云计算的技术架构

云计算的技术架构包括由数据中心基础设施层与 ICT 资源层组成的云计算基础设施和由资源控制层功能构成的云计算操作系统。云计算的技术构架如图 7-7 所示。

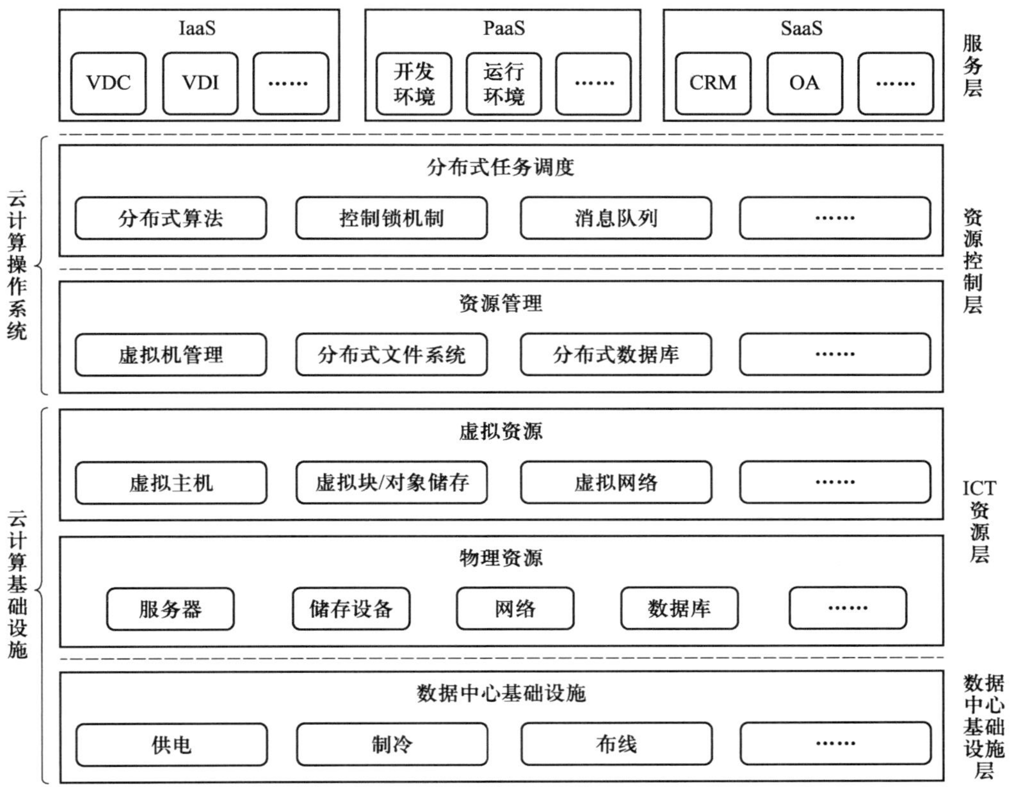

图 7-7　云计算的技术架构

云计算的技术架构可分为：数据中心基础设施层、ICT 资源层、资源控制层、服务层。其中，数据中心基础设施层与 ICT 资源层构成云计算基础设施，它通过高速网络（目前主要是以太网）连接各种物理资源（服务器、存储设备、网络设备等）和虚拟资源（虚拟机、虚拟存储空间等）。

资源控制层体现为云计算操作系统，统一管理云计算基础设施中的资源（计算、存储和网络等），构建具备高度可扩展性并能够自由分割的 ICT 资源池，同时向云计算服务层提供各种粒度的计算、存储等能力。

三、大数据技术

大数据的应用和技术是在互联网快速发展中诞生的，起点可追溯到 2000 年前后。面对爆发式增长的网页数量，为了提供较为精确的搜索服务，谷歌提出了一套以分布式为特征的全新技术体系，即后来陆续公开的分布式文件系统（GFS）、分布式并行计算（MapReduce）和分布式数据库（Big Table）等技术，以较低的成本实现了之前技术无法达到的数据处理规模。这些技术奠定了当前大数据技术的基础，可以认为是大数据技术的源头。

大数据技术目前还没有统一的标准定义。工业和信息化部电信研究院给出的定义认为：大数据是具有体量大、结构多样、时效强等特征的数据；处理大数据需采用新型计算架构和智能算法等新技术；大数据的应用强调以新的理念应用于辅助决策、发现新的知识，更强调在线闭环的业务流程优化。因此说，大数据不仅“大”，而且“新”，是新资源、新工具和新应用的综合体。

大数据从数据源经过分析挖掘到最终获得价值一般需要经过五个主要环节，包括数据准备、数据存储与管理、计算处理、数据分析和知识展现。大数据技术框架如图 7-8 所示。

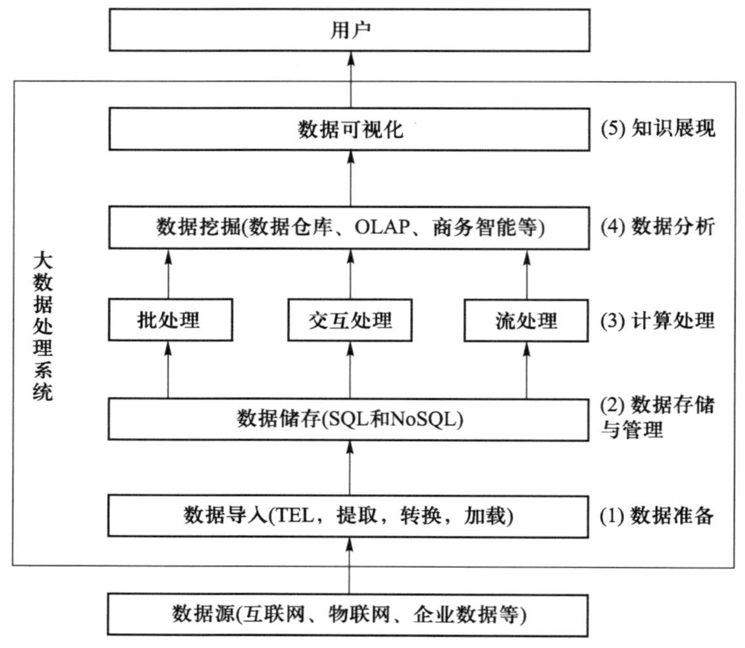

图 7-8　大数据技术框架

总的来看，大数据对数据准备环节和知识展现环节来说只是量的变化，并不需要根本性的变革。但大数据对数据存储与管理、计算处理和数据分析三个环节影响较大，需要对技术架构和算法进行重构，这是当前和未来一段时间大数据技术创新的焦点。

大数据存储与管理技术，解决快速增长的异构数据存储与管理问题。存储技术的典型代表是谷歌文件系统（GFS）和 Hadoop 的分布式文件系统 HDFS。新型数据管理技术的典型代表是谷歌 BigTable 和 Hadoop HBase 等非关系型数据库。

大数据并行计算框架。MapReduce 是一种离线、磁盘计算框架，遵循“先存储后处理”的离线批量计算模式。该模式时延大，难以适用于机器学习迭代、流处理等实时计算任务，也不适合针对大规模图数据等特定数据结构的快速运算。如 Apache Hadoop MapReduce。Storm 是遵循“边到达边计算”的实时流计算框架，可在一个时间窗口上对数据流进行在线实时分析，已经在实时广告、微博等系统中得到应用，如 Yahoo 公司的 S4 系统、Twitter 公司的 Storm。Spark 是一种内存计算框架，将数据尽可能放到内存中以提高迭代应用和交互式应用的计算效率，可理解为 MapReduce 模式的内存化。Dremel 是谷歌公司 2010 年公布的一种交互分析引擎，它支持上千台机器的集群部署，几秒钟即可完成 PB 级数据的查询操作。Dremel 解决大规模交互数据分析的实时性问题，可以做到秒级的数据响应，是 MapReduce 模式的有力补充。Apache Drill 是谷歌 Dremel 的开源实现。Pregel 是 Google 提出的大规模分布式图计算平台，专门用来解决网页链接分析、社交数据挖掘等实际应用中涉及的大规模分布式图计算问题，如图遍历、最短路径、PageRank 计算等。Pregel 是基于整体同步并行（Bulk Synchronous Parallel，BSP）模型的分布式图计算的计算框架。

大数据分析技术主要有两条技术路线。一是凭借先验知识人工建立数学模型来分析数据；二是通过建立人工智能系统，使用大量样本数据进行训练，让机器代替人工获得从数据中提取知识的能力。由于占大数据主要部分的非结构化数据，往往模式不明且多变，因此难以靠人工建立数学模型去挖掘深藏其中的知识。通过人工智能和机器学习技术分析大数据，被业界认为具有很好的前景。

四、人工智能

人工智能概念正式提出是在 1956 年，在美国达特茅斯学院举办的夏季学术研讨会上，约翰·麦卡锡、马文·闵斯基、克劳德·香农等学者参与讨论“让机器像人一样认知、思考和学习”。这次会议上首次使用了“人工智能”这一术语。因此，业内也一般都认为 1956 年是人工智能元年。

关于“人工智能”这一术语至今尚无统一的定义。通俗些讲，就是用人工方法在机器（计算机）上实现智能，或者说是人们使机器具有类似人的智能。那么，如何判断一个机器是否具有智能？艾伦·麦席森·图灵发明了图灵测试（The Turing Test）。测试者通过一些装置（如键盘）向被测试者（一个人和一台机器）随意提问。多次测试后，如果有超过 30%的测试者不能确定出被测试者是人还是机器，那么这台机器就通过了测试，并被认为具有人类智能。

“人工智能”作为一门学科时，它是一门研究如何构造智能机器（智能计算机）或智能系统，使它能模拟、延伸、扩展人类智能的学科。通俗地说，人工智能就是要研究如何使机器具有能听、会说、能看、会写、能思维、会学习、能适应环境变化、能解决面临的各种实际问题等功能的一门学科。人工智能研究领域有认知建模、知识表示、推理及应用、机器感知、机器思维、机器学习、机器行为和智能系统等。

从让机器实现人的智能想法被提出以来，不同学科背景或应用领域的学者从不同角度、用不同的方法、沿着不同的途径对智能进行了探索。其中，符号主义、连接主义和行为主义是人工智能发展历史上的三大技术流派。在人工智能的发展过程中，符号主义、连接主义和行为主义等流派不仅先后在各自领域取得了成果，各学派也逐渐走向了相互借鉴和融合发展的道路。

（一）人工智能发展历程的三次浪潮

在过去的 60 多年里，人工智能发展跌宕起伏，经历了三次大的浪潮：

第一次浪潮：20 世纪 50—70 年代用机器证明的办法去证明和推理一些知识，如进行数学定理证明。基于符号主义，从 1956 年到 1974 年，人工智能在算法方面出现了很多世界级的发明，其中包括一种叫作增强学习的雏形（贝尔曼公式）。增强学习就是谷歌 AlphaGo 算法核心思想内容。现在人们常提到的深度学习模型，其雏形叫作感知器，也是在这期间发明的。除了算法和方法论有了新的进展，在第一次浪潮中，科学家们还制造出了聪明的机器。其中，有一台叫作 STUDENT（1964 年）的机器能证明应用题，还有一台叫作 ELIZA（1966 年）的机器可以实现简单人机对话。

第一次低谷（1974—1979 年）：人们发现逻辑证明器、感知器、增强学习等只能做很简单、非常专门且范围很窄的任务，稍微超出范围就无法应对。这里面存在两方面局限：一方面，人工智能所基于的数学模型和数学手段被发现有一定的缺陷；另一方面，有很多计算复杂度以指数程度增加，所以成了不可能完成的计算任务。

第二次浪潮（1980—1986 年）：20 世纪 80 年代出现了人工智能数学模型方面的重大发明，其中包括著名的多层神经网络（1986 年）和 BP 反向传播算法（1986 年）等，也出现了能与人类下象棋的高度智能机器（1989 年）。

第二次低谷（1987—1993 年）：一方面，专家系统的实用性仅仅局限于某些特定情景，所能解决的问题非常局限，远远达不到人们的期待。另一方面，1987—1993 年现代 PC 出现，当时苹果、IBM 开始推广第一代台式机，计算机开始走入家庭，其费用远远低于专家系统所使用的 Symbolics 和 Lisp 等机器。

第三次浪潮（2000 年至今）：信息技术蓬勃发展，为人工智能的发展提供了基础条件。这阶段人工智能的理论算法也在不断地沉淀，以机器学习为代表的算法，在互联网、工业等诸多领域取得了较好的应用效果。2006 年，多伦多大学 Hinton 教授提出了深度学习的概念，对多层神经网络模型的一些问题给出了解决方案。标志性事件是在 2012 年，Hinton 课题组参加 ImageNet 图像识别大赛，以大幅领先对手的成绩取得了冠军，使深度学习效果引起了学术界和工业界的轰动。

（二）基于深度学习的人工智能技术

近几年，以深度学习为代表的人工智能算法，在图像分类和识别、语音识别、自然语言处理等领域取得了巨大的进步。究其原因，一方面是计算机的性能得到了极大的提升，新型人工智能芯片、云计算技术都为大规模神经网络计算提供了基础平台；另一方面是互联网、大数据技术的发展，积累了大量的数据资源。算法、算力和数据三者的结合，直接促成了这次浪潮，将人工智能再次推向繁荣期。

深度学习全称深度神经网络，本质上是多层次的人工神经网络算法，即从结构上模拟人脑的运行机制，从最基本的单元上模拟了人类大脑的运行机制。深度学习分为训练（Training）和推断（Inference）两个环节。训练需要海量数据输入，训练出一个复杂的深度神经网络模型。推断指利用训练好的模型，使用待判断的数据去“推断”得出各种结论。

根据人工智能的研究领域、周边技术和涉及的产业，可以将人工智能的技术体系分为三个层次：基础层、技术层和应用层，如图 7-9 所示。

图 7-9　基于深度学习的人工智能技术体系框架

应用层。人工智能技术与行业深度结合，针对具体的场景来实现智能化的方案，目前主要的应用行业领域包括安防、金融、医疗、交通、教育、制造、互联网、电力等，未来将会拓展到更多的领域。

技术层。产业界和学术界都比较关注的层面。底层包括各种机器学习/深度学习的开源框架等。以学术界为代表，对人工智能的底层理论算法的研究，包括近年来比较主流的深度神经网络算法、传统机器学习算法，正是因为这些基础理论取得突破，才使得当下人工智能技术在产业化方面取得突飞猛进的发展。应用算法层主要的研究领域包括计算机视觉、智能语音、自然语言处理、决策规划等，涉及感知、认知、决策不同的智能方向。

基础层。作为人工智能产业的底座支撑，包括硬件设施、系统平台和数据资源的技术支持。硬件主要是为人工智能应用提供强大的算力支撑，包括计算资源如 GPU、FPGA、ASIC 等加速芯片，网络设备，存储设备，以及各种传感器；系统平台包括操作系统、云计算平台、大数据平台等；数据资源是人工智能技术（尤其是深度学习）获得长足发展不可或缺的组成部分，犹如为发动机提供充足的燃料。

五、区块链技术

（一）区块链概念及特征

区块链（Blockchain）是一种由多方共同维护，使用密码学保证传输和访问安全，能够实现数据一致存储、难以篡改、防止抵赖的记账技术，也称为分布式账本技术（Distributed Ledger Technology）。

与传统的分布式数据库相比，区块链具有以下特征：

一是从复式记账演进到分布式记账。区块链打破了原有的复式记账，变成“全网共享”的分布式账本，参与记账的各方之间通过同步协调机制，保证数据的防篡改和一致性，规避了复杂的多方对账过程。

二是从“增删改查”变为仅“增查”两个操作。传统的数据库具有增加、删除、修改和查询四个经典操作。对于全网账本而言，区块链技术相当于放弃了删除和修改两个选项，只留下增加和查询两个操作，通过区块和链表这样的“块链式”结构，加上相应的时间戳进行凭证固化，形成环环相扣、难以篡改的可信数据集合。

三是从单方维护变成多方维护。针对各个主体而言，传统的数据库是一种单方维护的信息系统，不论是分布式架构，还是集中式架构，都对数据记录具有高度控制权。区块链引入了分布式账本，是一种多方共同维护、不存在单点故障的分布式信息系统，数据的写入和同步不局限在一个主体范围之内，需要通过多方验证数据、形成共识，再决定哪些数据可以写入。

四是从外挂合约发展为内置合约。传统上，财务的资金流和商务的信息流是两个截然不同的业务流程，商务合作签订的合约，在人工审核、鉴定成果后，再通知财务打款，形成相应的资金流。智能合约的出现，基于事先约定的规则，通过代码运行来独立执行、协同写入，通过算法代码形成了一种将信息流和资金流整合到一起的内置合约。

在区块链技术的应用方面，区块链一方面助力实体产业，另一方面融合金融产业。在实体产业方面，区块链解决并优化传统产业升级过程中遇到的信任和自动化等问题，极大地增强共享和重构等方式助力传统产业升级，重塑信任关系，提高产业效率。在金融产业方面，区块链有助于弥补金融和实体产业间的信息不对称，建立高效价值传递机制，实现传统产业价值在数字世界的流转，在商流、信息流、资金流达到“三流合一”等方面具有重要作用。目前，区块链技术的应用场景不断铺开，从金融、产品溯源、政务民生、电子存证到数字身份与供应链协同，场景的深入化和多元化不断加深。然而，区块链技术的应用仍旧处于较为初级的阶段，各类应用模式仍在发展中演进，仍需持续探索。

（二）区块链系统技术架构

各类区块链虽然在具体实现上各有不同，其整体架构却存在共性。中国信通院发布的《区块链白皮书（2018 年）》中给出了一种通用型的区块链系统技术架构，将区块链系统划分为基础设施、基础组件、账本、共识、智能合约、接口、应用、操作运维和系统管理九部分。区块链系统技术架构如图 7-10 所示。

其中，基础设施层为上层提供物理资源和计算驱动，是区块链系统的基础支持；基础组件层为区块链系统网络提供通信机制、数据库和密码库；账本层负责交易的收集、打包成块、合法性验证以及将验证通过的区块加到链上；共识层负责协调保证全网各节点数据记录一致性；智能合约层负责将区块链系统的业务逻辑以代码的形式实现、编译并部署，完成既定规则的条件触发和自动执行；接口层主要用于完成功能模块的封装，为应用层提供简捷的调用方式；系统管理层负责对区块链体系结构中其他部分进行管理，主要包含权限管理和节点管理两类功能；操作运维层负责区块链系统的日常运维工作，包含日志库、监视库、管理库和扩展库等。

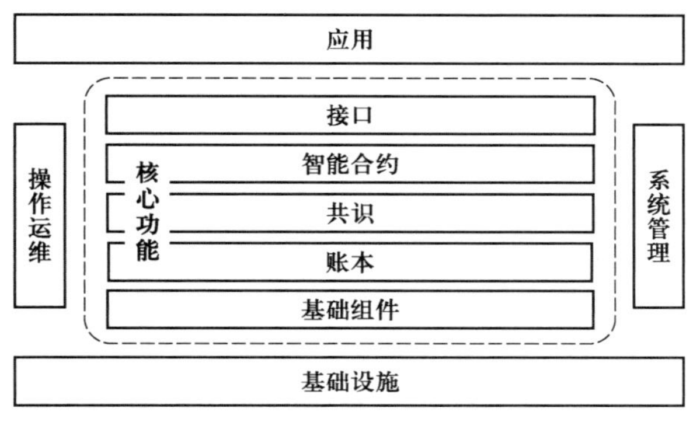

图 7-10　区块链系统技术架构

第三节　云制造模式

一、云制造的产生背景

制造业是国民经济和国防安全的重要支柱，是一个国家工业化的战略性产业。中国在 2009 年已成为仅次于美国的全球第二大工业制造国，但是仍未能成为制造强国。中国制造需要转型升级，向高端化方向发展。从 20 世纪 90 年代开始，我国科技部及相关部门支持了以计算机集成制造、并行工程、敏捷制造、虚拟制造、网络化制造、制造网格等为代表的制造业信息化课题，已取得了一系列成果，并在制造业各个领域发挥了重要作用，对推进我国制造业信息化进程做出了巨大贡献。然而，如何在制造过程中整合社会化存量资源，提高资源利用率，降低能源消耗，减少排放，从而实现服务型制造，已成为我国制造业迫切需要解决的瓶颈问题。解决这些问题，需要探索新的制造业发展模式。

当前，国际制造业正向着服务化、高效低耗、知识创新的方向发展。制造的服务化、基于知识的创新能力，以及对各类制造资源的聚合与协同能力对环境的友好性已成为当前企业竞争力的关键要素和制造业信息化发展的趋势。满足制造企业最短的上市时间（Time）、最好的质量（Quality）、最低的成本（Cost）、最优的服务（Service）、最清洁的环境（Environment）和基于知识（Knowledge）的创新，即 TQCSEK 的需求，支撑绿色和低碳制造，实现中国创造，进而推动经济增长方式的转变，是未来5~10年我国制造业发展需要解决的重大问题。这些给中国制造业带来了巨大的挑战和机遇。

基于高速发展的信息技术，提出了一种基于知识、面向服务的高效低耗网络化智能制造新模式——云制造。云制造技术的研究与应用将会加速推进中国制造业信息化向网络化、智能化和服务化方向发展，从而将中国制造业信息化提升到新的高度和水平。

二、云制造概念与特征

云制造是一种基于网络、面向服务的智慧化制造新模式和手段。它融合发展了现有信息化制造（信息化设计、生产、实验、仿真、管理、集成）技术与云计算、物联网、服务计算、智能科学、高效能计算等新兴信息技术，将各类制造资源和制造能力虚拟化、服务化，构成制造资源和制造能力的云服务池，并进行统一集中的优化管理和经营；用户只需要通过云端就能随时随地按需获取制造资源与能力服务，进而智慧地完成其制造全生命周期的各类活动。

云制造系统的技术手段具有制造资源和能力的“数字化、物联化、虚拟化、服务化、协同化、智能化”特征。它们相互联系、层层递进，是云制造系统技术手段区别于其他信息化制造系统技术手段的重要标志。

（一）数字化

云制造系统的数字化是指将制造资源和能力的属性及静态、动态行为等信息转变为数字、数据、模型，以进行统一分析、规划、重组和操控等处理。云制造系统的数字化包括企业产品的设计、仿真、生产加工、实验、经营管理等全部生命周期过程活动中的制造资源和能力数字化。它是制造业信息化的基础技术，也是云制造实现的前提和基础技术。

（二）物联化

先进制造模式实现的核心是制造全生命周期活动中人、组织、管理和技术的集成与优化。为此，云制造系统融合了物联网、CPS等最新信息技术，提出了要实现软硬制造资源和能力的全系统、全生命周期、全方位的透彻接入和感知。在云制造模式下，各种软硬制造资源能够通过各种适配器、传感器、条形码、射频识别技术（RFID）、摄像头、人机界面等，实现状态自动或半自动感知，并且借助于5G网络、卫星网、有线网、互联网等来传输信息，在对各种软硬制造资源的状态信息进行采集和分析的基础上，能够进一步服务于云制造的业务执行过程。具体如图7-11所示。

（三）虚拟化

在云制造系统中，用户面对的是虚拟化的制造环境，它降低了使用者与资源和能力具体实现之间的耦合程度。通过虚拟化技术，一个物理的制造资源和能力可以构成多个相互隔离的封装好的“虚拟器件”，多个物理制造资源和能力也可以组合形成一个粒度更大的“虚拟器件”组织，并在需要时实现虚拟化制造资源和能力的实时迁移与动态调度。虚拟化技术可简化制造资源和能力的表示、访问，并进行统一优化管理。它是实现制造资源和能力服务化与协同化的关键技术基础。具体如图 7-12 所示。

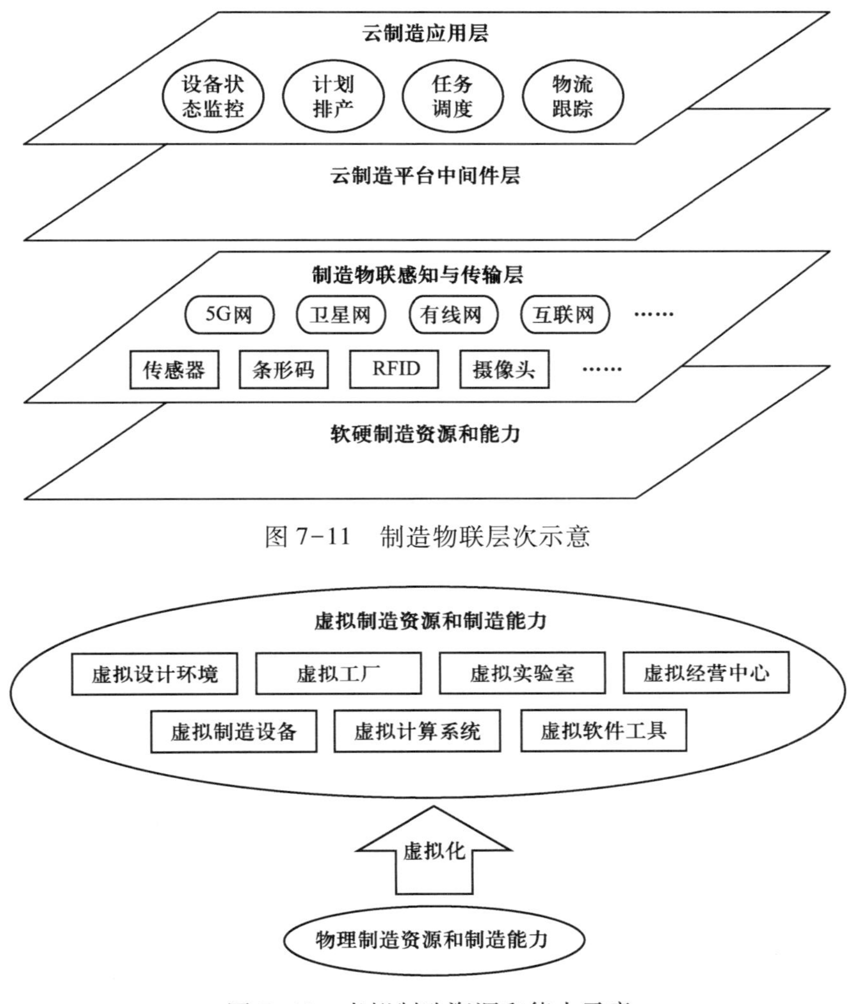

图 7-11　制造物联层次示意

图 7-12　虚拟制造资源和能力示意

（四）服务化

云制造系统中汇集了大规模的制造资源和能力，基于这些资源和能力的虚拟化，通过服务化技术进行封装和组合，形成制造过程所需要的各类服务，如设计服务、仿真服务、生产加工服务、管理服务、集成服务等。其目的是为用户提供质优价廉的、按需使用的服务。按需服务方式有两种：一是通过对云资源及能力的按需聚合服务，实现分散资源及能力的集中使用；二是通过对云资源及能力的按需拆分服务，实现集中资源及能力的分散使用。以制造资源和能力的服务及其组合为基础构建的制造模式，具有标准化、松耦合、透明应用集成等特征，这些特征能够提高制造系统的开放性、互操作性、敏捷性和集成能力。具体如图 7-13 和图 7-14 所示。

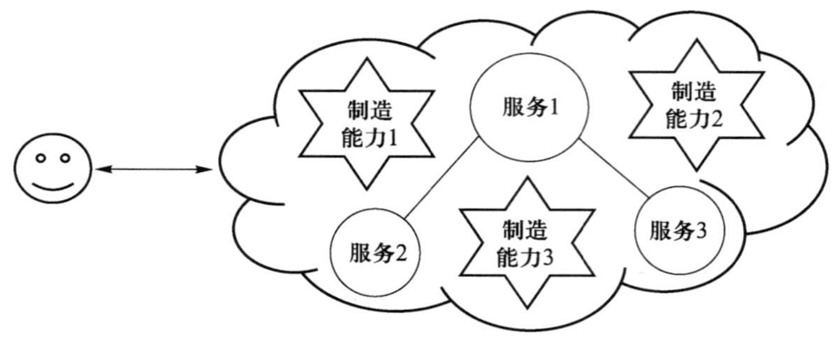

图 7-13　制造资源及能力按需提供聚合服务模式

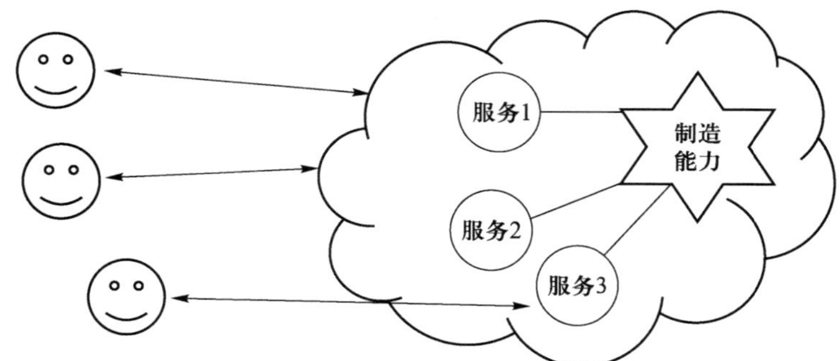

图 7-14　制造资源及能力按需提供拆分服务模式

（五）协同化

"协同"是先进制造模式的典型特征，特别对复杂产品的制造而言尤为重要。通过标准化、规范化、虚拟化、服务化及分布高效能计算等信息技术，云制造系统使制造资源和能力形成彼此间可灵活互联、互操作的"制造资源和能力即服务"模块。通过协同化技术，这些云服务模块能够动态地实现全系统、全生命周期、全方位的互联互通、互操作，以满足用户需求。除了技术层面的协同化以外，云制造为敏捷化虚拟企业组织的动态协同管理提供了全面支撑，包括虚拟组织的按需动态构建、虚拟业务协同运作中的有机融合与无缝集成。具体如图 7-15 所示。

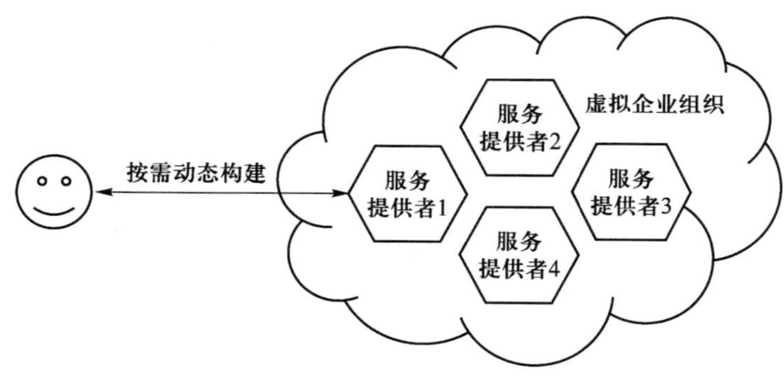

图 7-15　资源及能力服务协同化示意

（六）智能化

云制造系统的另一典型特征是实现全系统、全生命周期、全方位的深入的智能化。知识及智能科学技术是支撑云制造服务系统运行的核心，制造云在汇集各种制造资源和能力的同时，也汇集了各种知识并构建了跨领域多学科知识库。随着制造云持续演化，云中积累的知识规模也在不断扩大，知识及智能科学技术渗入制造全生命周期的各环节、各层面。

在云制造模式下，知识及智能科学技术为产品全生命周期提供支持。一方面，它渗入制造过程中的论证、设计、生产加工、实验、仿真、经营管理等各个环节，为其提供所需的各类跨领域多学科、多专业知识。另一方面，它融于制造资源及能力服务过程的各个环节，如资源及能力的描述、发布、存储、匹配、组合、交易、执行、调度、结算、评估等。知识及智能科学技术覆盖了这两个维度构成平面中的各个坐标点，为云制造提供全方位的智能化支持。具体如图 7-16 所示。

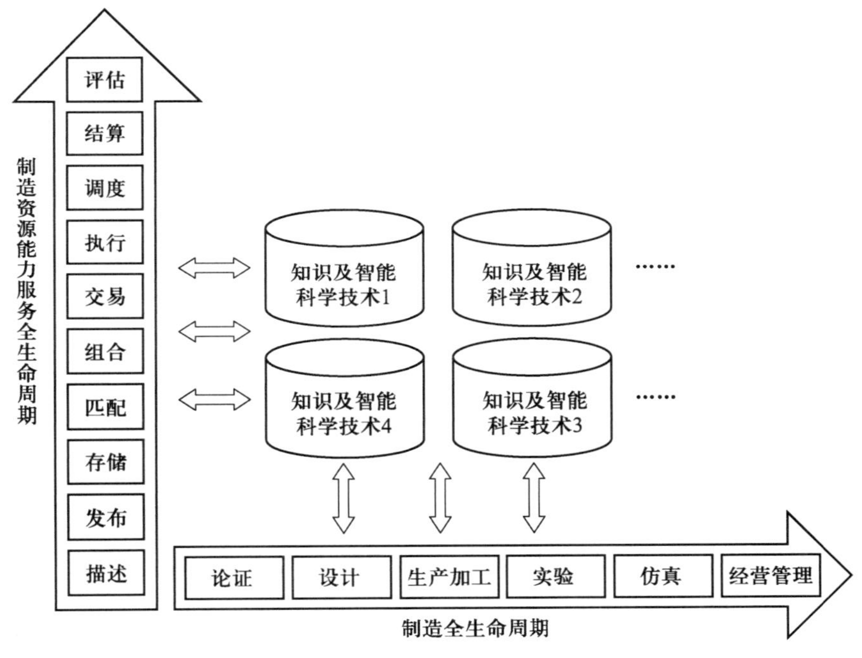

图 7-16　知识型智能制造示意图

三、云制造技术体系

云制造技术体系包含 12 大类关键技术，具体如下：

（一）总体技术

从系统的角度出发，研究云制造系统的结构、组织与运行模式等方面的技术，同时研究支持实施云制造的相关标准和规范、系统集成技术。具体包括：云制造模式；支持多用户的、商业运行的、面向服务的云制造系统体系架构；云制造相关标准、协议、规范等；基于云制造模式的系统集成技术。

（二）资源感知与接入技术

云制造的目标之一是实现制造资源和制造能力的全面共享、按需使用、自由流通，从而提高制造资源和能力的利用率，实现增效。具体包括：支持资源投入的新型传感器；智能感知网络与系统构建技术；海量感知数据的动态采集，分析与处理技术；制造云用户终端接入管理技术。

（三）资源和能力的虚拟化、服务化技术

实现对各类制造资源和能力的状态、性能参数、状态的智能感知和在线实时接入，获得相关数据后，实现感知接入的制造资源与能力的虚拟化和服务化。具体包括：云制造资源和能力虚拟化技术和多视图模型；支持语义的制造资源和能力服务化的统一描述模型及其构建技术；制造资源和能力基于网络共享的形式化描述机制；云服务综合管理技术。

（四）虚拟化云制造服务环境构建与管理技术

云制造系统中汇集了大量的制造资源和能力，需要对这些制造资源和能力进行自动配置与部署，构建一个自治的、自维护的、动态扩展的云制造服务环境。具体包括：资源服务库构建与管理技术；高效动态的制造云组建、聚合、存储方法；云制造服务平台核心引擎、管理工具研发；云制造系统仿真、验证与确认技术。

（五）虚拟化云制造服务环境运行技术

云制造系统运行中涉及服务的搜索、匹配、组合、交易、调度、结算、评估等各类活动，高效稳定地运行这些活动依赖于云服务平台提供的强大的管理与支撑功能。具体关键技术包括：云服务全生命周期管理技术；云服务运行跟踪、监控技术；云服务智能匹配与组合技术；云服务动态优化配置、容错、迁移技术；虚拟化制造资源及能力池管理技术。

（六）虚拟化云制造服务环境评估技术

云制造模式主要涉及制造服务提供者、制造服务需求者和制造服务运营者三类用户。满足这三类用户各自的目标和需求是云制造模式落地推广的前提，从而保证有足够的制造服务提供者愿意并主动提供高质量可用的制造服务，制造服务需求者有动力使用云制造系统提供的服务，而制造服务运营者有足够的利益和空间运营云制造服务平台。因此，云制造如何实现虚拟化服务环境的云制造的综合评估是解决以上问题的关键。具体包括：云服务质量与综合效用评估；云服务可信与安全评估；虚拟服务环境综合评估。

（七）云制造安全与可信技术

不管是从云制造资源和服务提供者、使用者和运营者哪一角度来看，都必须确保资源的安全接入，所提交的任务不会被破坏且正确执行、必须提供安全可信的支付和交易环境。具体包括：可信云制造架构与安全体系；云制造网格与数据安全技术；云服务全生命周期可信评测理论与方法；制造资源和能力的可信接入技术。

（八）知识、模型与数据管理技术

云制造系统本质上是一种基于现代互联网技术的面向服务的智慧化制造模式。知识的发现、使用、积累和管理的相关技术是其核心关键技术之一，具体包括：领域知识获取与描述；数据挖掘与知识发现；模型库与知识库的构建与管理；基于大数据的仿真、预测与评估。

（九）云制造普适人机交互技术

云制造系统的各类用户通过云制造服务平台进行协作交易等各类活动，以及这些用户与平台进行各类交互时，都需要一个强大的、普适的人机交互系统的支持。具体技术包括：面向云制造环境的界面应用逻辑分离技术；普适交互的界面计算服务技术；海量信息可视化技术；面向各类用户的服务资源普适可视化技术；普适化接口技术。

（十）云制造服务平台应用技术

云制造服务平台能提供一个统一的交易互动环境，对交易的全生命周期进行规范、管理及监督。在此环境中，服务交易得到保障，双方的权益得到保护，还避免了一些违规违法交易的产生。具体包括：支持多主体协同的商务管理技术；虚拟云平台的构建方法、运行流程和管理模式；云服务动态统筹、控制和调度技术；基于云平台的制造流程管理与优化技术。

（十一）信息化制造技术

云制造系统是在现有信息化制造技术上发展的，它融合与发展了现有信息化制造技术与当前一些新兴信息技术，是一种制造信息化新模式、新手段。具体技术包括：信息化制造系统总体技术；信息化制造支撑环境技术；信息化设计、生产、试验、仿真、管理技术；基于 3D 打印的云端快速制造技术。

（十二）产品服务技术

云制造系统不仅可以通过云服务平台完成产品的制造过程，同时也提供面向产品全生命周期的各类服务，这些服务与传统服务相比，将更智能、更主动、更可靠、更经济。产品服务可分为售前、售中和售后服务，与之相应的关键技术包括：基于大数据的市场分析与预测；智能化咨询与产品推荐；基于云平台的 MRO（Maintenance，Repair and Operations）技术。

第四节　智能制造模式

一、智能制造的发展历程

1989 年日本首先提出了“智能制造系统”国际合作计划。这项计划由时任东京大学工程系主任吉川裕行提出，其理论依据是后竞争技术系统化促成新基础研发。他将制造业技术分成前竞争技术、竞争技术和后竞争技术三类。其中，后竞争技术是指那些已经不具备商业保密意义的、已无竞争力的技术。但这些技术经过规范化和系统化，有可能在此过程中找到能够促进新基础研发的新元素，开启新一轮研发热潮。具体如图 7-17 所示。

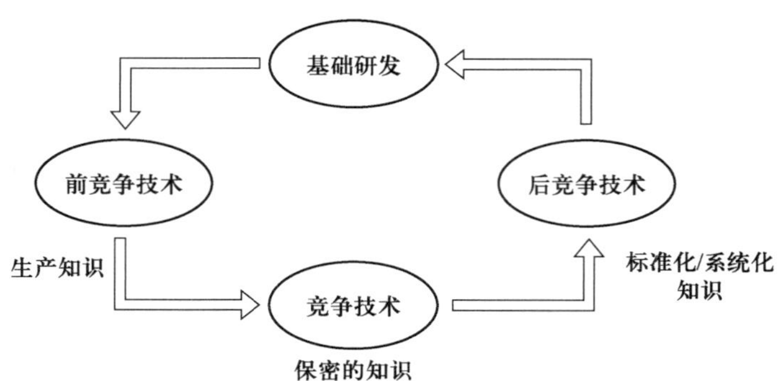

图 7-17 吉川裕行智能制造系统理论模型

加拿大制定的 1994—1998 年发展战略计划认为，发展和应用智能系统至关重要，并将具体研究项目选择为智能计算机、人机界面、机械传感器、机器人控制、新装置、动态环境下系统集成。欧盟于 1994 年启动的 R&D 项目选择了 39 项核心技术，其中信息技术、分子生物学和先进制造技术均突出了智能制造的位置。

同样，中国在 20 世纪 80 年代末将“智能模拟”列入国家科技发展规划的主要课题，工业与信息化科技部正式提出了“工业智能工程”，智能制造是该项工程中的重要内容。工业与信息化部在 2015 年公布了智能制造试点示范项目名单，启动实施“智能制造试点示范专项行动”，旨在通过直接切入制造活动的关键环节，充分调动企业的积极性，通过点上突破，形成有效的经验与模式，在制造业各个领域加以推广与应用。

产品性能的完善及其结构的复杂化、精细化，以及功能的多样化，促使产品所包含的设计和工艺信息量猛增，随之生产设备和管理工作的信息量也必然剧增，因而促使制造技术向提高制造系统对于爆炸性增长的制造信息处理的能力、效率及规模方向发展。首先，制造系统由原先的能量驱动型转变为信息驱动型，这就要求制造系统具备柔性和智能，以处理大量复杂的信息。其次，瞬息万变的市场需求和激烈竞争的市场环境，也要求制造系统表现出更高的灵活性、敏捷性和智能性。

智能制造日益成为未来制造业发展的重大趋势和核心内容，是加快发展方式转变、促进工业向中高端迈进、建设制造强国的重要举措，也是新常态下打造新的国际竞争优势的必然选择。习近平总书记在党的十九大报告中号召：“加快建设制造强国，加快发展先进制造业。”他指出：“要以智能制造为主攻方向，推动产业技术变革和优化升级，推动制造业产业模式和企业形态根本性转变，以‘鼎新’带动‘革故’，以增量带动存量，促进我国产业迈向全球价值链中高端。”

二、智能制造的内涵与特征

（一）智能制造的内涵

智能制造是一种基于智能科学技术的新型制造模式，旨在通过充分利用先进的信息技术和制造技术来优化产品生产和交易，极大地提升产品的整个生命周期的设计、生产、管理和集成。智能制造由智能产品、智能生产及智能服务三大功能系统，以及工业互联网和智能制造云两大支撑系统集合而成。其中，智能产品是主体，智能生产是主线，以智能服务为中心的产业模式变革是主题，工业互联网和智能制造云是支撑，系统集成将智能制造各功能系统和支撑系统集成为新一代智能制造系统。

智能制造的核心是纵向集成、横向集成和端到端集成。纵向集成即厂内制造体系集成，生产线上相关机器设备、业务流程和相关的应用系统所有的数据连通，一体化实时协同运行。横向集成即包括设计、生产、物流、销售、服务、所有外部配套在内的整个生态链、产业链、供应链的跨部门、跨企业全链条集成，一体化实时协同运行，并聚焦到智能制造的中心环节——智能工厂。端到端集成即从用户需求到产品开发、制造、销售和服务，所有节点、环节的所有数据和业务打通，一体化协同运行。

智能制造的原理是从智能制造系统的本质特征出发，在分布式制造网络环境中，根据分布式集成的基本思想，应用分布式人工智能中多 Agent 系统的理论与方法，实现制造单元和基于网络的制造系统的柔性智能化，以及两者的集成。根据分布系统的同构特征，在智能制造系统的一种局域实现形式基础上，实际也反映了基于互联网的全球制造网络环境下智能制造系统的实现模式。

（二）智能制造的特征

与传统制造相比，智能制造系统具有以下特征：

1. 自律能力

此即收集与理解环境信息和自身的信息，并进行分析判断和规划自身行为的能力。在一定程度上表现出独立性和自主性，甚至相互还能协调运作与竞争。强有力的知识库和基于知识的模型是自律能力的基础。

2. 人机一体化

智能制造系统作为一种混合智能的人机一体化智能系统，一方面突出人在制造系统中的核心地位，另一方面在智能机器的配合下更好地发挥人的潜能，使人机之间表现出一种平等共事、相互“理解”、相互协作的关系，使二者在不同的层次上各显其能、相辅相成。

3. 虚拟现实技术

这是实现虚拟制造的支持技术，也是实现高水平人机一体化的关键技术之一。虚拟现实技术能虚拟展示现实生活中的各种过程、物件等，因而也能拟实制造过程和未来的产品，其特点是可以按照人们的意愿任意变化，这种人机结合的新一代智能界面，是智能制造的一个显著特征。

4. 自组织超柔性

智能制造系统中的各组成单元能够根据工作任务的需要，自行组成一种最佳结构，其柔性不仅突出在运行方式上，还突出在结构形式上，所以称这种柔性为超柔性。

5. 学习与维护

智能制造系统具有自学习功能，能够在实践中不断充实知识库。在运行过程中能自行进行故障诊断，并具备对故障进行自行排除、自行维护的能力。这种特征使智能制造系统能够自我优化并适应各种复杂的环境。

三、智能制造的主要内容

智能制造是实现整个制造业价值链的智能化和创新，是基于新一代信息通信技术与先进制造技术的深度融合。智能制造的主要内容包括：智能装备、智能车间（生产线）、智能工厂、智能物流与供应链、智能生产、智能产品、智能服务（卢秉恒等 2018①，方毅芳等 2018②，张应刚等 2022③）。

智能装备。制造装备作为最小的制造单元，能对自身和制造过程进行自感知，对与装备、加工状态、工件材料和环境有关的信息进行自分析，根据产品的设计要求与实时动态信息进行自决策，依据决策指令进行自执行，通过“感知→分析→决策→执行与反馈”大闭环过程，不断提升性能及其适应能力，实现高效、高品质及安全可靠的加工。

智能车间（生产线）。车间（生产线）由多台（条）智能装备（产线）构成，除了基本的加工/装配活动外，还涉及计划调度、物流配送、质量控制、生产跟踪、设备维护等业务活动。智能生产管控能力体现为通过“优化计划-智能感知-动态调度-协调控制”闭环流程来提升生产运作适应性，以及对异常变化的快速响应能力。

智能工厂是制造工厂层面的两化深度融合，是数字工厂、互联工厂和自动化工厂的延伸和发展。它以打通企业生产经营全部流程为着眼点，实现从产品设计到销售，从设备控制到企业资源管理所有环节的信息快速交换、传递、存储、处理和无缝智能化集成。通过将人工智能技术应用于产品设计、工艺、生产等过程，使得制造工厂在其关键环节或过程中能够体现出一定的智能化特征，即自主性的感知、学习、分析、预测、决策、通信与协调控制能力，能动态地适应制造环境的变化，从而实现提质增效、节能降本的目标。

智能物流与供应链。通过物联网技术，实现物料的主动识别和物流全程可视化跟踪；通过智能仓储物流设施，实现物料自动配送与配套防错；通过智能协同优化技术，实现生产物流与计划的精准同步。另外，工具流等其他辅助流有时比物料流更为复杂，如金属加工工厂中，加工一个物料就可能需要上百种刀具。智能物流保证生产制造的

---

① 卢秉恒，邵新宇，张俊，王磊．离散型制造智能工厂发展战略，中国工程科学，2018，20（4）：44-50.

② 方毅芳，宋彦彦，杜孟新．智能制造领域中智能产品的基本特征［J］．科技导报，2018，36（6）：90-96.

③ 张应刚，夏威屹，尹伊，滕绍东，张建超．对新一代智能制造的几点思索［J］．制造业自动化，2022，44（10）：124-126+220.

"just in time"，从而降低在制品的资金消耗。供应链智能化。构建网络式供应链，对由供应商、制造商、分销商及最终顾客构成的供应链系统中的物流、资金流、控制和优化，以降低物流成本，缩短制造周期。

智能生产。智能生产包括制造过程产品设计、加工制造、管理运营、服务售后等的全过程管理、全生命周期的优化，通过数字化、网络化、智能化等共性使能技术，推动制造系统向智能化、集成化、共享与协同方向发展，全面调度使用资源，全面提升生产制造水平。针对产品设计，通过大数据智能分析手段精确获取产品需求与设计定位，通过智能创成方法进行产品概念设计，通过智能仿真和优化策略实现产品高性能设计，并通过并行协同策略实现设计制造信息的有效反馈。针对生产工艺，借助工厂虚拟仿真与优化、基于规则的工艺创成、工艺仿真分析与优化、基于信息物理系统（CPS）的工艺感知、预测与控制等技术，保证产品质量一致性。针对生产过程，通过智能技术手段，实现生产资源最优化配置、生产任务和物流实时优化调度、生产过程精细化管理和智慧科学管理决策。

智能产品。产品集成有动态数字存储器、感知和通信能力，是信息载体，承载着在整个供应链和生命周期中的各类必需信息，如产品制造和未来使用中的全部信息；可实现自感知，可以和机器相互通信，积极协助生产过程；可以连接互联网，可以与智慧物流、智能服务系统对接，这将导致传统价值链的转变和新商业模式的出现。

智能服务。微观上，智能服务是指能够自动辨识用户的显性和隐性需求，并主动、按需、高效、安全、绿色地满足其需求的服务。宏观上，是指企业的发展理念从经营产品到运营客户的根本性变革，主要体现为两方面的转变：一是从流水线式大规模生产转向规模化个性化生产，实现多品种、小批量、定制化的柔性生产需求；二是产业形态从生产型向服务型调整，企业盈利模式向微笑曲线的两端延伸，服务成为企业收入的主要来源。

第五节　智能制造的三种道路

一、工业 4.0

（一）工业 4.0 内涵

工业 4.0（Industry 4.0），是基于工业发展的不同阶段做出的划分。按照目前的共识，工业 1.0 是蒸汽机时代，工业 2.0 是电气化时代，工业 3.0 是信息化时代，工业 4.0 则是利用信息化技术促进产业变革的时代，也就是智能化时代。

这个概念最早出现在德国，在 2013 年的汉诺威工业博览会上被正式推出。随后由德国政府列入《德国 2020 高技术战略》提出的十大未来项目，其核心目的是提高德国工业的竞争力，在新一轮工业革命中占领先机。

"工业 4.0"项目主要分为三大主题：① 智能工厂，重点研究智能化生产系统及过程，以及网络化分布式生产设施的实现。② 智能生产，主要涉及整个企业的生产物流管理、人机互动以及 3D 技术在工业生产过程中的应用等；该计划将特别注重吸引中小企业参与，力图使中小企业成为新一代智能化生产技术的使用者和受益者，同时也成为先进工业生产技术的创造者和供应者。③ 智能物流，主要通过互联网、物联网、物流网，整合物流资源，充分发挥现有物流资源供应方的效率，而需求方则能够快速获得服务匹配，得到物流支持。

（二）智能工厂

智能工厂是利用各种现代化的技术，实现工厂的办公、管理及生产自动化、智能化，达到加强及规范企业管理、减少工作失误、提高工作效率、进行安全生产、提供决策参考、加强外界联系、拓宽国际市场等目的。智能工厂的特点如下：

1. 生产设备网络化，实现车间"物联网"

以前的车间只实现了机器与机器之间的连接，这是传统工厂的 T2T（Thing to Thing）的通信模式。而物联网的出现实现了物与物、物与人、所有的物品与网络的连接，一般称之为 M2M（Machine to Machine）。

2. 生产过程透明化，智能工厂的"神经"系统

MES（制造执行系统）是对整个生产过程进行管理的软件系统，是智能工厂的"神经网络"。MES 是一套面向制造企业车间执行层的生产信息化管理系统。MES 可以为企业提供包括制造数据管理、计划排程管理、生产调度管理、库存管理、质量管理、人力资源管理、工作中心设备管理、工具工装管理、采购管理、成本管理、项目看板管理、生产过程控制、底层数据集成分析、上层数据集成分解等管理模块，为企业打造一个扎实、可靠、全面、可行的制造协同管理平台。因为有了 MES 的存在，整个智能系统才能够获取到足够多的生产数据，才使得智能系统的数据分析成为可能，所以说 MES 是智能工厂的神经系统毫不为过。

3. 生产数据可视化，用大数据分析进行决策

在智能工厂的生产现场，智能系统每隔几秒就收集一次 MES 上传的数据。工厂的智能系统可以利用这些数据对各个环节进行分析，并制定相应的改进方案，通过不断优化来使工厂的生产达到最优状态。

4. 现场无人化，真正实现"无人"工厂

在自动化生产的情况下，智能系统一般自行管理工厂中的所有生产任务，如果生产中遇到问题，一经解决，立即恢复自动化生产，整个生产过程无须人工参与，实现真正的"无人"智能生产。

5. 生产文档无纸化，实现高效、绿色制造

对生产文档进行无纸化管理，实现对所需生产信息的在线快速查询、浏览和下载，不仅提高了效率，更减少了浪费。

（三）信息物理系统

信息物理系统（Cyber Physical System，CPS）是德国工业 4.0 的核心。目前没有统一标准的定义，相对流行和权威的定义如下：

美国 NSF（美国国家科学基金会）的定义为：CPS 是计算资源与物理资源间的紧密集成与深度协作。Lee E 提出，CPS 是一系列计算进程和物理进程组件的紧密集成，通过计算核心来监控物理实体的运行，而物理实体又借助于网络和计算机组件实现对环境的感知和控制。

Sastry 教授从计算科学与信息存储处理的层面出发，认为 CPS 集成了计算、通信和存储能力，能实时、可靠、安全、稳定和高效地运行，是能监控物理世界中各实体的网络化计算机系统。

中国科学院何积丰院士给出的定义为：CPS 是在环境感知的基础上，深度融合了计算、通信和控制能力的可控、可信、可拓展的网络化物理设备系统，通过计算进程和物理进程相互影响的反馈循环，实现深度融合和实时交互来增加或扩展新的功能，以安全、可靠、高效和实时的方式检测或者控制一个物理实体。

CPS 的技术特点：一是以数据与模型为驱动；二是感知与控制的交互闭环；三是内嵌的计算能力；四是严格的目标与时空约束。

二、工业互联网

近年来，随着 5G、云计算、大数据、人工智能等新一代信息技术与实体经济加速融合，全球新一轮科技革命与产业革命正蓬勃兴起，全新的生产方式、组织方式和商业模式不断涌现。各国政府、企业、科研机构纷纷提出了各种战略理念和发展目标，加速推动工业的变革。作为新型基础设施，工业互联网将推动形成全新的工业生产制造和服务体系，是工业经济转型升级的关键依托、重要途径和全新生态。

（一）工业互联网的内涵与特征

工业互联网是新一代信息技术与工业系统全方位深度融合形成的产业和应用生态，是工业数字化、网络化、智能化发展的关键综合信息基础设施。其本质是以人、机、物之间的网络互联为基础，通过对工业数据的全面深度认知、实时传输交换、快速计算处理和高级建模分析，实现智能控制、运营优化和生产组织方式变革。工业互联网是第四次工业革命的重要基石。

工业互联网的特征：一是基于互联互通的综合集成；二是海量工业数据的挖掘与运用；三是商业模式与管理的广义创新；四是制造业态更新和新生态形成。

（二）工业互联网的基础技术体系

工业互联网的基础技术主要指支撑工业互联网系统搭建与应用实施相关的各类技术，具体包括物联网技术、云计算技术、网络通信技术等。物联网技术和云计算技术相关内容见前文。

1. 网络通信技术

网络通信技术是指通过计算机和网络通信设备对图形和文字等形式的资料进行采集、存储、处理和传输等，使信息资源达到充分共享的技术。移动互联网技术、天地一体化信息网络技术以及高性能计算技术是工业互联网中重要的网络通信技术。

移动互联网整合了移动设备和互联网的优势，是这两者相互融合所产生的，不仅有随时、随地、随身的特性，还能进行分享和互动。移动互联网主要包括移动终端、网络服务平台、应用服务平台和网络安全控制等关键技术。

天地一体化信息网络是通过卫星、飞机、飞艇以及地面站间链路连接地面、海上、空中和太空中的用户、飞行器以及各种通信平台，采用智能高速处理、交换和路由技术准确获取、快速处理和高效传输信息的一体化高速宽带信息网络，即天基、空基和陆基一体化综合信息网络。天地一体化信息网络的技术特点：一是网络规模庞大、广域无缝覆盖；二是网络拓扑事变、灵活机动；三是多功能融合、信息协同能力强。天地一体化信息网络技术体系包括技术体制和网络系统设施两大方面。其中，技术体制方面包括：网络体系架构、功能指标体系、星座及组网、频谱及轨位协同、信息传输体制、多维度路由交换、业务服务体制设计、多层面安全防护、一体化运维管控等；网络系统设施方面包括：天基骨干网、天基接入网、地基节点网、用户终端网、天基信息港和地面信息中心等。

网络通信基础技术包括通信网络技术和高性能计算技术。通信网按业务类型可分为电话通信网、数据通信网和广播电视网等；按空间距离可分为广域网、城域网和局域网；按信号传输方式可分为模拟通信网和数字通信网；按运营方式可分为公用通信网和专用通信网等。高性能计算技术是一种综合技术和研究方法，从改善算法、软件和体系结构等多种途径，提升计算机等运算本能。目前，高性能计算技术已广泛应用于虚拟仿真、气象预测、汽车生产等不同领域，成为国家产业发展的重要支撑技术。

2. 工业大数据技术

无论是德国的工业 4.0、美国的“工业互联网”还是中国的“两化融合”战略，工业大数据的分析和应用都是基础和落脚点，而数据的分析与应用离不开数据的采集和传输。工业大数据的主要来源见图 7-18。

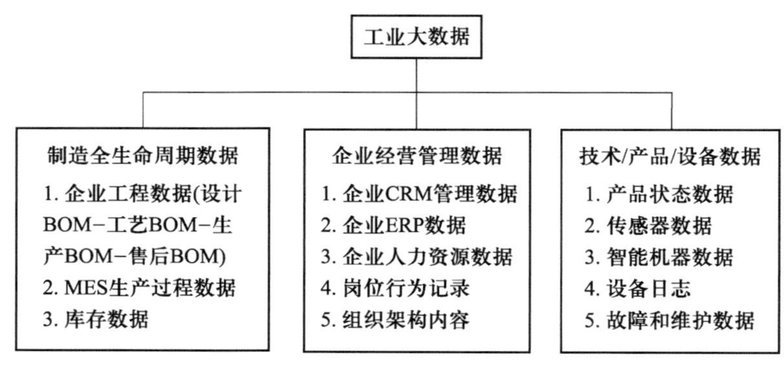

图 7-18　工业大数据的主要来源

工业大数据也具备大数据的 5 V 特征：大量化（Volume）、价值化（Value）、多样化（Variety）、快速化（Velocity）、真实性（Veracity）。工业大数据包括了数据集成与清洗、存储与管理、分析与挖掘、标准与质量体系、大数据可视化，以及安全技术等方面的关键技术。

从数据产生频率的视角看，工业大数据可分为静态数据、动态数据以及实时数据。从企业生产经营的视角看，工业大数据按照不同环节、不同用途可分为经营性数据、生产性数据以及环境类数据。

工业大数据的价值实现方式如下：

（1）实现量的积累。工业大数据最终的价值实现是从数据量的积累开始，我国将会出现工业 2.0、工业 3.0、工业 4.0 并联发展的局面，庞大的工业生产规模、国产机器的自主研发推广及智能化生产的应用将会使我国大数据实现庞大的规模和惊人的增长速度。

（2）分析创造获得质的价值。工业大数据可以帮助企业感知用户需求，提高生产效率，改变生产营销模式等，而且不同类型、不同渠道、不同表现形式的数据给数据存储、清洗、挖掘和提取增加了难度。必须采取融合计算机科学、统计模型、机器学习、专家系统等多种先进的分析技术，才能实现海量数据的快速解析、提取、建立关联，进而获得有价值的信息，作为企业决策的依据。

（3）改进数据质量和补齐数据管理短板。发挥工业大数据价值除了积累相当规模的数据量并提升从海量数据中发掘价值的数据分析处理技术外，数据的质量和数据的管理也至关重要。我国工业数据具有一定的规模优势，但数据质量和管理水平却与发达国家存在一定的差距。

3. 信息安全技术

（1）身份认证技术。用来确定用户或者设备身份的合法性，典型的手段有用户名口令、身份识别、PKI 证书和生物认证等。

（2）加解密技术。在传输过程或存储过程中进行信息数据的加解密，典型的加密体制可采用对称加密和非对称加密。

（3）边界防护技术。防止外部网络用户以非法手段进入内部网络，访问内部资源，保护内部网络操作环境的特殊网络互联设备，典型的设备有防火墙和入侵检测设备。

（4）访问控制技术。保证网络资源不被非法使用和访问。访问控制是网络安全防范和保护的主要核心策略，规定了主体对客体访问的限制，并在身份识别的基础上，根据身份对提出资源访问的请求加以权限控制。

（5）主机加固技术。操作系统或者数据库的实现会不可避免地出现某些漏洞，从而使信息网络系统遭受严重的威胁。主机加固技术对操作系统、数据库等进行漏洞加固和保护，提高系统的抗攻击能力。

（6）安全审计技术。包含日志审计和行为审计，通过日志审计协助管理员在网络受到攻击后察看网络日志，从而评估网络配置的合理性、安全策略的有效性，追溯分析安全攻击轨迹，并能为实时防御提供手段。通过对员工或用户的网络行为审计，确认行为的合规性，确保管理的安全。

（7）检测监控技术。对信息网络中的流量或应用内容进行二至七层的检测并适度监管和控制，避免网络流量的滥用、垃圾信息和有害信息的传播。

（三）基于工业互联网的产业模式创新

1. 智能化生产模式

智能化生产模式通过运用物联网、大数据及云计算等技术，实现设备、产品、产线、车间与人机信息系统的连接，产品生产制造的各个环节、各生产要素都纳入到智能网络中，通过数据的采集、集成、分析、交互，实现生产过程的自动化控制、智能化管理和定制化生产。

德国、美国、日本等发达国家都在积极布局智能制造相关产业，抢占高端制造业制高点。我国可以通过在不同行业、不同产业及不同企业间推行工业2.0、工业3.0、工业4.0的并行发展，实现在工业互联网阶段的弯道超车。

2. 协同化制造模式

协同化制造模式本质是分散形态的生产组织模式创新，使其贯穿产品的设计、制造和销售各个环节，应用子模式主要包括协同设计、云制造、供应链协同。

协同设计又称众包设计，是充分利用社会创新资源，通过开放网络平台，实现研发设计由企业内部集中控制向企业外部分散控制的转变。宝马汽车在德国本部开通客户创新实验室，通过为用户提供在线工具，让用户参与到汽车的设计过程中来。乐高玩具公司建立了资助体系，鼓励用户参与到公司的各项设计任务当中。

云制造基于“云计算”理念，在工业设计与制造领域，实现资源与需求的最合理、最高效的匹配。云制造整合制造活动中所需要的各类制造服务（制造资源和制造能力），形成制造服务云池供用户在线租用；提供制造服务的在线对接交易，实现制造服务的发布、比选、搜索、评价等。

供应链协同通过组织层面的协同，明确供应链上各个企业的分工与责任，实现优势互补和资源整合；通过业务流程层面的协同打破企业界限，通过流程重组更好地满足客户需求；通过信息层面的协同，实现供应链各成员企业运营数据、市场数据的共享，提高对用户需求的响应速度。

3. 个性化定制模式

个性化定制模式是指用户为了实现自己的个性化需求，直接参与生产过程的生产模式。通过智能化生产与协同化制造，工业互联网解决了个性化定制与标准化、规模化工业生产间的矛盾，实现了生产效率和需求满足的同时提升。个性化定制模式主要包括：大规模个性化定制、模块化定制和远程定制。

大规模个性化定制把个性化产品定制生产转化为批量生产的生产方式，其中会运用自动化控制技术、新材料技术、柔性制造技术等一系列技术，同时需要有智能化的信息管理系统和生产执行系统支持，使得用户需求可以在设计、制造资源组织、生产排程等各个环节得到快速高效的响应。

模块化定制将复杂的产品设计和生产进行多模块的简单化分解，再由分解后的各个模块集成生产。通过将个性化定制产品中具备相似结构、相近尺寸的部件进行统一，形成有独立功能结构、通用接口的细分模块，再通过模块的变量组合便可产生几十种、上百种的个性化产品。有代表性的商业模式，如戴尔计算机个性化定制、宜家家具模块化设计模式。

远程定制运用互联网进行远程设计、异地下单和分布式制造。例如，在家具制造行业中，商家可先获得客户的定制信息，通过云计算进行设计和模拟，同时还可对设计结果进行反馈修改，最后客户确认产品设计后通过计算机将设计方案发送到相应的制造设备，基于互联网和智能设备能够完成产品建模、制造、测试和其他各项活动。

4. 服务化延伸模式

大数据时代的生产制造是一种基于工业互联网的服务型制造。它运用物联网、互联网、大数据等技术，为产品制造提供在线、实时、远程和智能服务。互联网与工业融合的不断深入正催生多种技术、多种业态融合的生态服务系统。这些服务系统运用物联网、大数据等技术，通过打通供应链的资金流、物流和信息流，实现包括供应链金融与高效物流在内的商业生态营造。

（四）工业互联网与 CPS、智能制造的关系

工业互联网、CPS 以及智能制造作为制造业与信息技术深度融合的关键领域，三者各具特征又密不可分。CPS 是工业互联网的重要使能，其核心技术支撑了工业互联网实现物理实体世界与虚拟信息世界的互联互通；智能制造是工业互联网的关键应用，通过工业互联网实现工业设备、资源与能力的接入、调度与协同，驱动制造活动的智能化实施。

1. CPS 是工业互联网的重要使能

（1）技术维度：CPS 是工业互联网实现“感控反馈回路”的关键技术。从技术视角来看，CPS 通过物理系统中嵌入计算与通信内核，实现计算进程与物理进程的一体化，实现嵌入式计算机与网络对物理进程可靠、实时与高效的检测、协调与控制。

随着工业互联网技术发展逐步深入，计算进程与物理进程的交互反馈要求越来越强，CPS 已经成为工业互联网中实现感控反馈回路的关键技术。相应的感知设备通过感知和处理环境信息，将信息发送到信息层，信息层结合用户需求的改变、调整模型，将指令传送给物理层相关组件，通过实体间的自主协调，执行系统要求的操作。

（2）系统维度：CPS 是工业互联网连接物理执行系统的核心部件。CPS，从广义上来理解，就是一个在环境感知的基础上，深度融合了计算、通信和控制能力的可控、可信、可扩展的网络化物理设备系统。CPS 不仅由传感器节点构成，还包含执行器。CPS 在监控时需要保证闭环交互控制，以安全、可靠、高效和实时的方式检测或者控制物理实体。实际上，多数时候在工业应用场景下，CPS 是工业互联网连接物理执行系统的核心部件，见图 7-19。

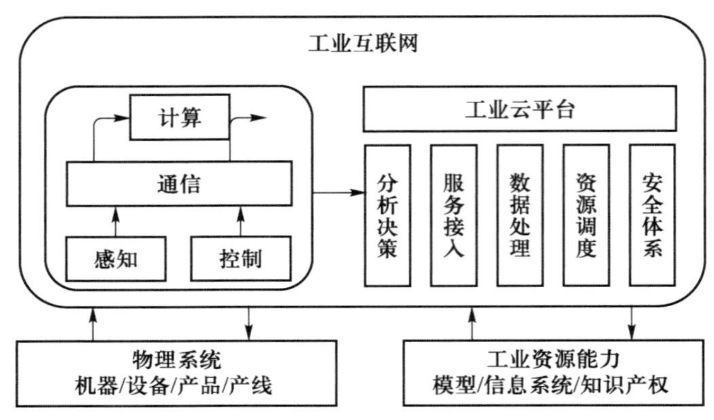

图 7-19　CPS：工业互联网连接物理执行系统的核心部件

（3）业务维度：CPS 是工业互联网面向机器设备的运行优化闭环。从业务角度，CPS 的终极目标是构建一个可控、可信、可扩展并且安全高效的 CPS 网络，实现信息世界和物理世界的完全融合，改变人类构建工程物理系统的方式。然而在现阶段的技术条件与应用深度下，CPS 的主要业务服务目标还是实现机器设备等具备执行能力的物理系统的智能运行与动态业务，并可以逐步扩展至产线、车间乃至工厂。

从工业智能化发展的角度出发，工业互联网将构建基于网络、数据、安全的三大优化闭环，即面向机器设备运行优化的闭环，面向生产运营优化的闭环，面向企业协同、用户交互与产品服务优化的闭环。面向机器设备运行优化的闭环是工业互联网与物理层要素关联的主要业务环节，其核心是基于对机器操作数据、生产环境数据的实时感知和边缘计算，实现机器设备的动态优化调整。工业互联网在这一层次的闭环中，主要依托 CPS 来实现。因此，CPS 是工业互联网面向机器设备运行优化的闭环。

2. 智能制造是工业互联网的关键应用

智能制造是工业互联网的关键应用，主要体现在：

（1）技术维度：智能制造依赖工业互联网实现工业要素互联互通。作为支撑智能制造的关键综合信息基础设施，工业互联网将机器、人、控制系统与信息系统进行有效连接，全面深度感知、实时动态传输工业数据，通过高级建模分析，形成智能决策与控制，驱动制造业的智能化。

工业互联网结合了新一代信息技术与先进制造相关软硬件技术，将信息连接对象由人扩大到有自我感知和执行能力的智能物体，是信息通信技术创新成果的集中体现和互联网的演进与发展的新阶段。

通过工业互联网将无处不在的传感器、嵌入式终端系统、智能控制系统、通信设施等集成互联，使人与人、人与机器、机器与机器以及服务与服务之间能够智能互联，智能制造实现了关键制造环节和工厂的设备、系统和数据的集成优化，以及制造流程与业务数字化管控的智能化制造模式。因此，工业互联网成为支撑智能制造实现工业要素互联互通的核心技术。

（2）系统维度：智能制造依托工业互联网建立支撑平台与工控网络。智能制造是信息化和工业化深度融合的主攻方向，是适应新一轮科技使命和产业变革的必然要求。实时智能制造离不开工业互联网这一关键基础设施的支撑。对于构建能够实现关键制造环节和工厂的设备、系统和数据的集成优化，以及制造流程与业务数字化管控的智能制造系统，必须要解决两方面问题：一是工厂内各类设备、产线等制造单元的网络化互联；二是集成接入各类能够为上层智能制造应用所动态调用的制造资源与能力服务。工业互联网在智能制造系统中扮演了支撑平台和工控网络等基础设施的角色。

（3）业务维度：智能制造依靠工业互联网实现工厂内部智能化运行。工业互联网整合各类分布式的工业要素，支持智能制造、协同制造、智慧云制造等关键应用模式，见图 7-20。

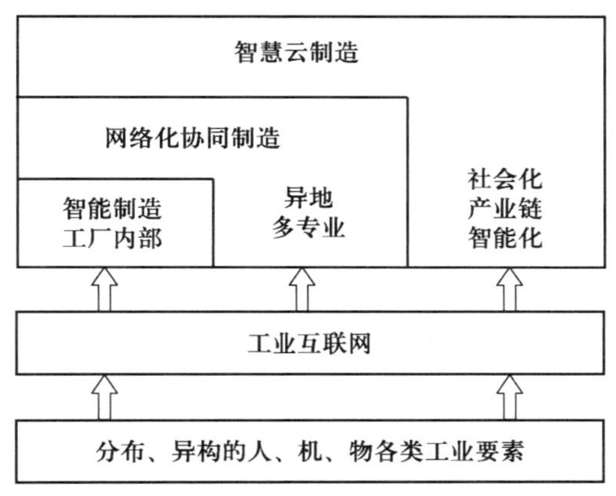

图 7-20　工业互联网的关键应用模式

三、中国制造 2025

“中国制造 2025”与德国“工业 4.0”的合作对接渊源已久。2015 年 5 月，国务院正式印发《中国制造 2025》，近年来部署全面推进实施制造强国战略。

（一）指导思想

全面贯彻党的十八大、十九大和二十大会议精神，坚持走中国特色新型工业化道路，以促进制造业创新发展为主题，以提质增效为中心，以加快新一代信息技术与制造业深度融合为主线，以推进智能制造为主攻方向，以满足经济社会发展和国防建设对重大技术装备的需求为目标，强化工业基础能力，提高综合集成水平，完善多层次、多类型人才培养体系，促进产业转型升级，培育有中国特色的制造文化，加快建设制造强国实现制造业由大变强的历史跨越。基本方针是：

（1）创新驱动。坚持把创新摆在制造业发展全局的核心位置，完善有利于创新的制度环境，推动跨领域、跨行业协同创新，突破一批重点领域关键共性技术，促进制造业数字化、网络化、智能化，走创新驱动的发展道路。

（2）质量为先。坚持把质量作为建设制造强国的生命线，强化企业质量主体责任，加强质量技术攻关、自主品牌培育。建设法规标准体系、质量监管体系、先进质量文化，营造诚信经营的市场环境，走以质取胜的发展道路。

（3）绿色发展。坚持把可持续发展作为建设制造强国的重要着力点，加强节能环保技术、工艺、装备推广应用，全面推行清洁生产。发展循环经济，提高资源回收利用效率，构建绿色制造体系，走生态文明的发展道路。

（4）结构优化。坚持把结构调整作为建设制造强国的关键环节，大力发展先进制造业，改造提升传统产业，推动生产型制造向服务型制造转变。优化产业空间布局，培育一批具有核心竞争力的产业集群和企业群体，走提质增效的发展道路。

（5）人才为本。坚持把人才作为建设制造强国的根本，建立健全科学合理的选人、用人、育人机制，加快培养制造业发展急需的专业技术人才、经营管理人才、技能人才。营造大众创业、万众创新的氛围，建设一支素质优良、结构合理的制造业人才队伍，走人才引领的发展道路。

（二）基本原则

（1）市场主导，政府引导。全面深化改革，充分发挥市场在资源配置中的决定性作用，强化企业主体地位，激发企业活力和创造力。积极转变政府职能，加强战略研究和规划引导，完善相关支持政策，为企业发展创造良好环境。

（2）立足当前，着眼长远。针对制约制造业发展的瓶颈和薄弱环节，加快转型升级和提质增效，切实提高制造业的核心竞争力和可持续发展能力。准确把握新一轮科技革命和产业变革趋势，加强战略谋划和前瞻部署，扎扎实实打基础，在未来竞争中占据制高点。

（3）整体推进，重点突破。坚持制造业发展全国一盘棋和分类指导相结合，统筹规划，合理布局，明确创新发展方向，促进军民融合深度发展，加快推动制造业整体水平提升。围绕经济社会发展和国家安全重大需求，整合资源，突出重点，实施若干重大工程，实现率先突破。

（4）自主发展，开放合作。在关系国计民生和产业安全的基础性、战略性、全局性领域，着力掌握关键核心技术，完善产业链条，形成自主发展能力。继续扩大开放，积极利用全球资源和市场，加强产业全球布局和国际交流合作，形成新的比较优势，提升制造业开放发展水平。

（三）战略目标

立足国情，立足现实，力争通过“三步走”实现制造强国的战略目标。

第一步：力争用10年时间，迈入制造强国行列。

到2020年，基本实现工业化，制造业大国地位进一步巩固，制造业信息化水平大幅提升。掌握一批重点领域关键核心技术，优势领域竞争力进一步增强，产品质量有较大提高。制造业数字化、网络化、智能化取得明显进展。重点行业单位工业增加值能耗、物耗及污染物排放明显下降。

到 2025 年，制造业整体素质大幅提升，创新能力显著增强，全员劳动生产率明显提高，两化（工业化和信息化）融合迈上新台阶。重点行业单位工业增加值能耗、物耗及污染物排放达到世界先进水平。形成一批具有较强国际竞争力的跨国公司和产业集群，在全球产业分工和价值链中的地位明显提升。

第二步：到 2035 年，我国制造业整体达到世界制造强国阵营中等水平。创新能力大幅提升，重点领域发展取得重大突破，整体竞争力明显增强，优势行业形成全球创新引领能力，全面实现工业化。

第三步：新中国成立 100 年时，制造业大国地位更加巩固，综合实力进入世界制造强国前列。制造业主要领域具有创新引领能力和明显竞争优势，建成全球领先的技术体系和产业体系。

（四）智能制造发展规划

1.《智能制造发展规划（2016—2020 年）》

为破解中国制造大而不强问题，弥补在发展质量、创新能力、品牌塑造方面与发达国家的差距，以及顺应全球制造业发展趋势，我国把推进智能制造作为培育中国制造业增长的新动力、提高生产效率和发展质量、重塑竞争新优势的重要举措。2016 年 12 月 7 日，工信部在世界智能制造大会上发布《智能制造发展规划（2016—2020 年）》（简称“《规划》”）。《规划》提出了，推进智能制造实施的“两步走”战略：第一步，到 2020 年，智能制造发展基础和支撑能力明显增强，传统制造业重点领域基本实现数字化制造，有条件、有基础的重点产业智能转型取得明显进展；第二步，到 2025 年，智能制造支撑体系基本建立，重点产业初步实现智能转型。《规划》还提出了十大重点任务：加快智能制造装备发展、加强共建共性技术创新、建设智能制造标准体系、构筑工业互联网基础、加大智能制造试点示范推广力度、推动重点领域智能转型、促进中小企业智能化改造、培育智能制造生态体系、推进区域智能制造协同发展、打造智能制造人才队伍。

2.《“十四五”智能制造发展规划》

目前，我国已转向高质量发展阶段，智能制造是制造强国建设的主攻方向。为贯彻落实《中华人民共和国国民经济和社会发展第十四个五年规划和 2035 年远景目标纲要》，加快推动智能制造发展，2021 年 12 月 29 日，工信部联合国家发展改革委、教育部、科技部等部门发布了《“十四五”智能制造发展规划》。

① 指导思想

以习近平新时代中国特色社会主义思想为指导，全面贯彻党的十九大和二十大会议精神，立足新发展阶段，完整、准确、全面贯彻新发展理念，构建新发展格局，深化改革开放，统筹发展和安全，以新一代信息技术与先进制造技术深度融合为主线，深入实施智能制造工程，着力提升创新能力、供给能力、支撑能力和应用水平，加快构建智能制造发展生态，持续推进制造业数字化转型、网络化协同、智能化变革，为促进制造业高质量发展、加快制造强国建设、发展数字经济、构筑国际竞争新优势提供有力支撑。

② 基本原则

坚持创新驱动。把科技自立自强作为智能制造发展的战略支撑，加强用产学研协同创新，着力突破关键核心技术和系统集成技术。

坚持市场主导。充分发挥市场在资源配置中的决定性作用，强化企业在发展智能制造中的主体地位，激发各类市场主体内生动力。

坚持融合发展。加强跨学科、跨领域合作，推动新一代信息技术与先进制造技术深度融合。推动产业链供应链深度互联和协同响应，实现大中小企业融通发展。

坚持安全可控。强化底线思维，将安全可控贯穿智能制造创新发展全过程。着力防范化解产业链供应链风险，实现发展与安全相统一。

坚持系统推进。加强前瞻性思考、全局性谋划、战略性布局、整体性推进，分层分类系统推动智能制造创新发展。

③ 发展目标

到 2025 年，规模以上制造业企业大部分实现数字化网络化，重点行业骨干企业初步应用智能化；到 2035 年，规模以上制造业企业全面普及数字化网络化，重点行业骨干企业基本实现智能化。

2025 年的三项具体目标：转型升级成效显著，70%的规模以上制造业企业基本实现数字化网络化，建成 500 个以上引领行业发展的智能制造示范工厂，智能制造能力成熟度水平明显提升；供给能力明显增强，智能制造装备和工业软件的市场满足率分别超过 70%和 50%，培育 150 家以上专业水平高、服务能力强的智能制造系统解决方案供应商；基础支撑更加坚实，建设一批智能制造创新载体和公共服务平台，完成 200 项以上国家、行业标准的制修订，建成 120 个以上具有行业和区域影响力的工业互联网平台。

④ 重点任务

从创新、应用、供给和支撑 4 个方面，提出了“十四五”推动智能制造发展的主要任务。具体如下：

加快系统创新，增强融合发展新动能。加强关键核心技术攻关，主要包括：设计仿真、混合建模、协同优化等基础技术；增材制造、超精密加工等先进工艺技术；智能感知、人机协作、供应链协同等共性技术；人工智能、5G、大数据、边缘计算等在工业领域的适用性技术。加速系统集成技术开发，主要包括：制造装备、生产过程相关的数据字典和信息模型，生产过程通用数据集成和跨平台、跨领域业务互联技术；面向产业链供应链的、跨企业多源信息交互和全链条协同优化技术；面向制造全过程的、智能制造系统规划设计、建模仿真、分析优化等技术。推进新型创新网络建设，主要包括：围绕关键工艺、工业母机、数字孪生、工业智能等重点领域，支持行业龙头企业联合高校、科研院所和上下游企业建设一批制造业创新载体；鼓励研发机构创新发展机制，加强数据共享和平台共建，开展协同创新；推动产业化促进组织建设，加快创新成果转移转化。建设一批试验验证平台，加速智能制造装备和系统推广应用。

深化推广应用，开拓转型升级新路径。建设智能制造示范工厂，主要涉及：建设智能场景、智能车间和智能工厂；打造智慧供应链；鼓励各地方、行业开展多场景、多层级应用示范，培育推广智能化设计、网络协同制造、大规模定制、共享制造、智能运维服务等新模式。推进中小企业数字化转型，主要涉及：加快实施中小企业数字化促进工程，推广一批符合中小企业需求的数字化产品和服务；开展装备联网、关键工序数控化、业务系统云化等改造，推动中小企业工艺流程优化、技术装备升级；依托数字化服务商，提供数字化咨询诊断、智能化改造、上云用云等服务。拓展智能制造行业应用，主要涉及：针对装备制造、电子信息、原材料、消费品等领域细分行业特点和痛点，制定智能制造实施路线图；支持有条件有基础的企业持续推动工艺革新、装备升级、管理优化和生产过程智能化；建设行业转型促进机构，加快数据、标准和解决方案深化应用；组织开展经验交流、供需对接活动，总结推广智能制造新技术、新装备和新模式。促进区域智能制造发展，主要涉及：鼓励地方创新完善政策体系，探索各具特色的区域智能制造发展路径；推动跨地区开展智能制造关键技术创新、供需对接、人才培养等合作；鼓励地方、行业组织、龙头企业等联合推广先进技术、装备、标准和解决方案，加快智能制造进园区，提升产业集群智能化水平；支持产业特色鲜明、转型需求迫切、基础条件好的地区建设智能制造先行区，打造智能制造技术创新策源地、示范应用集聚区、关键装备和解决方案输出地。

加强自主供给，壮大产业体系新优势。大力发展智能制造装备，主要包括：针对感知、控制、决策、执行等环节的短板弱项，突破一批“卡脖子”基础零部件和装置；推动先进工艺、信息技术与制造装备深度融合，通过智能车间/工厂建设，带动通用、专用智能制造装备加速研制和迭代升级；推动数字孪生、人工智能等新技术创新应用，研制一批国际先进的新型智能制造装备。聚力研发工业软件产品，主要包括：面向产品全生命周期和制造全过程的核心软件，嵌入式工业软件及集成开发环境，面向细分行业的集成化工业软件平台。同时，推动工业知识软件化和架构开源化，加快推进工业软件云化部署；依托重大项目和骨干企业，开展安全可控工业软件应用示范。着力打造系统解决方案，主要包括：面向典型场景和细分行业的解决方案，面向中小微企业的轻量化、易维护、低成本的解决方案。同时，加快系统解决方案供应商培育，推动规范发展，引导提供专业化、高水平、一站式的集成服务。

夯实基础支撑，构筑智能制造新保障。深入推进标准化工作，主要涉及：持续优化标准顶层设计，统筹推进国家智能制造标准体系和行业应用标准体系建设；加快基础共性和关键技术标准制修订；加强现有标准的优化与协同，在智能装备、智能工厂等方面形成相互协调、互为补充的标准群。同时，加快标准的贯彻执行，支持企业依托标准开展智能车间/工厂建设。积极参与国际标准化工作，推动技术成熟度高的国家标准与国际标准同步发展。完善信息基础设施，主要包括：加快工业互联网、物联网、5G、千兆光网等新型网络基础设施规模化部署；鼓励企业内外网升级改造；加强工业数据中心、智能计算中心等算力基础设施建设；支持大型集团企业、工业园区建立各具特色的工业互联网平台。加强安全保障，主要包括：实施企业网络安全分类分级管理，督促企业落实网络安全主体责任；完善国家、地方、企业多级工控信息安全监测预警网络，加快建设工业互联网安全技术监测服务体系；探索建立数据跨境传输备案与监管机制；建立符合政策标准要求的技术防护体系和安全管理制度；培育安全服务机构，加大网络安全技术产品推广应用。强化人才培养，主要包括：定期编制智能制造人才需求预测报告和紧缺人才需求目录，研究制定智能制造领域职业标准；依托高技能人才培训基地等机构，开展大规模职业培训；加强应届毕业生、在职人员、转岗人员数字化技能培训，推进产教融合型企业建设，探索中国特色学徒制；在智能制造领域建设一批现代产业学院和特色化示范性软件学院；弘扬企业家精神和工匠精神，鼓励开展智能制造创新创业大赛、技能竞赛。

为保障各项任务顺利落地落实，部署了智能制造技术攻关行动、智能制造示范工厂建设行动、行业智能化改造升级行动、智能制造装备创新发展行动、工业软件突破提升行动、智能制造标准领航行动 6 个专项行动。

思　考　题

1. 浅谈你对智慧农业的认识。
2. 结合自身经历，谈谈“互联网+”对生活带来的影响。
3. 基于互联网的创业、精益创业、创新 2.0 等概念的内涵是什么？
4. 大数据、云计算、物联网、区块链、人工智能五大技术之间的联系是什么？
5. 云计算的服务模式主要有哪些？请分别举例说明。
6. 人工智能的三个流派是什么？AlphaGo 属于哪个流派？
7. 区块链技术的本质是什么？可应用于哪些领域？
8. 什么是工业互联网？它有什么特征？
9. 工业互联网与 CPS、智能制造之间的关系是什么？
10. 与传统制造模式相比，云制造模式的优势在哪里？
11. 如何理解工业互联网是实现智能制造的关键基础设施？

即测即评

第八章 信息行为管理

"信息行为"（Information Behavior）一词形成于 20 世纪 90 年代后期。信息行为是指所有的与信息源、信息获取、信息检索、信息利用、信息扩散有关的人类行为。信息行为学既着眼各类信息使用行为、信息处理行为、信息获取行为和信息需要等线和点，又结合人、信息场、信息资源和信息设施等方和面。应用信息行为学优先发展信息服务、管理咨询、信息服务业、电子商务、社会网络、交互式信息检索系统、信息资源管理等应用领域。伴随着社会信息化的发展与各种信息技术的应用普及，从信息角度研究行为和用行为分析和管理来研究信息的使用规律，正在形成具有独立研究意义的学术领域——信息行为管理。

你可以从本章了解到：

1. 信息行为的研究历程
2. 信息行为的定义、类型
3. 信息行为相关理论与模型
4. 信息行为研究方法
5. MIHS 环境下患者信息行为管理案例

第一节　信息行为概述

一、信息行为的研究历程

信息行为的概念发端于 1948 年召开的英国皇家会科学信息会议。在这之后用户信息行为研究逐渐兴起。国内外研究成果表明，用户信息行为呈现出广度化、深度化以及研究领域多样化等趋势。事实上，人类开始寻找、组织与使用信息已经有几千年的历史了。本书下面将梳理从古至今信息行为研究内容的变化。

（一）国外信息行为研究历程

有关新石器时代人类信息行为的研究。Cole 讨论了人类信息行为从古至今的发展历程。Mithen 在 1988 年进行了一项研究：旧石器时代晚期的艺术和信息收集。他提出了旧石器时代的猎人和采集者为什么以及如何收集、使用和存储从研究动物的足迹和捕食者-猎物关系中获得的信息，并将这些信息以洞穴艺术的形式保存。

有关古典希腊时期人类信息行为研究。Russell 考察了那个时代有影响力的著名人物的信息行为，如军事伟人亚历山大、哲学家普鲁塔克和军事领袖兼历史学家、作家色诺芬。他的研究重点是信息收集的双重内涵：① 古希腊人如何寻找、获取和使用信息；② 在间谍导向、军事和战略情报获取的特定背景下的信息收集。通过 *Gathering in Classical Greece* 这篇文章，Russell 将信息当作情报收集，论述了古希腊时期信息采集的地域和状态。

对于工业时代（1700—1945 年），Spink 和 Currier 研究了工业时代著名人物的自传、日记和私人信件，以确定这些人如何描述他们自己的信息行为。这些人包括：军事领袖，如法国皇帝和军事领袖拿破仑（1769—1821 年）；科学家，如进化论和自然选择理论的主要创建者达尔文（1809—1882 年）；精神分析的鼻祖弗洛伊德（1856—1939 年）。Spink 和 Currier 考察了这些历史人物是否讨论过他们与信息相关的行为，以及他们在信息寻找、信息组织和/或信息使用方面所写的信息行为类型。

有关 20 世纪末到 21 世纪初人类信息行为的研究。Wilson 通过对 2000 年之前的文献进行整理，研究了信息行为发展的历史。主要针对人类信息寻求行为，探究其起源和相关研究点，并在文献回顾的基础上，进一步整理分析了发生信息行为的用户，以及各个领域的信息行为。

第二次世界大战后科学文献数量的增加，无论是新出版的还是刚从战争时的限制中释放出来的，导致了 1948 年英国皇家学会科学信息会议（皇家学会会议）的召开，这标志着人类信息寻求行为的现代研究的开始。对图书馆的使用以及读者研究，也成了人类信息寻求行为的起源。可以说，皇家学会会议是了解人们如何在工作中使用信息，特别是如何在科学和技术中使用信息的真正开端。

继皇家学会会议之后，1958 年国际科学信息会议（International Conference on Scientific Information）又在华盛顿召开。大量的论文致力于“科学家的文献和参考需求：现有的知识和确定需求的方法”。到目前为止，几乎所有的研究都不太关注信息使用的用户，而是关注信息来源以及系统的使用。

自 20 世纪 80 年代以来，出现了一种转向“以个人为中心”的方法，而不是“以系统为中心”的方法。伴随而来的是从定量方法到定性方法的转变。导致这一变化的是几位突出的研究人员，如威尔逊、埃利斯、库尔斯奥等。威尔逊在 1977—1979 年研究了地方政府社会服务部门的信息需求，并构建了一个由个体的生理、认知和有效需要所促使的信息寻求行为模型。他指出，产生信息需求的背景与其自身的特点、他的工作和生活角色的要求还有生活或工作的环境（政治、经济、技术等）相关。埃利斯采用定性访谈法，首先在社会科学领域，然后在物理科学领域，最近在工程领域，确定了研究人员信息行为的共同特征。库尔斯奥（1994）最初基于对高中生的研究，提出了信息寻求行为的过程阶段模型。模型的各个阶段分别是开始、选择、探索、形成、收集和呈现，每一个阶段都与特定的情感和特定的活动有关。

Case 等人回顾了 2001—2004 年与信息行为相关的文献。他分别从职业、角色、人口统计学特征以及研究信息行为的理论、模型和方法这四个角度来研究分析信息行为相关研究。

从职业的角度，Case 论述了对科学家、工程师以及学者信息行为所做的研究。对于科学家的大部分研究都是研究其信息需求以及信息搜寻行为。在当时对于工程师信息行为的研究更为深入。大量的研究发现可访问性是最影响工程师对信息进行选择的因素。熟悉度是选择信息来源的直接因素。Yitzhaki 和 Hammershlag（2004）对比了学术计算机科学家和工业软件工程师对信息的使用以及他们对信息来源可获得性的看法。在两组中，信息的可获得性与信息的使用部分相关，这种关系在学术界比在工业界更为强烈。Talja（2002）通过访谈对芬兰两所大学 44 名教师的信息来源、同伴影响和信息共享行为进行研究。她的研究结果表明，学者们通过社会互动和信息共享来定义他们的研究领域。Miller 和 King（2001，2003）调查了一所大学的教师，研究了他们阅读和使用电子邮件的习惯，发现很多资源都被电子化。Herman（2004）使用了关键事件法确定对学术研究者来说存在的 11 个方面的信息需求。当时也有人对社会科学主义者和人文主义者的信息寻求习惯进行研究调查。Meho 和 Tibbo（2003）将 Ellis（2002）对信息搜索的描述作为不同阶段和动作的序列：开始、链接、浏览、区分、监控和提取。他们开发了一个模型，将其他类型的动作——访问、网络、验证和管理，添加到 Ellis 早期的模型中。Choo（2001）构建了一个模型，将信息需求、信息寻求和信息使用与管理特征、组织战略和外部环境相关联，并提出了今后的研究方向和应用。Correia and Wilson（2001）研究发现，组织对环境的开放程度影响组织中个人的信息行为。Mackenzie（2003）调查了 50 名业务经理和 50 名非管理人员，发现两组在信息行为和动机方面存在显著差异。

Case 在其文献中阐述第二种常见的研究信息行为的方法是调查诸如公民、消费者、病人、学生等角色。其中，一是关于普通人的报道占信息搜索文章的 22%；二是对学生信息行为的研究，占比 19%。在对公民信息行为的研究中，Ettigrew，Durrance，and Unruh（2002）以伊利诺伊州、宾夕法尼亚州和俄勒冈州的图书馆作为切入点，以了解互联网和图书馆如何传播当地信息、回答问题、提供获取政府服务的途径，以及如何将公民彼此联系起来。Hewin 在其 1990 年的一篇文献综述中提到，互联网的出现补充了通常的人际和大众媒体信息的来源。在当时，信息行为相关文献中经常讨论到万维网的普及问题。如 Savolainen 与 Kari 撰写了一系列关于网络在日常生活中所扮演的角色的文章。他们对芬兰一家论坛的消费者问题进行了实证研究，探讨了论坛用户的信息需求、来源和社交网络之间的互动关系；另外一篇相关的文章考虑了 Bandura 的社会认知理论与信息发现的关系。Matthews，Sellergren，Manfredi 和 Williams（2002）采用访谈的方法来探索影响非裔美国癌症患者寻求医疗信息的因素。他们发现了一些文化和社会经济障碍因素，包括对癌症知识了解有限和被信息误导、对医学界的不信任、对隐私的担忧、宗教信仰、恐惧与寻求帮助时的害羞等。Cole 认为，当时信息主要被概念化为一种次要的需要，也就是说，不是像食物和住房那样的为首要需要。一种渐进的方法可以支持将信息提升作为首要需求，而不是次要需求。

胡方丹总结了国外近年来关于信息行为对象和内容的研究、对信息行为影响因素的研究以及信息行为研究方法的研究。国外研究对象广泛，包括高校机构、教师、大学生、法律人员、社科工作者、学者、心理学家、科研人员、新闻传播者、教育学、心理学、农民、渔民、福利机构等。内容涉及概念、特征、类型、模式等方面。信息行为受主观、客观因素影响。其一，用户受知识背景、教育程度、情感因素、认知水平等影响。其二，信息系统的设置难度及使用便利度对用户查询信息有一定的影响。社会环境、政策、社会从众现象等也有一定的影响。常见的研究方法有问卷调查法、案例分析法、访谈法。随着研究不断深入，目前国外也采用定性与定量的研究方法。

（二）国内信息行为研究历程

张一涵等人归纳了新中国成立 70 多年来不同阶段我国用户信息行为研究的热点主题及其关联，揭示了研究热点主题随时间变化的演化脉络。研究结果表明，信息行为最初主要集中于对图书文献存储、检索与利用情况的调研，随着认知科学的引入，其研究的重点开始转向以用户为中心，且其研究热点如研究的信息行为主体、信息行为类型、信息行为环境、信息行为范围、研究方法等随时间推移发生了明显的演化。

1949—2000 年，用户信息需求是学界研究的重中之重。相对现在常说的“信息需求”来说，学者多使用“情报需求”这一概念，大学生、研究生和高校教师是最受欢迎的用户群体。此外，用户信息素养和信息能力培训是该阶段研究的另一个重点。在这一阶段，对信息用户及其信息行为的研究也受到了学界的重视。

2001—2010 年，图书情报机构的用户行为仍是研究的一大重点。该阶段还出现了网络环境中用户信息行为的研究成果。除此之外，还出现了对信息行为模型的研究。

2005—2010 年，研究的主要成果在于对于国内外现有信息需求研究成果的总结与梳理、对不同信息环境中用户信息需求的研究。

2011—2015 年，重点探究了网络环境中，信息服务机构如何基于用户信息需求为其提供契合需求的信息服务，如何为用户提供个性化服务。还探究了移动互联网为图书馆带来的挑战和机遇，以及在移动互联网环境中图书馆应采用何种信息服务模式。

2015 年至今，重点探究了大数据环境下图书馆用户信息行为的特征及演化，以及移动互联网环境下用户信息搜寻行为的特征。学界愈加重视信息类型的细分并强调对特定类型信息的具体化研究，如学术信息、日常生活信息、娱乐信息、健康信息等。

从整体的发展来看，国内对信息行为的研究主要发生了以下变化。

（1）关注的信息行为主体发生了变化，从最早的图书情报机构用户，逐渐转向普遍的互联网用户，现在又逐渐聚焦于特定行业、特定职业或特定领域的用户。

（2）研究的信息行为的环境和情境发生了变化，由早期的线下情境中的信息行为研究逐渐转向网络环境中的信息行为。

（3）聚焦的信息行为发生了变化，早期研究聚焦于用户的信息需求以及信息素养的培养，后来转化成对具体的信息行为的研究，如对信息检索、信息搜寻、信息查询等行为进行了较为丰富的探寻，信息偶遇、信息共享、信息协同等行为开始受到学界的关注。

（4）用户信息行为研究的深度和精度发生了变化。早期的用户信息行为领域研究多是从宏观上整体把握用户信息行为的概念和特征等，后期该领域的研究则结合信息技术的发展和环境的演变，聚焦于特定用户、特定领域、特定类型的信息行为。此外，研究所涉及的学科范围和研究方法都发生了较大变化。

二、信息行为定义

信息行为可用于概括所有与信息资源和信息渠道相关的人类行为。信息行为可以细分为信息寻求、信息使用、面对面交流、被动接受、非意识行为或消极行为，以及有意识回避、巧遇等不同行为方式。

国内外学者对于信息行为有很多不同的解释。本书按照时间顺序整理的影响较大的定义如下：

（1）人类信息行为是指与信息资源和信息渠道相关的所有人类行为，包括主动与被动的信息查询与使用行为（Wilson，2000）。

（2）信息行为是“行为主体为满足特定信息需求而查询和使用信息的行为”，是“人类所特有的行为”，是主体在外部作用刺激下表现出的获取、查询、交流、传播、吸收、加工和利用信息的行为。

（3）信息使用行为是指吸收信息到现有知识基础的行为，包括信息交换和信息组织行为（Spink，2004）。

（4）信息行为是指对信息进行分析和归类的行为（Cole，2005）。

（5）乔欢认为，信息行为是指人们需要搜寻、获取和使用信息的行为总和，是外部环境与人的内在因素相互作用的结果。信息行为研究涉及心理学、行为学、教育学、信息科学等不同学科领域（乔欢，2010）。

（6）邓小昭将网络用户信息行为界定为网络用户在实际需求和自身意识的驱动下，利用网络检索工具进行信息查询、选择、利用、交流和发布的活动。

（7）刘勇等将网络用户信息行为界定为网络用户在认知思维支配下，为了满足自身信息需求而从事的信息搜寻、信息浏览、信息交互、信息选择、信息评价等行为的总和。它是网络用户信息需求的外在延伸，是网络环境、信息环境、社会环境与网络用户个体因素相互作用的结果，具有有限理性、目的性、媒介性、策略性、习惯性等特征。它贯穿于网络用户信息利用的全过程。

三、信息行为类型

邓小昭综合陈建龙、岳建波、胡昌平等学者的观点，将用户行为分为以下五种：信息需求认识与表达行为、信息查询行为、信息交互行为、信息选择行为、信息吸收与利用行为。其中信息需求认识与表达行为是引发其他信息行为的基础。正确表达自己的信息需求是用户成功实施其他信息行为从而满足信息需求的前提。信息查询行为是网络用户最为重要的信息行为之一。作者在书中探讨的信息交互行为是信息用户之间以网络作为交流平台，以数字内容为对象，相互在网上交流信息的行为。信息选择行为则是对原始信息以及经过加工的信息材料进行筛选和判别，选取所需要的内容，内化入自己知识结构的信息行为。面对收集的信息，用户需要在头脑里对其加以反应、识别、整理，借助个人的消化学习能力，将其理解吸收并纳入自己已有的知识结构中去，然后在吸收的基础上，将信息用于其生产、评价、决策、求解、知识创新、生活、休闲、人际交往、思维提高等方面，这就是信息吸收与利用行为。

从管理的角度方面，信息行为还分为信息采纳行为、信息使用行为、信息扩散行为、信息技术与管理产出行为、人机交互行为、机器行为等。现在学界普遍采纳的是根据信息行为的发生环境和表现阶段划分的信息行为：

（1）信息寻求行为（Information Seeking）。用户为满足特定信息需求而进行的有目的寻找信息的行为。信息寻求行为从信息需求的形成开始，到需求得到满足结束，是一个不断重复的循环过程。信息寻求行为是有意识地获取信息的行为，是人感觉到知识需要或知识差距时而进行的行为过程，是人有目的地改变自己知识状态的过程。信息寻求与知识和问题的解决有着密切的关联，其发生受时间及任务重要性的影响。

（2）信息检索行为（Information Retrieval）。发生在检索者与信息系统之间的交互行为，其行为空间和时间范围有着明确的界限，用户在与系统交互过程中，通过原有认知结构的修正，调试信息需求的表达方式，以期获得满意的检索结果。这一过程涉及心理行为，如判断检索到信息的相关性。

（3）信息使用行为（Information Usage）。信息使用行为是指将查询结果吸收到现有知识的结构中，并且在吸收过程中改变已有知识结构的生理和思想活动。

第二节　信息行为管理常用理论与模型

一、理性行为理论（Theory of Reasoned Action，TRA）

1975 年，菲什宾（Fishbein）和艾奇森（Ajzen）等人提出了理性行为理论，它起源于一个社会心理学领域的模型。该理论的前提条件是假设用户都是理性的，在此基础上对个体态度和行为之间的关系进行分析，如图 8-1 所示。根据该理论，行为意向=态度+主观规范。个体的行为意向影响个体的行为，态度和主观规范影响行为意向。行为意向是描述个体是否愿意进行某行为的程度。态度是个体对某事物的情感评价（正面或负面评价），它取决于该行为结果的信念和对结果的评价。主观规范是指个体决定是否采取某行为时所感受到的社会压力，即受到外部环境行为准则和规范的影响，用户顺应该压力而形成的行为规范。它是由个体的规范信念和依从动机决定的。

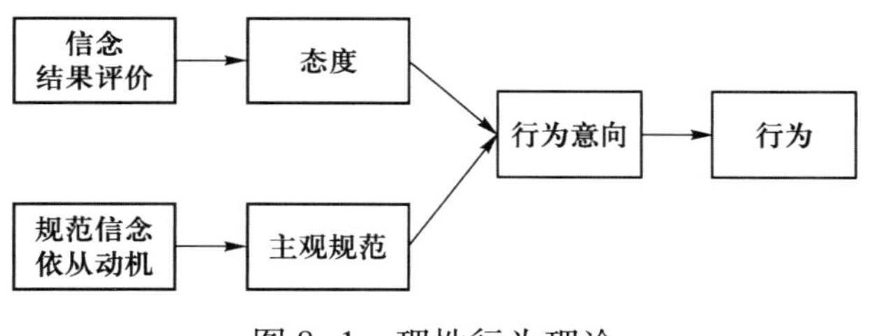

图 8-1　理性行为理论

二、计划行为理论（Theory of Planned Behavior，TPB）

1985 年，艾奇森（Ajzen）在理性行为理论的基础上提出了计划行为理论。根据该理论，个体行为意向影响个体行为，态度、感知行为控制和主观规范决定个体行为意向，如图 8-2 所示。感知行为控制是个体打算进行某事时，个体感受能够控制某事的程度或者完成某事的难易程度，它是由控制信念和感知促进因素决定的。

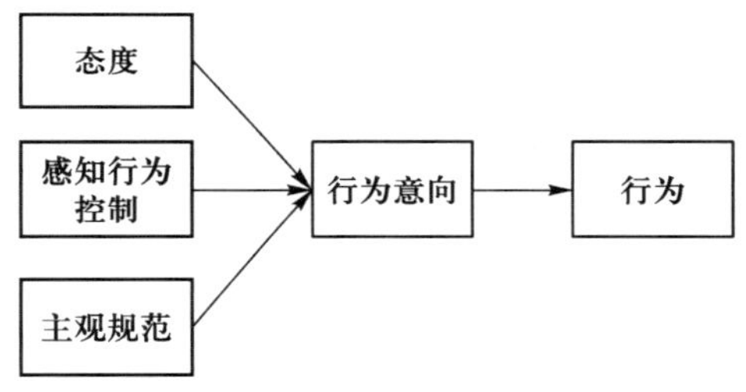

图 8-2　计划行为理论

三、技术接受模型（Technology Acceptance Model，TAM）

1898 年，戴维斯（Davis）提出用以解释用户采纳信息技术行为的技术接受模型。根据该模型，外部变量影响用户的感知有用性和感知易用性，继而影响用户的使用态度和行为意向，最后影响用户的实际行为。其中两个重要的变量是感知有用性和易用性。感知有用性是描述某产品或某系统被用户感受到的有用程度，感知易用性指的是用户感觉使用某产品或某系统的难易程度，如图 8-3 所示。

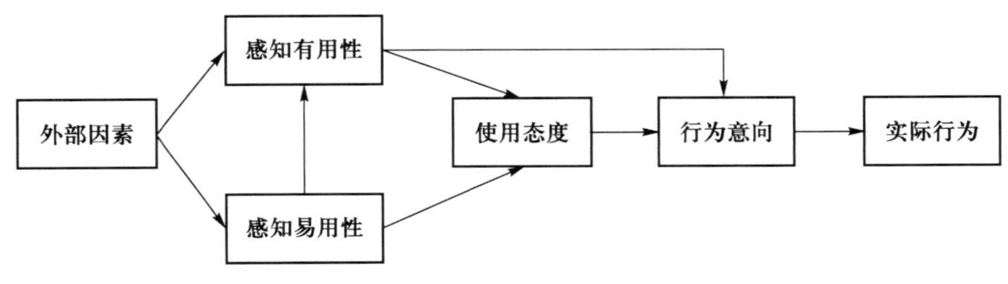

图 8-3　技术接受模型

四、期望确认理论（ECT）

期望确认理论源于消费者行为学，由学者奥利弗（Oliver）在1980年提出，其主要概念是通过消费者的购前期望与购后绩效表现的比较结果，判断消费者是否对产品和服务满意。根据Oliver的观点，期望确认理论假设消费者产生再次购买意愿是一个包含五个步骤的过程作用之后产生的结果。第一，消费者对即将购买的产品或者服务会形成一个初始的期望，该期望会影响消费者对产品或者服务的态度以及购买倾向；第二，消费者购买并使用该项产品和服务，经过一段时间的体验，会对该产品或者服务的绩效形成一定的感知；第三，基于对消费者初始期望和感知绩效的比较，来确定他们确认的程度。确认程度有三种情况，感知绩效超过初始预期即产生正面的不确认，感知绩效接近于初始预期即产生验证，感知绩效小于初始预期即产生负面的不确认。第四，基于消费者对确认的感知，决定消费者对产品和服务的满意度水平。正面的不确认会提高消费者满意度水平，负面的不确认则会使满意度水平降低。第五，高满意度水平的消费者会形成再次购买或使用的意愿，低满意度水平的消费者则不会继续使用。该理论的主要框架及相关性如图8-4所示。

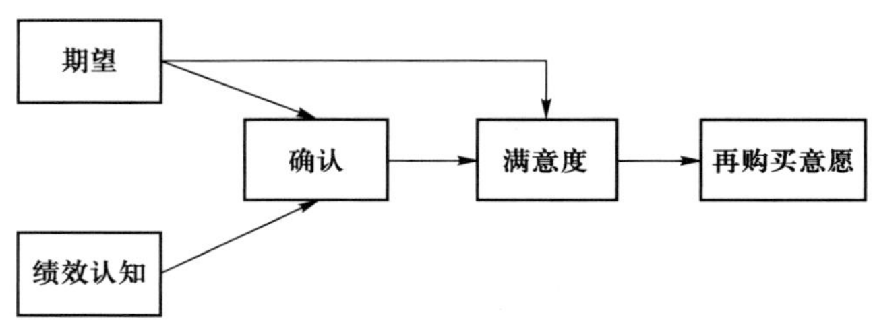

图8-4　期望确认理论

五、信息系统持续使用理论（ECM-IT）

最早是Bhattacherjee信息技术理论分析中使用了持续使用这一概念，同时把期望确认理论与技术接受模型联系在一起，把持续使用引入到信息系统研究领域，提出了信息系统持续使用理论（ECM-IT）。虽然该理论提出的时间较短，但解释效力得到了不少研究成果的验证。该理论认为感知有用性对于决定使用意图有着重要的影响，此外期望确认度和满意度对其也有着重要的影响。该理论模型如图8-5所示。

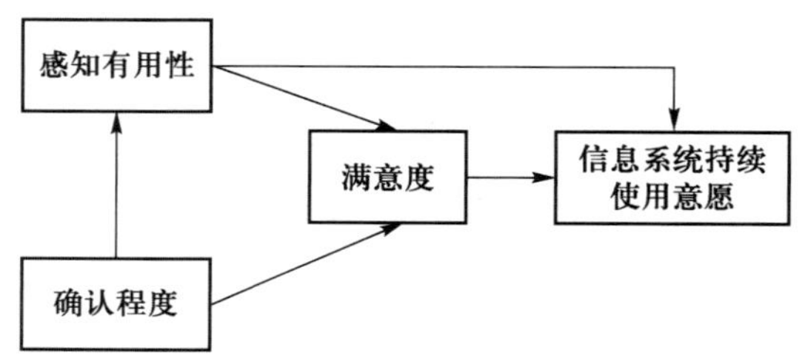

图8-5　信息系统持续使用理论

六、利用与满足理论（Uses and Gratifications Theory，UGT）

美国传播学者卡茨（Elihu Katz）在《大众传播工具利用》（1959）中提出，传播学应该从“媒体对人做了什么”研究，向“人如何应用媒体”研究转变。只有这样，才能准确地把握受众的信息行为。个体的信息需求和兴趣决定着受众对媒体的选择以及信息传播的效果。在网络日益普及的今天，受众已经从消极的信息接收者，转变为有选择能力的主动参与者。

利用与满足理论以“受众的能动性”为研究核心，通过分析受众利用媒介的行为，分析行为动机的形成原因，受众对信息的获取和利用，是在需求产生与满足的交替过程中实现的信息提供者应该把选择权交给受众，使受众可以主动选择信息，而不是限制受众，代替他们做出选择。

该理论具体如图 8-6 所示。

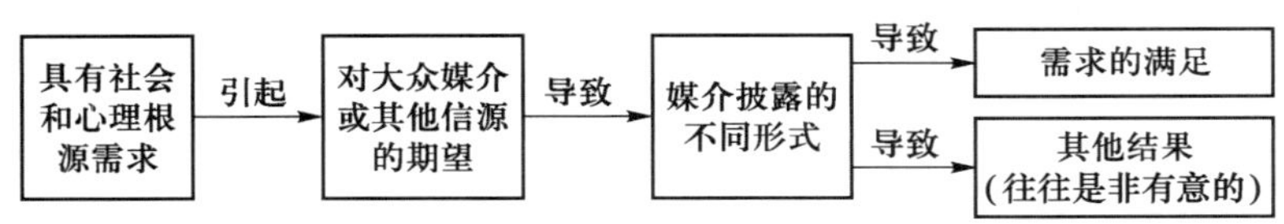

图 8-6　利用与满足理论

七、威尔逊（Wilson）信息行为模型

Wilson 认为信息行为研究领域的行为模型大多只是针对某一具体问题或具体行为的，而能够体现信息行为内涵丰富性的模型却甚少，于是他在自己原有的信息寻求行为模型的基础上，构建了试图容纳更多具体信息活动及其关系的信息行为模型，此模型除了包含原有的信息寻求行为的基本内核外，还体现了信息交流、信息传递及信息利用等各种信息活动。从模型中可以看出，Wilson 意识到信息寻求行为是用户“信息需求”的结果，“需求”是用户信息行为的逻辑起点，并勾画出各信息行为之间的作用关系。但是从模型中也不难看出该模型把信息寻求行为作为信息行为系统的核心，而对系统中其他信息行为的作用机理和影响因素等没有给予足够的关注和描述。

1996 年 Wilson 对 1981 年的模型进行了修正和完善，提出了“信息行为一般性模型”，如图 8-7 所示。在此模型构建过程中，Wilson 没有局限于情报学的视野，而是广泛借鉴和引入了其他领域的研究成果，例如决策、心理学、创新、生理传播和用户研究等。该模型描述的各种信息行为形成了有序的循环，始于信息需求的产生，终于信息的利用。其中还包括各种中介变量，这些变量对信息行为及其动力机制均有显著影响。该模型就其问题域而言仍是对宏观信息行为的抽象描述，但是由于它在原有基础上进行了要素的扩展，并且吸收了“压力-应对理论”“风险-报偿理论”及“社会学习理论”等其他理论模型的内容，这就使得新构建的一般性模型与 1981 年的模型相比，为信息行为的探索提供了更丰富的理论假设来源，同时也体现了 Wilson 自身对信息行为研究的进一步深化。

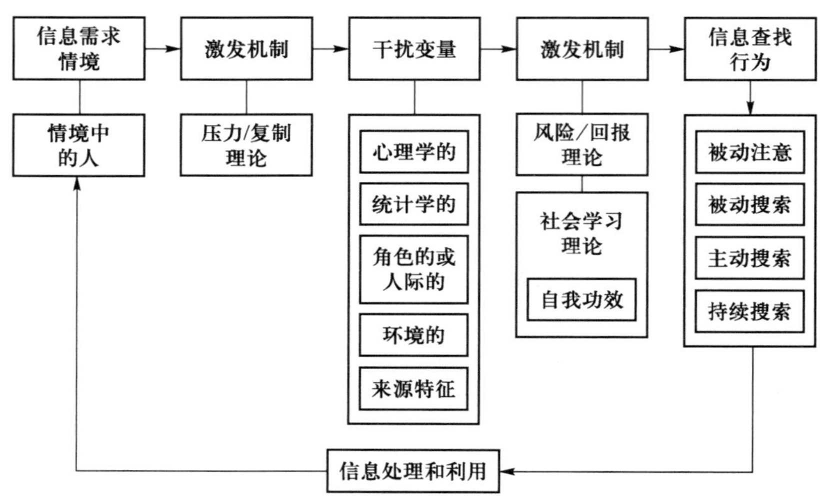

图 8-7 威尔逊（Wilson）信息行为模型

八、库尔斯奥（Kuhlthau）信息搜索过程模型

库尔斯奥（Kuhlthau）的“信息搜索过程模型”普遍适用于各种领域，尤其适用于那些正式的或结构化学习情境。该模型描述了人们在发现和评价信息时所经历的系列认知和情感阶段或行为。Kuhlthau 模型尝试不同的分析层次。该模型没有考虑在其他信息搜寻模型中普遍关注的因素和变量，信息源的可用性及其特征也没在考虑之内。该模型关注的是当一个人意识到自己存在知识鸿沟时的感受、想法和行动。

库尔斯奥（Kuhlthau）模型（见图 8-8）包括七个阶段，从左到右类似一个时间序列。在模型最左边（开始）是“初始”阶段，在这个阶段中，人开始意识到不确定性或者是缺乏对某事的知识。这是一种信息需求的产生，也就是人们认识到他们的知识中缺少了什么。接下来是“选择”所段，在这个阶段中，人们会选择他们所追求的主题及接近方式。此时，人们会评估自己的兴趣程度、必要的任务和可利用的资源，并往往对过程和结果保持乐观。在第三个阶段（“探索”阶段），随着对信息源的探索，信息搜寻难以构架或表述给信息系统或他人，怀疑和困惑的情绪开始产生。此时，一些信息搜索者会放弃力图增进理解的努力。第四个阶段是“形成”阶段，该阶段是一个聚焦点更加清晰、目的更加明确的阶段。此时，搜索范围可能会缩小，对结果的信心获得恢复。第五个阶段是“搜集”阶段，该阶段会集中精力收集、吸收和记录与主题最相关的信息。第六个阶段是“展示”阶段，信息搜索者可以利用检索到的信息来回答最初的问题或者完成任务。在这一阶段，任何进一步的搜索都会出现信息冗余。最后，第七个阶段“评估”阶段是对已经完成的搜寻结果进行评估，从而提高自我意识和自尊。与 Ellis 模型不同，这些阶段被假定按照指定的顺序发生。

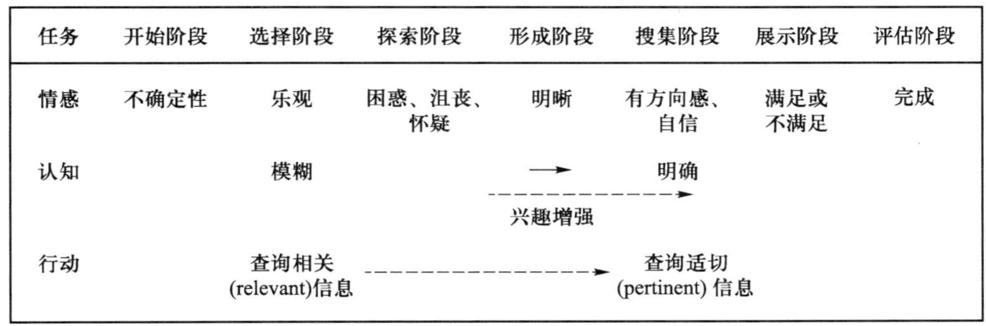

任务	开始阶段	选择阶段	探索阶段	形成阶段	搜集阶段	展示阶段	评估阶段
情感	不确定性	乐观	困惑、沮丧、怀疑	明晰	有方向感、自信	满足或不满足	完成
认知		模糊		→	明确		
				兴趣增强			
行动		查询相关(relevant)信息	→		查询适切(pertinent)信息		

图 8-8　库尔斯奥（Ku hlthau）信息搜索过程模型

九、埃利斯（Ellis）模型

埃利斯（Ellis）模型指一个固定的事件序列，行动的顺序可能是变化和重复的。Ellis 模型开拓性地用了扎根理论方法，并首次出现在对大学里社会科学家的研究中。后来，该模型被用来研究物理学家和化学家，随后又应用于工业领域的工程师和科学家。由于被应用于不同的情境中，该模型也与之前讨论的威尔孙的模型产生了关联。Ellis 模型最初抽象出六种动作类型，后来增加了两个最终动作：验证和结束（见图 8-9）

开始：开始搜索信息，识别潜在的相关信息资源。

链接：遵循（向后或向前）引文链或其他类型的材料之间的联系。

浏览：对一个感兴趣的领域进行“半直接、半结构化的查询”。

辨别：通过检查性质和质量差异，评估和筛选信息源。

检测：通过定期检查关键信息源，保持对特定主题领域最新发展态势的认识。

提炼：系统地考察特定信息源，以提取感兴趣的资料。

验证：检查信息（如数据、引文）的正确性。

结束：通过最终的查找，进行最后的加工。

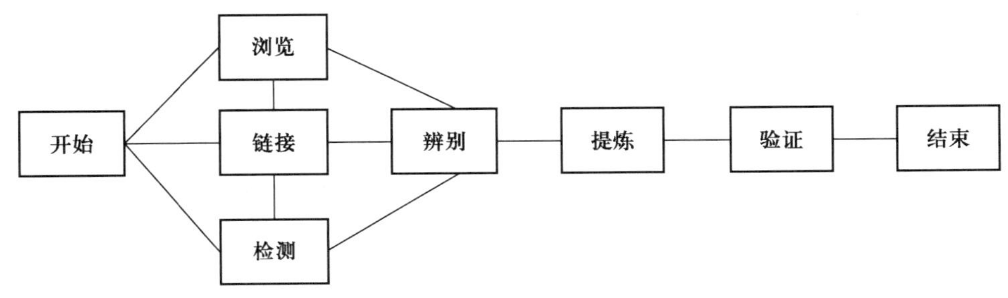

图 8-9　埃利斯（Ellis）模型

十、斯宾克（Spink）模型

斯宾克（Spink）主要研究信息行为的起源和发展，是继威尔孙之后，英国研究用户信息行为的代表学者。图 8-10 显示了 2006 年斯宾克提出的信息搜索模型，模型中加入了信息利用。分为日常生活中的信息利用和工作学习中的信息利用，学习工作中的利用范围更广泛，而在非学习工作场所利用更具体。在模型中，最外层是信息行为和信息行为环境，其中包括人和交流的模式，内层就是信息搜索，而信息利用的就是搜索的结果。利用生活中掌握的知识和文章报道等的知识，来进行日常生活中和工作学习中的查找。此模型重点是把信息的利用分为两种：工作学习和日常生活。当信息查找的需求复杂了，任务也变复杂了。

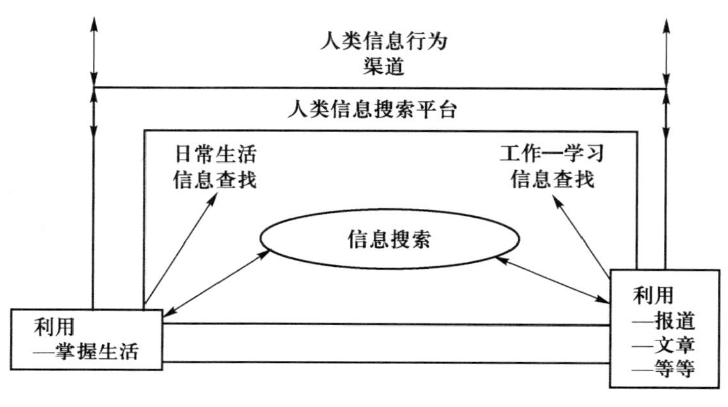

图 8-10　斯宾克（Spink）模型

第三节　信息行为研究方法

一、传统研究方法

（一）问卷调查法

1. 定义

问卷调查法是指严格设计问题和问题回答量表，要求被调查者进行书面回答的方法。这种方法可以在较大范围内进行。问卷调查法常用于信息资源评价、用户满意度调查等研究目的，还可用于用户构成及用户特点分析。

2. 形式

（1）选择法。要求被调查者从多种可供选择的回答中，挑选一种或若干种回答。

（2）是否法。要求被调查者对每一份问卷项目做出“是”或“否”的回答。

（3）计分法。要求被调查者对问卷中每一个问题用五级或七级计分方式进行回答。

（4）等级排列法。要求被调查者将多个备选项目按照一定标准排出等级和先后顺序。

3. 注意环节

（1）正确选择调查对象。调查结果的真实性在很大程度上取决于调查对象是否具有代表性。

（2）科学设计调查表项目，对所调查项目要预先分类制表，调查表简单明了便于填写。

（3）注重对调查结果的分析与评价，在收集数据的基础上进行统计加工和评价分析，才能得出正确结论。

（二）访谈法

1. 定义

访谈法是指研究者通过与研究对象有目的的交流，获得有关心理特征与行为信息的方法。作为一种研究方法，访谈与诊断性、治疗性的心理咨询和心理治疗不同，与一般日常生活中的聊天也不同。首先，访谈法的对象是根据研究目的选取的被试者，并根据问题确定被试的年龄、性别、职业、文化背景等因素；其次，访谈法具有特定的研究目的，是按照设计的访谈计划和访谈提纲进行的；最后，在访谈法中，主试和被试是相互影响、相互作用的。访谈法可以分为个体访谈与集体访谈、结构式访谈和非结构式访谈等不同类型。

2. 特点

访谈法具有广泛性、深入性和可靠性。其不足之处在于费时费力，对于研究者和访谈人员的要求比较高，对获得的资料和信息难以进行量化统计分析。

（三）观察法

1. 定义

观察法是指在自然条件下，有目的、有计划、有步骤地考察研究对象，并收集、记录研究资料的方法。观察法通过人的感官（眼、耳等）在自然的、不加控制的环境中观察他人的行为，并把观察结果按照时间顺序做系统的记录。观察法常与询问法结合使用，以便获得充分的回馈信息。在特定的时间内，人对事物的观察方法决定了人对某一事件性质和意义的认识。

2. 类型

观察法可以分为参与观察法和非参与观察法。观察者直接参与被观察者的活动，并在共同活动中进行观察，称为“参与观察法”；观察者不参与被观察者的活动，以旁观者的身份进行观察，称为“非参与观察法”。参与观察法比较全面、深入，能够获得大量的、真实的研究资料，但是观察结论容易带有主观情感成分；非参与观察法也称为局外观察，比较客观公正，但是缺乏对所观察资料的深刻理解，有时可能只看到被观察者一些表面的甚至是偶然的心理活动和行为表现。观察法还可以分为自然观察法和控制观察法。观察者在自然真实的情境下观察他人的行为，称为“自然观察法”；观察者在限定的条件下进行观察，称为“控制观察法”。

3. 特点

自然观察法的优点是能够收集到被观察对象在日常生活中的真实、典型、一般的行为表现，其不足之处在于观察者过多地处于被动状态。在心理学的研究中，自然观察法经常用于儿童早期的发展研究。控制观察法通过人为改变和控制一定的条件，有目的地引起被观察对象的某些心理现象，以便在最有利的条件下对其进行观察，收集有关研究资料。观察法的优点是目的明确、实用方便，得到的材料系统。但是，观察法只能了解到大量的一般现象和表面现象，很难对复杂现象的本质做出回答，所以观察法一般与其他方法配合使用。

（四）案例分析法

案例分析法是指对个体、群体和组织的一个或多个变量之间的关系做出描述和说明，这种研究方法综合多种数据收集方法，研究者作为独立观察员，采用正式访谈或非正式访谈、调查表和实地观察等方法收集第一手资料，并且通过记录、档案收集有关个体、群体或组织的各种情况，用文字、录音、录像等方式记录下来，供其他研究者讨论和分析。

二、结构方程模型

结构方程模型，又称为潜变量模型或协方差结构模型。它是一种先根据理论文献或经验法则构建具有因果关系的假设模型，然后从一种假设的理论架构出发，通过采集变量数据，来验证这种设定的结构关系或模型假设的合理性和正确性，也就是检验样本实际协方差和理论协方差之间的差距，并试图缩到最小的过程。

（一）结构方程模型特性

（1）构建的假设模型必须建立在一定理论基础上，具有较强解释力的因果关系。

（2）它将测量与分析整合为一，同时估计模型中的测量指标、潜在变量，不仅可以估计测量过程中指标变量的测量误差，也可以评估测量的信度与效度。

（3）重点应用协方差理论。所谓协方差就是对两变量间的线性关系大小以及影响方向的描述。除此基本功能外，协方差在结构方程模型中反映理论模型的协方差与样本数据协方差之间的差异，是结构方程模型的核心思想。

（4）样本数越多，其统计分析的稳定性与各种指标的适用性也越佳。因此，样本大小与因素负荷量大小和变量个数成为判断一个模型是否良好的重要因素。

（5）包含多种统计技术。结构方程模型主要将因素分析与路径分析这两种分析方法融合在一起，涵盖假设检验、因素分析、主成分分析、相关性分析等方法，使其更具有说服力。

（6）结合多种指标进行研判。在对模型的契合度进行评价时，参考多种指标，而非依赖单一指标，以减小误判的可能性。

（二）结构方程模型建模过程

1. 模型设定

首先，根据经验或理论确定潜变量的逻辑关系，构建结构模型，确定大框架；其次，将观察变量与潜变量相匹配，设置测量误差及随机干扰项，形成结构方程模型；最后，对模型中可能存在的相关关系做出假定。

2. 参数估计

根据结构方程模型的基本思想，如果模型假设正确，总体协方差与模型拟合协方差应该相等。用拟合函数表示接近程度。不同的估计方法，选用的拟合函数不同，得到的结果也就不完全一样。

3. 模型识别

结构方程模型的识别，是判定模型中每一个待估计的参数是否能由观测数据求出唯一的估计值。如果方程中的自由参数有一个不能由观测数据估计得到，则方程不可识别；如果能够得到，则可以识别，包括恰好识别和过度识别。

4. 模型评价

模型评价是对已构建的模型与实际数据拟合程度的一种检验，通常包括参数检验、适配度检验和解释力三部分。参数检验包括参数的显著性检验和合理性检验两部分。适配度检验是评价假设的路径分析图与实际数据之间的一致性程度。模型解释力评估通过可决系数进行评价，是对模型与数据拟合程度的一种考评，包括对单个方程解释能力的评价、对整个模型解释能力的评价以及通过效应分解对模型的结构关系进行评价。

5. 模型修正

基于结构方程模型的构建思想，在模型评价后，需要对假设模型中不合适的界定进行改进，经过不断重复这个过程最终得到一个与数据拟合较好且有实际意义的模型。模型修正是一个复杂的过程，或是以简约（删减变量）为原则，或是以放松限制（路径限制）提高拟合度为原则，根据调整修正指数和临界比率变化的大小来获取更优质的模型。

三、数据驱动的信息行为研究方法

相较于传统的信息行为研究，数据驱动的信息行为研究更多地关注用户与各类信息系统平台及信息本身自然交互过程中留下来的“痕迹”，这些“痕迹”数据是外在的、非介入性且客观的，它为用户信息行为模式的识别、用户行为偏好的揭示、用户需求内容的解读提供了新的研究思路和途径。

本小节讨论统计分析、机器学习、自然语言处理、数据挖掘、社会计算等用户行为研究方法。

（一）统计分析

统计分析是基于数学领域的统计学原理，对数据进行收集、组织和解释的科学，它会建立一个模型或否定该模型的有效性。在大数据分析中，分析人员可以利用以定性与定量相结合为特征的统计分析方法进行用户信息搜索行为的研究。

（二）机器学习

机器学习是一门多学科交叉专业，涵盖概率论知识、统计学知识、近似理论知识和复杂算法知识，使用计算机作为工具并致力于真实实时模拟人类学习方式，并将现有内容进行知识结构划分来有效提高学习效率。机器学习能够让计算机利用已有数据得出一种模型，并靠这种模型预测未来。如利用用户检索式内容、浏览页面数量、浏览页面范围、页面停留时间、页面浏览次数等数据与用户心跳指数、脑电波变化等心理行为指标可完成对用户的搜索意图识别学习；利用用户信息源选择、用户检索方式选择与检索式的内容等数据可完成对用户的搜索策略学习。

（三）自然语言处理

自然语言处理是一门融合了计算机学、语言学等学科的交叉学科，是人工智能领域的重要分支，可对人们向计算机中输入的自然语言进行分析处理。自然语言处理主要包括对文本的处理和对语音的处理，其关键技术涉及词法分析、句法分析、语义分析、语音识别、文本生成等。在用户信息搜索行为的研究中，对用户搜索时的检索内容（文本或语音）进行自然语言处理，可以用来分析用户需求及其搜索策略，进而分析用户的信息素养、信息技能及搜索经验习惯；通过对用户在评价利用层输入计算机的评论等内容进行自然语言处理，可以以此来分析用户情感，以进一步了解用户满意度。

（四）数据挖掘

数据挖掘通过统计、在线分析处理、模式识别等多种方法实现了从海量数据中挖掘出隐藏的有用信息。数据挖掘技术在用户信息行为分析中有十分重要的作用，它可对用户信息行为大数据进行关联分析、聚类分析、分类和预测。如划分用户信息行为的类型，从信息用户库中发现不同的用户群。

（五）社会计算

社会计算是一种信息技术，用以实施或者评估人与人之间的交流、合作、协调的信息技术。社会计算包含以下三个特点，也是三种表现形式：Web 2.0、用户生成内容、众包。

Web 2.0 是 Web 1.0 的升级版，其在网络用户互动方面尤为突出，不仅体现在用户发信息时，多边互联网发生交互性作用，还会实现一对多或者多对一的网络交互作用。据学者秦颖研究，在档案数字化过程中，根据分析档案用户的利用行为可以制定良好的档案优先数字化的策略。

在 Web 2.0 环境下，用户生成内容应运而生。用户生成内容是一种创造性的劳动成果，它不是由专业人员开发的，因此它的公众性更加普遍。用户生成的媒体种类繁多，比如，我们熟知的百度贴吧中的帖子、论坛等。通过对于用户生成的文本、视频、语音等内容进行分析可以发现潜在的用户行为需求，从而更好地为信息用户服务。

一家公司或机构把过去由员工执行的工作任务，以自由和自愿的形式外包给非特定的大众网络的做法称为众包。Web 2.0 的出现，使得 UGC 和众包成为可能，为社会计算提供了技术和理论基础，社会计算在档案数字化领域的应用核心是依靠网络，与广大网民形成互动，形成集网民智慧的数据库。

第四节　MIHS 环境下患者信息行为管理案例

一、问题提出

随着 Web 2.0 技术的不断进步，越来越多的医院通过在线医疗服务平台提供医疗服务。通过在线医疗服务平台，患者可以轻松找到医生并预约诊断和治疗。对于患者而言，通过在线医疗服务平台就诊与在线下医院就诊的传统方法有很大不同。对于在线医疗服务平台，患者可以根据医院的口碑和医生以往的治疗结果来选择是否预约就诊。

事实上，医疗保健服务机构都希望患者能够在线下或线上为其传播口碑，这有助于提高其声誉，并缓解医患关系等问题。当前，医患冲突问题正成为整个社会的热门话题之一。造成医患冲突的原因主要是医患之间的不信任，其次是双方信息不对称和缺乏有效沟通。患者的健康对于增强医患之间的信任，从而改善患者对医疗保健服务机构的口碑，具有重要意义。

先前的研究已经注意到影响消费者口碑行为的因素，如消费者的满意度、情绪倾向，以及一些心理因素（社会互动欲望、经济激励欲望、实现自我价值等）。然而，随着移动互联网和新一代新兴技术快速发展，互联网医学和移动医疗的时代即将到来。以患者为导向的基于移动互联网的健康服务（Mobile Internet-based Health Service ，MIHS）平台日益增多，并在实践中得到广泛应用。与先前不同的是，这类服务平台的口碑受到一些其他新的因素的影响（如医患相互作用），这些因素影响患者对医疗服务质量的判断和他们对医疗服务的满意度。因此，有必要进一步完善 MIHS 环境下患者电子口碑的影响因素。

从电子口碑的形成逻辑来看，患者的满意度和持续使用意愿是最主要的两大影响因素，两者都反映了通过电子平台接受治疗的患者的后采纳状态。患者的满意度与患者的主观感受有关，持续使用意愿是他们的主观行为。之前的研究证明了患者满意度与口碑之间的正相关关系，并且持续使用意愿也反映和加强了口碑。

一般来说，患者的口碑是基于他们对医疗服务质量的感知。口碑行为发生的前提是患者对医院的医疗服务感到满意。因此，希望推广口碑营销的医疗保健服务机构应该清楚哪些因素影响患者满意度，以及这些因素如何提高患者满意度。然而，当前关于 MIHS 对患者满意度和口碑的作用的研究很少受到学者的关注。在以往的研究中，学者主要强调基于技术的行为和满意度，而不是满意后的行为，如持续使用行为。此外，影响患者口碑行为的因素复杂多样，既有技术因素，也有社会、经济、文化和心理因素等。与传统的健康服务平台相比，MIHS 具有更加便捷和互动的功能。因此，在互联网医学、社交网络和交互技术应用的背景下，探索影响患者口碑和后采纳行为的因素是极其重要的。本案例旨在探讨 MIHS 的特征和用户体验如何影响患者满意度和持续使用行为，进而影响口碑传播行为的主要机制。

二、相关理论与假设提出

根据期望确认理论（ECT）和技术接受模型（TAM），Bhattacherjee 提出了信息技术连续性期望确认模型（Expectation Confirmation Model of Information Technology Continuance，ECM-IT）。ECT 强调确认与满意之间的正相关关系，并指出这两个因素都促使人们重复他们的行为。ECM-IT 关注使用后的构面，突出了使用后期望的重要性，并使用感知有用性来表示消费者的采纳后期望。本案例将 ECM-IT 作为理论基础，还纳入便利条件、感知风险和感知交互性三个因素，进一步探索互联网医学的背景下移动互联网健康服务对口碑的影响。接下来将具体阐述假设是如何提出的，并完成研究模型的构建，见图 8-11。

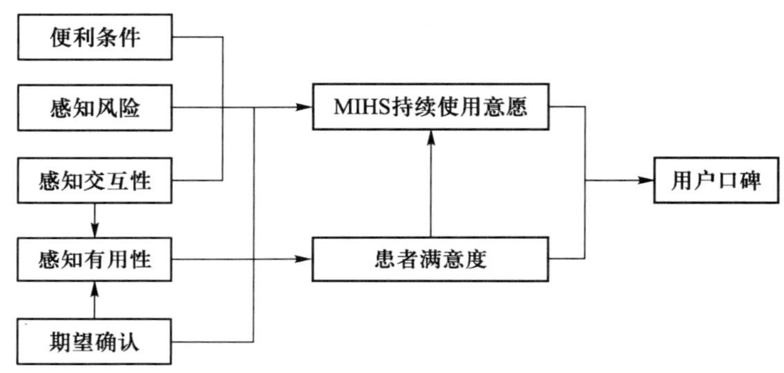

图 8-11　患者信息行为研究模型

（一）后采纳行为：持续使用意愿和口碑

信息系统（IS）的持续使用和口碑被认为是后采纳阶段的主要行为结果。信息系统的持续使用是指一个 IS 用户决定在很长一段时间内继续使用一个特定的 IS，通常包括持续使用意愿和持续使用行为。口碑被定义为传播产品或服务信息的渠道。消费者通常认为口碑信息比企业宣传册上的信息更有价值，因为口碑信息是由朋友、同学或熟人提供的，而不是公司提供的，因此口碑信息被认为更可靠。它通常对消费者在评估了产品或服务后的决策行为产生强大的影响。

口碑对顾客行为有重要影响。人们经常在社交圈子里分享自己的观点，比如和朋友、同学、亲戚等分享。对产品或服务提供商忠诚的用户会向其他用户推荐相同的产品或服务。在旅游、市场营销等多个领域中，口碑与回购意向的正相关关系已经得到验证。本案例致力于探讨在移动互联网健康服务环境下信息系统持续使用意愿与用户口碑行为之间的关系。除信息系统的持续使用以外，满意度也被认为是口碑行为的重要动力。例如，Kitapci 等（2014）发现满意度对口碑和回购意向有显著影响。

综上所述，本案例认为满意度和信息系统的持续使用意愿是口碑行为的先决条件，提出了如下假设：

假设 8.1：患者的满意度对口碑行为有显著的积极影响。

假设 8.2：患者的持续使用意愿对口碑行为有显著的积极影响。

（二）信息技术持续性期望确认模型（ECM-IT）

Bhattacherjee 开发的 ECM-IT 具有坚实的理论基础，它关注个人用户在信息系统后采纳阶段的持续使用意愿的动机。Bhattacherjee 发现，用户的满意度通过先前的使用和感知有用性影响持续使用意愿。人们通过在购买之前将实际产品或服务与预先的期望进行比较来评估他们的满意度。本案例试图将该模型应用于移动互联网健康服务环境下，患者满意度的概念源于与客户满意度相关的研究。基于 ECM-IT，本案例假设：

假设 8.3：患者满意度对持续使用 MIHS 的意愿有显著的积极影响。

假设 8.4：患者的期望确认对患者满意度有显著的积极影响。

假设 8.5：患者的期望确认对感知有用性有显著的积极影响。

假设 8.6：感知有用性对患者满意度有显著的积极影响。

假设 8.7：感知有用性对持续使用 MIHS 的意愿有显著的积极影响。

（三）感知交互性、感知风险和便利条件

1. 感知交互性

感知交互性被定义为用户将他们的经历视为模仿人际交往的感受程度。已经有研究调查了感知交互性与感知有用性和持续使用意愿之间的关系。例如，Lee 等（2015）发现感知交互性是感知有用性的关键决定因素；Abdullah 等（2016）发现消费者对酒店网站互动的看法会影响其重新访问网站的意愿。在本案例中，我们更多地关注移动医疗健康服务机构与患者之间的互动，因为促进管理人员或医务人员（医生、护士等）之间的互动是 MIHS 的设计和实施目的。因此，我们假设：

假设 8.8：感知交互性对感知有用性有显著的积极影响。

假设 8.9：感知交互性对持续使用 MIHS 的意愿有显著的积极影响。

2. 感知风险

感知风险的最初概念来自心理学。Bauer 将感知风险定义为“对使用产品或服务可能产生的负面影响感到的不确定”，并认为消费者的购买决策受到结果不确定性的影响。当不确定性水平变得更加显著时，感知风险也会增加。感知风险也被用于了解用户采纳 IT 后的采纳或阻力行为。从患者的角度来看，使用 MIHS 系统涉及多种类型的风险，比如对私人信息泄露及医生服务的质量的担忧等。因此，我们假设：

假设 8.10：感知风险对持续使用 MIHS 的意愿有显著的消极影响。

3. 便利条件

便利条件被认为是影响用户行为的决定因素之一。MIHS 实施后，许多医院为患者提供了各种便利条件，以支持 MIHS 的使用。例如，软件和服务提供者的志愿者或支持人员、自助终端机、操作说明材料、操作程序海报等。如果出现问题，用户将获得服务支持，并被告知下一步的操作。所有这些资源和技术的便利条件使患者感到舒适，并鼓励他们持续使用交互式信息技术。因此，我们假设：

假设 8.11：便利条件对持续使用 MIHS 的意愿有显著的积极影响。

三、数据收集与分析

本案例中包含八个变量：MIHS 绩效期望的确认（CPE）、感知有用性（PU）、感知交互性（PI）、便利条件（FC）、感知风险（PR）、患者满意度（PS）、MIHS 持续使用意愿（ICU）和用户口碑（WOM）。所有变量的度量均改编自以前的研究，采用李克特量表 1（强烈不同意）-7（强烈同意）编制了调查问卷。调查问卷内容在此不再赘述，有需要可查询本案例的参考文献。在华东地区某家实施患者可访问的 MIHS 的医院收集了有效问卷 494 份。

在数据分析部分，信度用于验证问卷测量的可靠性，假设检验用于分析之前提出的假设。本案例采用偏最小二乘法（PLS）建立结构方程模型评估测量模型。先前的研究表明，偏最小二乘结构方程模型克服了有问题的模型识别问题，是一种使用较小样本分析复杂模型的有力方法。测量模型的可接受性由问项的可靠性、问项之间的内部一致性以及模型的收敛和判别有效性来评估，主要包括因子载荷、克朗巴赫系数、组合信度、提取的平均方差（AVE）以及 AVE 的平方根等指标。所有问项的因子载荷高于 0.7 的阈值，表明具有较高的收敛效度。克朗巴赫系数和组合信度高于 0.7 的临界值，表明这些度量在内部是一致的。每个变量的 AVE 应高于 0.5，且每个变量的 AVE 的平方根应高于该变量与其他变量之间的相关性，这表明了良好的判别效度。具体分析结果读者可查阅参考文献，本案例中所有测量指标都表现出足够的一致性，可进行下一步的分析。

假设检验得到如图 8-12 所示的结果。* 表示 p 检验在 0.05 的水平上显著，* * 表示 p 检验在 0.01 的水平上显著。所有的假设都得到了验证。

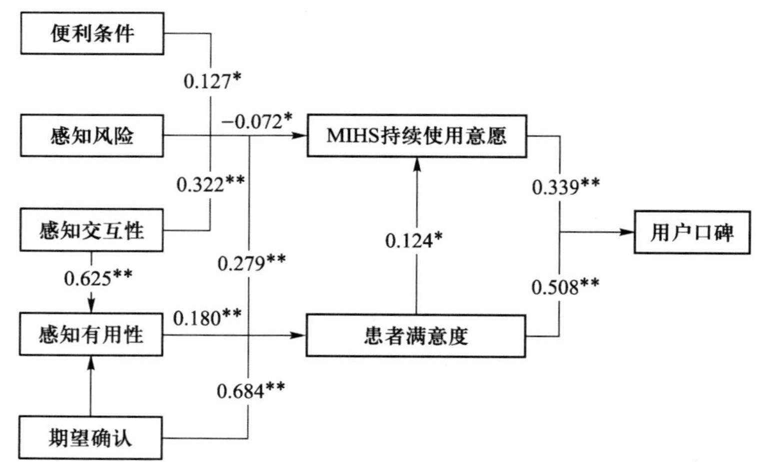

图 8-12　假设检验结果

四、研究结论及启示

本案例构建了一个综合模型来解释 MIHS 特征和用户体验如何影响 MIHS 使用的输出的机制，如患者满意度、持续使用意愿和口碑。研究发现：① 患者对 MIHS 的满意度及其持续使用 MIHS 的意愿对口碑有显著的积极影响；② 患者对 MIHS 的满意度受到感知有用性和对 MIHS 绩效期望的确认的积极影响；③ 患者持续使用 MIHS 的意愿也受到一些技术因素的影响，如便利条件和感知风险，以及一些主观感受，如感知有用性和感知交互性。

本案例可以鼓励医院决策者关注 MIHS 如何在部署之外发挥作用，并更加关注用户期望、感知风险、感知有用性和感知交互性对 MIHS 使用的影响，主要有以下几点管理启示。首先，从技术特点来看，医院应加强 MIHS 的便利条件和安全管理，简化 MIHS 的运营方式以提高用户的易用性和满意度。其次，从用户体验的角度来看，应丰富 MIHS 的基本功能，如互动功能，以提高患者感知体验的有用性和持续使用意愿。

思　考　题

1. 试说明信息行为的内涵。
2. 简述信息行为研究的发展历程。
3. 试述信息行为与其他学科的关系。
4. 在信息查询过程中，如何体现最小努力原则？
5. 网络环境下的信息行为有哪些变化？
6. 选择一种特定的用户类型，尝试运用合适的理论分析其信息行为的影响因素。

即测即评

第九章 信息治理与信息安全

信息资源是国家的重要战略资源，如何对信息治理资源进行有效加工、利用与实现共享是当前政府信息化建设的重要目标。如何实现信息资源的高效合理利用是推进信息治理与信息安全的重要保障与现实路径。信息治理与信息安全建设中最为核心的目标，除了需要考虑经济维度、技术维度之外，还迫切需要对信息政策与法律的实施原则、立法模式进行宏观管理与微观权益保护。

本章围绕着信息管理与信息治理安全的类型特征以及核心内容，信息治理与信息安全的传递机制，信息分布、信息检索、信息服务、信息管理与规制模式的核心范畴以及主要内容，同时结合大数据、人工智能、区块链等智能技术变革的数字环境，探讨信息治理与信息安全的新变革、新动向与新场景。

你可以从本章了解到：

1. 掌握信息治理与信息安全的含义及体系架构
2. 了解国内外信息治理与信息安全的发展现状
3. 掌握信息治理的含义，分析需要解决信息安全的矛盾和冲突主要表现形式在哪些方面
4. 结合信息活动以及信息治理工作，认识并了解信息系统等级保护主要涉及的领域和法律保障机制

第一节　信息治理概述

一、信息治理的内涵

信息治理指的是对政府部门科学决策、有效执行过程中所涉及的信息汲取、信息处理和信息应用的全生命周期活动进行合理、正确的治理。它涉及如下两个重要的含义：一是对涉及国家信息治理活动的各种信息资源要素进行有效治理，比如政府科学决策、

政府信息开发利用、行政组织利用支撑技术等结合起来进行均衡治理，进而能够合理有效地满足国家治理汲取、处理和应用的全过程实施环节；二是对国家治理信息本身进行有效治理，即能够围绕着政府信息管理的全生命周期进行信息的收集加工、存储传递、反馈利用的全面有效治理。信息治理的类型特征、时代特征贯穿于政府科学决策、公众精细化服务中。

二、信息治理的基本特征

信息治理的对象包括信息资源和信息利用。信息资源的有效利用有助于开发利用信息资源、更好地服务于政府部门决策、提升政府公共服务质量和精细化治理水平。具体而言，信息治理的基本特征可概括为如下方面：

（一）政治性

信息治理工作涉及信息利用、汲取与运用的诸多环节，对于政府信息的处理应当严格把关，既要考虑到政府信息处理的严谨高效，同时也需要高度关注政府信息治理的安全利益与社会和谐稳定，应当具有明确的政治倾向性。政府信息治理不仅耗时耗力也承担着重大责任，既需要严格把关政府信息的资源与利用，同时也需要严谨认真对待政府信息安全的防范问题。

（二）真实性

真实是国家信息治理工作的前提与基础，信息资源的收集利用唯有真实可靠才能够作为正确的决策依据。真实性意味着一方面需要洞察信息资源的内在规律性与真实可靠性，另一方面需要据此做出正确无误的决策依据。

（三）时效性

信息治理处置和决策过程既需要及时、高效、准确地进行信息利用处理，同时也需要注重时效性，不断提升应变能力与实施效能。

（四）服务性

伴随着信息化改革不断推进，政府信息治理和决策过程中始终贯穿着公共服务的意识与质量，凸显了信息治理的技术标准与服务性功能。伴随着社会信息化建设深入推进，信息治理资源利用工作也呈现出日渐壮大的趋势，不仅日益注重服务质量与实施成效，同时也需要在信息治理全生命周期中进行有效贯通与衔接。

（五）系统性

信息治理资源与利用的全生命周期是一个长期的、动态的复杂大系统。信息治理资源所涉及的问题是全局性、综合性的。政府信息治理资源的开发、利用和运用应当将局部的、原初的、松散的各类信息资源进行收集整理、筛选加工，使其最终能够成为政府决策的有效依据。

三、信息治理的主要职能

强化信息治理的职能关乎政府职能切实转变、服务质量提升，关乎信息安全的有效流通和有序使用，关乎政府信息化资源的高效可持续发展，关乎信息治理资源能否为政府进行经济调节、市场监管、公共服务、社会治理主要职能服务的实施成效。信息治理的职能需要考虑政府信息治理机构的执行与职责情况。它包括以下方面。

（一）计划治理职能

信息治理内容主要包括整体发展思路、中长期发展规划、年度计划以及为了实现规划目标而采取的相应政策策略与技术性保障措施，而且在发展规划编制与场景落地的过程中面临着信息治理的计划治理职能。信息治理应当紧密契合当前各地的经济社会发展实际情况，围绕着信息治理现代化发展的目标诉求，通过明确相应的目标任务、实施计划来确定相应的手段与措施。计划治理职能具体包括制定年度计划、编制中长期规划，以及通过在政府信息化建设中进行人员配备、机构建立、工作有效推进，进而确保保障措施落实到位与有效实施。

（二）组织调节职能

政府信息治理工作涉及经济和社会的方方面面。政府信息治理必须围绕着协调有序、政令畅通进行信息治理体制建设和组织机构的统筹协调，这样才能够将政府信息资源与组成要素进行有效结合与组织统筹。组织调节职能具体包括：组织协调信息治理的工作标准与规范；协调解决信息治理工作中的重大问题；组织协调网络基础设施建设；组织协调信息资源的开发和利用；组织协调信息技术推广应用；组织协调信息化宣传与教育；等等。而组织调节职能则是对政府信息资源进行优化配置、高效协同，以助于保障政府信息化治理有序流动、统筹协调。政府信息治理建设可以综合运用法律手段、经济手段和行政手段进行资源的有效整合与共享。

（三）监督控制职能

政府信息治理的监督控制职能主要包括：制定信息治理的信息化政策法规、安全评估标准规范、信息资源共享利用、网络基础设施建设与管理、网络信息安全与保密规定等相关的政策法规、监督与保障体系，并且能够借助政府信息化治理部门使得信息开发利用得到最大程度的实时监督与资源共享，通过监督控制职能的发挥推动信息治理建设进入规范化、法治化的轨道；借助信息治理实施环节的信息反馈与共享机制，实现跨部门信息化建设规划落实与有效实施，进而实现信息资源的高效配置、业务流程再造重组，最终实现信息化治理的整体推进与权、责、利统一。

（四）政府信息治理职能变革

伴随着网络技术日益成熟与飞速发展，产生了电子政务、电子政府的概念。电子政务是指政府运用现代信息技术、网络自动化技术进行政府管理、社会公共服务的信息化治理模式。电子政府是指在电子政务信息资源和系统优化的基础上的重新整合，通过在政府内部自动化决策建立网络化、智能化的政府信息系统，既能够为政府内部职能优化和跨部门信息流转提供高品质的政务环境，也能够优化企业营商环境，为公众和社会提供高效便捷的公共服务。电子政务与电子政府的快速发展推动了政府信息治理的职能变革。政府能够快速运用网络信息技术，优化政府部门职责，为企业提供高效便捷的服务，为社会组织和公民提供更高服务品质的政府信息和更高效率的公共服务。因此，无论是电子政务的流程优化还是电子政府的信息化改革，都更为强调的是一个动态的、长期的发展过程。电子政务是政府信息化的有效手段，而电子政府则是流程优化的发展目标与治理样态。电子政府作为政府信息治理职能转变的治理图景和发展样态，是信息化的实体概念，其运行的核心在于政府部门的电子化发展。从政府信息化改革的发展阶段来看，电子政务更为侧重的是政府业务的程序优化与流程重塑；而电子政府则强调的是整体性政府或者一体化政府，是构建全新政府治理模式与制度形态。

对比分析电子政务与电子政府的区别，有助于把握政府信息治理的职能变革。电子政务侧重于具体电子政务工作的流程优化，而电子政府则是强调整体性政府的信息化、实时在线化与智能化。在实践中，政府部门职能的优化并不意味着整体性政府的建立。政府信息治理职能转变与能力不断提升，既需要不断推进电子政务流程优化与治理方式转变，同时也需要不断更新信息化应用技术推动政府信息治理职能转变与创新变革。

四、信息治理的规制模式

信息治理的发展过程是信息技术的创新应用与政府治理模式制度样态变革的高度匹配和共建共享。政府信息治理的职能转变既是政府治理改革创新发展的现实趋向，同时也是实现信息治理功能的必要手段和重要环节。伴随着信息治理建设的步伐加快，国家和各级地方政府不断加大信息化建设投入经费，政府投资和预算也面临着法律层面的规制与约束。政府信息治理过程中面临着运用法律规范来协调治理主体关系，既包括政府与政府之间的关系、政府与企业之间的关系，也包括政府与私营企业、政府与公民的关系。一方面通过法律规范的保障功能为治理主体提供行动依循和权利保护，另一方面运用法律规范来协调主体行为规范和规制模式。

五、信息治理的公开与保护

信息治理的公开与保护强调的是国家的信息治理资源的共建共享，方便公众知情与获取的制度。信息治理的公开有助于提升政府决策的透明化、科学化、民主化水平。信息治理的法律规制体系中都规定了与信息保护相关的条款。信息治理的法律规制体系需要调整信息领域的社会关系，调整各种利益问题与社会关系的法律规范。从目前考察的情况来看，主要涉及信息技术的开发问题、信息产业的发展问题、信息资源的共享问题、信息机构的组织问题、信息产权的保护问题、信息安全的等级保护与分级保护等，这些都需要信息法律加以规制与保障。信息治理的公开与保护框架是一个多层次、多维度的规范体系：第一层次包括信息治理基本法律体系构造；第二层次涉及信息技术、信息产业、信息安全、信息产权保护、信息人才培养等；第三层次则是对上述信息治理公开与保护基本框架的补充与完善（见图 9-1）。

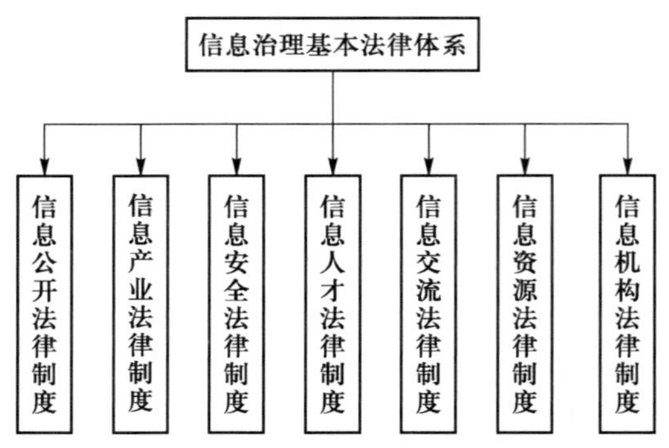

图 9-1　信息治理基本法律体系框架

六、信息治理的人才队伍保障

信息治理工作是一项涉及多学科、多领域的高度协同性、思维前瞻性、技术密集性与知识复合性的复杂运转的系统工程，信息治理的实施环节与实践运行具有极强的针对性、专业性。政府提升信息治理水平，除了需要完善信息治理的制度架构与运行模式，同时还需要不断提升信息治理人员的专业素养、学习能力与服务精神。政府信息治理主管部门的工作人员，不仅仅需要在信息治理技术方面与时俱进，同时还需要结合信息治理的细分领域和安全保护目标，发挥信息治理的更高功率、更高功能的实施目标。政府部门的信息治理人员不仅应当具备严谨的态度与专业知识，而且应当熟练掌握国家信息治理的政策法规体系，通过培养一支信息治理的支撑者和引领者的人才队伍，统筹完成政府信息治理的各项任务和系统建设，具体包括信息的开发利用、信息的资源共享、信息的分级保护、信息的管理体制、信息的绩效评价等。

第二节　信息系统的开发和治理

信息系统的开发和治理过程总是伴随着提出问题、分析问题和解决问题的逻辑程式预设，无论是前端开发工作还是后端开发工作都面临着全生命周期的修正与补充。信息系统的开发方式呈现出多元化的发展态势，既有自上向下结构化思想的系统开发方法，如结构化分析设计方法、企业系统规划方法、策略性数据规划方法等，又衍生了快速开发的系统工艺方法，比如面向对象方法、原型法、计算机辅助系统工程方法等。信息系统开发也有多种多样的实施策略，具体包括规划式开发策略、直线式开发策略、接受式开发策略、迭代式开发策略、实验式开发策略等。信息系统开发策略与方法应当在其全生命周期范围内的不同工作阶段进行严格次序的优化与统一。因此，厘清信息系统开发的概念与功能具有重要现实意义。

一、信息系统开发的概念与功能

（一）信息系统开发的概念

信息系统开发具体指的是在信息系统分析的前端，对既有的信息系统进行目标定位、结构功能框定、信息处理程序优化等方面进行全面的监测监控分析，并且立足于系统用户的真实需求和真实环境状况，围绕着信息系统可行方案和开发目标进行优化设计。信息系统开发的目的强调运用信息系统进行发展环境的优化。信息系统开发的定义旨在通过对信息系统目标以及实现过程进行目标条件的概念化和操作化，具体而言包括如下方面的内容：首先，明确信息系统的需求状况与前端开发理念。信息系统开发要明晰潜在用户和现实用户的真实需求和实施范围。其次，明确信息系统的实现目标和结构功能，进而全面明确信息系统的行为方式与实施方案。最后，信息系统开发需要实现信息系统的潜在目标与现实功能，围绕着信息系统的效益和成本对其加以客观公正、周密详细的对比分析、实证实验，进而形成兼具效率与质量的信息系统开发的可行性、必要性的全生命周期过程。

（二）信息系统开发的功能

信息系统的研制与开发，通常也被称为信息系统的设计与分析。信息系统开发是一项长期而复杂的系统工程，不仅需要考虑计算机技术、系统理论、治理理论、通信技术、工程理论等方面的问题，还需要综合考虑信息系统的内外部环境、政策法律环境等方面。信息系统开发的功能应当在全生命周期范围内以及相关的应用开发阶段进行计划、维护、开发、测试与设计。

二、信息系统治理的概念与功能

（一）信息系统治理的概念及原则

对于丰富多样的信息系统而言，信息系统治理是一个正面积极的更迭概念，一方面信息系统治理活动需要本着系统工程的思维和计算机通信技术原理进行整体功能的调试与跨部门的统筹优化，以实现最优效率和最佳功能的目标。另一方面信息系统治理统筹安排应当充分考虑到系统结构上的功能性、层次性、行为性的集成性构成。因此，信息系统治理活动涉及面十分广泛，需要在内外部系统、子系统与子系统之间进行有效的协调和统筹安排。尤其是从大规模集成的国家信息系统构成与结构来看，信息系统治理活动因为涉及的范围和需要面临的问题众多，治理活动也需要考虑到诸多的影响因素进行针对性的剖析与安排。

国家信息系统又被称为“国家信息体系”。国家信息系统的概念最早由联合国教科文组织于 1950 年召开的“关于改善书目服务工作会议”提出。具体包括行政管理系统、行政职能系统。信息系统管理旨在通过统一协调管理来最大限度保证信息资源管理共建共享，为促进经济社会发展提供高效便捷服务。信息系统治理是一种规划性、实施性的组织协调系统，是一种具有指导性和纲领性的自主协调工作系统，是一种在信息系统法律法规体系指导下的治理功能。其功能应当为了充分实现信息资源共享和整体效能进行有效组织协调、功能优化。信息系统治理的建设、运行和实施的过程中，应当注重强调的治理原则包括如下方面：第一，现代化原则。信息系统治理应当充分利用现代化的治理技术和信息技术，确保信息系统人员能够获得现代化的思想理念，比如专业素养、用户需求、效益理念与高质量理念等。第二，立足国情原则。信息系统治理应当立足于国家政治经济、科技发展、国防安全的发展实际，因应国家治理和治理能力现代化的发展状况。第三，均衡协调原则。信息系统的治理功能实现需要充分保证国家信息系统的整体实施效能和职能目标，既能够保证各系统要素与子系统构成的均衡协调发展，同时也能够在信息系统的总体分析框架内实现均衡协调发展，破解信息系统建设过程中所面临的信息烟囱、数据孤岛、条块分割等问题，推动信息系统建设的整体实施效能提升。第四，法治化发展原则。国家信息系统治理的建设与发展，应当在坚持规范发展的基础上走法治化的发展道路，推动国家信息系统建设的有法可依、有法必依，进而通过规范信息系统的治理行为，提升整体治理实施效能。

（二）信息系统资源治理的功能

信息系统资源治理在信息系统治理中占据着十分重要的地位与作用。信息资源在信息系统资源中占据着最为核心、最为重要的位置，它不仅涵盖了信息系统的硬件资源，还包括软件资源和人才资源等。信息系统资源治理在信息资源治理领域中占据着举足轻重的地位。一般来说，信息资源治理既包括宏观层面的治理也包括微观层面的治理。无论是宏观层面的治理还是微观层面的治理，都需要考虑信息资源的开发、利用、规划、布局与应用等方面的问题。其中，信息资源的布局是前提基础，信息资源的开发与利用是目的手段，它们相辅相成、密不可分。其中，信息资源布局侧重的是不同社会情境中时空维度内的合理合法分布与存储，信息资源开发侧重的是信息资源布局基础上所进行的信息内涵的规律解释与信息载体的构成，信息资源利用是在信息资源布局基础上所进行的信息的有效利用与准确传递。

具体而言，信息资源布局包括宏观布局和微观布局。其中，信息资源宏观布局是在全国范围内的优化配置与合理布局，是国家信息系统功能实现的重要组成部分。信息系统宏观布局无论是在集中型治理体制下，还是在分散型治理体制下都面临着如何有目的地促成社会调控机制与自生自发的均衡发展的实施目标。我们需要促成不同类型的信息系统的有机整合、合理配置与高效治理，同时也需要因应不同信息用户的个性化、针对化信息需求。信息资源宏观布局是有步骤地、有计划地进行的。信息资源的宏观布局与信息资源共建共享具有高度的关联性和耦合性，如果没有信息资源的共建共享，就无法实现真正意义上的信息资源的宏观布局。具体而言，信息资源宏观布局的实现模式包括如下方面：① 完全集中型布局模式。这一模式把全国重要的信息资源主要集中于几个点上，体现了集中型布局的辐射效应。② 中心集中型布局模式。按地理区域、专业范围、信息类型、行政系统分别设置若干专门信息中心。③ 分散责任型布局模式。根据各信息系统自身性质和特点形成主题聚焦或类型信息优势布局。④ 综合层次型布局模式。形成既有集中又有分散的多样化信息资源布局的结合形式。当前，我国信息资源宏观布局主要采用中心集中型布局模式，即通过设立国家级和地区级信息中心、行政系统信息中心、专业信息中心形成纵横交错的多类型中心模式。

信息资源微观布局强调的是各类不同的信息系统的资源协调和布局优化问题，比如如何实现信息资源的权、责、利统一问题，保持在合理的法度与规章范围之内。从本质上来说，信息资源微观布局受到信息系统输出功能的现实制约，面临着与宏观布局的衔接和内嵌，需要在权、责、利方面协调好关系，实现度与量的统一：第一，主题结构，对于综合性信息系统而言主题范畴的划分比较简略，需要考虑不同主题信息在整个信息系统的比例问题。对于专业信息系统而言，需要考虑细分的信息系统的主题分布构成。第二，语种结构，即不同语种信息在信息系统中的比例关系。第三，类型结构，即不同信息载体类型在信息系统中的比例关系。第四，等级结构，即不同内涵质量水平的信息在信息系统中的比例关系。第五，时间结构，即不同产生时间的信息在信息系统中的比例关系，反映了信息的新颖性和信息系统的更新性。第六，数量结构，即同一信息的重复频率，也即某一信息与具有相同内涵的其他信息的比例关系。由此可见，在信息资源微观布局当中，不同类型的比例关系应当维持在一定的水平和规范尺度上，需要根据信息系统的布局特点进行科学判断。同时伴随着大数据、人工智能、区块链技术的飞速发展、虚拟信息系统的叠加出现，信息资源微观布局呈现出新的特点与发展趋向，传统意义上的信息资源共享布局正在发生颠覆性变化，而远程资源共享、数字化资源共享也正在成为信息资源治理中的新场景、新态势。

（三）信息系统治理技巧

信息系统治理不仅是一门计算科学，而且是一门体现生活向度的美学艺术。在信息系统治理过程中还需要诸多的现实治理技巧。信息系统治理技巧的选择既需要考虑多种方法的应用技巧与治理策略的实施效能，又需要治理者自身的智力智慧。美国信息治理专家达菲和阿萨德在《信息管理》一书中总结了关于信息系统治理的若干经验，这些经验不仅具有文本上的学理价值，在实践中也被反复应用。

在达菲和阿萨德看来，信息系统治理的经验可归纳概括为如下方面：第一，要高度重视信息系统的安全性问题，安全风险评估十分重要。如果低估了信息系统的运行成本和复杂性，将会影响到信息管理的实施效能。由于信息系统的数据库建设成本高昂，必须进行安全性风险评估，防止信息泄露事件的发生。尤其是伴随着大数据、人工智能和区块链技术的飞速发展，信息系统的脆弱性、安全性问题越来越受到关注。第二，要正确处理用户与组织机构的整体需求。信息系统治理中需要不断更新治理方面的知识和治理部门的信息提升能力，提升组织机构的规划系统、控制系统和治理结构系统等性能。

三、信息系统安全性

近年来伴随着信息系统的飞速发展，无论是在社会经济、军事安全还是商业应用等领域的发展中，信息系统安全性问题日益受到重视。在全球范围内，信息系统资源共享和优化配置需要进行风险评估和风险预测。

（一）信息系统安全性的含义

伴随着信息技术的蓬勃发展，信息系统的安全性问题不仅仅影响到信息资源共建共享，利用信息系统的技术漏洞进行不公平市场竞争、违法犯罪活动长久以来也困扰人们，信息安全犯罪治理任重而道远。信息系统受到的安全威胁主要集中在信息战争、信息污染、信息犯罪等方面。要保证信息系统的功能实现，不能忽视信息系统的安全性问题。尤其是在当前信息产业飞速发展的情况下，国家的信息治理与安全问题不容忽视，信息系统安全成为其生存和发展的核心。

结合当前研究实践的发展状况，信息系统安全具体指的是维护信息系统安全技术、安全管理和安全服务的系统优化。从系统实施过程和控制流程来看，信息系统安全需要在充分保障社会环境运行基础上，运用可靠的标准与规范进行数据库建设、应用系统开发、网络系统运转，充分保障组织战略目标实现和信息安全战略目标实现。信息系统安全体系结构应当确保数据应用系统、网络应用系统、信息安全战略进行综合运用。

（二）信息系统安全风险评估

应对信息系统的安全风险需要进行事先的预警预测和应对治理，主要包括：第一，信息系统安全的法律机制，即加强信息系统安全相关法律法规以及政策建设，比如《中华人民共和国计算机信息系统安全保护条例》《中华人民共和国计算机信息网络国际联网管理暂行规定》《计算机信息网络国际联网安全保护管理办法》为信息系统安全提供规制保障与行为依据。第二，优化信息系统安全的治理环境，即强化信息系统安全的治理环境，注重运用多元化的综合治理手段和方法实现信息系统的数据安全、管理安全。第三，信息系统安全的技术保障，即通过信息系统的安全产品、安全技术、安全管理手段切实保障信息系统安全，以维护计算机信息系统的安全运行。第四，加强信息系统安全的技术保障机制，凸显预防为主、全方位多流程的治理机制，强化监测监控能力提升机制。第五，信息系统安全性风险评估需要考虑技术性、效用性、便捷性等影响因素，充分体现等级保护、安全需求、依法管理、管理与技术并重基本原则（详见图 9-2）。

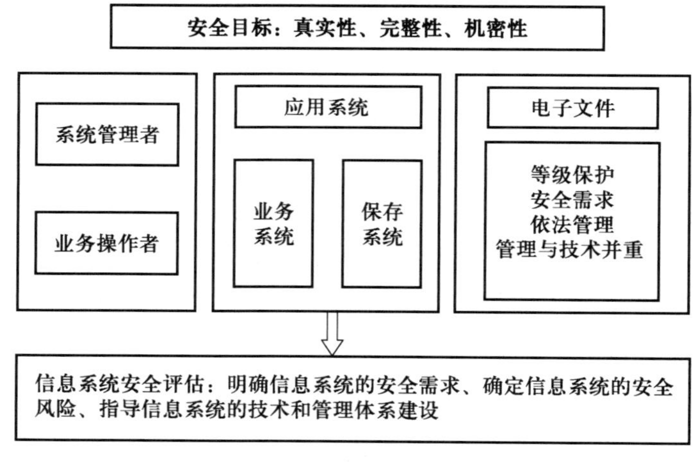

图 9-2　信息系统安全评估框架

（三）信息系统安全性的犯罪治理

伴随着信息技术创新不断加快，信息系统安全性的犯罪治理面临着技术治理勃兴和犯罪治理体系重塑，信息系统安全性的犯罪治理也面临着技术治理的善治路径与均衡发展。第一，不同类型的安全信息主要分布在多样化信息系统中，信息安全面临的主要问题包括计算机病毒的危害、网络黑客的攻击、网络安全管理不到位、安全防护意识不强等，这些都会给经济社会发展带来不少风险和挑战。第二，当前经济社会发展的诸多领域，比如政治经济、社会文化、国防安全、社会治理等领域面临着信息技术的安全漏洞和信息系统的数据泄露等问题。第三，伴随着信息技术的蓬勃发展，信息系统的安全受到威胁，信息网络犯罪活动屡禁不止。第四，信息系统的安全等级保护一方面体现了资源共享的开放性特点，另一方面面临着网络信息安全犯罪治理体系的重塑。第五，网络信息安全犯罪具有专业技术性、手段隐蔽性、智能化发展等特点。第六，信息系统的安全威胁来自计算机犯罪、计算机病毒和恶意软件等方面问题。信息系统受制于计算机软件自身的易受攻击性和不可修改性等特点，成为信息网络犯罪、计算机病毒、数据监控等活动的主要对象。信息系统安全性的犯罪治理直接关乎经济社会发展与和谐稳定。

第三节　信息系统安全等级保护管理

信息技术的快速发展和信息化进程的步伐加快助推了经济社会高质量发展，信息技术在经济社会领域的日益渗透也对信息系统等级保护管理产生了巨大的冲击，信息政策法律法规也面临着逐步健全、完善。我们需要在既有的信息系统等级保护管理模式基础上进行规制与治理，针对网络环境下的新问题、新挑战进行界定和制裁，比如知识产权保护、个人信息保护、网络犯罪治理、信息素养普及提升等。上述新问题、新挑战都需要通过政策法律手段来加以规范和保障。运用政策法律手段来健全完善信息系统等级保护管理具有现实意义，有助于提升信息安全保障能力和水平，维护国家安全、社会稳定和公众福祉，保障和促进信息系统安全建设。《中华人民共和国计算机信息系统安全保护条例》《中华人民共和国密码法》《信息安全技术—网络安全等级保护基本要求》《信息安全技术—网络安全等级保护测评要求》《信息安全技术—网络安全等级保护安全设计技术要求》《信息安全等级保护管理办法》等政策法规调整和指导对象的特殊性，要求我们在进行信息系统安全等级管理政策法规制定的过程中应当遵循适切的具体原则，既需要对实践经验进行规划落实，同时也需要对现实典型案例进行理解和把握。

一、信息系统安全等级保护管理的基本原则

（一）求真务实原则

国家信息政策与法律的制定与实施必须立足于基本国情，立足于社会信息化的实践发展水平和实施现状，从法治建设的运行样态与实施成效来看，还面临着大数据、人工

智能、区块链技术的飞速发展而引发的信息系统等级保护的新的法律问题。信息系统等级保护管理应当坚持务实原则。考虑到我国法治发展的实际状况，信息政策和法律的制定应当从全社会经济发展的总体平衡态势出发，秉持务实原则，不断发展。国家信息政策法律法规在制定和完善的过程中，应当坚持时间维度的与时俱进特点、空间维度的因地制宜场景，在制定政策和进行立法的领域应当本着求真务实原则，促进政府信息管理的效率与质量的辩证统一。

（二）法制协调原则

法制协调原则强调如下方面：首先，信息政策法律规制体系应当与国家政策法律规制体系保持整体上的一致性与协调性，无论是纵向上的上位法体系还是横向上的具体领域的法律规制体系都需要保持高度一致性、协调性。与此同时，一国的信息政策法律规制体系还需要保持国际视野并与国际接轨，努力做到与国际信息政策法律规制体系保持步调一致。一个国家的信息政策法律必须高度关注他国的信息政策发展最新前沿，尽可能地与国际惯例接轨，做好与国际信息政策法律的协调借鉴工作。具体包括政府信息管理中的权利主体行为规范、政府行政管理中的权利客体行为规范、政府信息公开保护等法律规制体系的协调与统一等。

（三）创新性原则

2015 年《中国制造 2025》、2016 年《机器人产业发展规划》与《“互联网+”人工智能三年行动实施方案》这三个文件为我国人工智能技术的创新场景应用奠定了初步构想。2017 年国务院正式印发《新一代人工智能发展规划》，明确提出了我国新一代人工智能发展的指导思想、战略态势、重点任务和保障措施。伴随着人工智能、区块链技术飞速发展和应用场景多元化，信息安全等级保护政策法律规制体系也面临着挑战。当前我国对人工智能领域的专门立法监管尚处于空白状态。信息政策法律规制体系既需要应对新场景、新风险，也应当在坚持创新性原则基础上进行优化与再造。具体包括：明确人工智能的法律主体地位。伴随着人工智能技术逐渐渗透到网络信息治理领域的方方面面，其在智慧医疗、智能制造、金融监管、食品安全、无人驾驶、智能教育、无人机、城市大脑等领域呈现出多元化、场景化应用趋势。人工智能的法律主体资格认定直接影响到人工智能产业发展与法律责任体系的健全完善。因此，明确人工智能的法律主体资格有助于推动人工智能产业与信息治理领域的深度融合和有机互动。伴随着人工智能技术、区块链技术的飞速发展，人工智能法律问题、大数据环境下的信息保护与隐私泄露、网络信息安全等面临着全新的机遇与挑战。如何运用政策法律规制体系对上述新问题进行调整，我们既需要坚持法律规制体系的一致性、协调性，同时也需要运用法律手段进行经验借鉴和规制映射。

（四）导向性原则

国家信息政策法律规制体系不仅是对既有的信息治理系统的规制与治理，同时还承载着预警、前瞻和导向性功能，需要对信息政策法律规制的前沿领域和未来变化趋向、发展态势进行预测，进而能够为信息政策法律规制体系的丰富、变化、完善提供导向性的参考标准与决策依据。

（五）可操作性原则

伴随着网络信息资源日益丰富，涉及领域日益广泛，信息政策法律规制体系存在着滞后性问题，且在数量上难以有效满足信息社会高速发展的现实需求，存在着政策法律规制体系的内容含混、条文不具体，而且在数量尚且不足的法律规范中，还较多地存在着交叉重复的现象。在质量上，法律内容较为宽泛，法律条文内容不精细、不准确，严重影响了信息政策法律实施效能。因此，信息政策法律规制体系应当遵循科学性、有效性和可操作性原则。

（六）重点性原则

国家信息政策法律的制定应当契合信息安全等级保护制度的关键问题、要害问题。从时间维度来看，信息安全等级保护制度应当重点保障关乎国家安全、社会稳定和经济命脉的信息网络基础设施和信息安全资源配置，推动信息网络安全产业发展；从空间维度来看，建立信息安全等级保护制度还需要围绕着充分借鉴国外信息安全等级保护制度的先进经验和发展态势，积极探索出适应市场经济体制发展的信息安全模式。

（七）动态性原则

信息政策法律规制体系一方面具有稳定性、可预期性、公开性的特点，另一方面具有动态性原则，具有灵活性，以适应阶段性的网络信息社会发展需要，避免出现政策真空和立法规制滞后。动态性原则具体可表征为如下方面：首先，它具有历时性特点。信息政策法律规制体系应当与时俱进，避免出现迟滞和政策真空的局面。其次，它呈现出调适性的特点。信息政策发展日新月异，规制体系的目标定位也应当伴随着产业目标的变迁而发展变化，凸显出调适性和融贯性特点。

二、信息系统安全等级保护制度概述

（一）信息系统安全等级保护制度的概念

信息系统安全等级保护是我国信息安全保障的基本方法、基本策略和基本制度。信息系统安全等级保护强调的是对信息系统中使用的信息安全产品进行等级管理保护，对信息系统中发生的信息安全事件进行等级响应与处置，是对国家秘密信息、法人和其他组织及公民的专有信息，具体包括公开信息和存储、传输、处理这些信息的信息系统划分相应等级所进行的安全保护。

（二）信息系统安全等级保护制度的现实意义

贯彻落实信息系统安全等级保护制度目的是解决影响我国信息安全面临的现实风险和存在的实践问题。实行信息系统安全等级保护制度，有助于整合信息安全与信息化建设资源配置，为信息安全和信息化建设提供针对性、实效性和可操作性的指导和服务；有利于明晰信息安全资源配置方式，重点保障关乎国家安全、经济发展、社会稳定的信息系统基础网络；有利于加强信息安全管理，推动信息安全产业创新发展；有利于降低信息安全和信息化建设的实施成本；有利于为信息建设和信息安全提供可操作性的决策依据和服务保障。信息系统安全等级保护制度的构筑有助于破解当前我国信息安全领域面临的困境与难题，有助于充分调动多方主体的积极性，提升信息安全建设的实效性、科学性、规范性。

三、信息系统安全等级保护的具体内容

信息系统安全等级保护制度的核心是对影响国计民生的基础网络设施、信息系统进行标准化建设、等级建设、监督与管理。

（一）信息系统安全等级保护的基本原则

1. 自主保护原则

自主保护原则作用的主要对象为一般意义上的信息系统。其业务服务和业务信息安全性遭到侵害后，会造成公民、法人和其他组织的合法权益受损，但是并不会造成国家安全、社会秩序和公共利益的损害。本级系统依照国家相关的法规和标准，自主保护信息安全等级。

2. 重点保护原则

信息系统安全等级保护制度设计的初衷是根据信息系统的业务范围、重要程度，通过对信息系统进行安全等级的划分，实行不同的监管政策与保护强度，通过资源配置和优先等级设置保护关键性的基础网络设施与核心业务信息系统。

3. 与时俱进原则

信息系统的基础设施与应用范围、类型构造、应用场景瞬息万变，要动态实时监测信息系统的变化情况，与时俱进，适度调整信息系统等级保护目标、管理规范、技术标准，基于动态监测与过程评估的视角，根据信息系统安全等级保护的目标进行调整与优化。

4.“谁主管谁负责、谁运营谁负责”原则

根据《计算机信息系统安全保护等级划分准则》，信息系统可以划分为五个安全等级。信息安全等级保护要贯彻“谁主管谁负责、谁运营谁负责”原则，由各主管部门和运营单位依照国家相关法规和标准，自主确定信息安全的等级保护并给予不同强度的监管保障。

5. 分区域保护原则

信息系统安全等级保护要结合不同区域、不同行业、不同场景、不同发展态势进行信息系统安全等级的分区域保护。安全区域划分，有助于实现安全系统等级管理目标。信息安全等级保护制度是一项涉及多方主体，由信息系统主管部门、安全服务提供方、信息安全监督部门等多方参与的制度体系、监管模式与实施方案。信息安全等级保护制度的建立有助于充分调动各方的积极性，提升信息安全等级保护制度的整体实施效能，使信息安全系统建设迈向规范治理、重点保护、科学管理的协调推进道路。信息系统安全等级保护制度的核心是对信息系统分等级进行标准化、规范化地建设、监测与治理。

（二）信息系统安全等级保护的主要对象

信息安全等级保护要秉持重点保护、兼顾一般的原则。信息安全等级保护制度要贯彻落实各级安全责任。其中，信息安全等级保护的主要对象为：

（1）国家事务处理信息系统（党政机关办公系统）；

（2）金融、税务、某市局、海关、能源、交通运输、社会保障教育等基础设施的信息系统；

（3）国防工业、国家科研等单位的信息系统；

（4）公用通信、广播电视传输等基础信息网络中的计算机信息系统；

（5）互联网网络管理中心、关键节点、重要网站以及重要应用系统；

（6）其他领域的重要信息系统。

信息系统安全等级对应划分定级如表 9-1 所示。

表 9-1　信息系统安全等级对应划分定级

等级	对象	监管强度	保护能力	侵害客体	侵害程度
第一级	一般系统	自主保护级	用户自主保护级	公民、法人和其他组织的合法权益	一般损害
第二级		指导保护级	系统审计保护级	公民、法人和其他组织的合法权益	严重损害
第三级	重要系统	监督保护级	安全标记保护级	社会秩序和公共权益	一般损害
第四级		强制保护级	结构化保护级	社会秩序和公共权益	严重损害
第五级	极端重要系统	专控保护级	访问验证保护级	国家安全	特别严重损害

当前我国信息系统安全等级标准建设已经成形。信息系统安全等级划分依据《计算机信息系统安全等级保护划分准则》《关于信息安全等级保护工作的实施意见》《信息系统安全等级保护定级指南》。在等级划分上，已经形成了五级等级保护制度，保护对象包括一般系统、重要系统、极端重要系统。从监管强度上可以划分为自主保护级、指导保护级、监督保护级、强制保护级、专控保护级。从保护能力划分来看，主要分为用户自主保护级、系统审计保护级、安全标记保护级、结构化保护级、访问验证保护级。其中侵害的客体包括公民、法人和其他组织的合法权益，社会秩序和公共利益，国家安全等。侵害程度可划分为一般损害、严重损害、特别严重损害。信息安全等级保护制度的实施过程包括系统定级、监督检查、系统备案、等级测评、建设整改等方面。信息安全等级保护的五个过程也面临着规划-校正-审核-执行的模型标准化与行业定级优化。2016 年全国人大常委会表决通过的《中华人民共和国网络安全法》规定，国家实行网络安全等级保护制度。网络运营者应当按照网络安全等级保护制度的要求，履行安全保护义务，防止网络数据被窃取或者篡改的现象出现。

思　考　题

1. 浅谈你对信息治理的认识。
2. 简述信息安全政策的内容、特点及借鉴。
3. 概述信息治理的类型与职能。
4. 简述信息治理与信息安全的沿革与发展态势。
5. 简述信息治理与信息安全的规制模式。
6. 简述信息法律的立法模式。

即测即评

第二篇

信息管理应用

第十章 高端装备智能运维服务信息管理

高端装备的长时间高可靠运行需要高效、快速、精准的运维服务保障。高端装备地域分布广泛，以及装备自身具有高度时延敏感性和使用场景复杂多变的特点，使得无人化远程运维成为工业装备高效、快速、精准运维服务的关键。针对无人化远程运维在工况数据采集、故障诊断预测、运维资源调度等方面的信息管理挑战，本章将立足于高端装备智能运维服务过程中的信息管理，结合高端装备智能运维服务的相关背景及概念，以合锻智能制造股份有限公司的智能运维服务为例介绍信息管理学的原理方法在高端装备智能运维服务过程中的应用。

你可以从本章了解到：

1. 高端装备与智能运维
2. 高端装备智能运维服务的理论与方法
3. 高端装备智能运维服务实施案例

第一节 高端装备与智能运维概述

一、高端装备制造业及发展现状

高端装备是指技术含量高、资金投入大、涉及学科多，一般需要组织跨领域、跨行业、跨区域的制造量才能完成的一类技术装备。例如，高端数控机床和大规模集成电路制造装备、民用飞机和高速动车组等交通运输装备、大型科学仪器和医疗装备、航空航天和现代军事装备、石油化工成套装备、大型电力成套装备等。高端装备制造业是国家科技水平和综合实力的重要体现，是国家技术进步和产业转型升级的重要保障，是事关国家经济安全和国防安全的战略型产业。

从全球范围来看，互联网与大数据技术已经成为高端装备制造业创新不可或缺的组成部分。由于快速、便捷的人网交互和信息不对称状况彻底改变，从而加速形成新的企业与用户关系，改变了高端装备制造业的组织方式，推动了高端装备制造业新一轮重大技术创新和管理创新，深刻地影响着高端装备产业的制造模式和发展战略。具体体现在：

（1）在产品构造系统技术方面，互联网与大数据技术不断融入高端装备产品中，成为产品不可或缺的组成部分，使产品逐步成为智能产品和互联化的智能系统，能够提高高端装备的智能化水平，提升高端装备的使用效能，拓展高端装备的应用范围。

（2）在产品全生命周期管理方面，互联网与大数据技术深度渗透到高端装备产品的研发、生产、使用、维护、维修和再制造过程中，能够形成基于众智的创新研制和智能制造，能够提高高端装备设计的创新能力和生产及维护的智能化水平，缩短高端装备的制造周期，降低高端装备的制造成本，降低制造过程风险。

（3）在制造资源的组织方式方面，互联网与大数据技术广泛应用于供应商、销售商和协作商的协同过程中，能够形成全球化网络制造，优化价值链和价值网络，使之能够更快地发现市场需求，更好地在全球组织制造资源，显著提高高端制造业的资源利用效率。

（4）在制造业务模式创新方面，互联网与大数据技术能够加速高端制造业服务化进程，将服务纳入销售范围，用基于产品的服务销售模式取代原有的产品销售模式，使得产品与服务之间的界限越来越模糊。

（5）在企业生态系统重构方面，在互联网与大数据环境下，高端装备企业的生产要素必将进行战略性重组，从而引发企业生态系统的重构与优化。相对于制造业价值网络中的节点企业，价值网络就是它最直接的生态环境；制造业价值网络的生态环境则是由经济生态、社会生态和自然生态构成的多层次结构。

互联网与大数据环境下的高端装备制造是世界发达国家和地区竞争的制高点之一。近年来，发达国家和地区加快调整科技和产业发展步伐，提出再工业化战略。发达国家和地区的再工业化，不是传统制造业的简单回归，而是在互联网与大数据等新兴信息技术的支持下，瞄准高端装备制造领域，全面推进新型制造模式，大力塑造新的竞争优势，继续谋求在高端装备制造领域的领先地位。美国先后制定了“重振美国制造业框架”“先进制造伙伴计划”和“先进制造业国家战略计划”，以促进先进制造业的复兴，提升美国本土高端装备制造能力。欧盟国家实施了一系列再工业化战略，力图抢占高端装备制造市场并不断扩大竞争优势，例如德国的“工业 4.0 战略”、英国的“先进制造领域一揽子新政策”、法国的“工业振兴新计划”等。日本也提出了“制造业竞争策略”，并颁布了一系列发展高端装备制造业的战略举措，强化高端装备制造业的竞争力。

世界一流高端装备制造企业高度关注互联网与大数据技术等新兴信息技术对装备制造业的影响，并将新兴信息技术应用到重大装备产品、制造过程及其管理中，抢占高端装备制造业价值链的高端位置。例如，美国通用电气公司通过获取和分析内嵌在重大装备产品中的传感器数据，创建数据反馈机制，利用互联网平台和大数据分析技术改进和创新下一代产品服务。美国波音公司积极运用云计算和大数据技术实现高端装备制造过程的智能化、标准化和精益化，保证信息化与生产制造和管理技术的高度关联，实现高端装备制造的精益生产。欧洲空客公司应用物联网技术到企业原材料采购、库存、产品销售等物流领域，构建了全球制造业中规模最大、效率最高的供应链体系。德国西门子公司和日本三菱公司利用物联网和大数据技术实现包括开发、生产、MRO 和再制造等全生命周期过程的全自动化控制和数字制造管理，提高了企业自动化水平和制造过程效率。

我国政府高度重视高端装备制造业的发展，着重强调新一代信息技术与制造业深度融合，先后发布了多项加快高端装备制造业发展的产业规划和政策措施。我国政府在 2012 年颁布了《高端装备制造业“十二五”发展规划》，大力培育和发展高端装备制造业。2015 年 5 月颁布的《中国制造 2025》制造强国战略，将组织实施“大型飞机、民用航天、智能绿色列车、节能与新能源汽车、海洋工程装备及高技术船舶、智能电网成套装备、高档数控机床、核电装备、高端诊疗设备等一批高端装备创新工程，重点发展高端装备制造产业，提高我国高端装备产业竞争力”。2015 年 7 月 4 日，国务院发布《关于积极推进“互联网+”行动的指导意见》，其中的“互联网+”协同制造是重点行动之一，旨在推动互联网与制造业融合，提升制造业数字化、网络化、智能化水平，加强产业链协作，发展基于互联网的协同制造新模式。2015 年 8 月 31 日，国务院发布《促进大数据发展行动纲要》，重点推动大数据在工业研发设计、生产制造、经营管理、市场营销、售后服务等产品全生命周期、产业链全流程各环节的应用，分析感知用户需求，提升产品附加价值，打造智能工厂。2016 年“十三五”规划纲要也着重强调了“推进信息技术与制造技术深度融合，促进制造业朝高端、智能、绿色、服务方向发展，培育制造业竞争新优势”。

面对高端装备制造业国际竞争的新格局和我国高端装备制造业发展的新要求，我国高端装备制造业必须紧紧抓住以信息技术为核心的第三次工业革命的历史性机遇，转变发展方式，加强管理创新，提高在高端装备制造价值链上的核心竞争力。因此，高端装备制造业改革与发展的实践急需先进的管理理论支撑。

高端装备虽有基础装备、专用装备和成套装备之分，各自的技术类型和应用领域也相差甚远，但是它们的制造工程及其管理却有很多共性规律。互联网和大数据技术与高端装备制造系统深度融合，以全面数据采集能力、实时决策能力、全球化资源协同合作能力和满足客户个性化需求能力为目标，使得制造过程和制造方式呈现出制造数据多元化、制造产品服务化、制造方式个性化、制造过程协同化、制造资源全球化等新特点。这些新的特点和环境带来高端装备制造过程管理的一系列重要转变：在企业组织形态方面，从单个企业的组织形态转变为基于价值链和价值网络的跨界制造生态系统；在运营决策模式方面，从事件驱动的运营决策模式转变为数据驱动的实时决策模式；在协同制造方式方面，从基于供应链的静态协同制造方式转变为动态自适应的轴辐式协同制造方式；在制造生产模式方面，从大规模制造生产模式转变为数据与服务驱动的大规模个性化制造模式。

二、智能运维概念与技术

（一）智能运维概念

近年来，我国信息技术发展极其迅猛，并与制造业密切融合。如今，网络通信、人工智能、云计算等技术正处于快速发展阶段，人工智能与制造业的深度融合在无形中塑造着制造业的格局与面貌，利用新技术、新模式，实现了远程故障诊断、设备精准运维，减少设备故障，降低设备成本，提高设备的可靠性。

随着信息技术不断发展及制造业装备运维难等问题出现，装备智能化运维成为制造业当前发展的一个方向。智能运维（AIOps）是指通过机器学习等人工智能算法，自动地从海量运维数据中学习并总结规律，且做出决策的运维方式。智能运维能快速分析处理海量数据，并得出有效的运维决策，执行自动化脚本以实现对系统的整体运维，能有效运维大规模系统。目前，智能运维已成为研究的热点，众多公司机构进行了大量的研究并予以运用。例如，IBM 提出了实时大数据分析驱动的新一代智能运维中心解决方案，对事件日志进行上下文历史挖掘分析、周期性规律分析、成对成组出现分析、日志相关与因果分析；华为推出了基于大数据平台的 FabricInsight 数据中心网络智能分析平台等。智能运维已成为运维发展的新趋势。

（二）智能运维相关技术

数据采集技术是智能运维的一项基础支撑技术。目前的数据采集技术有传感器技术、条码技术、RFID 技术等。针对复杂设备，目前研究的热点是将人工智能算法与数据采集技术结合在数据采集终端收集到的数据基础上，建立机理与数据模型相融合的装备故障诊断与预测模型，实现工业装备运行工况全景式分析、精准故障诊断、预测性维护。受惠于物联网技术迅猛发展，数据采集市场近年异常火爆，在传感器市场中美国、德国、日本依旧是其领跑者。

无人化智能巡检是智能运维的一项重要技术。当前人工巡检维修精度不高，安全隐患也大，为提高维修精度，降低维修人员的工作强度，无人化智能巡检成为智能运维领域研究的热点。在智能机器人巡检方面，例如深圳朗驰欣创研发的室内智能巡检机器人，可实现对数据机房 7×24 小时不间断往复式巡检，对数据中心环境和设备进行智能检测，对电源、空调、服务器等指示灯和仪表状态进行自主巡视和判断分析。其产品分为轨道式巡检机器人和轮式巡检机器人，目前已应用于国家电网数据中心和 IDC 数据中心。

第二节　高端装备制造运维服务的理论与方法

一、高端装备制造单元的自组织与集成理论

在信息物理系统的支持下，高端装备制造单元不仅能够把整个企业作为对象，而且涵盖了设备、生产线、生产系统、智能工厂等多个层次。这些制造单元以虚拟化的方式实现全球制造资源的广泛互联，形成一个信息系统与物理系统交织、内外部制造功能单元融合的立体化可重组网络。高端装备制造企业通过集成不同企业的多种层次的制造功能单元完成制造任务，从而保证全球制造资源的灵活组织。高端装备制造单元的自组织是互联网和大数据环境下高端装备制造系统的集成方式，需要从不同制造资源的交互机制和集成方式研究制造网络的自组织体系和集成方法。

（一）高端装备制造单元的自组织行为特征

通过制造单元的自组织行为，实现产品与制造单元间的自动化协作，保证个性化的产品能够有序、无差别制造。在此基础上，制造单元的自组织与横向集成、价值链集成相结合，实现了高端装备制造的智能化运行。此外，由于用户个性化需求的不确定性，高端装备制造单元的集成是一个动态演化的过程，随着制造任务的变化、制造单元及其关系的变化，制造价值链也不断重组和演化。

因此，高端装备制造单元的自组织是实现个性化产品生产的基础。高端装备制造企业须具备自行演化或改进其组织行为结构的行为特点，才能更加高效地组织完成制造生产。

（二）高端装备制造单元的网络自组织方式

高端装备制造单元通过虚拟化服务的方式，以自组织形式参与制造过程，是互联网和大数据环境下高端装备制造的基本组织方式。由于不同的制造单元资源属性的差异性和时空的异构性，以及制造单元的分布性、自治性和动态性的特点，高端装备制造单元的网络自组织需要较强的自适应能力，才能适应实时同步制造任务和制造单元的变化。

因此，如何保证高端装备制造单元的网络自组织有效性成了影响高端装备制造过程效率的关键因素。

（三）高端装备制造单元的跨层次集成方式

互联网与大数据环境下高端装备制造是多企业、多主体广泛参与的价值创造过程，涉及企业内外的各种制造单元跨层次集成。在同一企业内部，制造单元涵盖了设备、生产线、生产系统、智能工厂等多个层次。各层次间通过信息物理系统技术进行连接，形成了网络化的制造单位，并通过信息融合处理，实现高层次的制造单元。在此基础上，利用虚拟化技术实现对制造单元功能的服务化封装，形成社会化制造服务参与到基于价

值网络的制造过程中，从而实现整个价值网络的制造单元集成。因此，高端装备制造单元的集成方式和层次结构组织方式是构造高效制造服务资源体系的关键因素。

二、高端装备制造过程的智能运作管理理论

信息技术与高端装备制造系统深度融合，不断渗透到产品设计、计划调度、供应链管理、质量管理、跟踪服务等各个企业运作环节，深刻影响着高端装备制造过程的运作管理活动和决策模式。首先，伴随着高端装备制造系统复杂性的增加，高端装备制造运作管理的对象不断扩展，空间跨度不断延伸，时间跨度不断缩小，协同要求不断提高，构成了跨企业的多层次运作管理过程，使得运作管理的内涵得到不断扩展。其次，依托于制造过程智能化水平的提高，企业收集了制造服务全生命周期包括企业和制造资源等全过程的大数据，形成了全景式实时过程数据来源。这些数据既反映了企业本身的运作过程，也反映了企业间协作过程的全面信息，为企业智能运作管理提供了重要来源。因此，可以从研究高端装备制造过程的运作管理变革入手，对高端装备产品开发和生产过程的智能运作管理展开研究。

（一）高端装备制造过程的运作管理变革

互联网与大数据环境下高端装备制造呈现出制造过程协同化、制造方式个性化、制造资源全球化、制造数据多元化、制造产品服务化等特点。这些新的特点带来了高端装备制造的协同制造方式、企业组织模式和协同制造模式等方面的一系列转变。同时，在互联网和大数据技术的支持下，高端装备制造企业拥有丰富的实时制造数据，使得由传统的事件驱动的运营管理模式转变为数据驱动的实时运行管理模式。

因此，面对着制造环境和内部管理体系转变，高端装备企业需要针对新环境，应用新技术，实现运营管理方式的变革。

（二）高端装备产品开发过程的智能运作管理方法

在新的制造环境下，高端装备制造企业不仅利用互联网和大数据技术构建全球研发资源平台，构建基于产品价值网络的开发创新体系，而且能够通过互联网交互平台，广泛利用全社会设计开发能力。此外，互联网与大数据技术不断融入产品设计和生产维护中，形成了智能互联产品，使得企业能够通过实时产品数据了解产品的运行性能、操作方式以及改进方法。这些新途径和技术手段引发了产品开发过程的运作模式创新。因此，高端装备产品开发作为企业价值链的关键环节，需要以客户需求为依据，不断开发智能运作管理方法，进行创新开发，最终实现产品研发目标。

（三）高端装备制造生产过程的智能运作管理方法

互联网和大数据环境下高端装备制造生产过程的智能运作问题是一类全新的运作问题，该生产过程中资源智能运作的协同空间范围更广，过程更复杂，需对运作管理过程中资源和组织等各类运作管理要素进行重新定义。高端装备制造企业需要基于大规模用户需求获取运作任务集合，考虑运作过程中所有关联主体及相应的制造资源和服务资源等各类型资源，形成多层次的任务集和统一的资源池。

因此，大规模需求驱动、任务资源双向动态匹配、多主体实时协同成了高端装备制造生产过程智能运作管理的基本解决思路。

三、高端装备制造的信息系统开放结构与智能决策理论

互联网与大数据环境下的高端装备制造涉及制造商、供应商、协作商、企业业务部门和用户广泛协作，构成复杂的大数据环境。制造大数据来源于合作伙伴、制造协作平台和信息服务平台等多种异构信息系统，彼此相互交织、复杂关联，且呈现出实时、多源、多维、多模态的特征。为了充分发挥制造大数据的资源价值，实现高端装备制造的服务过程的优化协作，企业需要从大数据中感知环境变化并及时地把变化反映到决策行动中，为此，需要解决实时信息处理、信息系统跨平台交互和复杂动态环境下的协同决策等一系列基础理论问题。

（一）面向产品全生命周期的数据资源管理方法

由于高端装备制造信息资源的开放性，制造信息资源包括来自企业内部的产品数据模型、设计过程、数字仿真、物理模型试验、样机试验等产品数据，以及设备自动化过程中产生的实时制造数据和来自智能互联产品的产品运行维护数据，也包括来自企业外部的协同研发信息、用户需求等产品研发数据、产品价值网络和社会化知识创新网络等多种来源和形式的数据。开放性制造数据在描述产品全生命周期状态的同时，其数据的异构性、动态演化性和关联性使得在语义描述和数据结构上存在巨大差异。

因此，如何构建统一的跨域、跨平台数据资源系统，实现数据资源的高效转换、无缝流转、快速聚合，如何从大数据中提取反映市场变化和运行过程事件的信号，构建面向制造产品全生命周期的制造智能，是高端装备制造智能决策的基础性前提。

（二）高端装备制造信息服务标准体系与信息组织机制

高端装备制造系统的横向集成和纵向集成需要制定统一的信息服务标准，为高端装备制造系统的相关技术系统的构建、开发、集成和运行提供相应的合作机制和信息交换标准。同时，高端装备结构复杂，涉及产品物理结构、服务结构和信息结构的协调，往往需要集成不同产品服务对象。但是产品物理结构、服务结构和信息结构是本质不同的对象，具有典型的异质性，需要将产品和服务两类异质对象通过信息集成组合在一起，共同满足用户需求。

因此，高端装备制造信息服务化过程需要在服务描述标准、信息服务集成标准、制造信息服务质量标准等方面设计开放式高端装备制造信息服务标准体系，便于不同领域的异构系统信息服务集成，在此基础上实现基于制造过程时空关系的数据综合分析。

（三）基于云的信息服务系统开放结构设计方法

云计算作为新型的计算服务模式、商业服务模式和服务支撑平台，其技术支撑体系为高端装备制造提供了理想的服务平台和虚拟计算环境，为制造企业间的协同提供了一个开放、动态、可扩展、即插即用的产品开发资源共享平台。云环境下高端装备制造信

息服务系统是在感知用户特定云应用需求时，通过选择和集成信息服务资源提供高效、便捷、可信的云计算服务，并通过服务过程控制与协调支持面向服务演化的云服务过程动态优化。

因此，如何构造开放的高端装备制造信息系统架构，研究不同层次和类型的信息系统组织和协同过程，成为支持复杂的高端装备制造业务过程和信息服务资源的跨域共享和调用的关键。

四、高端装备制造服务资源管理方法

互联网和大数据技术不仅加速了高端装备制造企业由传统的产品化思维向服务化思维的转变，而且把制造服务化的内涵进一步拓展，推动了高端装备制造模式和商业模式创新。在产品服务化方面，企业不是把服务作为产品的附加值，而是必须把产品和服务集成起来，利用服务实现在整个产品生命周期的新价值。在制造服务化方面，不仅需要高端装备制造企业整体上实现服务化，制造过程的每个生产环节也实现服务化，从而达到制造单位组合的服务化。在此背景下，制造服务既是企业参与价值创造的承载方式，也是制造过程的组织方式。为此，本专题拟从高端装备服务资源管理方法入手研究制造服务价值网络协同机制，并建立高端装备制造服务模式设计与评价方法，构建互联网与大数据环境下高端装备制造的价值创造与服务化理论。

互联网与大数据环境下高端装备制造服务资源管理，是在云制造平台上进行各类制造功能单元和社会化资源的描述与建模、制造资源的虚拟化和服务化、发现与检索、匹配与优化等一系列活动过程，是高端装备制造服务价值网络协同和服务模式创新的基础。但是，服务资源的异构性、分布性、组合动态性以及服务资源的多层次、多类型，使得高端装备制造服务资源管理方法发生了巨大变化。因此，如何定量描述企业内部的制造资源和知识资源，以及社会化的制造资源和智慧资源，建立新型服务资源的管理方法是制造服务化的前提条件。

第三节　高端装备智能运维服务案例——合锻智能

高端成形装备是国家的战略性支柱产业，应用于汽车、石化、航空、航天、军工、工程机械、家用电器等国民经济发展中的重要领域，是许多重大工程的基础。当前，新一代信息技术的快速发展，使得高端成形装备制造业正处于由数字化、网络化向智能化发展的重要阶段。工业互联网作为新一代信息技术与制造业深度融合的产物，打造人、机、物全面互联的新型网络基础设施，形成智能化发展的新兴业态和应用模式，是制造业数字化、网络化、智能化发展的重要载体，对未来工业发展产生全方位、深层次、革命性影响。

合锻智能制造股份有限公司（以下简称合锻智能）是集液压机和机械压力机等高端成形装备研发、生产、销售和服务于一体的大型装备制造企业，是我国大型锻压设备自动化成套技术与装备产业化基地。合锻智能与合肥工业大学、安徽禾工智能技术有限公司共同开发合锻智能运维服务平台。该平台于 2017 年正式运行，采用了“云-边”协同的精准运维思路，构建了“云-网-端”三层技术架构，建立了以高端成形装备为基础的全流程运维服务运营管理平台及协同服务体系，实现了成形装备运维服务的智能化、精准化和个性化。

高端成形装备长时间、高可靠的运行需要高效快速且精准的运维服务来保障，然而由于高端成形装备所具有的下述特点，阻碍了其运维保障的高效可靠。

（1）智能互联程度低。高端成形装备的智能互联程度较低，缺乏装备实时运行工况数据，企业无法了解装备当前的运行状态和健康水平。此外，由于缺乏运维服务和故障分析经验沉淀，导致了服务流程数字化程度较低。

（2）故障成因耦合性强。高端成形装备是机、电、液一体的复杂装备系统，其在运行过程中受工作介质（油液）、机械和电气三者影响，功能耦合性强，故障机理复杂，导致故障成因与故障征兆间呈现复杂的非线性、不确定关系。一旦装备发生故障，故障原因排查困难，故障模式识别不准，维修效率低下，停机损失严重。

（3）运维过程协调难度大。高端成形装备的地域分布广泛，其自身具有高度时延敏感性、使用场景复杂多变的特点。此外，装备运维过程是一个涉及多部门、多人员的过程，除了专门的维修服务部门之外，还跨越产品设计部门、质量安环部门、安装调试部门、财务部门等，需要维修管理人员、维修人员、财务人员、工程设计人员等的密切合作。以上原因导致运维过程难以有效协调。

因此，如何实时准确判断高端成形成套装备健康状况和识别故障原因，快速形成个性化精准运维服务方案，构建一体化运维保障服务流程成了合锻智能精准运维服务的瓶颈问题。

一、合锻智能运维服务战略规划

（一）整合需求

通过对合锻智能的调研，得到合锻智能的主要需求如下：

1. 数据采集和信息传输

高端装备的智能互联程度低，缺乏对数据的实时采集和传输，企业无法了解到装备的运行状态，服务流程数字化和信息化程度低，维修流程不易追踪，维修数据靠口头传输，人员管控难等问题，无法实现有效维修服务管理，使得精准运维保障成了难点。

2. 故障数据分析

高端装备的功能耦合性强，故障机理复杂，导致故障成因与故障征兆间呈现复杂的非线性、不确定关系，故障成因耦合性强。对收集到的高端装备的数据进行分析和整合，再结合相应的算法和技术，得出故障成因，为后续的运维服务奠定坚实的基础。

3. 信息透明化

高端装备的地域分布广泛，使用场景复杂多变，运维过程涉及多部门、多人员，因此运维过程的信息复杂多样，运维过程协调难度大。建立云数据分析与集成平台，使整个运维过程的信息透明化，减少各部门的协调时间，提高运维效率。解决各部门之间存在的信息传递障碍，保障信息传递通畅，从而使整个运维过程高效有序。

4. 设备资产信息整合

通过对资产信息进行整合，构建相应的系统，使资产信息可视化，为用户提供完善的设备数字化档案和视频监控方案。加强资产管理，通过资产录入、资产统计、资产盘点和资产监控功能，使用户清楚地知道资产目前的运行状态、运行环境，实时监测关键运行参数，掌握设备健康状态，实现预测性风险识别。

5. 决策分析支持

对传感器数据、智能采集终端的数据、现场设备的参数数据、计量仪表的数据、设备档案数据以及精准运维 App 数据等进行分析和整合，对这些收集到的数据进行预处理，在数据预处理的基础上，构建基于 CNN-LSTM 故障预测模型。根据实际资源配置需求，生成个性化运维服务库，支持用户的运维决策，实现精准运维。

（二）智能运维的战略规划分析

1. 战略背景分析

（1）政治环境。自 2015 年以来，国务院相继发布了《中国制造 2025》《关于积极推动“互联网+”行动的指导意见》《关于深化制造业与互联网融合发展的指导意见》等，指明了制造业发展要与互联网深度融合，同时在《关于深化“互联网+先进制造业”发展工业互联网的指导意见》中更是将工业互联网作为制造业未来的重要发展战略、把高端装备及其智能制造作为发展重点。

（2）经济环境。从传统上来看，企业在工业装备运维上投入了大量的人力物力成本，本项目拥有天然的客户接受基础；从 2019 年到 2023 年，工业装备服务市场将以 5.9%的复合年度增长率高速增长，并将在 2023 年达到 357 亿美元的市场规模。

（3）技术环境。近年来，我国信息技术发展极其迅猛，并与制造业密切融合。如今，网络通信、人工智能、云计算等技术正处于快速发展阶段，人工智能与制造业的深度融合在无形中塑造着制造业的格局与面貌，制造业利用新技术、新模式，实现了远程故障诊断、设备精准运维，减少设备故障，降低设备成本，提高设备的可靠性；随着信息技术不断发展及制造业装备运维难等问题出现，装备智能化运维成为制造业当前发展的一个方向；数据采集技术是智能运维的一项基础支撑技术。

（4）竞争对手分析。通用电气（GE）于 2013 年推出了 Predix 平台，探索将数字技术与其在航空、能源、医疗和交通等领域的专业优势结合，向全球领先的工业互联网公司转型。ABB Ability 是以 ABB 集团在工业和数字领域的领先专业知识为基础，让企业充分利用该平台驾驭工业数据，基于对数据的实时动态跟踪诊断，让用户能够实现对资产健康状态的预测管理、体验全新的服务并缩减维护成本。华为 OceanConnect 平台，即以 IoT 连接管理平台为核心的 IoT 生态圈，基于统一的 IoT 连接管理平台，通过开放 API 和系列化 Agent 实现与上下游产品能力的无缝连接，给客户提供端到端的高价值行业应用。

2. 战略目标分析

合锻智能运维服务系统的整体目标是整合运维支持系统，建设集中的一体化运维平台，从而整合信息数据资源，降低运维成本，提高高端装备的运行效率。

主要目标如下：第一，抓住市场机遇，结合市场上出现的新兴技术，打破传统运维的技术痛点，成为高端装备智能运维行业的领导者。第二，研发智能终端数据采集装置，实现多协议互联互通，实现装备运行数据采集与压缩，远程互联与通信。第三，开发相应的技术和算法，实现边缘计算算法的快速嵌入，实现装备实时故障预警。第四，构建故障诊断与预测技术，实现装备故障原因快速诊断、故障模式准确识别与预测性维护。第五，构建智能运维服务平台，为企业和用户提供一体化的解决方案，实现个性化智能运维服务。第六，从软件和硬件两方面对数据终端设备进行了设计，打造软硬件一体化的轻量级边缘设备。第七，整合运维的各个流程，提供领域解决方案，达到国内领先、国际一流的水平。

（三）项目整体方案

针对装备智能互联程度低问题，研发了高端成形装备智能边缘数据终端设备——3T 智能工业黑匣子，支持 Modbus、Profitbus 等多类主流工业通信协议，实现了装备运行数据采集与压缩、远程互联与通信。针对装备故障预警实时性要求，运用容器化技术，设计了基于云-边协同的运维服务边缘计算框架，既降低了组件开发难度，又实现了边缘计算算法的快速嵌入，从而支持装备实时故障预警。针对装备故障成因耦合性强问题，梳理装备故障机理，建立专家知识库，构建了机理与数据模型融合的智能装备故障诊断与预测技术，为用户自动推荐个性化维修服务方案和维修策略优化方法，实现了装备故障原因快速诊断、故障模式准确识别与预测性维护。针对装备运维过程协调难度大问题，采用云-边协同的技术思路，开发基于“云-网-端”的工业互联网运维服务平台，该平台可支持装备工况实时感知、故障分析与预警、维修流程管控、设备资产管理等多种在线服务功能，为企业和装备用户提供包含维修过程全程跟踪、规范性维修过程优化和预测性维修、维护、创新等全流程一站式运维服务。

（四）智能运维服务系统规划

合锻智能运维服务平台如图 10-1 所示。

终端核心为与高端成形成套装备相连的数据采集终端设备，采集终端完成对设备运行数据的采集，为平台提供装备数据基础。边缘侧核心集成云-边协同运维服务计算框架，通过集成该框架，运用容器化技术完成细粒度边缘数据处理任务控制和调度，为工业设备智能化控制提供了高可用、低延时的技术保障。云端核心为云数据分析与集成平台和智能运维服务平台。云数据分析与集成平台提供平台数据的存储、转换、分析等，

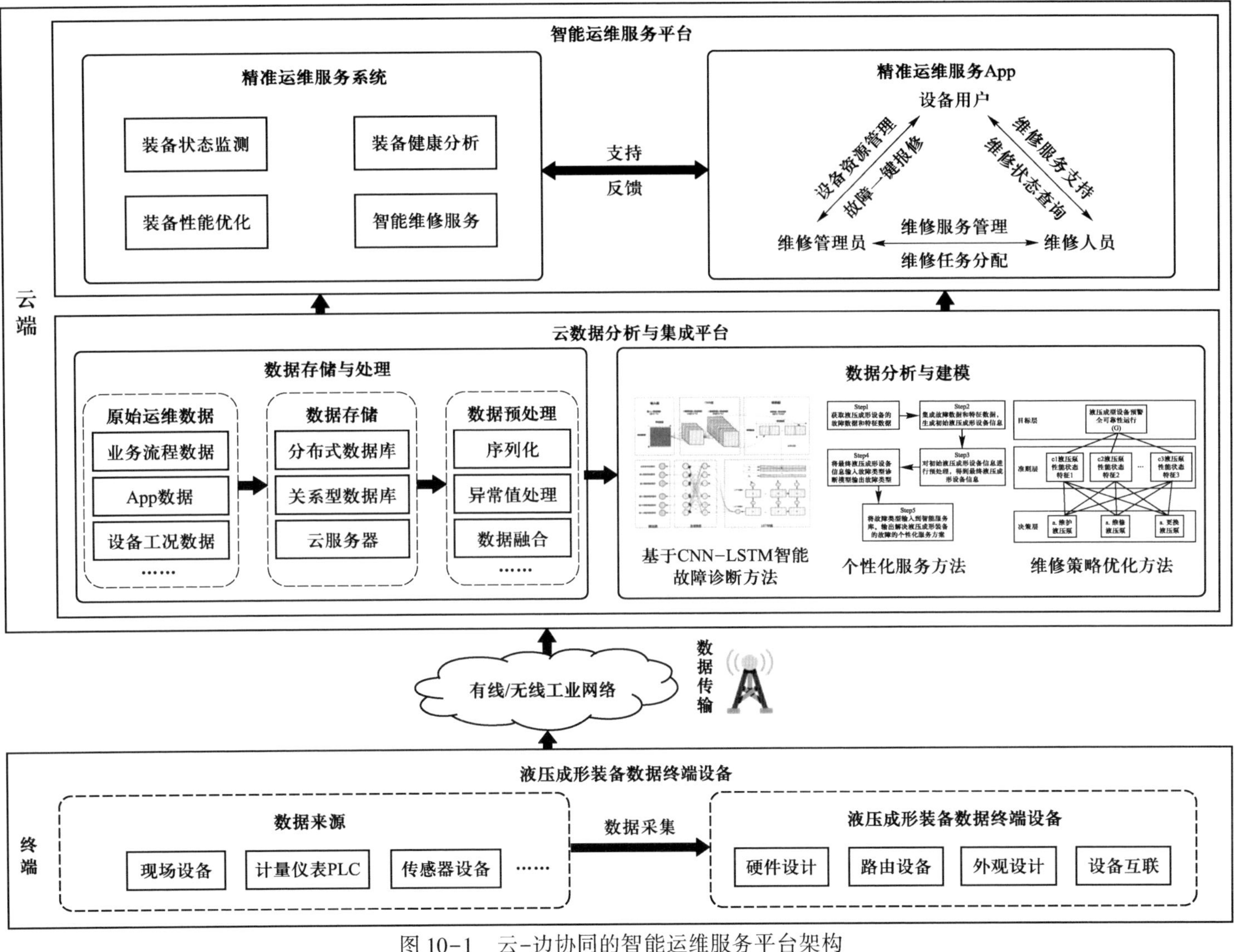

图 10-1 云-边协同的智能运维服务平台架构

为平台提供业务数据支持，并通过智能故障诊断模型、个性化服务模型和维修策略优化模型的构建，为平台设备故障预测、故障预警和智能化维修方案推荐等提供技术支撑；智能运维服务平台由精准运维服务系统和精准运维服务 App 组成，分别为企业人员及装备用户提供系统和移动端的服务支持。

（1）“端”层：其核心为与高端装备相连的智能数据采集终端，具备装备智能互联、协议解析、数据采集、数据处理、边缘智能等功能，实现工业装备运行工况数据的实时采集与边缘分析。

（2）“网”层：平台采用移动无线、工业以太网等多种网络连接方式，实现运行工况数据高可用、低延时的传输。

（3）“云”层：其核心为边缘服务控制模块、数据注册服务集群、个性化运维服务生成和运维服务智能调度优化。边缘服务控制模块提供对边缘侧服务动态控制与监控的服务接口；数据注册服务集群是平台层的数据枢纽，通过数据注册、分发方式使数据流转到相应的服务模块；为了实现个性化智能运维服务生成，构建了数据库、算法库和行业知识库，发明了包括基于知识与数据融合的工业装备故障诊断技术、基于多源异构数据的领域知识图谱和基于知识图谱的个性化运维服务方案生成与决策模型，实现了工业装备智能故障预测与个性化维修服务方案自动生成；云数据分析与集成平台提供数据的存储、转换、分析等，为运维服务平台提供业务数据支持，并通过智能故障诊断模型、个性化服务模型和维修策略优化模型的构建，为运维服务平台设备故障预测、故障预警和智能化维修方案推荐等提供技术支撑。

（4）应用层：其核心是智能运维服务平台、装备用户 App 端和运维人员现场支持端。智能运维服务平台具备基于数据分析与反馈的故障预警与诊断、远程维护及控制、维修计划优化等功能；装备用户 App 端具备故障一键报修、装备运行状态实时监控、维修全流程追踪等功能，简化装备用户报修过程，实现与维修服务部门的业务对接；运维人员现场支持端具备维修工单管理、维修方案制定、无人设备执行、远程专家支持等功能，为装备运维人员提供标准化移动运维平台。这三者构成工业装备运维全流程闭环，实现工业装备运维服务过程的数字化、网络化和智能化。

合锻智能运维服务平台旨在解决装备企业在装备运维过程中存在的智能互联程度低、故障成因耦合性强、运维过程协调难度大、运维成本高和运维人力资源浪费等问题。

二、智能运维服务信息系统功能

根据合锻智能运维服务平台的战略规划，总结高端成形装备的长时间、高可靠运行的痛点，得出本项目的主要目标及系统功能等，现以合锻智能运维服务平台的核心智能服务功能为例说明信息管理在高端装备智能运维服务中的重要作用。如表 10-1 所示。

（一）装备智能互联化

高端装备信息的利用首先要对信息进行收集、加工和存储，甚至包括维护。因此，本项目研发了数据采集终端——3T 智能工业黑匣子，它是服务于合锻智能运维服务平台级智能硬件，如图 10-2 所示。通过 3T 智能工业黑匣子，实时采集现场设备运行数据，并将数据上传到云端，轻松实现企业 30 分钟设备上云。同时，可以实现设备与设备之间、生产线与生产线之间实时互联，轻松实现生产线设备快速配置。

表 10-1　智能运维信息管理系统模块与功能

模　　块	功　　能
装备智能互联化	信息收集和存储
	信息加工
	信息反馈
设备工况实时感知	运行工况
	健康状态
	维修情况
	历史工况
故障分析与预警	故障诊断
	故障告警
	故障统计
	报告生成
维修流程管控	维修任务统计
	维修原因分析
	产出维修报告
设备资产管理	资产录入
	资产统计
	资产盘点
	资产监控

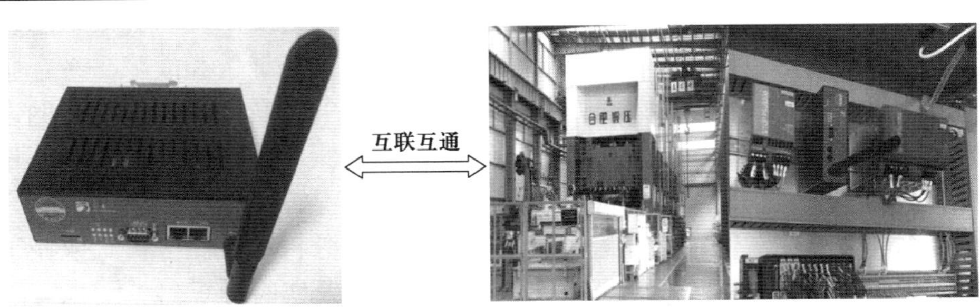

图 10-2　3T 智能工业黑匣子及装备智能互联化

装备智能互联化主要依托三个阶段：信息收集和存储，信息加工和信息反馈。3T智能工业黑匣子可以通过有线网和无线网收集工业生产信息，用黑匣子采集信息耗费资源低、安全性高，可以采集的指标信息全面。在海量存储的前提下，可以让用户高效地检索任何时间采集的数据和分析报告。3T智能工业黑匣子不仅收集设备的基本状态信息，还根据设备生产状态的实时变化，将设备运行产生的一切数据都实时传送到智能运维平台中。设备的生产信息有组织地存储在数据仓库中，通过合锻智能运维服务平台将这些信息进行加工，进行应用层的数据预处理和数据分析，分析出管理者需要的信息模型，例如设备状态分析、生产力分析和生产环境分析等。合锻智能运维服务平台作为连接线下生产线和线上数据处理的大脑，将分析的结果反馈给管理者，管理者利用这些信息做出实时决策，以指导生产线进行更加高效的生产任务，不仅能提高生产力，还能减少决策成本。

装备智能互联化是智能运维平台的基础，是设备和生产线之间能实时互联的重要条件。成套装备之间的协调依赖于统一数据平台的协同管理，不同设备的通信协议可能各有不同，系统的可用性和耐用性与设备之间的互联互通有重大关系。3T智能工业黑匣子将生产线各设备的数据进行格式化，统一录入和处理，通过实时互联，管理员可以随时通过便携设备了解设备和生产线的状态，能够从容应对各种可能发生的不利情况。在设备和生产线即将出现突发状况时，可以做到及时制止。不仅如此，还可以随时通过便携设备对设备和生产线发出指令，可以做到远程控制生产线，节省人力、物力且高效。

（二）设备工况实时感知

设备工况实时感知是智能运维服务平台的手段。设备工况实时感知囊括多个方面，管理员可以对控制面板进行合理配置，及时感知设备的各种状态。通过物联网，以及5G网络，可以将设备和生产线的实时状态实时发送到便携设备，管理员可以通过智能运维平台实时观测到每一个设备的运行数据，以及整个生产线的生产情况，如车间压强、温度等。通过实时分析设备运行数据和关键指标，实现设备运行状态的实时监控和设备工况的实时感知。该子系统可以有效保障信息系统有序、高效运行。

在系统端，管理员可以实时掌握所有入网设备的当前运行工况、健康状态、维修情况和历史工况，实现对售出设备的监控与管理，并及时发现异常和故障，为企业带来维修服务机会和效益（如图10-3所示）。在移动端，设备用户能够查看所有入网设备的实时运行情况和报警情况，及时发现异常，实现设备的预测性维护，降低设备故障风险和维修维护成本。

智能运维平台可以对任意指标进行阈值分析、根源分析和关联分析。依托于云平台强大的计算能力，分析现有生产管理策略是否合理，以及实时计算每一指标可能引起异常的概率，并根据不同指标计算可能发生异常的阈值。云平台还可以根据每个指标的动态分析其根源，分析出设备中每个部分导致不同指标变化的概率，并将其排序输出。通过关联分析，可以根据不同设备之间、不同指标之间的相关关系计算相关系数，实时输

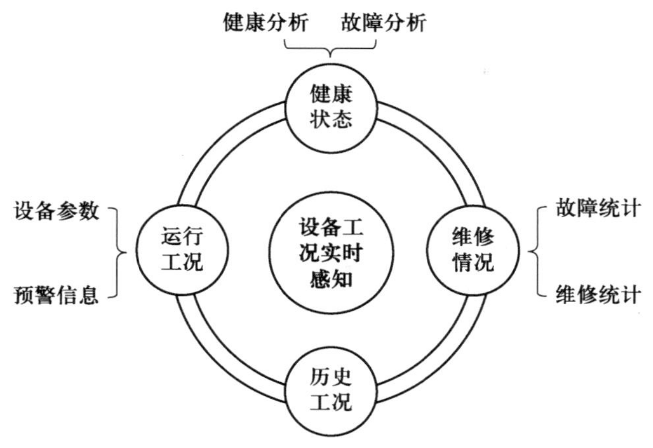

图 10-3　系统端设备实时运行工况监控

出可能的设备—指标关联概率，结合故障预警，及时阻止可能发生的故障，减少资产损失。

合锻智能运维服务平台在对收集到的数据进行实时计算和分析后，将分析结果数据根据设备和生产线状态与生产任务完成情况传送到管理平台。管理员可以基于所采集到指标的进行数据评价。在正常状态下，管理员可以根据设备工况的实时状态对生产方案做出适当的调整，达到辅助决策的效果。一旦设备和生产线发生异常警报，可以将告警信息实时传送给管理员，以便快速做出应急处理。

（三）故障分析与预警

故障分析与预警是智能运维平台的保障。通过物联网设备将设备和生产线的生产信息传送到智能运维平台后，依托智能运维平台的大数据处理能力，对设备和生产线的状态进行实时监控。合锻智能运维服务平台有健康分析、故障原因分析等分析能力。通过云计算和智能算法，不仅可以做到数据的实时传输，还可以做到数据的实时计算。不仅可以让管理者实时监控到设备和生产线的状态，还可以实时指导管理者进行决策。

故障分析与预警包括四个方面：故障诊断、故障告警、故障统计和报告生成。

合锻智能运维服务平台通过对设备工作情况、磨损程度、维修情况等多个维度评估设备的健康状态，实时掌握设备的健康状况。故障诊断通过对设备发出信号以及统计数据的分析，确定故障关键指标，定位数据采集层、存储层和应用层三个部分，有针对性地对设备和生产线现状进行对比。通过拟合历史故障曲线，结合深度学习和大数据处理能力，诊断设备运行异常值域，对设备进行合理的故障诊断。

在每次故障发生后，合锻智能运维平台都会将故障信息进行统计，并加以整理分析，确定经常发生故障锚点，实时计算故障发生率，加以反馈，以便及时调整生产方案和采购方案，以及合理配置资产。通过分析设备的历史维修数据和当前运行状态来预测设备未来可能发生的故障，并且给出发生故障的可能性和类型，方便维修部门为用户制定维保策略，主动联系用户和管理员。系统端和移动端的设备健康状态分析与预警界面分别如图 10-4 与图 10-5 所示。智能运维平台在每季末根据以往发生故障情况，以及通过云平台计算出的预计发生故障情况，生成故障分析报告，在智能算法的依托下，可以做到智能分析故障点，输出预防措施报告。

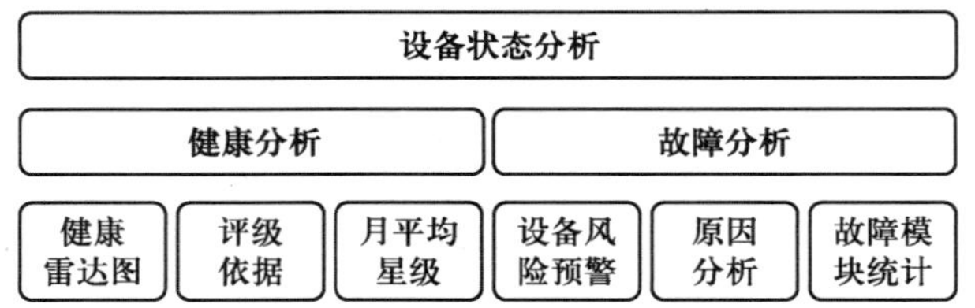

图 10-4　系统端设备健康状态分析

图 10-5　设备用户移动端设备实时运行状态及报警情况

即将到达使用寿命的设备往往更容易出现故障，经常会出现寿命即将结束，但是维修成本过高而放弃维修的设备，合锻智能运维平台对这些设备进行专门的动态管理，建立有针对性的故障检测体系，延长此类设备的工作时间，压低生产成本。

从提高生产力角度来说，故障分析与预警可以实时输出生产方案，依据最大产出投入比，为管理者提供适当的建议，以此提升生产线的生产能力。从降低成本的角度来说，故障分析与预警可以通过实时预警，尽最大可能减少即将发生的不利情况，不仅可以减少人力、物力成本，还可以预防灾害发生，从而减少可能的损失。

物联网和移动互联网是故障预警的抓手，移动式便携设备可以让设备管理人员方便地接收故障预警信息，在进行应急决策后可以通过移动互联网和物联网将决策信息反馈给设备以及时止损，远程即可对设备故障进行应急处理，大大减少解决故障所需要的时间。

在系统端中，可以通过企业驾驶舱-设备资源管理-健康分析查看设备的健康状况。健康雷达图按月从冲次、使用时长、故障次数、设备磨损这四个变量展示该装备的健康情况。系统将会结合这些变量给出健康星级，并对健康状况进行分析，同时展示设备的月平均星级的变化趋势图，保证维修活动高效进行。除此之外，系统还利用健康管理算法对设备风险进行预警，并对故障原因进行分析，为管理人员提供故障模块统计。

（四）维修流程管控

维修流程管控是智能运维平台的依托。大型企业的设备在使用频率相对较高的情况下易出现设备失灵等情况。合锻智能运维服务平台通过对维修服务活动进行记录、查询和操作，实现维修活动全流程管理。系统端为维修管理员提供维修订单自动分配、维修方案制定、维修过程监控和维修效率分析等服务；移动端为维修人员提供工单管理、维修方案制定等服务，为设备用户提供一键报修、维修过程跟踪和维修服务评价等服务。提高维修资源效率和维修调度响应速度，保证维修方案的科学性和规范性，实现维修知识自动化积累，使得维修过程全流程数字化、透明化、管控化，提高了维修效率，降低了维修成本，并且可以实现管理人员绩效管理。特别地，本平台为管理员智能推荐相应的维修方案，大大提高了维修效率。移动端的维修流程管控界面如图 10-6 所示。

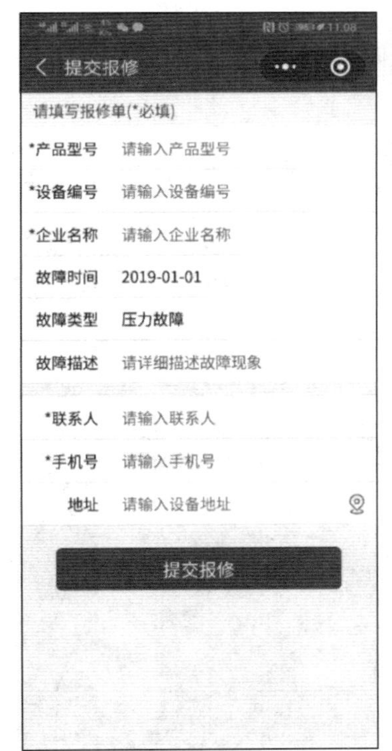

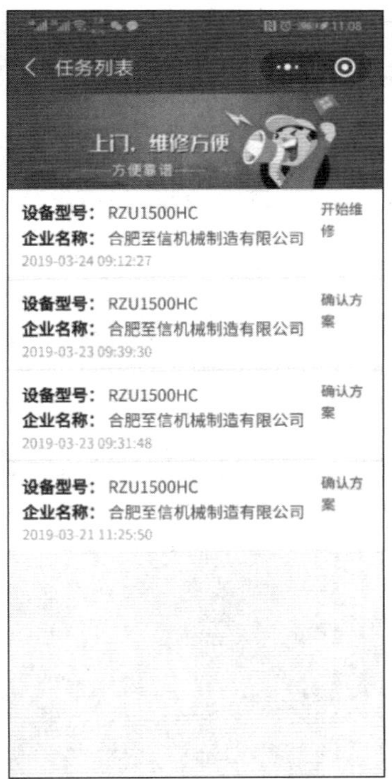

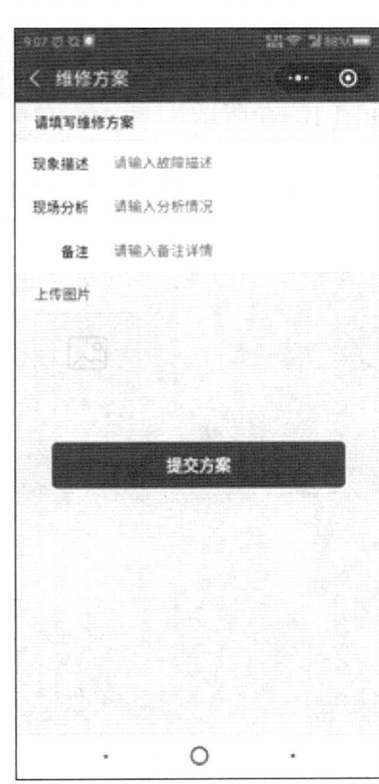

图 10-6　移动端设备报修及维修流程跟踪

维修管控流程的主要内容包括维修任务统计、维修原因分析和产出维修报告。

合锻智能运维服务平台在所有设备与生产线联网的基础上，管控所有设备的维修流程。管控方向包括设备维修状态、设备所属机构以及操作记录等。管控手段主要是通过将设备维修状态实时传送到云平台，通过云平台的计算能力，计算维修效率和预计时间等信息，将分析的数据实时传送到管理平台，以供管理员管理设备。

对于已发生故障设备，合锻智能运维服务平台结合以往同类设备发生故障情况和设备历史运行数据，进行设备生产数据与同类设备的拟合，根据设备发生故障的原因，在短时间内生成合适的维修意见。将维修状态记录在案后，对其进行维修全流程跟踪和管控，在维修状态或者维修时间与预计时间不符时及时发出维修状态预警。

针对历史维修数据，合锻智能运维服务平台将其进行归类整理，存储在 HDFS 中，依托数据流式处理，实时分析出每台设备的维修原因，结合生产线运行情况，有针对性地进行统计分析。在维修状态结束后，收集维修记录，定期输出维修报告。维修报告作为反馈信息，可更好地结合设备工况和故障预警，为管理员提供合适的设备管理方案。

（五）设备资产管理

此模块为用户提供完善的设备数字化档案和视频监控方案。在系统端，管理员通过设备档案能够实时监测关键运行参数，掌握设备健康状态，实现预测性风险识别，还可以实时报告设备故障情况；通过视频监控功能能够实时监控设备的运行环境、运行情况以及人员操作规范性等，实现对人员的可控性管理，如图 10-7 所示。在移动端，设备用户能够管理设备列表，并且可以通过视频监控接口，实时监控入网设备的运行情况，如图 10-8 所示。

图 10-7　系统端设备视频监控

图 10-8　移动端设备列表与视频监控

设备资产管理主要包括四个方面：资产录入、资产统计、资产盘点和资产监控。

资产录入是通过装备智能互联化，实时将设备基本信息录入更新到云平台。通过合锻智能运维服务平台的大数据计算能力，实时统计资产情况，将资产数量、状态等信息经过统计反馈给管理者，让管理者掌握资产动态详情。每到季末会对资产进行盘点，结合视频监控以及云平台资产统计情况，将盘点信息及时反馈给管理者，如有资产异常动态可以及时被发现。

资产监控主要是通过视频传输手段，让设备的在线状态可以被实时监控，合锻智能运维服务平台可以随时通过视频监控查看设备现在所处状态。智能运维平台掌握所有设备的所有详细信息，动态监控设备的在线状态。将监控上传的视频信息存储在云平台中，通过深度学习算法可以检测设备的运行状态，结合设备状态进行质量感知分析，利用云平台的数据处理能力实时整理设备信息。除此之外，云平台还可以对设备进行上下线操作，一旦发现设备出现异常，可以及时停止设备运行，及时下线设备以减少可能发生的故障。

设备资产管理模块在设备正常运行的时候方便管理设备资产，让设备管理员可以随时随地了解每台设备的在线状态，根据生产任务调整生产线配置。在设备出现故障的时候方便快速定位并查明异常原因，了解现场故障发生情况，以快速解决故障，减少资产损失。

三、关键技术

合锻智能运维服务平台所涉及的关键智能技术如下：

（一）高端成型装备智能边缘数据终端设备设计

针对高端成型装备对多种异构控制系统和多种工艺场景的要求，发明了高通量、多尺度数据协议转换方法，构建了多协议兼容的数据采集解析体系，兼容 Modbus、Profitbus 等多类主流工业通信协议；研制了 OPC-UA 网络通信模块、边缘智能计算终端和路由设备，工厂强电磁干扰环境下数据采集和传输可靠性达到99%以上，实现了数据采集与过滤、远程互联与通信、协议解析与适配、智能预警与分析等边缘智能。高端成型装备智能边缘数据终端设备的软硬件架构，如图 10-9 所示。

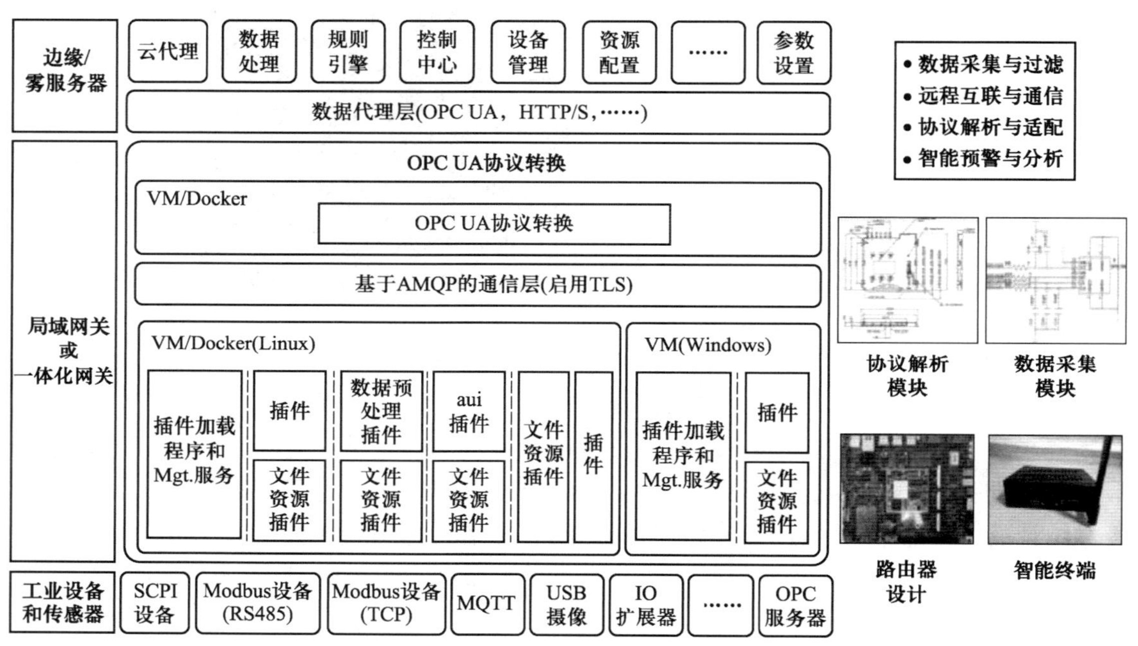

图 10-9　高端成形装备智能边缘数据终端设备的软硬件架构

（二）云-边协同的运维服务计算系统设计

高端成型装备的工作现场条件相对较差，强电磁、强震动、强电流/电压等影响数据采集质量的因素广泛存在，海量运行工况数据的实时传输会给服务器的并发处理能力带来较大的考验。同时，由于 PLC 协议兼容不一致，高端成型装备的状态监控数据和故障诊断分析数据均来自工业生产线设备、环境、产品等多方面，给边缘侧数据的实时采集和传输也带来了一定的难度。为了能够有效利用数据终端设备的计算能力以及降低服务器的底层业务处理压力，简化边缘侧任务的开发、管理，设计了基于云-边协同的运维服务计算框架，同时为了满足开发人员与运维人员测试、调试等需求，开发了边缘测试平台。

（三）基于故障预测的精准运维服务决策技术

基于故障预测的精准运维服务决策技术体系，如图 10-10 所示。底层为多源数据采集，包括传感器数据、智能采集终端的数据、现场设备的参数数据、计量仪表的数据、设备档案数据以及精准运维 App 数据等。中间层为数据预处理引擎，对多源数据进行预处理，显著消除缺失值、统一量纲。为了提高设备故障预测准确性，在数据预处理模型中进行了滑窗处理和特征工程处理。在数据预处理的基础上，构建了基于 CNN-LSTM 的故障预测模型。基于 CNN-LSTM 预测结果，结合多源数据融合的维修策略优化方法，自动生成初步的运维服务方案。最后，根据实际资源配置需求，生成个性化运维服务库。

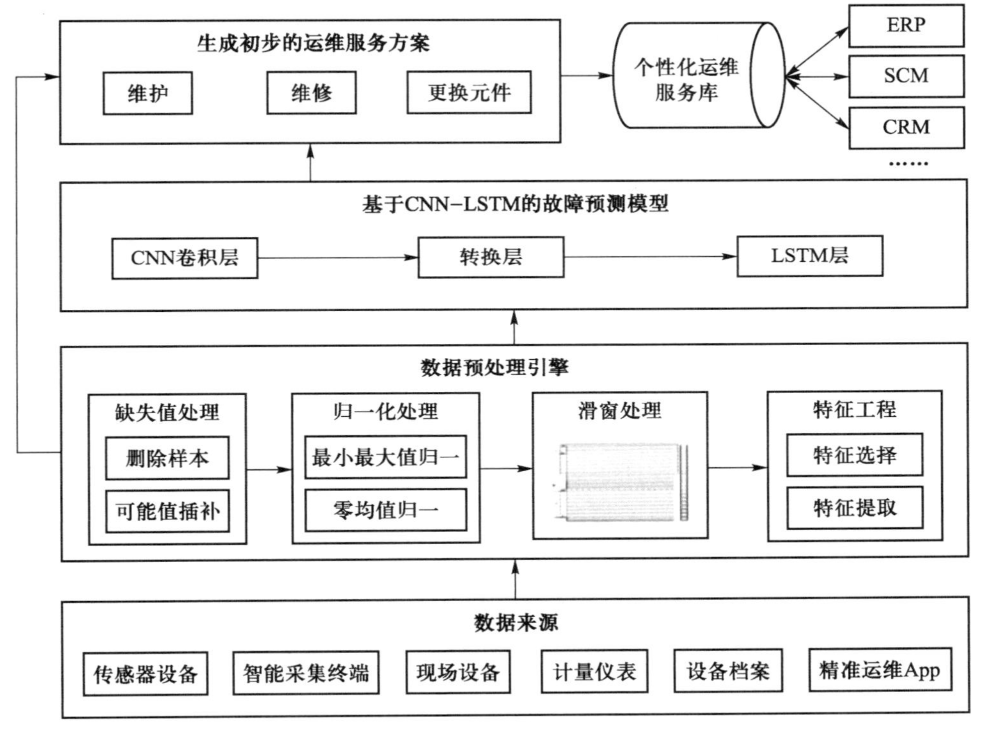

图 10-10　基于故障预测的精准运维服务决策技术体系

四、系统实施效果

合锻智能运维服务平台为上述问题提供一体化解决方案。平台自 2017 年建立以来发展迅速，2018 年新增联网装备用户 70 余家，分布 50 多个城市及地区，智能边缘数据终端设备数据采集及传输可靠性高达 99% 以上，且订单成交量为 200 多台。截至 2019 年 4 月，合锻智能运维服务平台已服务装备企业 100 余家，覆盖 20 多个省份，连接智能设备 400 多台，智能边缘数据采集终端设备订单成交量达 500 多台。平台先后应用于上海航天设备制造总厂、中铁建设集团有限公司、潍柴动力股份有限公司、奇瑞商用车有限公司、法国雷诺汽车公司、美国德纳公司等100余家大型制造企业中，并取得了良好的应用效果，装备平均维修调度响应时间缩短了50%以上，设备平均维护维修成本降低了约25%，保障了装备智能运维服务水平。下面以六家对接企业为例介绍合锻智能实施效果。

（一）奇瑞商用车（安徽）有限公司

奇瑞商用车（安徽）有限公司存在设备状态及使用过程信息不透明、数据混乱、管理粗放等问题，使得精准运维保障成了难点。为了克服这些困难，公司于2015年1月开始引进合锻智能运维服务平台，主要应用于汽车覆盖件和内饰件高端成型装备的运维服务过程。平台具备了基于数据分析与反馈的设备维护与事故风险预警等功能，公司的智能运维水平明显提高，维修服务响应时间明显缩短。

（二）潍柴动力股份有限公司

潍柴动力股份有限公司面临着设备档案普遍缺失且更新不及时，设备维修、保养、检测未有效落实，缺乏有效数据支撑，无法有效支持管理决策等问题。为了解决这些问题，公司于2016年3月开始引进合锻智能运维服务平台，主要应用于柴油发动机异形精密构件的运维服务过程。实现了基于数据分析与反馈的产品源、工艺优化、设备维护与风险预警等运维需求，维修调度响应时间缩短了50%以上，设备维修维护成本降低了25%，保障了设备的高效可靠运行。

（三）法国雷诺汽车公司

法国雷诺汽车公司面临着运维数字化程度低、信息化技术整合不足等问题。为了解决这些问题，公司于2016年5月开始引进合锻智能运维服务平台，应用于YH98-200系列研配液压机运维服务过程，实现了装备维护与故障风险预警，大大缩短了装备维修响应时间，降低了运维成本，增强了装备运行的高效性和可靠性，从而保证了装备的生产效率，带来了一定的经济效益。

（四）湘潭天汽模热成型技术有限公司

湘潭天汽模热成型技术有限公司为大型模具、冲压件生产设计制造商，公司运维现状包括手工记录装备信息、手工维护装备服务状况，容易出错且更新不及时，缺乏有效的数据分析支持装备运维管理决策等。为了改变这些现状，公司于2016年5月开始引进合锻智能运维服务平台，应用于YH98系列液压机运维服务过程，提升了装备智能化互联水平，明显缩短了维修响应时间，降低了维修成本，保障了装备可靠稳定运行。

（五）湖南晓光汽车模具有限公司

湖南晓光汽车模具有限公司为大型汽车工程机械模具生产设计、汽车零部件制造商，面临着运维服务数字化程度低、维修成本高、维修效率低等问题。公司于2017年5月开始引进合锻智能运维服务平台，应用于汽车大型模具的研配及维修过程，提升了装备智能化水平，解决了公司维修响应时间长、维修成本高、服务效率低的难题。

（六）美国德纳公司

美国德纳公司是全球传动系统、密封件和热管理产品的供应商，汽车零部件加工制造商。然而公司面临着装备维修成本高、维修服务效率低、维修流程信息不透明且人员管控难的问题。为了解决这些难题，公司于 2018 年 5 月引进合锻智能运维服务平台，利用远程数据采集技术对液压成型装备的工况数据进行监测，使其具备了设备远程故障分析、诊断与预警能力，并实现了成型装备远程维护、控制以及维修计划优化等功能，既降低了装备运维成本，同时又提高了装备的生产效率，给公司带来了可观的经济效益。

五、启示与讨论

合锻智能运维服务平台能够高效地整合装备运维服务全流程资源，为高端成型装备企业提供一站式精准运维服务解决方案。其运维服务模式充分利用互联网平台与云-边-端协同软硬一体化的优势，改变了传统被动式运维模式，提高了高端成型装备的运维服务效率。然而，合锻智能运维服务平台的智能水平仍有提升空间，应当进一步结合平台实际运营过程中的具体问题，采用大数据分析、智能计算、边缘计算、工业互联网等技术实现设备智能化升级、人员可控管理、设备故障报警以及更加精准的运维服务。

思　考　题

1. 什么是高端装备？它包括哪些装备？
2. 互联网与大数据技术等新兴信息技术对装备制造业的影响有哪些？
3. 什么叫智能运维？
4. 高端装备智能运维服务系统中的信息管理包括哪些内容？
5. 为什么说工业互联网是制造业未来的重要发展战略？
6. 谈谈你对案例中合锻智能运维服务系统基本功能的认识。
7. 统计调查哪些企业在布局智能运维方向，其与传统制造业企业相比有哪些优势。
8. 在高端装备智能运维项目的战略规划阶段，应考虑哪些影响因素？
9. 在合锻智能运维服务系统的运行过程中，信息管理起了哪些作用？

即测即评

第十一章 智慧商业

随着大数据、人工智能、云计算、物联网等新一代信息技术不断发展与融合，商业信息化正在朝着智慧商业发展。智慧商业是指利用新一代信息技术收集、管理和分析结构化和非结构化的商务资料和资讯，积累商务知识和见解，发送商务决策品质，通过实现创新商业模式及管理手段，完善各种商务流程，提升商务业绩，增强综合竞争力的智慧和能力，从而大大提升各种商业活动的效率。智慧商业是商业信息化的新境界、新追求，推行智慧商业有利于促进商业完成由信息化向智能化的整体飞跃。本章将立足于商业信息化发展和智慧商业中的信息管理，结合京东智慧商业信息管理案例介绍信息管理学的基本原理和方法在商业信息化和智慧商业中的应用。

你可以从本章了解到：

1. 商业信息化和智慧商业
2. 智慧商业的相关概念
3. 京东智慧商业信息管理案例

第一节　智慧商业概述

一、从商业信息化到智慧商业

在 20 世纪 60 年代，信息化这一概念由日本学者梅棹忠夫提出来。信息化是指将现代信息技术应用于社会领域及其各个层面，从而大大提高各种行为活动的效率。商业信息化是信息化概念在商业领域的应用，其指在商业贸易活动中广泛利用信息设备和技术，有效地开发和利用信息资源，促进流通领域的科技进步以推动商业经营模式、管理理念、营销方式的根本变革，推进商业现代化，使商业走向信息时代的高标准、低成本、高效率和高效益，在信息经济中发挥更大的作用。商业活动包括商流、物流、资金流、信息流以及这四流之间的相互渗透和交融，商业信息化使得商业活动变得电子化、自动化、网络化、智能化，信息的流通变得更加顺畅、高效。

智慧商业的智慧化主要表现在依托于不同信息技术实现了不同的商业模式。例如，运用“云计算”技术实现的“智慧审计”；运用大数据、机器学习、人工智能等技术实现的“智慧推荐”；运用物联网、云计算、移动终端技术实现的“智慧物流”；运用移动终端、无线射频识别（RFID）、电子数据交换（EDI）技术实现的“智慧支付”；运用增强现实和虚拟现实相关技术实现的“智慧零售”；运用云计算、信息定位技术、大数据处理技术实现的“智慧旅游”等。这些新型商业模式不断推动着智慧商业的发展，对提高社会总体效能起到了重要的作用。

一直以来，智慧商业的发展都很受国家主管部门的重视。为了能有效促进智慧商业的发展，国家出台了一系列相关政策，为智慧商业提供良好的政策环境。以智慧物流为例，从2014年以来，国家出台了很多相关政策。2014年9月，国务院发布了《物流业发展中长期规划（2014—2020年）》，提出到2020年，基本建立布局合理、技术先进、便捷高效、绿色环保、安全有序的现代物流服务体系。2015年7月，商务部办公厅下发《关于智慧物流配送体系建设的实施意见》，其明确了七项具体工作任务：建立布局合理、运营高效的智慧物流园区（基地）；建立深度感知的智慧化仓储管理系统；建立高效便捷的智慧化末端配送网络；建立科学有序的智慧化物流分拨调配系统；建立互联互通的智慧化物流信息服务平台；提高物流配送标准化、单元化水平；提升物流企业信息管理和技术应用能力。2016年7月，国家发展改革委发布《“互联网+”高效物流实施意见》，提出构建物流信息互联共享体系、提升仓储配送智能化水平、发展高效便捷物流新模式、营造开放共赢的物流发展环境四项主要任务。2017年2月，国家邮政局发布了《快递业发展“十三五”规划》，提出要加大数据信息集成应用，推动实现业务平台一体化，作业环节、路由管控智能化，提升运输、服务和安全保障能力，实现快件自动分拨和快速转运，并鼓励快递企业采用先进适用技术和装备，推进机器人、无人机、无人车研发和应用。2018年1月，国务院发布了《关于推进电子商务与快递物流协同发展的意见》，要求加强大数据、云计算、机器人等现代信息技术和装备在电子商务与快递物流领域应用，提高科技应用水平；加强快递物流标准体系建设，鼓励信息互联互通；优化资源配置，提升供应链协同效率。2019年3月，国家发展改革委等24个部门发布了《关于推动物流高质量发展促进形成强大国内市场的意见》，鼓励物流和供应链企业在依法合规的前提下开发面向加工制造企业的物流大数据、云计算产品，提高数据服务能力；鼓励和引导有条件的乡村建设智慧物流配送中心。这一系列的政策，推动了智慧商业的快速发展。

随着移动互联网、大数据、云计算、物联网、人工智能、增强现实、虚拟现实等新一代智慧技术的发展以及国家政策的大力支持，智慧商业正在悄然改变着人们的现代生活。例如，人们在网上消费时，不必再费力寻找感兴趣的产品，系统会自动根据用户的偏好为其推荐产品；又如，人们在线上购买家具之前，可以利用增强现实技术判断家具是否符合其房间的整体风格；还如，在线下购物时，人们不必带大量现金，一部手机即可实现电子支付，更有无人超市、VR 体验店等智慧商业形态，给予用户更好的购物体验。

二、智慧商业相关概念

（一）智慧商业的概念、特征与作用

1. 智慧商业的概念

智慧商业是通过大数据、人工智能、云计算、物联网等技术能力，对用户位置、交易、会员等用户数据进行深度沉淀，融合线上线下客流资源信息，创新商业模式及管理手段，从而提高社会总体效能。

智慧商业的概念是 1951 年在美国被提出的，后来经济学家总结为：利用现代咨询技术收集、管理和分析结构化和非结构化的商务资料和咨询，创造、积累商务知识和见解，发展商务决策品质，采取有效的商务行动，完善各种商务流程，提升商务业绩，增强综合竞争力的智慧和能力。

智慧商业的过程是利用技术手段的信息管理过程，通过现代信息技术收集管理的信息形成知识，再利用智慧科技信息技术进行合理应用与规划管理，对传统的商业模式进行改善，对商业的各个环节进行优化，实现智能供应链、电子支付等，逐渐消除线上线下的边界，推动电子商务基础设施和支撑服务环境的改善。

2. 智慧商业的特征

（1）智慧商业的基础——先进的信息技术。在互联网的飞速发展下，各种信息技术逐步成熟，无线射频识别（RFID）、电子数据交换（EDI）、全球定位系统（GPS）、地球信息系统（GIS）、定位服务（LBS）、移动定位服务（MPS）、大数据、云计算等技术成熟发展并互相结合，传统企业逐步结合新兴的信息技术创新发展。同时，信息技术的发展和成熟拓展了智慧商业的发展空间，催生了一系列的全新的商业形态及连锁的商业行为，使得商业过程日渐信息化、智能化、透明化、可视化、高效化。智慧商业的关键环节即移动支付、移动端电商购物平台以及近距离通信技术（NFC）等已经进入人们的日常生活并被便捷使用。

（2）智慧商业的核心——大数据。全球知名咨询公司麦肯锡认为，数据已经渗透到当今每一个行业和业务职能部门，成为重要的生产要素，大数据是下一轮创新、竞争和生产力的前沿，海量电子数据的挖掘与运用将成为未来竞争和增长的基础。在当今互联网环境下的商业发展过程中，海量的数据信息在实时输出，企业结合智慧大数据、云计算等科学技术，可以分析出用户的消费需求及习惯，从而开创更多的商机和事业。

（3）智慧商业的“血脉”——智慧物流。企业管理的一个重要流程是物流管理，物流系统在发展过程也不是传统意义的配送中心库存管理。移动互联时代，很多物流系统已经采用了物联网技术及最新的互联网设施，实现光、点、信息等技术的集成应用，形成了智慧物流。综合利用信息管理对用户行为进行预测并调整货物流向情况，改变传统物流的运行模式和管理方式。如亚马逊公司研究测试采用无人机送货、用机器人管理

仓储，未来计划实现利用用户的数据信息分析预测用户的购买行为，在顾客未实施购买行为之前发货，从而缩短物流时间。2017 年阿里巴巴与海尔日日顺物流合作，斥资 3 000 亿元打造了物流智能骨干网，改良传统物流的运营管理。

（4）智慧商业的主要支付方式——移动支付。移动支付是指允许用户使用其移动终端（通常是手机），对所消费的商品或服务进行账务支付的一种服务方式。移动支付可以便捷地获取用户消费行为信息，同时用户可以更方便地完成消费行为。中国银行业协会发布的《2013 年度中国银行业服务改进情况报告》显示，2013 年中国移动支付业务共计 16.74 亿笔。根据《2019 年中国移动支付发展报告》，2019 年银行共处理电子支付业务 2 233.88 亿笔，金额 2 607.04 万亿元。在移动互联时代，智慧商业发展环境下，移动支付业务呈现指数级增长。

（5）智慧商业的主要形态——O2O。O2O 作为信息化条件下商业发展模式下的新形态和大趋势，自提出就成为商业环境下关注的焦点，在各个行业都开展了 O2O 普通及定制形式，涵盖了百货、家电、汽车、房地产等多行业领域。美国梅西百货、英国电商企业 Argos 及连锁超市 TESCO、海尔集团等是线上线下渠道融合发展的典范。

3. 智慧商业的作用

企业通过现代信息技术收集、管理结构化和非结构化的商务数据和信息，对企业内部和外部数据进行分析，创造并累积商务知识和见解，进一步对市场、客户和产品进行深入分析，提高商务决策水平，选择实施有效的商务行动，完善各种商务流程，提升绩效，增强企业综合竞争力，实现精准营销的闭环，进而实现企业利润最大化。具体而言：

（1）完善用户画像。利用信息技术全面打通企业线上、线下数据，还原消费者全流程购买路径，精准覆盖目标人群；评估媒介投放对线下到店引流效果，优化投放策略，优化 CPSL；建立完善的消费者画像，实现新用户的拓展和高质量用户的找回，提升企业进店率与销售转化。

（2）实现精细化运营管理。基于企业数据对用户行为进行深度分析，剔除效果差的标签，保留转化率高的标签，从而进行精细化运营管理。

Booking（缤客）通过构建双数据管理平台，把分散的多方数据进行整合纳入统一的技术平台，对数据进行标准化和细分管理，带来了更高的转化率。某车企通过构建数据管理平台，实验车型的点击转化率提升了 133%。

（3）打造企业数字资产体系。企业或者平台的海量数据不能得到充分的利用和管理，通过信息技术对企业数据进行收集、分析和管理，实现企业数据的打通整合、深度洞察分析消费者，实现企业内部多部门数据联动。丸美股份通过构建数据资产统一管理平台，实现了女性目标群体 90%以上的触达率。

（二）商业大数据

客户是企业的重要数据源。当大量客户位于同一平台上时，将生成多个数据源，企业的所有商业行为开始信息化和数据化。大型数据量具有与小型数据量无可比拟的价值，通过对大数据的收集和管理，提取出具有独特价值的信息。企业利用大数据的综合分析技术对生成的数据源进行分析。通过相关算法算力，识别数据规律，帮助企业了解客户精准需求，为企业提供决策依据。如计算人群热力指数的潜力图，可以识别竞争产品的分布以及城市生活消费功能区域，通过用户肖像可以反映客流状况和购物中心附近客流的潜力，购物中心可以据此做出相应的规划。

1. 商业大数据对企业的重要影响

（1）了解用户方式。当今客户与过去有很大不同。大数据的兴起使用者能够在购买产品之前不懈地研究产品，并了解其消费情况。企业通过使用大数据，将客户、用户和产品有机地联系在一起，根据用户的产品偏好和客户关系偏好，从而生产出用户驱动的产品并提供面向客户的服务。并且企业从大数据中发现适合自身发展环境的社会和业务形式，使用大数据进行挖掘并了解用户对产品的态度，准确发现和解读用户的许多新需求和行为特征。

（2）锁定资源方式。通过大数据技术，在企业运作方式中，企业可以收集并分析运作方式中所需的资源、特定条件和储备分布等，从而形成基于企业的资源分布图，使得各种资源呈现数据化和图像化的显示，从而使企业管理者可以更直观地查看自己的企业，并更好地利用各种现有和潜在资源。如果没有大数据，企业将很难找到曾经被认为是完全不相关的行为之间的相关性，就像国外媒体曾经提到的“啤酒”和“尿布”之间的相关营销一样。如果没有大数据，能将这两者联系起来几乎是不可能的事情。

（3）计划生产方式。大数据不仅改变了数据的组合营销方式，而且进一步影响着企业生产和提供产品与服务的过程。在生产过程中运用大数据进行相关指导，企业可以得到传统数据中获取不到的价值组合方式，且能对新的组合方式的生成细节提供针对性的解决方案，使得生产过程有保障，更好地帮助企业实现前瞻性的规划。大数据的虚拟化特征，大大降低了企业的经营风险，使企业能够在生产或服务尚未开展之前就找到相关确定性答案，让生产和服务做到有的放矢。

（4）优化运作方式。与过去通过案例分析判断进行模糊决策的方法相比，利用大数据的相关性分析方法则有效避免了实现过程的烦琐复杂。由于具备相应品牌市场的数据支撑，通过对不同品牌市场数据进行交叉、组合分析，从而得到更加准确直观的企业运作方式。因此在进行后续品牌推广、区位选择、战略规划等环节的商业活动时，可以做到更加有把握地组织商业行为。

（5）定制服务方式。通过利用大数据技术对社会信息数据、客户交互数据等进行综合分析计算，可以帮助企业进行横向设计和品牌信息的细分。另外，有关商业分析软件和零售专业知识还可以帮助企业更好地了解消费者的购物习惯，从而针对不同客户的需求提供的更细粒度的个性化产品服务。

2. 商业大数据的价值

（1）用户标签化管理。大数据可以实现对用户比较精细的划分，通过利用 SCRM 系统对不同人群自动打标签，并持续运营校准用户标签，从而实现对每个用户画像的丰富和完善，最终实现品牌方对不同用户的精准推送和个性化服务。

对用户标签的管理主要涉及基础信息、消费信息、社交信息三个维度，通过这三种维度进行用户标签分析，可以相对准确地对用户进行价值判断，并为商业营销决策提供战略性支持。

举个例子，作为国内知名网红的李子柒，通过展示修竹、采笋、酿酒、制衣等劳作景象，描绘出以中国乡村为场景的田园背景故事。在此基础上，结合国风 IP 及其视频流量优势，构建品牌标签化模型，利用品牌标签化让品牌给产品赋能。最终凭借有情怀、有才华、有故事的品牌标签在年轻人群体中成功出圈，并曾在 2020 年创下首推产品坚果桂花藕粉上线第一个月达成 30 万销量的顶流销售记录。

（2）AR/VR 大数据商业广告实景增强和模拟。大数据不仅可以带来用户层面的价值，也可以对未来新的商业模式提供更新的启发。在《攻壳机动队》中有这样一个场景：大数据结合新的商业模式，衍生出具有强大震撼效果的实景广告效果，如比参天大树还高的巨大水壶，倾泻而下的巨大模拟水幕，能够按照用户喜好随意换装的服装店……

大数据与商业营销的深度结合，可以通过利用大数据分析技术，对企业消费者运营和商业模式实现彻底改造，使得品牌以更多不同交互的方式来获取更多有效信息，并随时随地将这些用户行为信息、交易信息等进行存储和模型分析。因此，任何交易流程、产品使用场景和消费行为都可以全部实现数据化和可视化管理。

（3）提高销售投入回报率。提高大数据分析成果在营销及市场推广的应用，提高整个营销管理和获客转化的投入回报率。企业或者品牌客户借助大数据能力，以云计算、互联网为依托对本地数据库进行信息综合分析，以便形成企业良好的运营氛围，最终输出实现客户转化和商业获利。

（4）交互式客户关系管理。交互式客户关系管理，可以理解为社交客户关系管理或者互动客户关系管理。根据用户所处的不同场景进行用户基础信息采集和行为捕捉，从不同维度分析用户，全面了解每位用户的喜好、习惯、消费倾向性和消费能力等，以数字运营方式挖掘新客户、提升品牌用户关注度、提高客户的忠诚度、刺激用户的持续性消费等。

（5）个性化精准信息推送。精准推送现在主要在信息流广告和视频中应用比较多，对于品牌方和企业，特别是现在做内容运营的大趋势下，企业并不缺少内容，但是缺少能够快速满足需求和符合用户阅读习惯的内容。大数据对于用户商业化的运营，可以根据关联算法、语义分析、标签化等特性实现个体样本分析，实现按照地域、兴趣、人群喜好等多重维度的定向推送，解决用户对于内容的选择问题。

例如，在上海的某家商场，用户可以借助微信扫码实现对商铺的全局概览，方便地找到想去的商铺。在购物消费过程中，用户还可以借助支付宝钱包、微信支付等实现快捷付款。商场可以在法律允许的范围内，通过分析不同用户的消费行为和店铺的热度，有根据地优化运营，精准推送优惠信息给用户，刺激用户的冲动型消费。

（三）商业云计算

云计算为企业提供了一种在线管理计算资源的方法。简单地说，云计算就是通过互联网提供计算服务，包括服务器、存储、数据库、网络、软件、分析以及其他智能服务，以便为企业提供更快的创新、灵活的资源和规模经济。

云计算服务模式主要有三种，基础设施即服务（IaaS）、平台即服务（PaaS）、软件即服务（SaaS）。基础设施即服务是指从云计算服务提供商那里购买或租用虚拟计算资源，如存储、操作系统等。服务提供商需维护计算机硬件，包括CPU处理、内存、数据存储和网络连接。平台即服务是一种为开发、测试、交付和管理软件应用程序提供随需应变环境的云计算服务。其旨在使开发人员更容易快速创建Web或移动应用程序，而不必担心设置或管理开发所需的服务器、存储、网络、数据库等底层基础设施。这可以使企业将更多精力放在应用程序的部署和管理上面，有助于提高效率。软件即服务是小型企业中最常见的云计算应用形式。企业可以使用浏览器访问互联网托管的软件应用程序，而不是使用存储在自己的计算机或服务器上的传统应用程序。SaaS服务提供商负责控制、管理和维护应用程序，包括软件更新和设置。而使用SaaS产品的企业，无须考虑如何维护服务或管理基础设施，只需要考虑如何使用该特定软件。

使用云计算可以为企业带来很多好处，能够使企业更高效地进行商业活动。具体地说，主要包括以下四方面：

（1）降低运营成本。通过使用云计算服务提供商提供的资源，企业可以节省建设基础设施的成本。企业不需要购买昂贵的系统和设备，也不需要花费额外的精力和费用去维护硬件设施和软件应用程序，这大大降低了企业的运营成本。

（2）提升运营可扩展性。利用云计算服务，企业可根据自身的业务需求来快速扩大或缩小其所使用的计算资源，这大大提升了企业运营的可扩展性。当企业对计算资源的需求在减少时，其可以随时减少对云计算服务的使用。而当其需求不断增加时，企业也可以扩展对云计算服务的使用。

（3）有助于保障业务连续性。保护数据安全是保障业务连续性的一个重要部分。使用云计算服务，可使企业在经历自然灾害、突然断电或其他危机时，依旧能够再次快速访问数据并开展业务。存储在云中的企业数据，都可以确保在一个安全的位置进行备份和保护，这将最大限度地减少意外情况给企业带来的损失。

（4）建立灵活的工作环境。云计算使得员工的工作环境变得更加灵活。例如，只要员工能够连接互联网，他们就可以在家、度假时或在上下班途中访问数据库。

（四）商业人工智能

人工智能（AI）是由机器展示的智能，与人和动物展示的自然智能不同。有研究将这一领域定义为“智能代理”的研究：任何感知其环境并采取行动以最大限度地实现其目标的设备。人工智能是计算机科学的一个分支，其旨在重现或超越通常由人类执行的被认为是智能的计算系统中的功能。这些功能包括学习、推理、模式识别、解决问题、视觉感知、语言理解。

人工智能并不能代替人类的智力和创造力，而是被视为一种辅助工具。虽然人工智能目前在现实世界中还有很多任务不能完成，但它善于处理和分析大量数据，且速度远远超过了人类的大脑。目前，人工智能已经广泛用于商业应用中，包括自动化、数据分析和自然语言处理。在整个行业中，人工智能的这三个领域正在简化运营过程并提高运营效率。自动化减轻了人工重复甚至危险的任务；数据分析为企业的决策提供了支撑；自然语言处理为智能搜索引擎、聊天机器人等智能化工具的实现提供了支持。除此之外，人工智能在商业中还有很多其他的应用，例如消费者行为预测和产品推荐、个性化的广告和营销、欺诈识别等。

人工智能的商业应用给企业带来了巨大的好处。主要包括：

（1）改善客户参与度和客户体验。为客户提供优质的服务对所有企业来说都是非常重要的，这是留住客户的一个重要因素。如果做得好，则可以为客户提供特有的价值，从而建立起品牌忠诚度。利用人工智能，可以动态地预测用户偏好的变化，从而为用户提供更好的个性化服务，改善客户参与度与客户体验。例如个性化推荐就是一个典型的例子，其通过分析处理用户的历史行为数据，来动态地预测用户的偏好，从而向用户推荐其可能感兴趣的产品，减少了用户搜索的时间。利用人工智能挖掘大量的数据可以提升企业的服务质量，从而吸引更多的客户。同时，使用虚拟助手程序可以为用户提供实时帮助。例如 AI 聊天机器人，其可以与用户进行互动，为用户提供实时的服务。并且，利用机器人与用户互动的数据，可以为企业稍后做出的营销、推荐提供支撑。

（2）提高生产力和运营效率。在商业活动中合理地运用人工智能，可以大幅度提高企业的生产力和运营效率。其主要体现在以下四方面：① 实现工作负载自动化。例如，从智能传感器收集和分析数据，或使用机器学习（ML）算法对工作进行分类，或自动路由服务请求等。② 优化物流。例如，使用人工智能驱动的图像识别工具来监控和优化基础设施、规划运输路线等。③ 提高生产产量和效率。例如，将工业机器人集成到工作流程中，并教它们执行劳动密集型或普通的任务来实现生产线自动化。④ 防止中断。例如，使用异常检测技术来识别可能破坏企业业务的模式，特定的 AI 软件还可以帮助企业检测和阻止非法入侵。

三、智慧商业活动管理

（一）客户信息管理

客户信息管理是辨识、获取、保持和增加“可获利客户”的理论、实践和技术手段的总称。主要是利用信息技术收集、处理、分析用户相关信息从而提高客户满意程度，进而提高企业竞争力的手段。

1. 客户信息管理内容

（1）客户概况分析（Profiling）。指对客户的层次、风险、爱好、习惯等的分析。

（2）客户忠诚度分析（Persistency）。指对客户对某个产品或商业机构的忠实程度、持久性、变动情况等的分析；

（3）客户利润分析（Profitability）。指对不同客户所消费的产品的边缘利润、总利润额、净利润等的分析。

（4）客户性能分析（Performance）。指对不同客户所消费的产品按种类、渠道、销售地点等指标划分的销售额的分析。

（5）客户未来分析（Prospecting）。指对客户数量、类别等情况的未来发展趋势、争取客户的手段等的分析。

（6）客户产品分析（Product）。指对产品设计、关联性、供应链等的分析。

（7）客户促销分析（Promotion）。指对广告、宣传等促销活动的管理的分析。

2. 客户信息管理的阶段

（1）收集客户信息，建立客户信息库。实现客户管理的关键是拥有理想的客户资料且对客户资料有深入理解。客户信息包括：基本信息，如性别、年龄、受教育程度、个性等；社交信息，如家庭信息、好友信息等；行为偏好信息，以及交互行为，如收藏、加购、点击等；时间信息等。

（2）客户信息分类、分析。利用信息技术收集客户的各种数据信息之后，要对客户的行为进行分析，识别出客户的兴趣偏好、社交关系的依赖程度与普适性等，得到客户画像。

（3）客户需求预测、满足。针对客户画像进行客户的需求行为分析，判断出客户需求的时间、产品，从而及时推荐符合客户偏好的产品满足客户的需求。

（4）全方位提升客户满意度。客户信息管理是持续实时的，根据客户的反馈行为及时更正客户画像和兴趣偏好，进一步精确地预测并满足客户需求，从而全方位提升客户的满意度。

3. 客户信息管理的好处

（1）分析客户偏好。利用客户多源信息对客户行为进行分析，得出客户画像并分析出客户偏好，从而利用个性化推荐系统和预测系统在对的时间节点为客户推荐合适的产品。

（2）识别目标客户。针对客户信息分析得出的客户偏好和产品特征的信息匹配，可以帮助产品或者企业快速精准地识别目标客户，进行进一步分析从而个性化推荐。

（3）节约企业成本，提升效率。针对目标客户的个性偏好，企业可以快速地制定出相应的营销策略推出最合适的产品满足客户需求，降低了时间成本和试错成本，提升了工作效率。

（4）提升客户的满意度和忠诚度。客户信息库的建立，客户数据的实时收集和分析，对客户的刻画越来越鲜明和具体，从而可以更准确地预测客户行为并适时地进行个性化推荐，提升客户对企业的满意度和忠诚度。

（二）智慧供应链管理

供应链是指围绕核心企业，通过对信息流、物流、资金流的控制，从采购原材料开始，制成中间产品以及最终产品，最后由销售网络把产品送到消费者手中。它是将供应商、制造商、分销商、零售商，直到最终客户连成一个整体的功能网链模式。

供应链管理的目标是实现最优化，使供应链在从采购开始到满足最终客户的所有过程实现成本最小化。供应链管理就是协调企业内外资源来共同满足消费者需求。当我们把供应链上各环节的企业看作一个虚拟企业同盟，而把任一企业看作这个虚拟企业同盟中的一个部门，同盟的内部管理就是供应链管理。只不过同盟的组成是动态的，根据市场需要随时在发生变化。

智慧供应链管理是结合物联网等信息技术和传统供应链管理的理论、方法等，在企业间构建、实现供应链的智能化、网络化和自动化的技术与管理综合集成系统。

智慧供应链管理既包括传统的供应商管理、物流管理、货品和库存管理，又结合了客户信息管理进行集成智慧供应链管理。

1. 智慧供应链管理的阶段

（1）供应链决策智能化。在供应链规划和决策过程中，能够运用各类信息、大数据驱动供应链决策制定，诸如从采购决策经制造决策、运送决策到销售决策全过程。数据驱动的决策制定对于企业的作用是不言而喻的。

具体讲，供应链决策智能化主要是通过大数据与模型工具的结合，并通过智能化以及海量的数据分析，最大化地整合供应链信息和客户信息，从而对供应链运营环节中的成本、时间、质量、服务、碳排放和其他标准进行正确评估，实现物流、交易以及资金信息的最佳匹配，分析各业务环节对于资源的需求量，并结合客户的价值诉求，更加合理地安排业务活动，使企业不仅能够根据顾客需求进行业务创新，还能提高企业应对顾客需求变化所带来的挑战的能力。

显然，这一目标的实现就需要构建起供应链全过程的商务智能化，并且能够将业务过程标准化、逻辑化和规范化，建立起相应的交易规则。

（2）供应链运营可视化。实现企业供应链的优化、提高供应链运作的协调性的关键是充分运用互联网、物联网等信息技术，实现供应链运营可视化。供应链运营可视化是利用信息技术，通过采集、传递、存储、分析、处理供应链中的订单、物流以及库存等相关指标信息，按照供应链的需求，以图形化的方式展现出来。主要包括流程处理可视化、仓库管理可视化、物流追踪管理可视化以及应用可视化。

通过将供应链上各节点进行信息连通，打破信息传输的瓶颈，使链条上各节点企业可以充分利用内外部数据，这无疑提高了供应链运营可视化水平。供应链运营可视化不仅可以提高整个供应链需求预测的精确度，还能提高整个链条的协同程度。

从实现路径上看，实现供应链运营可视化，需要从以下五个步骤入手：

第一，能及时感知真实的世界在发生什么。也就是第一时间获得、掌握商业正在进行的过程、发生的信息，或者可能发生的状况。这一目标的实现需要在供应链全过程运用传感技术、RFID、物联网技术手段捕捉信息和数据，以保证信息不是片段的、分割的。

第二，预先设定何时采取行动。即在分析供应链战略目标和运营规律的前提下设定时间规则，以及例外原则。

第三，分析正在发生什么状况。这需要分析者具备一定的能力，以有效地分析所获取的信息和数据。

第四，确定需要做什么。在获得商业应用型、图示化的分析结果之后，供应链各环节的管理者需要根据此前确立的商业规则、例外等原则，知晓需要运用什么样的资源、优化工具，如何针对供应链运营进行调整，形成良好的供应链方案。

第五，具体采用什么措施实施供应链资产、流程的调整与变革。

（3）供应链组织生态化。这指的是供应链服务的网络结构形成了共同进化的多组织结合的商业生态系统。在供应链服务化过程中，服务的品牌和价值不仅是由供需双方，或者三方（企业、客户、企业网络中的成员）的相互行为所决定，同时也受到他们同企业利益相关者的关系的影响。

利益相关者能帮助企业（服务集成商）、需求方和为服务供应商带来合作的合法性或者新的资源，继而促进各方的合作关系的发展。因此，如何协调和整合四方关系和行为是生态化运营的核心。

（4）供应链要素集成化。这指的是在供应链运行中有效地整合各种要素，使要素聚合的成本最低、价值最大。这种客体要素的整合管理不仅是通过交易、物流和资金流的结合，实现有效的供应链计划（供应链运作的价值管理）、组织（供应链协同生产管理）、协调（供应链的知识管理）以及控制（供应链绩效和风险管理），更是通过多要素、多行为交互和集聚为企业和整个供应链带来新的机遇，有助于供应链创新。

2. 智慧供应链信息流管理

具体讲，智慧供应链下的要素集成主要表现为通过传统的商流、物流、信息流和资金流等诸多环节的整合，进一步向以下三个方面的集成拓展：

一是供应链与金融的结合与双重迭代。即将金融机构融入供应链运作环节，为供应链注入资金，解决了供应链中的资金瓶颈，降低了供应链的运作成本，提高了供应链的稳定性。

二是消费活动、社交沟通与供应链运行的结合。消费活动和社交沟通作为一种人际交流和沟通的方式，已经开始融入供应链运营过程中。这不仅因为消费活动、社交沟通使得信息传播的方式和形态发生改变，从而使得供应链信息交流的途径多样化，也因为社交活动改变了产业运营的环境和市场，使得供应链关系的建立和组织间信任产生的方式发生变革。

三是互联网金融与供应链金融的结合。即依托于互联网产生的资金融通（如众筹）、第三方支付等金融业务创新，既通过互联网金融降低供应链金融运营中的融资成本，拓展资金来源渠道，又通过供应链金融有效解决互联网金融产业基础不足、风险较大的问题。

（三）电子支付管理

电子支付是指消费者、商家和金融机构之间使用安全电子手段把支付信息通过信息网络安全地传送到银行或相应的处理机构，用来实现货币支付或资金流转的行为。

支付手段是和不同的经济形态息息相关的，银行存款是货币制度的一大进步。

传统的线下商业环境中，主要采用现金支付，针对线上交易环境，主要采取货到付款、配送点代收费用或者邮政汇款的形式，这些形式交易速度慢且容易出错。

网上支付是电子支付系统的发展和创新。传统的银行结算支付指令的传递完全依靠面对面的手工处理或经过邮政、电信部门的委托传递，因而存在着结算成本高、凭证传递时间长、在途资金占压大、资金周转慢等问题。电子资金转账系统缩短了银行之间支付指令的传递时间，并减少了在途资金的占压。

在电子商务中，支付过程是整个商贸活动中非常重要的一个环节，同时也是电子商务中准确性、安全性要求最高的业务过程。电子支付的资金流是一种业务过程，而非一种技术。但是在进行电子支付活动的过程中，会涉及很多技术问题。

当前智慧商务环境下，电子支付的阶段是基于 Internet 的电子支付，将银行终端提供的扣款服务和 Internet 整合，实现随时随地通过 Internet 进行直接转账结算，形成智慧商务交易平台。

第二节　智慧商业信息管理案例——京东

京东于 2004 年正式涉足电商领域，经不断发展，现为综合网络零售商，是中国电子商务领域受消费者欢迎和具有影响力的电子商务网站之一。京东及其平台在线销售家电、数码通信、电脑、家居百货、服装服饰、母婴、图书、食品、在线旅游等 12 大类数万个品牌百万种优质商品，目前业务已涉及零售、科技、物流、健康、工业、自有品牌、保险和国际等领域，旗下主要子集团包括京东商场、京东零售、京东科技、京东物流、京东健康等。

京东定位于“以供应链为基础的技术与服务企业”，同时作为新型实体企业，依托京东物流的供应链，持续推进“链网融合”，实现了货网、仓网、云网的“三网通”。其服务产品包括仓配服务、快递服务、大件服务、冷链服务、跨境服务等，通过一体化业务模式一站式满足所有客户供应链需求，不仅保障自身供应链稳定可靠，也带动了产业链上下游合作伙伴数字化转型和降本增效，从而更好地服务实体经济高质量发展。

2017 年年初，京东集团全面向技术转型，并带来了业内首个全流程积木化定制解决方案——京东天工 AR 开放平台。该平台通过整合内容生产者与内容分发渠道，进行内容资源的跨项目、跨平台的有效连接，实现在电商交易、营销推广、仓储配送、线上线下融合等全业务流程的覆盖，从而为厂商提供技术、内容、电商资源、渠道资源、线下资源等多种定制化服务，如图 11-1 所示。

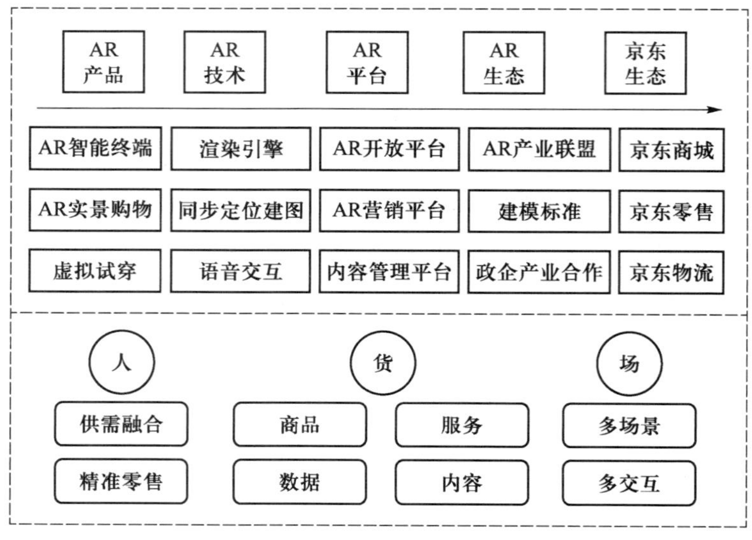

图 11-1　京东天工计划解决方案

图片来源：京东天工 AR 开放平台官方网站-解决方案。

京东通过不断推动天工计划开放平台，2018 年在业界打造了 AR 无界创新联盟。有 AR 开发需求的品牌商在天工平台交易系统发起需求，就能实现与具备开发能力的服务商快速对接，并从系统中选择性价比最高的合作伙伴。2019 年，京东 AR 与居家、时尚、房产、快消等多个行业的头部品牌进行了深度合作，并凭借 AR 技术自研，使其 3D 渲染引擎效果稳居行业第一梯队。2020 年，京东零售技术体系通过进行平台及服务化的改造，将成熟的 ARVR 解决方案、技术组件实现对外赋能，与更多伙伴共创 ARVR 生态。对于未来，京东坚信虚拟与现实的边界终将会被打破，京东之家、京东便利店等线下门店都将成为 AR、VR 技术施展的场景，为消费者提供更加丰富有活力的购物体验。

一、京东线上智慧商业活动

（一）相关知识及概念

1. 个性化推荐

个性化推荐是基于互联网和电子商务环境下发展的产物，基于海量用户数据挖掘基础，向用户提供个性化的信息服务和决策支持。当前互联网发展迅速且信息过载严重，用户在海量数据中寻找想要的产品需要借助搜索引擎来实现。但是当用户没有明确需求时，如想吃饭却不知道吃什么；想看电影却不知道看什么，那么个性化推荐就可以为用户提供可供决策的备选项以及推荐理由。

当前主流的推荐算法主要有基于用户的协同过滤（与当前用户相似的其他用户还购买了产品 A）、基于项目的协同过滤（产品 B 与当前用户消费过的产品 A 相似）、基于内容的推荐（如该用户喜欢喜剧，就向其推荐《泰囧》等影片）、基于知识的推荐方法、混合推荐方法等。

个性化推荐系统或平台通过收集用户基本信息、历史交互信息、社交信息等多源信息，并对其进行分类存储以及数据挖掘和分析，得到用户的偏好信息，然后再基于用户的偏好信息为用户提供个性化的信息服务和项目推荐。个性化推荐能够给企业带来很多好处，主要包括：

（1）提高转化率。当基于用户历史行为数据个性化地向用户推荐产品时，与其他产品相比，用户购买这些产品的可能性是更大的。个性化推荐可以做到将正确的商品以合适的价格推荐给合适的用户，因此，向用户提供个性化推荐可以大大提高商店的整体转化率。

（2）提高用户满意度和忠诚度。个性化推荐系统能够动态地为用户推荐产品或服务，这样一方面会减少用户在海量产品中搜索其感兴趣的产品的时间，即解决了信息过载的问题；另一方面会让用户的购物体验变得更加多样化、个性化，从而提升用户的留存转化与复购。因此，随着个性化推荐系统的应用和升级，用户的满意度和忠诚度会不断提高。

2. 数智化物流

以数智化物流为代表的智慧供应链是结合物联网技术和现代供应链管理的理论、方法和技术，在企业中和企业间构建的，实现供应链的智能化、网络化和自动化的技术与管理综合集成系统。智慧供应链在传统供应链的基础上，将技术和管理综合集成，使得技术渗透性更强，可视化、移动化特征更加明显，同时考虑了人机系统的协同性，实现人性化的技术和管理系统。智慧供应链不仅能为大量品牌商、渠道商提供强大的技术支持，还能依靠其市场洞察、消费者购买决策分析、销售复盘等工具实现数据可视与决策参考。例如，通过应用数智化物流，可以将商品采购订单由智能补货系统自动下达给供应商，同时进行自动化补货以保证商品的有货率。

应用智慧供应链，对于企业具有重要的意义，主要体现在以下几方面：

（1）提高信息协同性。信息协同对于企业而言非常重要，信息的分散会导致销售机会的流失。智慧供应链利用集成软件实现了信息的无缝共享和协同，提供了供应链从一端到另一端的整体视图，使得供应链管理人员可以随时访问他们需要的信息，从而做出更正确的决策。

（2）优化运输效率。货物运输是企业运营的重要环节，其中运输成本将直接影响企业的利润，运输效率将直接影响顾客的满意度。智慧供应链通过利用智能算法优化运输路径、利用智能机器人辅助拣货等方式，为运输的优化提效提供了新的前景。

（3）减轻潜在风险。通过分析宏观和微观的供应链数据可以揭示潜在的风险，使企业能够提前制定备用计划，以便随时对意外情况做出反应。在企业发现潜在风险后，通过主动采取行动，企业可以减轻风险，避免其带来的负面影响。

（二）线上智慧商务活动

京东作为目前国内最大的网络零售商线上电商平台之一，从成立之初经过不断发展，销售业务形成如今的综合品类电商平台。用户在京东电商平台上完成购物活动，涉及一系列的智慧商务活动支持，来提供个性化推荐服务。当用户处于挑选商品阶段时，以经典的基于项目的协同过滤推荐算法为例，该算法具备根据用户浏览记录实时向用户推荐商品、具有可扩展性等优点。对于新的商品项目，由于缺乏历史数据而很难与其他项目产生强相关性，该算法通过利用项目的内容信息来缓解冷启动问题。而对于遇到新用户的问题，由于同样缺乏历史行为记录而很难了解其购买兴趣，则考虑让新用户去主动选择偏好。除此之外，随着电商平台的发展，针对推荐算法在推荐结果的多样性、时间序列推荐等方面也有很大幅度的改进。

当用户在确定要购买的商品并完成付款后，就涉及商品的物流配送阶段。如今的物流体系伴随着信息技术和智能算法的升级，在仓储、运输、交付等环节出现大量数字化设备，使得人、货、系统之间的交互更加高效顺畅。以仓库拣货设备为例，最初采用纸单拣货的方式，主要靠工人的手工操作完成拣货。后来利用手持扫描枪进行条码扫描，提升了一定的仓储效率，然后发展到应用语音拣货设备，实现了对工作人员双手的解放。

京东自建自营的京东物流，是基于5G、人工智能、大数据、云计算及物联网等技术，通过构建数智化物流管理系统，结合搬运机器人、分拣机器人、智能快递车等设备，提升仓储、运输、分拣及配送等环节的效率，实现针对销售预测、商品配送规划、供应链网络优化等领域的服务自动化、运营数字化及决策智能化，如图11-2所示。

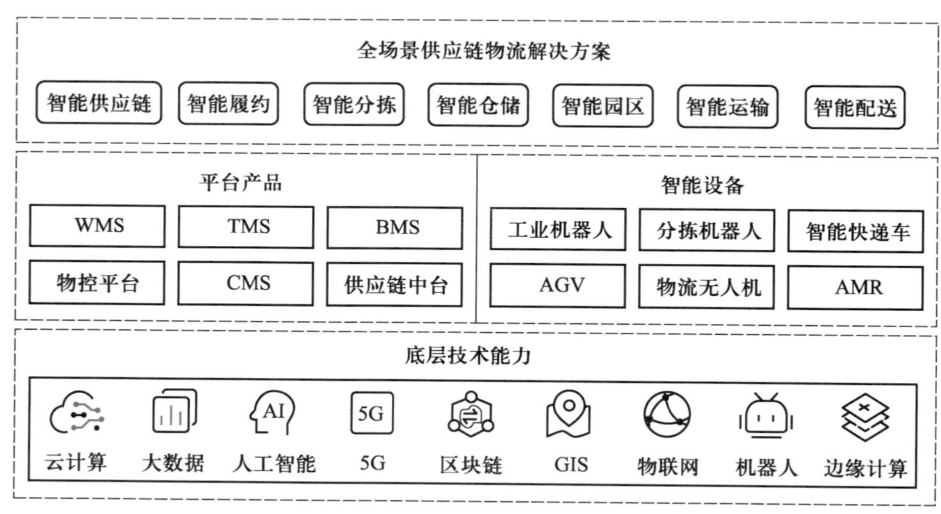

图11-2　京东智慧物流架构图

图片来源：京东物流官网-京东物流科技。

在供应链方面，在京东供应链、京东快递、京东快运、京东冷链、京东跨境、京东云仓六大产品体系的基础上，通过配套建立包含仓储网络、综合运输网络、配送网络、大件网络、冷链网络及跨境网络在内的高度协同的六大网络，以支撑针对京东商城海量订单高品质、高效率、高精准的配送服务。

在智能仓储方面，京东打造了由立体货架、穿梭车、提升机、输送线和多功能拣选工作站组成的天狼货到人系统，用于处理以周转箱为容器的商品存储、拣选等任务。通过研发支持多种商品混合自动分拣的分播墙系统，来提高人工拣选作业效率和准确率。此外，针对仓储商品的出库环节，还建设了视觉拣选系统，通过使用六轴机器人系统、视觉相机系统和端拾器拣选系统，实现物流仓储工作站的不间断稳定运行。

在智能配送方面，一方面依托 L4 级别自动驾驶的室外配送车，通过提供全场景、全天候的最后一公里配送解决方案，满足针对快递、外卖、文件等类型物品的配送服务。另一方面依托物流无人机，基于京东物流仓储网络，以“天网+路网”的智慧物流模式，构建“支线+末端”的无人机物流运行生态，实现半径 500 公里内物流订单运输时效的全覆盖。

（三）总结与讨论

为了更好地服务客户，以满足客户需求，京东针对线上购物采取了一系列智慧活动。但不论是个性化推荐还是数智化物流，都是通过对信息的有效管理来进行的价值创造。个性化推荐的实现首先需要采集用户相关的信息（如用户的历史行为记录等），这样才能充分挖掘用户的偏好，为用户推荐其感兴趣的商品。此外，商品相关的信息（如商品描述、图片等）也是非常重要的，利用该信息能解决项目的冷启动问题。在电子支付中，对信息的有效管理是保障支付安全的基础。而数智化物流的实现更要基于信息的有效管理，其所涉及的仓储、运输、交付等环节都是信息传输的过程。通过利用大数据、云计算、机器学习、人工智能等技术对海量数据进行处理、分析、挖掘，以帮助企业实现更高程度的自动化和精准化物流配送过程，是构建数智化物流及智慧供应链的价值核心。

二、京东线上线下融合智慧商业活动

（一）相关知识及概念

1. 计算机视觉

计算机视觉指的是通过使用摄影机和电脑代替人眼对目标进行识别、跟踪和测量，并对采集的图片或视频进行处理以获得相应场景的三维信息，相当于是给计算机安装上眼睛（照相机）和大脑（算法），让计算机能够感知环境。因此，计算机视觉是一门关于如何运用照相机和计算机来获取我们所需的，被拍摄对象的数据与信息的学问。

具体来说，计算机视觉可以通过开发成熟且高度可拓展的深度学习技术，轻松实现为计算机应用程序添加图像和视频分析的功能。因此，只需向应用程序接口提供图像或视频，就能识别相应的对象、人员、文字、场景和活动，以及检测其他任务需求类型的内容。例如，通过使用超市入口处的摄像头提供的图像进行面部识别来判断用户的绑定账户，同时利用超市货架上遍布的摄像头提供的数据进行手势等行为的分析辨别，判断用户是否拿起商品或者放回商品，从而记录用户的选购过程的行为，作为管理和分析用户超市购物偏好信息的基础。

2. 传感器融合与无线射频识别

传感器是一种检测装置，能够感受到被测量的信息，并将该信息按照一定的规律转换成电信号或者特定形式的信息输出，以满足信息的传输、处理、存储、显示、记录、控制等需求。单一传感器是对局部信息的检测和处理，相当于人体的单个器官探测的信息进行处理的过程，如只使用鼻子闻气味。而使用多传感器融合探测信息则实际上是对人脑综合处理复杂问题的一种功能模拟，与单个传感器相比，其在容错性、互补性、实时性、经济性等方面的性能都有所提升。

无线射频识别技术是通过无线射频方式进行非接触双向数据通信，利用无线射频方式对记录媒体（电子标签或射频卡）进行读写，从而达到识别目标和数据交换的目的。

由于传感器网络一般不关心节点的位置，对节点也一般不采用全局标识，而无线射频识别技术适宜处理节点的标识问题，那么通过将两者结合组成网络，既能相互弥补各自的缺陷，还能保证网络对数据信息的及时处理。因此，无线射频识别技术与传感器融合技术相结合将会是今后的一个发展趋势。

（二）线上线下融合智慧商务活动

京东借助其零售品牌效应影响，线上运营规模能力和自建物流赋能体系，从 2017 年开始探索建立京东无人超市、京东之家、京东便利店等线下零售体验店，作为迈向无界零售布局的重要拓展。通过采用线上线下融合的模式，一方面可以发挥京东在自营自采商品，尤其是 3C 类产品的优势，另一方面利用自营的物流系统，在为线上电商平台提供高效服务的同时，可以面向线下实体店进行资源整合，彻底打通线上线下之间的供应链。从而实现线下实体店的价格和品质双重保障，而且用户还能更直接地触碰和感知商品来享受各类京东线下门店的服务。

在京东无人超市，用户首先需要经过门口设置的人脸识别设备完成身份验证和信息采集，接着即可进入店内进行购物，最后在智能结算台上完成付款步骤，再通过刷脸出店，同时留存用户的交易信息并存储到用户信息系统。由于每个货架上都装有智能传感器及摄像头，可以对用户的购物行为进行多方位、多角度的记录，判断用户取下或者放回商品的行为以实现人货绑定，如图 11-3 所示。此时后台中枢信息系统通过实时同步用户的加购行为信息，可结合用户历史交互信息进行用户加购行为分析，因此这些货架具备补货提醒、价格管理、促销推送等功能。与传统线下超市相比，京东无人超市利用数字全场景、计算机视觉、传感器应用、无线射频识别等技术，构建了在智能人货场系统下的无人运营方案，为用户带来独特的购物体验。

京东之家和京东专卖店以“零售即生活”为愿景，主打 3C 类产品，是配合京东商城线上门店“京东自营”的线下门店，主要布局在一二线城市的核心商圈。相较于过去以产品利润为导向的零售模式，京东之家以用户需求为导向，构建高效率、场景化、社交营销的零售体验，追求实现“千店千面”。也就是说，每个门店基于所在地商圈消费者的兴趣偏好和购物习惯进行选品，当用户进店时由人脸识别确认会员信息，通过记录用户在店内各场景的停留时间，并结合行为数据分析每一位用户的兴趣，据此对所供应的商品进行实时地精准迭代，以不断符合用户的消费品位，如图 11-4 所示。例如，在北京通州万达的京东之家，店内营造了爱旅行、爱健康、女人心等多个场景。其中“爱旅行”区针对旅行达人提供了不同品类的对讲机、翻译器、电子阅读器等，通过营造舒适安逸的店面购物环境，为用户提供休闲有料又社交体验十足的生活服务。

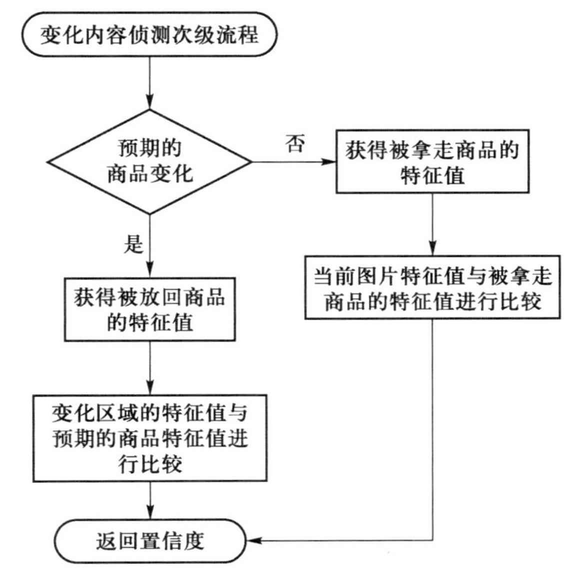

图 11-3　智能货架商品拿取信息记录流程图

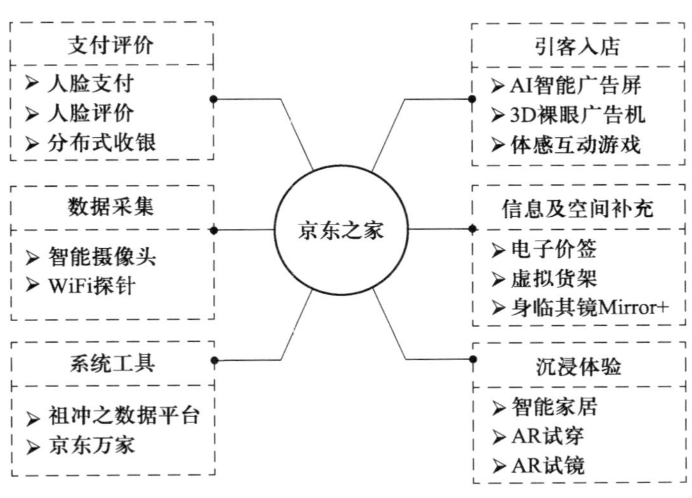

图 11-4　京东之家的智慧商业活动环节

京东便利店是由京喜通打造的创新型智能实体门店，立足对小店的升级改造，主要聚焦服务于三四线城市，今后还要下沉到农村区域，旨在重构零售的成本、效率和体验。作为京东无界零售的线下版本形态，京东便利店不但需要提供优质的货源，还要能对品牌及模式进行一站式扶持、协助和管理。在此过程中，通过运用京东的品牌、运营、科技等能力，提供模块化的场景需求运营服务，进而实现小店的改造升级。

具体来说，以京喜通为牵头主体推出由品牌商、渠道商共建的“联合仓配”体系，作为对京东现有全国仓储物流体系的补充，搭建新通路线上平台的联合仓和配送网络，从而加深联合经销商与批发商间的合作，保障良好的供应链体系能力。在此基础上，通过选用京东统一门店的品牌形象标志，借助联合仓配从京东采购货源、精细选品，利用京喜通制定营销方案及店主培训指导，并安装集商品管理、顾客管理和营销服务于一体的智能门店管理系统，赋能零售终端的门店改造，如图 11-5 所示。

图 11-5 京东智能小店的线上线下融合服务

图片来源：京东便利店官方网站。

从小店完成升级后的京东便利店，通过京东便利 GO 小程序打通实体门店、会员和库存的一体化管理，并根据用户画像进行智能选品、智能补货和智能上货。此外，门店还能接入如代收包裹、生活缴费、京东维修等多种增值服务，既可以帮助店主实现多元经营以扩充利润，还能增加门店与消费者之间的互动和黏性。

秉持对“无时不有、无缝切换、无处不在、无所不联”未来零售场景的坚定期许，京东联合上千个品牌，数十万家线下门店，通过不断拓展线上线下融合模式，目前已经发展了京东 MALL、京东电器超级体验店、京东家电专卖店、京东电脑数码专卖店、京东之家、京东大药房、七鲜超市、京东便利店等创新业态一起构建起了覆盖线上线下各个场景的全渠道布局。以京东家电专卖店为例，2023 年京东线下已经建设了遍布全国的超 60 家京东电器城市旗舰店等自营业态，以及覆盖全国 2.5 万个乡镇、60 万个行政村的超 1.5 万家京东家电专卖店，实现了从一线省会城市到二至四线城市，再到县乡镇村的线下门店全覆盖，为全国的消费者提供家电家居品质消费新选择。未来三年，京东家电家居计划在全国布局 30 家京东 MALL、200 家城市旗舰店以及超过 2.5 万家京东家电专卖店和家居专卖店。

（三）总结与讨论

通过案例可以看出，京东在实现线上线下融合的全渠道布局过程中，以用户服务体验为中心要义，不断探索开拓新的零售赛道，推动各类线下门店实现拓网增效和升级转型。其中，无人超市面临如何自动识别用户，对用户的购物行为进行分析与判断，实现自动结账清算的难题。京东之家面临如何针对不同的全场景主题，构建展示千店千面的一体化服务方案的难题。京东便利店面临如何实现线下和线上并行的良性循环，来保障多样化产品组合的货源高质稳定，以满足下沉市场的用户消费需求的难题。京东利用计算机视觉、机器学习算法和传感器融合等技术，结合企业基因和属性，通过对采集的数据进行加工、存储和挖掘，得到用户的消费偏好和消费周期等价值信息，充分发挥了数字化效能并解决了上述的这些问题，从而实现线上线下无界零售的智慧商业活动实践。在深入推进线上线下融合发展的过程中，为用户提供与线上京东同质同价的商品全链路服务体验。

三、京东沉浸式交互智慧商业活动

（一）相关知识及概念

1. 增强现实

增强现实（Augmented Reality，AR）指的是现实世界与数字信息的一种融合，通过利用 AR 技术将虚拟信息叠加到真实世界中，实现人们对真实世界的感知与计算机生成的数字内容相融合，从而让用户获取到更详细、更生动、更贴切情境的信息，以更加新奇的方式体验真实世界。在此过程中，一般以智能眼镜或者日常使用的智能手机等可穿戴设备为载体的形式来实现 AR 服务。因此，AR 技术在为人们带来多样化的体验时，其中既包括如声音、视频、图像等感官方面的体验，也可以只用于进行数据的展示。例如，针对博物馆开发 AR 应用程序，当手机摄像头指向一个文物时，应用程序便会显示出该文物的名称介绍，属于什么朝代，具有的文化特征等相关信息，从而帮助用户更直观全面地了解所陈列文物的艺术价值。

目前，增强现实技术已经在零售、房地产、旅游、教育等众多领域得到了应用。具体到智慧商业领域其所体现的优势主要有以下几个方面：

（1）增强用户体验。增强现实技术将数字内容叠加到真实世界中，用户只需使用智能手机，即可获取到额外的信息，并且还能与之进行互动。通过为用户提供更加丰富多样的体验，不仅增强了用户的参与度和互动，而且还帮助企业更加准确地了解用户的偏好，以便企业进一步为用户提供个性化服务。

（2）提高品牌知名度。通过利用增强现实技术开发 AR 应用，用户可以在应用上创建个性化的内容，并以社交媒体的方式来分享这些内容。当人们使用 AR 应用轻松便捷地在社交网络上分享自己的体验时，用户本身在产生大量关注的同时，还带动周围的朋友尝试同样的体验，从而进一步提高品牌的知名度。

（3）帮助用户做出正确的购买决策。通过应用增强现实技术，用户可以结合自身使用的情境，对产品或服务进行更加深入的了解。这既能进一步帮助用户做出正确的购买决策，也能提高用户对产品和品牌的感知价值，从而增强用户忠诚度。

2. 虚拟现实

虚拟现实（Virtual Reality，VR）指的是真实世界及其物品的完整 3D 虚拟表示，即通过构造完全虚拟的 3D 世界，让用户体验到与现实完全不同的情境，实现为用户带来沉浸式的体验经历。与增强现实相比，虚拟现实是构造一个与现实完全不同的虚拟情境，并让用户完全沉浸其中。而增强现实则是在真实世界中叠加展示虚拟信息，人们仍然会清晰地意识到自己处在现实世界中。因此，当用户戴上虚拟现实头盔设备，用户就将完全沉浸在由计算机生成的 3D 虚拟世界中，通过构造逼真的图像、声音让用户产生身临其境的感官体验。例如，利用 VR 技术可以让用户不必亲自去超市进行购物，而是戴上 VR 头盔进入商家构造的虚拟超市。那么，包括查看商品信息、挑选商品等的购物行为，都是通过用户与这个虚拟环境进行交互来完成的。

虚拟现实具备一些与增强现实相类似的优势，如增强用户体验、帮助用户做出正确的购买决策等。除此之外，虚拟现实的独特优势还包括：

（1）构建沉浸式和交互式营销策略。利用 VR 技术，用户可以实现“先试后买”，也就是让用户先通过身临其境地去体验产品，然后再决定是否付出购买行为。这使得产品的营销策略不仅仅聚焦在讲述产品本身的故事，还要构思如何更好地展示产品的营销环节策略。通过让消费者亲自体验产品，与产品进行虚拟空间中的交互，从而更大程度地增强消费者的购买意愿。

（2）分析消费者行为特征。利用 VR 技术实现消费者与虚拟产品之间进行交互的过程中，一方面可以帮助消费者更加详细地了解产品的性能质量，另一方面企业通过将收集到的消费者行为信息进行数据挖掘，提取用户的偏好特征，并在此基础上对消费者行为进行更加准确的建模，从而为用户提供个性化的定制服务，以提高用户忠诚度。

（二）沉浸式交互智慧商务活动

在 AR/VR 应用领域，京东具有较为深厚的技术储备和人才支撑，并致力于为消费者创造购物的新鲜感和乐趣，注重以体验式购物来进一步提升消费感受。通过对比实际环境进行搭建虚拟场景和实物还原，让用户在该空间中感受产品立体全视角的展示方式，完善 3D 版下真实生动的互联网购物体验，来增强用户的自身参与感，进而提高用户的品牌消费转化率。为了解决用户网上看图购物而缺乏体验感的难题，京东目前已经发布了多款 AR/VR 应用的代表产品，打造出具有沉浸式交互体验的消费元宇宙空间。

京东依托“天工计划”于 2018 年发布了全新的 3D 购物产品——京东 AR 视界。在原有 3D 展示的基础上，通过为商品注入更多丰富信息，以实现商品对用户的交互展示。例如，当用户浏览一款冰箱时，不仅可以查看冰箱外部的整体样式，还能查看像制冷系统、食材的保鲜系统、冰箱容积等的内部结构，如图 11-6 所示。

与此同时，京东还发布了另一款虚拟购物的产品：京东试试。该产品囊括了 AR 试妆、AR 试衣、AR 试戴等一系列利用 AR 技术提升购物体验的功能。以 AR 试衣功能为例，通过 3D 扫描技术和人工智能技术，在 3~5 秒内即可完成对用户身高、三围等数据的测量，并快速建立个性化的 3D 虚拟形象。针对不同色系、风格、品牌及款式的衣服，用户可实现在不脱衣情况下进行 3D 虚拟试衣，从而生成相应的服装展示效果，如图 11-7 所示。

为了优化用户的线上购鞋体验，以及为用户提供个性化试鞋体验服务，京东在 2020 年 4 月推出 AR 在线试鞋应用。通过脚步关键点识别、模型材质渲染等技术，为用户提

图 11-6　AR 视界下冰箱 3D 化展示图

图片来源：钛媒体官方网站-京东推出 AR 开放平台、AR 视界、京东试试三大虚拟购物业务。

供鞋类产品在线虚拟试穿的功能，如图 11-8 所示。针对不同品牌、款式、颜色的鞋，通过 1:1 上脚试穿预览功能，用户可实现在线快速体验试穿效果，从而增强对新品的感知。再进一步结合图片、视频等商品信息介绍，以提升用户交互式购物体验和决策效率，同时帮助品牌方进行营销互动宣传。

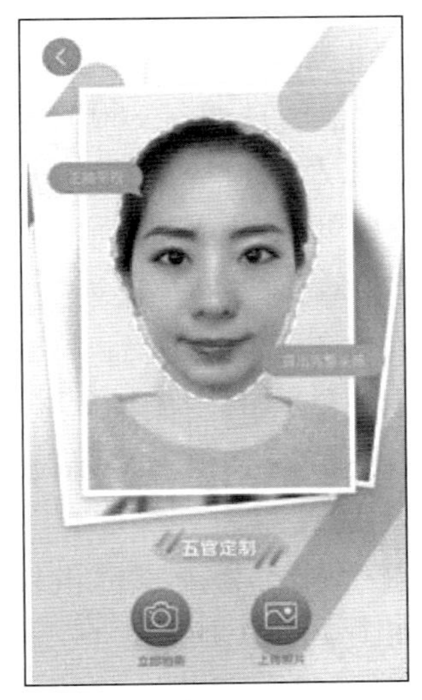

图 11-7　AR 试衣功能展示图

图片来源：新华社《经济参考报》官方网站-“京东试试”上线 3D 虚拟试衣。

图 11-8　AR 试鞋功能展示图

图片来源：京东零售云官网-AR 试鞋 SDK。

京东作为国内居家领域电商平台的引领者，近两年备受消费者瞩目和好评的是推出了 AR 摆摆看功能。该功能定位解决“过去网购居家大件只能靠想象”的痛点问题，通过利用 AR 技术及高质量、高还原度模型，可多角度衡量材质质感、风格环境、大小尺寸等适配问题，实现家居家装产品在线上逼真的场景代入效果，如图 11-9 所示。用户通过将商品投放在地面、桌面、墙面等介质上，实时预览 1∶1 实物摆放效果，从而极大地改变当下居家领域线上购买体验不佳的现状，进而获得用户良好的体验反馈。根据 2020 年的京东大数据结果显示，与未使用该功能的产品相比，附加 AR 摆摆看功能的产品加购率达到 2.5 倍，有效成交 1.7 倍，商品分享转发则达到了 2.7 倍。

图 11-9　AR 摆摆看功能展示图

图片来源：中国日报-京东这项黑科技用 AR 高度还原居家大件摆放效果。

通过丰富多元的视觉信息展示产品的内容和形态，来增加用户在商品页面的停留时长，帮助用户了解商品做出购买决策，已经逐渐成为目前电商平台发展的趋势。2020 年 7 月，京东正式开放了针对商家店铺的 VR 全景馆功能入口，用户通过 360 度自由旋转、移动、伸缩画面，体验虚拟空间中商品的摆放、智能识别以及替换等效果，并且此过程无须借助任何 VR 设备。以海尔京东自营旗舰店为例，用户可以在智慧客厅、智慧厨房、智慧卧室等场景下体验空调、彩电、洗衣机等各种电器的放置效果，还能查看商品详情，如果喜欢的话直接点击商品就能进入购买页面下单，如图 11-10 所示。

如今以品牌自播的形式进行直播电商营销是大部分企业选择的主流销售场景。但对于大多数网店商家而言，布局电商直播赛道意味着需要较高的资金投入来维持组建一支好的直播团队，以获得在线流量和成交单数。针对这一问题，京东在 2022 年推出灵小播虚拟数字人直播产品，通过应用 3D 渲染、多模态交互等技术为商家提供代播服务，进而帮助商家打造低成本、高效率、高体验的直播间，如图 11-11 所示。该虚拟数字人智能产品可以实现 7×24 小时无人直播、直播话术 AI 智能写稿、营销抽奖活动等功能，尤其适用于在直播平台上无人值守时的店铺销售场景，能够在满足商家不间断直播需求的同时，提高店铺销售成交转化率以及用户对多样化购物体验的需求。

图 11-10　VR 全景体验馆功能展示图

图片来源：京东天工官网-AR 全景店铺解决方案。

图 11-11　灵小播智能虚拟数字人产品展示图

图片来源：京东云-云巴巴官网；腾讯新闻-京东云推出数字人虚拟主播服务；

中国日报-从京东零售云走出来的 3D 数字人正在触动未来的互动世界。

（三）总结与启示

通过案例可以看出增强现实和虚拟现实是企业实现体验经济的一种很好的方式。增强现实通过将虚拟信息叠加到真实世界，可大幅度地改善用户的购物体验。京东利用AR技术将商品数字化、可视化，不仅改变了商品信息的呈现方式，为用户提供更好的服务体验，同时也更好地为企业采集情境信息对用户进行推荐提供支持。例如，当用户将手机摄像头对准客厅时，平台可以根据客厅的整体风格、摆设信息，来为用户做出个性化的推荐，满足用户的偏好。这一系列的过程，也是信息收集、传输、加工、存储，最后转化为价值的过程。而京东的虚拟现实应用则是为用户构造的一个与众不同的虚拟购物体验环境。在这个与现实完全不同的3D世界里，用户可以通过对感兴趣的商品进行近远景、三维立体、无死角的细致观察来了解商品详情。因此，案例中的这些应用都是企业对信息进行收集、传输，再以特殊的技术进行处理再进行呈现的结果，通过实现对信息的有效管理，给用户带来了良好的购物体验，最终为企业创造商业价值。

本案例描述了京东在智慧商业方面的发展历程，其通过利用信息技术和创新战略实现了从线上智慧商业，转战线上线下融合智慧商业，并最终开辟了沉浸式交互的智慧商业模式。京东利用信息管理技术实现了多种服务，如个性化推荐、数智化物流、AR视界等。

京东智慧商业案例主要有以下几点管理启示：首先，从信息管理角度来看，对于交互过程中产生的信息要合理收集利用，开发和使用新兴的信息技术，提高用户的满意度和系统的效率。其次，从用户体验的角度来看，京东以用户为中心，从提高用户体验的角度进行了技术和服务创新，从而开辟出新的商业活动，更好地满足了用户的需求。

思　考　题

1. 什么是智慧商业？智慧商业具有哪些特征？
2. 对于企业而言，开展智慧商业具有哪些重要作用？
3. 在智慧商业的实施中，信息管理起了哪些重要作用？
4. 实施智慧商业需要从哪几方面开展？
5. 谈谈你对京东智慧商业信息管理案例中信息管理应用的理解。
6. 结合京东智慧商业信息管理的案例，你觉得未来的智慧商业会有哪些新的发展趋势？

即测即评

第十二章 智慧教育

随着大数据、人工智能、5G等新一代信息技术的发展与普及应用，未来的教育将进入教师与人工智能共同协作共存的时代，教师与人工智能将发挥各自的优势，人工智能为破解传统教育中“大规模与个性化”无法兼顾的永恒矛盾提供强有力的支持，为实现规模化教育与个性化培养的有机结合提供新的契机，实现公平、优质的教育和促进全民终身学习。本章将立足于教育信息化发展和智慧教育场景中的信息管理，结合智慧教育的教、学、考、评、管五大场景的相关背景及概念，以科大讯飞股份有限公司的智慧教育案例介绍信息管理学的原理方法在教育信息化和智慧教育中的应用。

你可以从本章了解到：

1. 教育信息化和智慧教育
2. 智慧教育生态体系全平台
3. 智慧教育主要特征
4. 智慧考试实施案例
5. 智慧评价实施案例

第一节 智慧教育概述

一、从教育信息化到智慧教育的提出

新一代信息技术的发展帮助了研究者和教育实践者去拓展学习的概念和开展学习环境的设计，推动着学习环境的研究与实践从数字化走向智能化。在美国的“信息高速公路”计划中，特别把IT在教育中的应用作为实施面向21世纪教育改革的重要途径，使得教育信息化这一概念被提出。教育信息化，是指在教育领域（教育管理、教育教学和教育科研）全面深入地运用现代信息技术来促进教育改革与发展的过程。其技术特点是数字化、网络化、智能化和多媒体化，基本特征是开放、共享、交互、协作，以教育信

息化促进教育现代化，用信息技术改变传统模式。

教育信息化是一个开放复杂的过程，包含基础设施建设、教育方式优化、教育理念创新等多个方面，其中较为核心的诉求是坚持以受教育者为中心，为受教育者的智慧发展提供服务，因此智慧教育已然成为教育信息化的新境界、新追求。智慧教育是教育信息化发展的高级阶段。教育信息化政策、制度、队伍与机制的全方位发展与完善，将为智慧教育提供良好的发展环境，推行智慧教育有利于实现教育由信息化向智能化的整体飞跃，进一步促进教育在信息时代的深化与提升。智慧教育是培养面向21世纪信息型智慧人才的内在需求。

智慧教育（Smart Education）概念的提出，最早可追溯到1997年著名科学家钱学森提出的“大成智慧学”。而在信息技术的催化下，2008年IBM首席执行官在所做的报告——《智慧地球：下一代领导议程》中首次提出了智慧地球（Smarter Planet）的概念。智慧地球表达了IBM运用先进技术构建新世界运行模型的美好愿景，在新一代信息技术的支持下，地球上几乎所有东西都可以被感知化、互联化和智慧化。随着智慧地球的思想不断渗透到不同领域中，与之相关的新概念，即智慧教育得以形成。

自2010年以来，智慧教育的发展越来越受到国家主管部门的重视。为了能有效促进智慧教育的发展，国家出台了一系列相关政策，为智慧教育提供了良好的政策环境。2010年7月29日，教育部颁布《国家中长期教育改革和发展规划纲要（2010—2020年）》，明确指出要“把教育信息化纳入国家信息化发展整体战略”。2012年3月，印发《教育信息化十年发展规划（2011—2020年）》，将智慧教育的具体要求进行细化，开启我国“教育信息化1.0”时代；2012年9月，国务院明确“十二五”期间以建设好“三通两平台”（校校通、班班通、人人通、教育管理公共服务平台、教学资源公共服务平台）的教育信息化工作为抓手，推进智慧教育。2016年6月，发布的《教育信息化“十三五”规划》指出，信息技术对教育的革命性影响日趋明显，信息化已成为国家战略，教育信息化正迎来重大历史发展机遇。2017年1月，教育部公开《2017年教育信息化工作要点》，明确了智慧教育的具体工作目标。2018年，教育部发布的《教育信息化2.0行动计划》指出，要大力开展智慧教育创新发展行动，要以人工智能、大数据、物联网等新兴技术为基础，依托各类智能设备及网络，积极开展智慧创新研究和示范，推动新技术支持下教育的模式变革和生态重构。

随着新一代信息技术的发展，智慧教育基础设施建设日益完善。智慧教育的基础设施建设主要包括互联网联通、硬件设施和技术支持三个方面。第一，在网络互联互通方面，截至2019年4月，全国54%的区县、46%的地市和22%的省份建有教育城域网，中小学（除教学点外）已有97.6%的学校接入互联网，同比提高4.6%；出口带宽100 M以上的学校占55.4%，已有超过半数的学校建有无线校园网络，比例达到57%，学校网络覆盖比率和品质全面提升。第二，在硬件设施方面，2016年教育部印发的《教育信息化“十三五”规划》提到，“十二五”以来，以“三通两平台”为主要标志的各项工作取得了突破性进展，学校网络教学环境大幅改善，多媒体教室普及率达80%。在硬件设施方面，中国教育和科研计算机网（CERNET）与中国教育卫星宽带多媒体传输平台（CEBsat）已实现互联互通覆盖全国，中国教育卫星宽带多媒体传输平台（CEBsat）建设运营成绩斐然，“天地合一”的现代远程教育网络已经基本形成。第三，在校园设施方面，超过90%的高等院校、38000多所中小学学校、近6000所中职学校基本建成了校园网。第四，在技术支持方面，物联网、云计算、大数据、泛在网络等关键技术研究进展显著。物联网可以提升教育环境与教学活动的感知性，大数据可以提高教育管理、决策与评价的智慧性，云计算可以拓展教育资源与教育服务的共享性，泛在网络可以增强教育网络与多终端的联通性。

在技术革新的有效支撑和应用驱动下，以及社会各界的积极参与和大力支持下，我国智慧教育取得了前所未有的快速发展。2018年4月，教育部制定并发布了《教育信息化2.0行动计划》，各地迅速行动，企业积极响应。同时，“三全两高一大”目标的提出，为我国教育信息化发展指明了新的方向。相比信息化1.0，教育信息化2.0要实现从专用资源向大资源转变，从提升学生信息技术应用能力向提升信息技术素养转变；从应用融合发展向创新融合发展转变。2019年2月，教育部网信领导小组第五次会议通过《2019年教育信息化和网络安全工作要点》，提出10项核心目标，部署了11个方面35条具体任务，不断加快我国教育信息化实施步伐，从而全面提升我国智慧教育水平。

二、智慧教育概念与内涵

智慧教育形成的早期，有部分学者认为信息时代智慧教育是以智慧学习环境作为技术支持，教学者采用智慧教学法进行催化促导，促进学习者进行智慧学习，从而培养具有高智能和高创造力的人；还有部分学者从IBM所提出的智慧地球的概念对智慧教育进行解释，认为智慧教育就是指教育行业的智能化，通过应用新一代信息技术，促进优质教育信息资源共享，提高教育质量和教育水平。随着信息技术不断革新，智慧教育这一概念也不断变化。从生态学视角下对智慧教育进行定义，则智慧教育是依托物联网、云计算、无线通信等新一代信息技术所打造的物联化、智能化、感知化、泛在化的教育信息生态系统，是数字教育的高级发展阶段，旨在实现信息技术与教育主流业务的深度融合。而随着人工智能时代的到来以及深度学习、区块链等信息技术的发展，人们对智慧教育的定义再一次发生了变化，将教育与人工智能的相关技术相结合。如郑旭东提出了“智慧教育2.0”的概念，认为“智慧教育2.0”是人工智能时代的教育形态，也称为人工智能技术推动的智能教育。当下主要认为智慧教育是充分运用现代智能技术、全面实施个性化教学、按需服务的新型教育模式，以全面培养具有高度应变与创新能力的人才为目标，是信息化教育的高级形式。

虽然智慧教育这一概念随着时代、技术的发展而具有差异性，但智慧教育的本质并未发生变化，智慧教育首要对象是人，而不同的技术如物联网、大数据、5G、人工智能等技术在教育领域的应用都是为了进一步提升人的智慧，培养具有高智能、高创造力的人。

三、智慧教育的特征

首先，智慧教育将物联网、5G、云计算、人工智能等新一代信息技术应用到教育领域，使得智慧教育呈现出一系列崭新的技术特征。第一，情境感知下的个性化学习。利用多种环境传感器从微观层面实时感知设备运行状态、教学环境、学习者的心理及生理状态，采用人工智能技术对感知数据进行实时分析，掌握学习者的专注度和学习投入等情况，有针对性地推荐教学内容，从而促进个性化教学、提高学习效率。第二，全向交互下的智能管控。教育活动的本质就是交互，智慧教育交互包括人与人之间的交互、人与物之间的交互和物与物之间的交互。在全向交互技术的支持下，进一步实现教育系统的智能管控。智慧教育的智能管控以教育环境、资源、管理与服务的智能管理为核心，实现教育全过程的智能控制、教育数据的智能分析、教育环境的智能调节、教育环境的智能调度。

其次，信息技术在教育领域的应用推动了教育资源建设、存储、共享与应用模式的变革，使得智慧教育下的资源建设体现出全新特征。第一，资源平台的建设理念正在从产品层次上升至服务层次，资源平台建设的中心任务正在从技术平台的搭建转向服务体系的构建。第二，平台功能正在从单纯的资源存储与管理转变为知识获取、存储、共享、应用与创新于一体的知识管理平台。第三，运作机制上以用户为中心的理念正在逐步体现。第四，资源表现形式正从静态、封闭的文本及图像转向动态、开放、共享的移动学习资源。信息技术与学科教学的深度融合，对教育资源进行高度集成，实现了全球教育资源的无缝对接、实时共享。

最后，智慧教育的教学特征即新一代信息技术的应用为开展多种教与学的方式提供了可能，智慧教育视域下的教与学也体现出了新的特征。第一，实时、便利的教学资源获取及课堂生成性资源的捕获和存储。第二，对课堂教学状态信息进行跟踪、分析，辅助教学决策。第三，实现了自然、高效的课堂互动。第四，自主学习真正成为主要学习方式。第五，教学将突破明显的时空界限。

四、智慧教育的发展趋势

（一）建设以学习者为中心的智慧教育环境

智慧教育环境通过物联网、云计算、增强现实、大数据等新一代信息技术，感知教学发生的情境，自动判断学习者的特征与学习需求，根据学习者的个体差异提供个性化学习工具与资源，为学习者创设可虚拟的互动学习情境，提供个性化的独特学习体验，有效地激发学习者的学习兴趣与学习动机，培养学习者的自主学习能力、探究能力以及创造力。智慧教育环境应能够将简单的、结构化的非挑战性任务交由计算机代理，让学习者将更多时间和精力集中在复杂的、非结构性的挑战性任务之上。

（二）将教与学方式的根本转变作为智慧教育的核心

智慧教育将信息技术与教育进行深层次融合，构建智慧教育环境，提供智慧资源、评价和管理等服务，变革教学方式和学习方式才能充分发挥其价值，通过建设促进深层学习的网络学习资源，建设立体学习资源，更好地促进学习方式的转变。教育工作者应在此基础上继续探索更多适合智慧教育的新型教学模式，充分利用教育大数据进行科学的分析评价，有效提升教与学的效率和质量。智慧教育对教师的信息技术应用能力也提出了更高要求，教师应将技术融于整个教学过程中，为学生创设个性化学习体验，对学生进行持续、全面的跟踪评价。

（三）汇聚多方力量共建智慧教育生态系统

智慧教育的实现是一项宏大的系统工程，离不开国家政策层面的引导与推进。我国应尽快制定智慧教育建设指南与发展水平评估标准，有序推进全国各地智慧教育的建设与发展。我国应加强政府、学校和相关企业的紧密合作、通力配合，打造中国特色的智慧教育示范区，探索智慧教育建设与应用模式。此外，还应加快推进智慧教育系列标准的制定和智慧教育产业的发展。

（四）建设智慧校园是实现智慧教育的有效途径

智慧校园集成了智慧教育理念、媒体、技术、资源、手段和方法等，可以看作智慧教育的具象化。人工智能、大数据、区块链、机器人等智能信息技术将会引发新一轮的教育变革，促进智慧教育的转型发展，实现智能信息技术与教育的深度融合创新，破解教育发展过程中存在的诸多现实困惑。因而，加强智慧校园建设是实现智慧教育的有效途径，智慧教室、智慧实验室、智慧图书馆、智慧课程资源、智慧平台软件等都将是智慧教育需重点关注的建设内容。

（五）树立智慧教育服务观是智慧教育未来发展的必然趋势

智慧校园是实现智慧教育的有效途径，智慧校园建设的最终目的是为师生、教育行政人员、社会公众等提供智慧化的教育服务，促进教育系统的结构性变革，培养智慧时代急需的创新人才。教育作为公共服务产品的属性，已经逐步得到人们的重视。树立教育服务观，对于丰富与发展教育理论具有理论创新价值。智慧教育服务观既是拓展智慧教育理论研究的需要，又是智慧教育实践活动的迫切需求。智慧教育的未来发展亟须树立智慧教育服务观，强化提供优质、智慧化的教育服务，智慧教育服务质量将会成为衡量智慧教育发展水平的重要标准。智慧教育理应提供优质、智慧化的教育服务，提升智慧教育服务质量是智慧教育未来发展的价值诉求。

智慧教育推动教育信息化进入新发展阶段，提供了更公平、更有质量的教育服务。未来，随着智慧教育进一步深度应用，将构建起网络化、数字化、智能化、个性化、终身化的教育体系，人人皆学、处处能学、时时可学的学习型社会必然成为现实。而这一过程中，教育生态的重构将不再遥远。

第二节 智慧教育生态体系全平台解析

智慧教育生态体系全平台包括智慧教学、智慧学习、智慧考试以及智慧评价与智慧管理等模块，下面分别进行详细阐述。

一、智慧教学

（一）智慧教学相关概念

教学是教育过程中的核心环节，智能技术为教学提供了全场景的支持服务。《教育信息化十年发展规划（2011—2020年）》指出，基础教育改革中，需要推进信息技术与教学融合，探索并建立以学习者为中心的教学新模式。由此，智慧教学作为新型的教学模式应运而生。

北京师范大学教育技术学院何克抗教授曾把教学模式分成四种模式。如表12-1所示。

表12-1 常见教学模式

互动式教学模式	探究式教学模式	生成性教学模式	混合式教学模式
教师“教”和学生“学”相互作用而产生积极改变的整体过程，使教学整体协调发展	学生在学习时以问题为导向，独立探究，自主发现问题，并掌握相应的原理	教师应该根据学生学习的情况和思想动向，及时调整教学目标和教学策略	混合式教学模式是传统课堂教学与网络化教学两种教学方式的混合

在智慧教学中，这四种教学模式都被广泛地应用。强大的互动交流能力是信息化环境下智慧课堂的核心标志。探究式教学模式是智慧教学的重要模式，教师利用新技术、各种媒体引导学生发现问题、提出问题，并探究问题的原理。智慧课堂的核心理念之一就是“以学定教、智慧发展”，教师应基于信息化平台全过程动态分析学情，改进教学策略。混合式教学模式是智慧课堂的一种典型模式，教师的主导作用和学生的主体地位被统一起来。

智慧教学从辅助教师教学方向出发，涵盖了备课、授课、作业与辅导、教研等多个教学流程，实现了对学生学情的精准分析、教学资源的精准推送、课堂互动的即时反馈数据留存、智能辅导与答疑、课堂的录制与分析、网络协同教研等，较大程度地减轻了教师教学负担，提高了教学的效率和针对性。智慧教学主要由智慧备课、智慧授课、智慧辅导与答疑以及精准教研四部分组成。

1. 智慧备课

智慧备课首先采集学情数据，包括学生的学业数据、行为数据、心理数据、生理数据等，在此基础上通过建立学情分析模型将结果可视化，以便于教师从多维度掌握学生的基本情况，比如知识点掌握情况、课外学习、学习状态等。最后针对学生的特点，自动生成合适的教学方案，如图 12-1 所示。

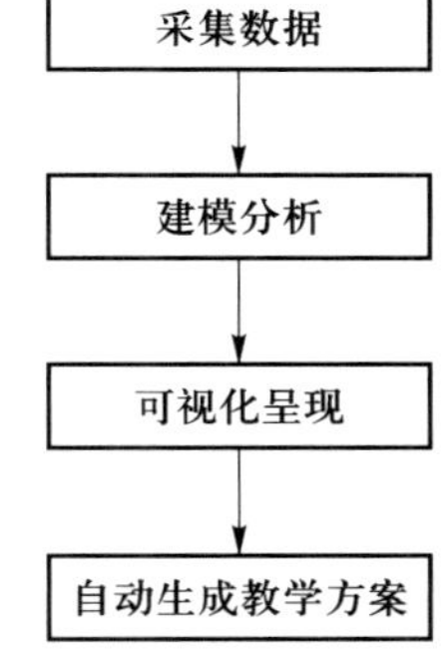

图 12-1　智慧备课流程

2. 智慧授课

课堂互动是师生围绕教学目标的实现，调动课堂教学中的各项主要参与因素，以形成彼此间良性交互作用的整体性动态生成过程。智慧授课支持随机提问、抢答、分组讨论、投票、全班作答等各类型的互动形式，以及课堂互动过程性数据的留存与分析，可实现课堂互动的网络化、数据化、立体化、智能化，有效提高课堂互动的质量与效果。如图 12-2 所示。

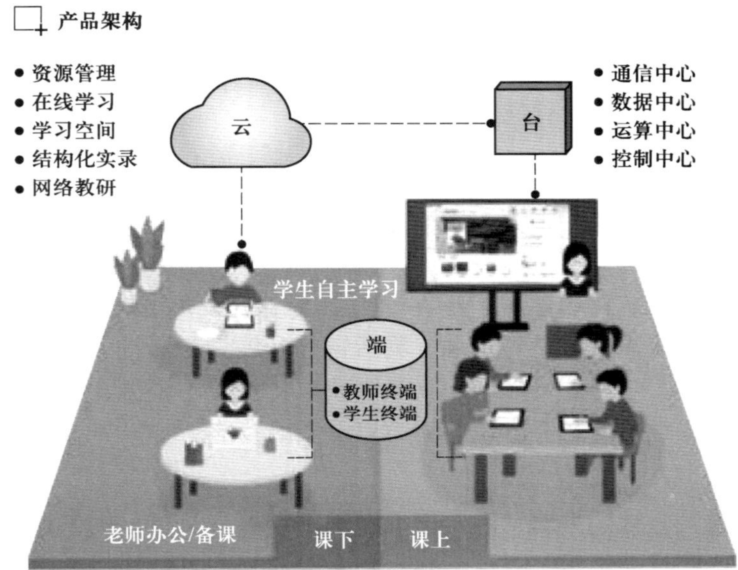

图 12-2　智慧授课流程

3. 智慧辅导与答疑

对学生的辅导和答疑一直是教师教学中非常重要的任务之一，对教师造成了很大的负担。随着智能技术的发展，一些新兴的手段可以帮助教师辅导学生。比如讯飞智能学习机可以全面检测学生对知识点的掌握情况，找到学生在学习上的薄弱环节，并推荐相应的课程精准学习，让学生不再苦于题海战术，提高学习效率；智能搜题可以通过拍照或者扫描的方式识别题目，再与数据库中的题目匹配，从而实现解题过程的智能检索。

4. 精准教研

课堂实录可以全面展现教师的教学状况。借助智能设备和技术，可以实现课堂教学过程的常态化录制和结构化分析，并且对教师的授课进行分析总结，以及提供可视化分析报告以供教师间的教学研讨。通过可视化分析报告可以清楚了解教师的授课风格、语速快慢、师生互动情况等多维度信息，为之后的教学改进工作提供了依据。

（二）智慧教学的未来

我国最早的教育家孔子曾提出“因材施教、有教无类”的教学理念，表达的正是现代教育行业渴求的精准化教育，针对不同的学生采取不同的教学方式与内容。但现有的教育情况是优质教师资源偏少、学生数量较多、教学内容繁重，精准化教育很难有所落实，因材施教一直也只是美好的梦想和憧憬。

不过，人工智能的应用则有望将因材施教变为现实。现有的教学模式普遍采用大班化，教学方式和教学内容几十年不变，大锅饭式的教学很难满足每一位学生的胃口。通过自适应学习程序、游戏和软件等系统响应学生的需求，利用大数据收集和分析学生的学习数据，最后向学生推荐定制化的学习方案，能够有效调动学生学习的积极性和个性化发展。

二、智慧学习

（一）智慧学习相关概念

1. 智慧学习含义

学习过程是在教学情境中通过教师、学生及教学信息的相互作用获得知识、技能、态度的过程。智慧学习是以发展学习者的学习智慧，提高学习者的创新能力为最终目标，在已有数字化学习、移动学习、泛在学习等基础上发展起来的一种新型学习方式，学习者在智慧环境中按需获取学习资源，灵活自如开展学习活动，快速构建知识网络和人际网络的学习过程。学习者可以利用互联网获取各类学习资源，在开放环境下实现个性化自主学习，增强学习力，提升认知能力以及实践技能。

2. 智慧学习环境

智慧学习环境是一种能够感知学习情境、识别学习者特征、提供适合的学习资源与便利的互动工具，能自动记录学习过程和评测学习成果，有效连接学习社群，以促进学习者轻松投入有效学习的学习场所或活动空间。与普通数字学习环境相比，新技术时代的智慧学习环境在学习资源、学习工具、学习社群、学习方式和教学方式方面存在不同，主要的区别在于智慧学习环境能够使学习者感知学习情境和自身学习需求、学习资源的便利与互动性，学习过程及结果可以被记录和测评。

3. 智慧学习空间

智慧学习空间以物理空间、信息空间、社会空间、个人空间构成多种形态环境，以“AI+5G”等新信息技术为支撑，以构建的物理空间与信息空间的虚实融合，学习者个人空间与社会空间的融通交互、资源共享为保障，从“人、物、境、事、脉”多维度构建智能化教学平台，提供优质的学习资源、混合式教学设计、智能化教学服务和智慧教学评价，从而实现学习者开放、终身学习的目标，如图 12-3 所示。

（二）智慧学习关键技术

技术的发展为智慧学习提供了强有力的支持，人工智能能实现对学习过程的实时跟

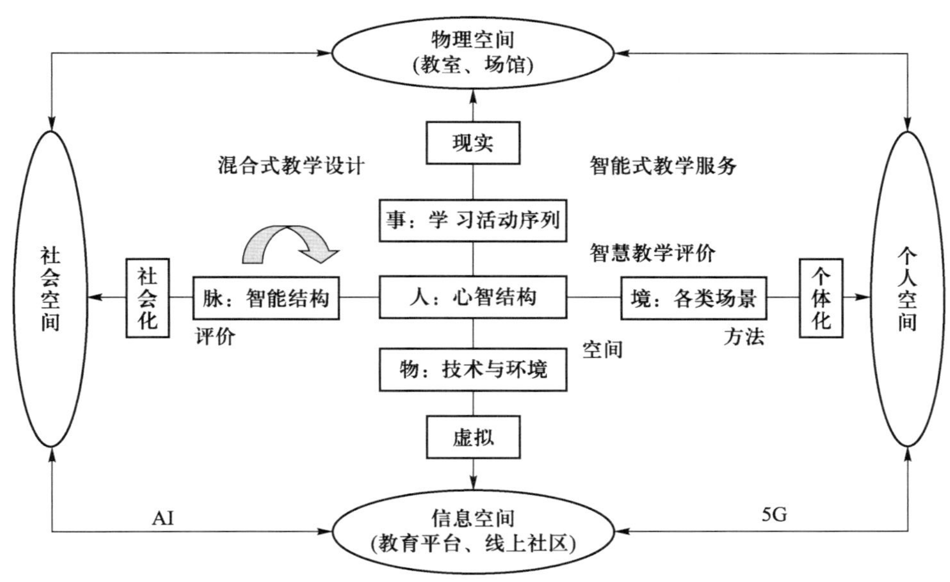

图 12-3　智慧学习空间构建模型

踪及学习情境的识别，传感器能对学习环境及学习者的状态进行感知，通信技术能实现学习者之间、学习平台之间的有效连接。

1. 领域知识建模技术

领域知识模型是具有层级关系和平行关系的学习目标和知识点的集合，为自适应学习提供资源内容基础。领域知识建模是在学科领域专家的帮助下将学科内容进行学习目标和知识点划分，并确定学习目标和知识点之间的关系，形成有机的领域知识体系的过程。已有研究主要基于元数据层、知识层和资源层对领域知识进行建模。元数据层表示学习目标和知识点在领域中的位置信息，如所属课程、章节信息；知识层主要由学习目标和知识点构成，是领域模型的核心部分；资源层包括学习内容、学习活动和测试题集。如图 12-4 所示。

2. 学习者建模技术

由于不同的学习者存在方方面面的差异，为了让计算机能够自动地为不同的学习者提供恰当的反馈，首先要获取学习者信息和对学习者进行表征，即学习者建模。学习者信息的内容及其表征形式称为学习者模型，学习过程信息的自动获取和分析方法，称为学习分析技术。

学习者建模技术主要涉及学习者个体信息和学习者情境信息两类信息，其中依据信息的稳定性，将学习者个体信息进一步划分为持续性信息和动态信息。学习者个体的持续性信息是指相对稳定的影响学习效果的个体特征，学习者个体的动态信息是指能随情境和时间而变化的与学习活动有关的个体状态。

在学习者模型中数据是重中之重，从各类网络教育系统中所获得的数据有三大类型：静态数据（不变量）、动态数据（可变量）和可推理获得的数据（包括不变量和可

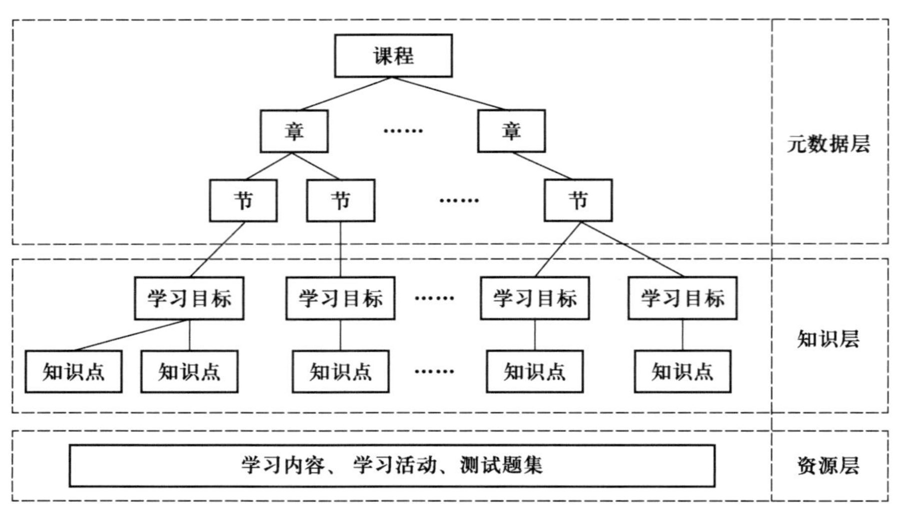

图 12-4　领域知识模型

变量)。获取静态数据的过程是个性化学习者模型初始化的过程，它是学习者的基本数据，是逻辑分析层中个性化学习者特征里的个体属性的数据基础；动态数据则是指学习者模型数据层中的学习相关信息和关系信息，它们在学习进程中不断变化；可推理获得的数据是指学习者模型数据层中的偏好信息，以及逻辑分析层中个性化学习者特征里的认知能力、学习风格和学习态度的取值。它们以数据层中学习相关信息和关系信息为基础，通过教育数据挖掘和学习分析技术，收集、分析、统计各学习者特征的维度指标，再根据各学习者特征所定义的相关准则，获得其取值。可推理获得的数据和动态数据的获取过程，是个性化学习者模型的动态更新过程。网络教育个性化学习者模型的数据流向如图 12-5 所示。

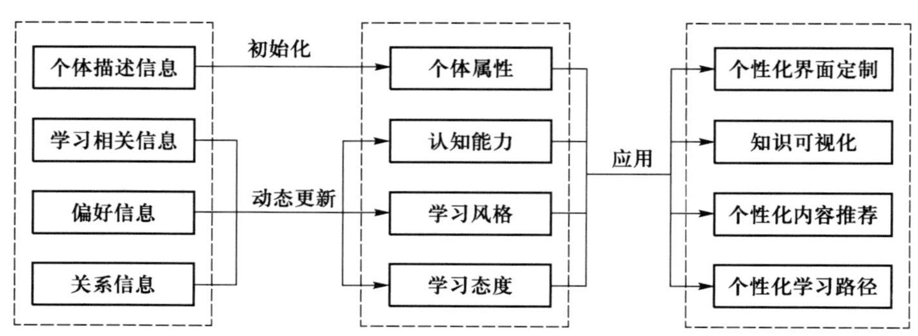

图 12-5　网络个性化学习者模型的数据流向图

3. 学习分析技术

目前学习分析技术主要利用交互文本、音视频和系统日志三种形式的学习过程，记录数据，分析学习者的学习特征。其利用参与度分析法、社会网络分析法和内容分析法等自动化的交互文本分析技术获取学习者对学习的参与度、学习者的社会网络、学习者关注的学习内容等信息。

教学音视频分析的主要内容是获取学生和教师的课堂行为信息，如统计教师的言语比例、学生言语比例、教师提问比例、学生讨论比例等。随着智能音视频分析技术的发展，其已经可以根据眼睛和嘴唇的形状对说话者进行自动识别，将说话者的语音内容转化为文本内容，对高兴、悲伤、生气等面部表情进行实时自动识别，对手势、动作的识别可大大增强人际交互体验感。另外，教师利用这些信息所建立的视频索引信息，可大大提高教学中总结性评价的效率，如统计特定学生在一段时间内的课堂参与情况对比、不同科目的课堂表现等。

对学科成绩、系统登录情况、学习资源访问情况、热门的检索词习题解答情况等系统日志类数据的分析，不仅可以帮助学习者和教师了解学习者的学习情况和学习资源的利用情况，而且通过统计分析的方法，可以挖掘各种数据之间的关联情况。

（三）个性化学习手册

人工智能、大数据等智能技术为个性化学习提供了技术支撑，能帮助教师在了解每个学生特征的基础上，为学生提供个性化的学习服务。科大讯飞智慧教育系列产品中的个性化学习手册就是这样的智慧学习产品，这一产品通过采集和分析学生学习数据，诊断其知识点掌握情况，为每位学生量身打造一套知识与类型题图谱。在此基础上，它能够基于人机结合的推荐引擎，为学生提供精准的个性化学习资源，帮助学生科学规划自主学习路径，提高学生自主学习的效率。

个性化学习手册基于校内日常学业数据采集与分析，通过月考、周考、单元测试、作业等方式，收集教学过程中产生的作业和考试数据，根据过程性数据和多维智能分析深度挖掘数据蕴含的价值，并通过成绩分析、错题分析、个性化作业等方式精准定位学生薄弱知识点和最优学习区，为每个学生量身定制一套专属个性化学习方案，帮助教师全面了解学生的个性化特征，帮助学校分层教学，实现从千人一面到千人千面转变，帮助学生减轻学业负担、提高学习效率、提升学科能力。如图 12-6 所示。

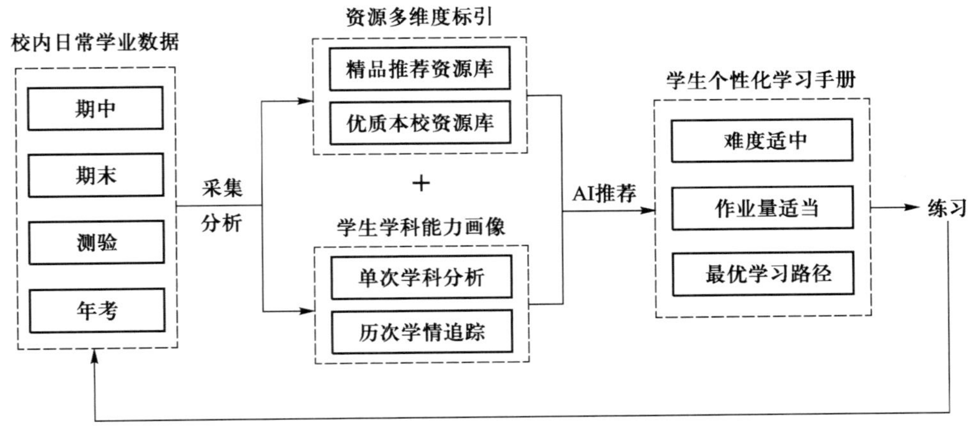

图 12-6　个性化学习手册构建流程

个性化学习手册主要提供以下功能：

（1）数理化学习，9 层个性化。根据历次考试学情，定位不同层次学生（困-中-优）在不同难度试题（易-中-难）上的错因，并根据最近发展区形成了以人推题的个性化，为不同学生在不同场景制定不同的学习方案。如图 12-7 所示。

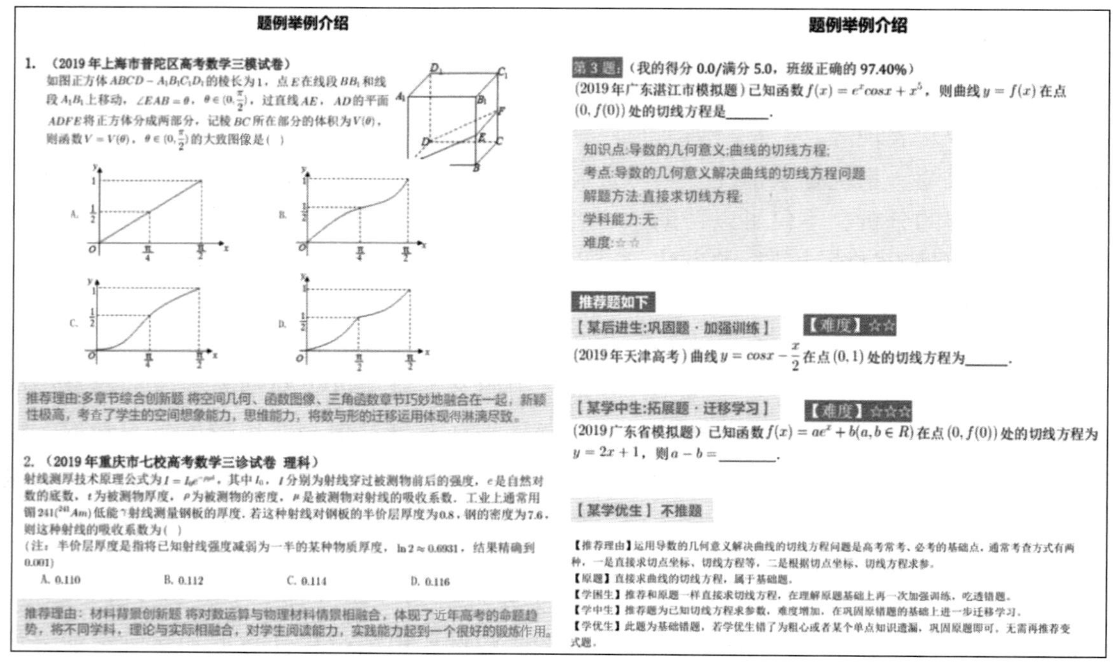

图 12-7　题例举例介绍-1

（2）英语新“能力培养方案”。英语学科新增方案以能力诊断结果将薄弱项资源精准推送给学生，一本分四册（词汇-早读，语法-课间，阅读/写作-晚自习），充分利用碎片化时间高效学习。如图 12-8 所示。

（四）实践效果

1. 安徽省合肥市第六中学：学习手册助力学生个性化发展

通过个性化学习手册的常态化应用，合肥六中高一年级学生成绩和教师教学效率都得到了显著提高。学校相关调查统计显示，2018 年 3 月至 6 月合肥六中高一年级 16 个班的近 800 名学生在使用个性化学习手册 10 次后，在期末考试中数学学科的及格率从上学期的 75. 3%升至 82. 4%；未使用的另外 16 个班的学生，数学学科及格率从上学期的 74. 5%升至 76. 4%。通过半个学期的全面应用，学生做题量从平均每周 60 道题减少到 20 道有针对性的个性化错题。题量大幅下降，但学生对同一知识点掌握的时间比之前缩短约 30%，之前未掌握知识点的题目重复出错率降低了约 16%。个性化学习手册实现了“做少题、做对题、做好题”的目标，帮助该校高一年级学生的数学整体成绩环比提高约 12%。“个性化学习手册是六中本学期在学生个性化学习领域推出的第一个法宝。

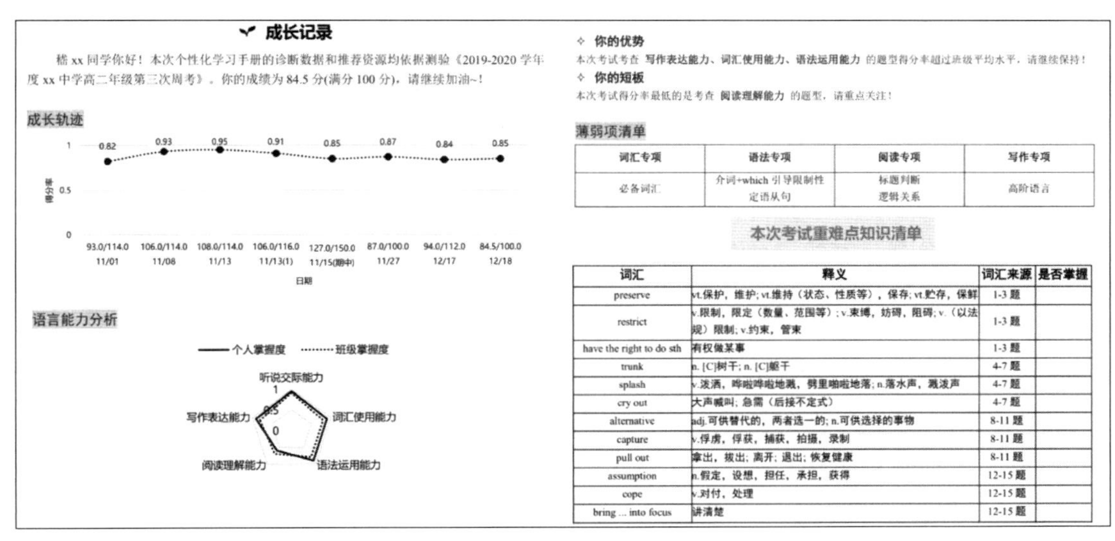

成长记录

槠 xx 同学你好！本次个性化学习手册的诊断数据和推荐资源均依据测验《2019-2020 学年度 xx 中学高二年级第三次周考》。你的成绩为 84.5 分(满分 100 分)，请继续加油~！

成长轨迹

语言能力分析

✧ 你的优势

本次考试考查 **写作表达能力、词汇使用能力、语法运用能力** 的题型得分率超过班级平均水平，请继续保持！

✧ 你的短板

本次考试得分率最低的是考查 **阅读理解能力** 的题型，请重点关注！

薄弱项清单

词汇专项	语法专项	阅读专项	写作专项
必备词汇	介词+which 引导限制性定语从句	标题判断 逻辑关系	高阶语言

本次考试重难点知识清单

词汇	释义	词汇来源	是否掌握
preserve	vt.保护，维护; vt.维持（状态、性质等），保存; vt.贮存，保鲜	1-3 题	
restrict	v.限制，限定（数量、范围等）; v.束缚，妨碍，阻碍; v.（以法规）限制; v.约束，管束	1-3 题	
have the right to do sth	有权做某事	1-3 题	
trunk	n. [C]树干; n. [C]躯干	4-7 题	
splash	v.泼洒，哗啦哗啦地溅，劈里啪啦地落; n.落水声，溅泼声	4-7 题	
cry out	大声喊叫; 急需（后接不定式）	4-7 题	
alternative	adj.可供替代的，两者选一的; n.可供选择的事物	8-11 题	
capture	v.俘虏，俘获，捕获，拍摄，录制	8-11 题	
pull out	拿出，拔出; 离开; 退出; 恢复健康	8-11 题	
assumption	n.假定，设想，担任，承担，获得	12-15 题	
cope	v.对付，处理	12-15 题	
bring ... into focus	讲清楚	12-15 题	

图 12-8　题例举例介绍-2

它借助全球领先的人工智能核心技术，针对每位学生的不同学习情况打造了个性化的学习材料，促进学生更高效地掌握知识、提升成绩。同时，帮助学校分层教学，全面提高了教学效率。”时任合肥六中的校长如此评价。

2. 南京一中：科技“错题本”受欢迎，个性化学习全面发力

南京一中与科大讯飞达成战略合作协议，共建江苏省大数据教学支持中心，引入个性化学习手册，初步搭建起个性化学习的实践框架。大数据教学支持中心在不改变教师出卷、批改习惯的情况下，实现答题卡制作、扫描、云端阅卷与数据分析，通过人工智能与大数据分析，最终形成针对每个学生不同的个性化学习手册，帮助教师针对不同学生的学情开展个性化教学。让个性化教育更懂学生。个性化学习手册在学校使用了一个学期，取得了良好的效果。在使用频率最高的初三，满意度超过 85%。高三年级 8 个班近 70%的学生在数学学科常态化使用个性化学习手册，在校生共 1 840 人，其中使用个性化学习手册的有 1 430 人，使用率达到 78%。高三学生潘同学在学习上很努力，但数学是薄弱学科。在新高考背景下，数学成绩差会给学生带来不利影响，学校深知对潘同学这样的学生来说，夯实基础很重要。但是每个学生的薄弱点不一样，单靠教师教学和学生自己刷题，效果微乎其微。个性化学习手册会收集像潘同学这样学生日常考试、测试和作业的数据，精准分析学生的薄弱点，为其推送变式题，有助于巩固提高。个性化学习手册会根据学生的成绩推送题目，对于成绩一般的学生，个性化学习手册会为其推送基础题；对于成绩优秀的学生，个性化学习手册会为其推送拓展题。

三、智慧考试

在当前的教育模式下，考试是一种非常重要的学习效果监测手段。如今，考试也在发生变化。

在智慧考试方面，基于智能引擎，人工智能会在试题生成、智能批改、学习问题诊断等方面发挥重要作用。例如，智能评卷系统可以辅助人工阅卷，帮助教师减少批改作业的工作量，更重要的是它可以提升阅卷效率和准确性。目前智慧考试已在大学英语四六级考试，部分省份的高考、中考中进行了试点。

所谓智慧考试，是指用人工智能、大数据、云计算、物联网等技术，在智慧校园的基础上，通过监测、分析、融合、智能响应的方式，融合各类软硬件条件，以实现实时、实地在线测试及智能组卷、智能阅卷、智慧训练等，为教学管理、人才培养提供智慧决策服务。

智慧考试源于无纸化考试。随着信息技术的发展，无纸化考试得到极大普及。然而，无论传统考试还是无纸化考试，均有其自身的局限性。例如，组考依然要耗费大量的人力、物力，教师出题、学生考试、教师监考、教师改卷等一系列步骤仍然十分烦琐，成绩统计也很麻烦。

智慧考试正是在充分利用智慧校园的基础上应运而生的。智慧考试包含智慧出题、智慧组考、智慧成绩分析等，这些是智慧校园的重要组成部分。

（一）智慧学习分析

智慧考试是智慧教育中智慧学习分析中的重要部分。学习分析是指对学习者产生的大范围数据的解释，这些数据用于评估学术过程、预测未来表现和发现潜在问题。数据可以从学习者的外显行为中收集，如完成作业和参加考试；可以从内隐行为中收集，如在线社会交互、课外活动、论坛跟帖等。学习分析的关键技术主要有：网络分析法、会话分析法、内容分析法等。随着数据日益智能化（如语义数据、关联数据），学习者数据（Learner Data）、用户信息（Profile Information）、课程数据（Curricular Data）可以以某种分析形式相互结合。这些重要数据在被分析之后，成为预测（Prediction）、干预（Intervention）、个性化（Personalizati on）和适应（Adaptation）的基础。Gsiemens 认为，学习分析要利用智能数据（Intelligent Data）、学习者生产的数据（Learner-Produced Data）和分析模型（Analysis Models）来发掘信息和社会关系，对学习做出预测并给出建议。如图 12-9 所示。

（二）智慧考试核心技术

智慧考试是一个集约化的信息系统工程。其核心技术可以概括为：情境感知、全向交互、智能分析、可视化。

1. 情境感知

情境感知是智慧考试最基础的功能特征，可以依据用户的特征与学习情况为用户提供智能组卷服务。智能组卷可以对试卷的结果、考点、难易程度进行分析诊断，并利用大数据分布式搜索引擎，在 3 分钟内即可生成与原试卷相似度 96%以上的试卷，从而为用户提供个性化的、具有针对性的考试服务。

2. 全向交互

教与学活动的本质是交互，智慧考试支持全方位的交互，包括人与人之间的交互以

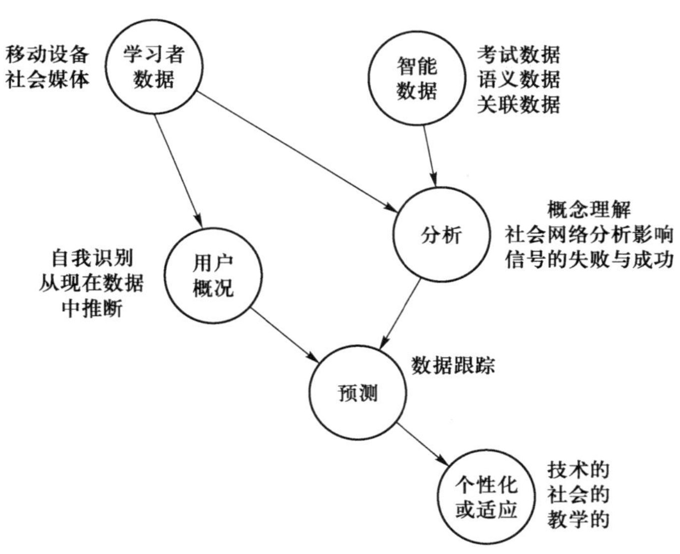

图 12-9　学习分析过程框架

及人与物之间的交互。全向交互具体体现在如下几个方面。① 自然交互：通过语音、手势等更加自然的操作方式与媒体、系统进行交互。② 深度互动：实现师生之间、生生之间的随时、随地的互动交流，促使深层学习发生。③ 过程记录：自动记录教与学互动的全过程，为智慧教育管理与决策提供数据支持。

3. 智能分析

对于智慧考试结果，可以给予及时、高效、准确的智能分析，对考试结果进行挖掘分析，得出用户的学习情况，及时发现存在的薄弱之处，为下一步的智慧教育提供数据依据。

4. 可视化

可视化是信息时代数据处理与显示的必然趋势。可视化是智慧考试的必备功能，也是智慧教育的重要特征，其一般流程如图 12-10 所示。可视化通过良好体验的操作界面，来操作教育设备和应用系统。同时对于考试结果，可以通过图形界面，清晰、直观、全面地呈现各类教育统计数据。

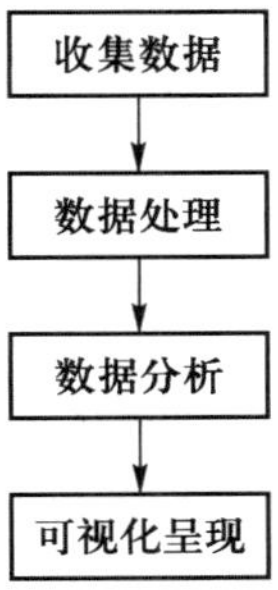

收集数据 → 数据处理 → 数据分析 → 可视化呈现

图 12-10　可视化一般流程

（三）智慧考试未来趋势

智慧考试在未来，应该基于人工智能和大数据，记录每个学生求学期间的所有检测数据，并结合其课程表现，为学生进行准确画像，进而为更完备的智慧评价提供素材。

智慧考试的重要指导思想是“靠数据说话”，物联网、云计算、移动通信、大数据等新一代信息技术的发展为教育评价从“经验主义”走向“数据主义”提供了技术条件，可以实现智慧考试过程数据的全面采集、存储与分析，并通过可视化技术进行直观的呈现。通过对考试数据的全面分析，可以为教学质量评估提供更全面、更准确的科学数据分析结果。

四、智慧评价与智慧管理

（一）智慧评价

教育评价是对教育活动满足社会与个体需要的程度做出判断的活动，是对教育活动现实的或潜在的价值做出判断，以期达到教育价值增值的过程。即教育评价是根据一定的教育价值观或者教育目标，运用可行的科学手段，通过系统地收集信息资料和分析整理，对教育活动、教育过程和教育结果进行价值判断，从而不断自我完善和为教育决策提供依据的过程。传统的针对学生个体的教育评价内容和评价标准较为片面，主要局限于教学领域，集中在对学生的学习成绩的评定上，对于教育质量的评价部分地区通过线下的方式，如档案袋资料法、品德评价法等对学生的综合素养进行评定。但受限于技术等因素，教育评价缺少真实性与动态性评价，对数据的利用和挖掘不充分，难以开展持续性和终身性评价。

目前，随着技术的发展和教育教学环境的完善，学生的成长数据越来越丰富。教育评价也加快了量化研究进程，精确的信息让教育评价数据化、直观化成为可能。随着前沿技术的发展，评价从宏观群体走向微观个体，从而引发教育评价的变革，智慧评价概念应运而生。以教育信息化支撑和引领教育现代化，将新兴技术引入教育评价领域，实施智慧评价已成为建设教育强国的时代要求。“用数据说话”，在教育评价中充分运用信息化手段，将教育评价与新兴技术深度融合，并在新方法、新理念下通过技术、理论研究、实践的发展来不断深化智慧评价的概念。

1. 学生个体智慧评价平台

随着大数据的普及，教育数据的全样本、实时采集已经能够实现，从而使对学生成长的所有过程性数据的跟踪记录成为可能，也使因材施教成为可能。学生个体智慧评价平台的构建涉及学生评价的全过程，如图 12-11 所示。

（1）数据采集平台

数据采集是开展学生评价的前提和基础，主要解决数据源的问题。从采集对象划分，数据采集主要包括学生、教师、学校、家长四个方面的数据。学生数据主要包括学业成绩、身心健康、日常生活表现及影响学生发展的相关因素等数据；教师数据主要包括教师的日常教育教学、身心状况、对学生评价等方面数据；学校数据则包括学校基本信息、学校管理、课程开设数据等；家长主要提供子女在家庭中的表现行为及对子女在家表现情况等数据。

数据采集平台将从不同对象收集来的不同类型的数据，如基本信息、评价数据、测试数据、问卷调查等方面的数据进行全方位、持续的采集，建立个体评价大数据。

（2）数据清理系统

数据采集的数据来源众多，包括结构化数据和非结构化数据。数据在汇总过程中不

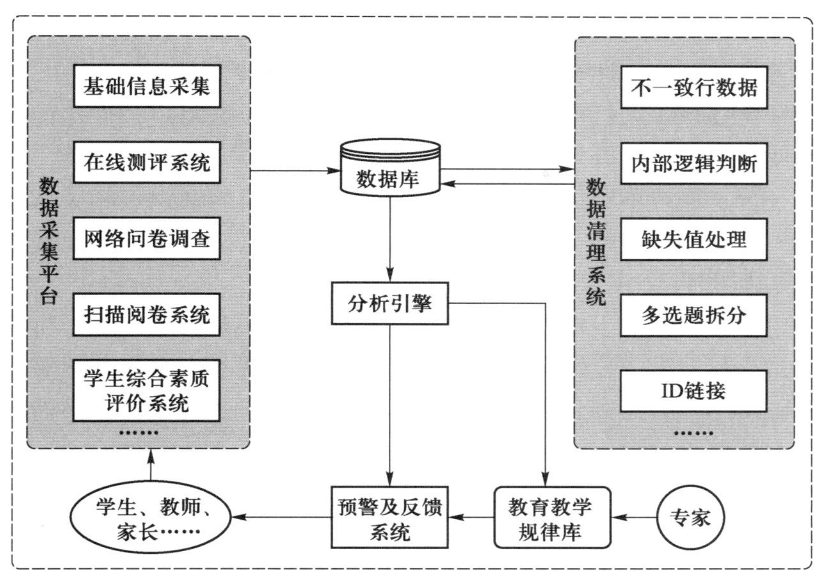

图 12-11　学生个体智慧评价平台

可避免地因数据来源不同或采集对象未按规范填答等因素而出现脏数据，因此需要将脏数据进行自动化清洗。

数据清理系统有两个核心目标：一是减轻数据清理的工作量，提高清理效率；二是保证海量数据清理的精准化。在提高数据清理的效率方面，相关研究提取了数据清理中的基本操作，如重复 ID 清理、多选题拆分、缺失值处理、不一致行数据的检测与处理等操作，并将这些基本操作进行组合，形成通用的清理规则内置到清理系统中，在进行清理操作时用户只需要向系统提交清理计划，系统即可实现数据的自动清理。在保证数据清理的精准性上，系统在执行每一步清理计划前会向用户提供数据清洗前后的对比效果展示，方便用户及时发现并纠正清理中出现的错误，同时系统记录了用户的每一清理步骤，用户可以根据需要将数据回溯至任何一个清理步骤前的状态。

（3）数据分析系统

数据分析系统是平台的关键，采集清洗后的数据只有通过深入的挖掘和分析才能让数据价值最大化。数据分析系统一方面可以从时间维度对同类数据进行纵向的比对分析，另一方面可以进行横向的比较分析，既可以实现对单个数据的独立分析，也可以实现对多个数据的关联统计。同时，数据分析系统对大规模数据进行持续分析，从中可以挖掘出教育教学中存在的规律，并将通过专家审定后的规律存储到数据库中形成教育教学规律库，为平台的预警及反馈功能提供基础。

（4）预警及反馈系统

预警及反馈系统是智慧评价平台的核心，是实现个体评价智能化的关键。预警及反馈系统具有强大的监控、诊断、预警及反馈功能，系统对采集的大数据进行动态监控，及时掌握数据尤其是重点数据的变动趋势，通过数据分析系统对数据进行挖掘和分析，并将分析结果结合规律库进行异常值的评估，一旦诊断数据存在异常状况，系统将向相关对象发出预警信号。

智慧评价平台提供了人性化的人机交互界面，可以根据用户个性化的需求定制相关的分析报告，使生成报告更有针对性。反馈系统还会根据对学生学习状况检测的结果，通过在线测试平台定期或不定期有针对性地向学生推送薄弱知识点相关试题并分享优秀学生在相应知识点的学习策略，通过加大学生薄弱知识点试题的训练及提供学习经验推荐提高学生的学业水平。

通过对学生日常学习和生活的跟踪记录，智慧评价平台可实现对学生学业表现、学习方法等的实时分析和及时反馈，并通过对影响学业表现的态度、习惯等相关因素的深入分析，了解影响学生表现现状的深层因素，对相关问题进行干预，进而为不同学生提供个性化支持，以促进其健康成长。

一方面，智慧评价平台通过采用移动终端实现了混合式课堂教学，将智慧评价融入课堂，通过向学生推送在线作业、考试，实现对学生学业发展状况的精细化分析，为教师教学提供精准的数据支持；另一方面，基于大数据挖掘和智能分析，为教师教学提供了智能化支持。图 12-12 和图 12-13 为科大讯飞的学习机产品图和班级超脑概念图。

图 12-12 科大讯飞学生机架构

科大讯飞基于其核心的人工智能和大数据技术，在新一代智慧课堂解决方案中，对班级超脑全新升级，不仅可以对学生课堂学情进行全过程数据动态反馈评价，还应用大数据技术，对学生学情进行分析，帮助教师实现精准教学。同时，班级超脑兼容海量教育资源，能够为师生匹配和推送精准教学和学习内容。

课前，学生通过讯飞智能学生机进行预习、导学；课中，大小屏互动，并可以及时反馈学生听课情况，教师及时调整教学策略；课后，为学生推荐复习、拓展和自主学习资源……基于学情的可视化呈现、备课资源智能推荐、教学过程动态调控、课后学习个性规划，班级超脑让学习真正形成闭环，让学生真正成为学习的主人。

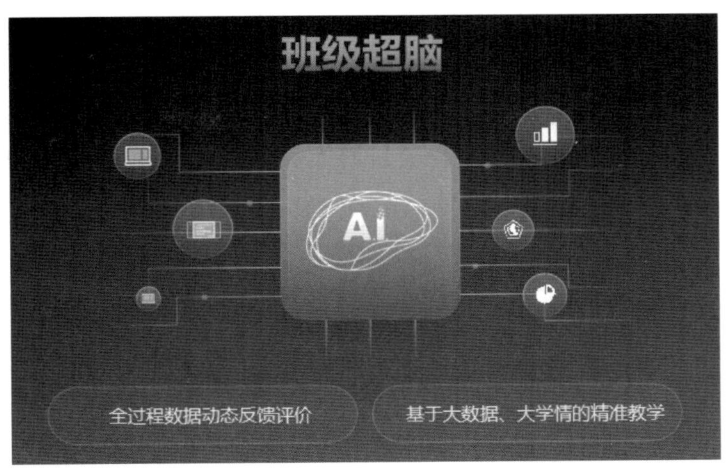

图 12-13　科大讯飞班级超脑概念图

2. 教育质量监测

2012 年 7 月，由北京师范大学牵头，由华东师范大学、华中师范大学、东北师范大学、西南大学、陕西师范大学、中国科学研究院、教育部考试中心和科大讯飞等作为核心共同建立了中国基础教育质量监测协同创新中心，常态开展基础教育质量数据的采集、分析与评价工作，科学、准确、及时“把脉”全国基础教育质量状况，推动教育管理和决策的科学化，引导全社会树立和践行科学的教育质量观，推动我国基础教育质量水平不断提升，促进亿万儿童、青少年全面健康发展。

基础教育质量监测目前已在国家层面上实现了大规模常态化应用。科大讯飞承建了国家教育评价云，建立了动态大数据采集和分析系统，创新了音乐、科学等学科的机考自动化测评工具，积累了国家基础教育质量监测数据，为监测数据的深度分析和挖掘夯实了基础，满足国家教育质量监测战略任务的需求。

例如，艺术评测中的“演唱测试系统”，其信息流处理过程如图 12-14 所示。

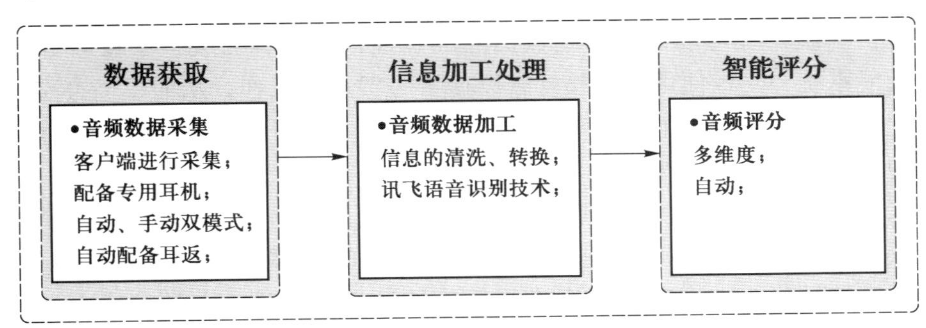

图 12-14　“演唱测试系统”信息处理流程图

科大讯飞智慧评价产品以教育教学和管理为需求导向，以常态化应用为重点，融合了教学、教研、评价、诊断、提升等众多环节，纵向贯穿各级平台应用，满足各级教育行政部门、学校、教师、学生群体的教育质量提升需求，推动现代信息技术与教育评价领域的深度融合，促进教学、学习、评价及管理方式的创新，提高教育质量和学生综合素养，推进区域教育质量朝着更加均衡和优质的方向发展，推动落实科学的教育质量观，提升区域教育信息化整体水平。目前，科大讯飞智慧评价产品已服务安徽、江苏、广东、湖北、福建、云南、山东、吉林、上海、北京、重庆等省市。

3. 未来展望

随着5G、物联网的发展，新兴技术将为智慧评价的发展提供支撑；VR/AR等技术使教育工作者能够创设更加真实的情境来评价学生；一系列计算建模技术、分析技术，使教育工作者能够将评价的结果更加准确、高效、及时地反馈给个体。过去的评价方法比较简单、有限，更多用于选拔、甄别；现在学校可以更好地利用智慧评价，促进学生的全面发展，对其进行精准指导。

过去，受计算、储存等技术的制约，教育工作者只能用抽样的方法，选取有代表性的样本进行评价。如今，新兴技术使教育工作者在面对所有学生时，可以用整体取样的方法为每个学生提供个性化评价。随着智慧评价进入学生的日常学习中，其伴随性、隐形性的特点增强了评价结果的真实性。现在的智慧评价可以做到及时反馈，并对学生进行有针对性的个性化推送。所有这些新趋势、新变化都是在一系列新兴技术得到发展的前提下产生的。通过智慧评价，教育也将趋于公平。

（二）智慧管理

教育管理是一个有机整体，人工智能在教育管理领域的深度应用将让管理更高效。教育管理信息化和智能化可有效助力教育管、办、评分离，促进教育公共服务水平提升，促进教育治理能力和治理体系现代化。立足教育大数据的人工智能，通过对教育教学过程进行数据采集、建模、智能分析和系统化分析，实现教育教学决策的科学化、资源配置的精准化。

人工智能时代的到来，意味着越来越多的智能软件将进入学校管理中，如成绩分析系统、无纸化阅卷系统等。在教师上下班签到问题上，采用指纹识别或人脸识别系统与后台数据分析系统，既可以保证出勤数据的准确性，又能有效缓解学校教务部门的压力。通过智能系统，学校便可以轻松处理以往费时费力的工作，从而提高办事效率。在考务管理上，在未来的学校中，监考机器人将代替监考人员参与考务工作，在很大程度上节约人力成本。

随着人工智能的发展，教育管理也将发生深刻变革。例如，人脸识别、情感计算等技术趋于成熟，教师便可借助这些技术直接获取学生的面部表情等数据，通过表情变化数据来对学生的情感、态度和价值观进行精确的过程性评价。在学校层面，数字化校园、智慧校园等系统可以为教师发展、学生个性化发展和家校沟通提供有力支撑。利用积累的数据，学校可以实现对教师的评价、对学生成绩的横断面分析和时序变化分析，以及对学生完成各种学习活动的分析。在国家层面，国家可以借助数据挖掘和数据可视化使决策管理更加科学化和信息化。

1. 智慧校园管理

基于大数据和校园地图定位的智慧校园能打破教师、学生家长之间的“信息孤岛”，实现信息互通，给教学、学习、教研、生活和管理带来新变化。大数据能对校园数据进行快速而有效的分析，通过深入挖掘数据价值，提供智能决策分析，以促进教育的发展。

智慧校园可提供多样化的服务，如教职工、学生、家长个人信息管理，工作审批，教学研讨与交流等，全面满足学生、教师和家长的需要。

科大讯飞智慧校园解决方案，依靠先进的云计算服务平台，结合大数据、物联网、移动互联网、人工智能等信息化领先技术，形成了涵盖学校日常管理、教师服务、教务管理、教学评价的 K12 教育信息化综合解决方案。通过对校园内各类资源有效集成、整合和优化，将教务教学、师生管理、行政办公过程优化协调，更全面地满足学校在日常办公、教务管理、教师发展、学生成长等各方面的业务诉求，同时提供手机端、Web 端、PC 端等多种使用方式，向第三方厂商提供开放接口和开发平台，创建智慧办公、智慧管理、智慧教学的环境，帮助学校打造智能化、开放化、个性化、社交化的智慧校园生态平台。智慧校园在应用中产生的数据，通过讯飞教育大数据平台沉淀，动态、准确的校园业务数据，支持学校教育决策，形成良好的教育服务模式，如图 12-15 所示。

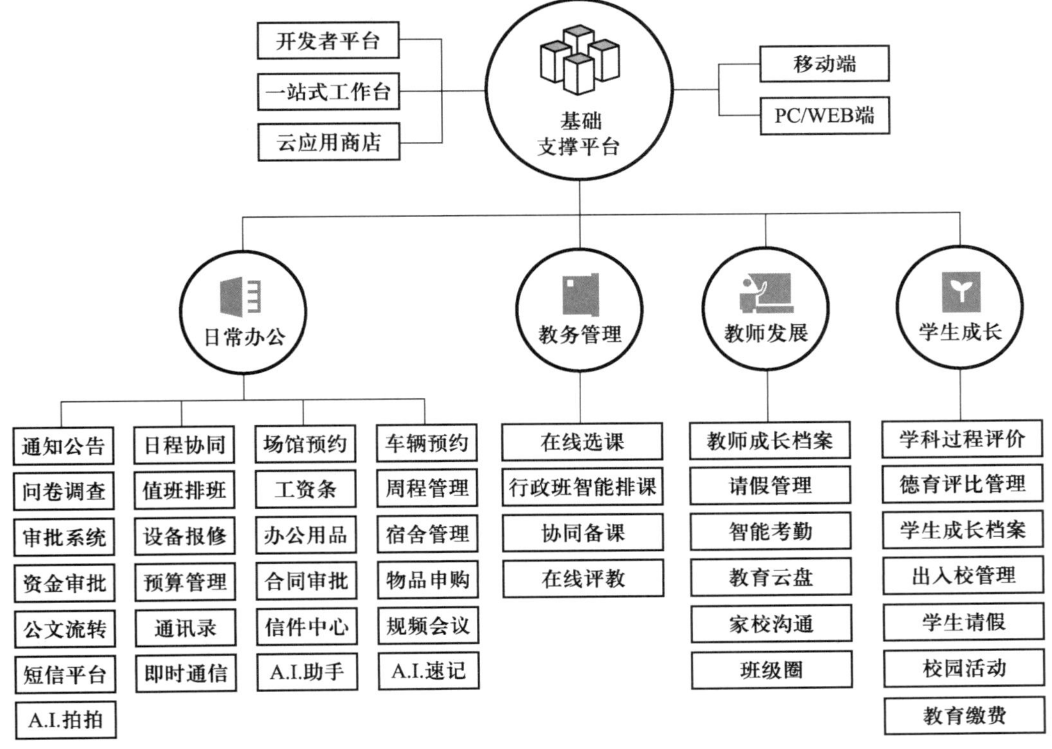

图 12-15　智慧校园架构图

2018 年 4 月，教育部出台《教育信息化 2.0 行动计划》，提出通过数字资源服务普及行动等，实现教育信息化快速发展。在这样的大背景下，为了充分发挥技术保障教学、服务教学、促进教学的功能，上海市松江一中进行智慧校园建设，并取得了阶段性成果。

2018 年 7 月，上海市松江一中智慧校园项目顺利通过专家验收，验收内容包括基础开放平台、智能班牌、基础数据平台、个人网盘系统、日程协同系统、设备报修系统、通知公告系统、成绩分析系统、教师成长档案及新高考系列产品等。学校利用智能班牌实现智能开门，排课系统有效解决了新高考模式下的排课难问题。以智能班牌为例，其打破了“信息孤岛”，见图 12-16。科大讯飞的智能班牌依靠数字校园的平台优势，成为整个数字校园生态的数据采集、发布与查询的核心终端。同时，智能班牌采用网络数据抓取技术，可采集天气预报等数据，在使屏幕信息丰富化的同时，保证了屏幕资源更新可持续化。

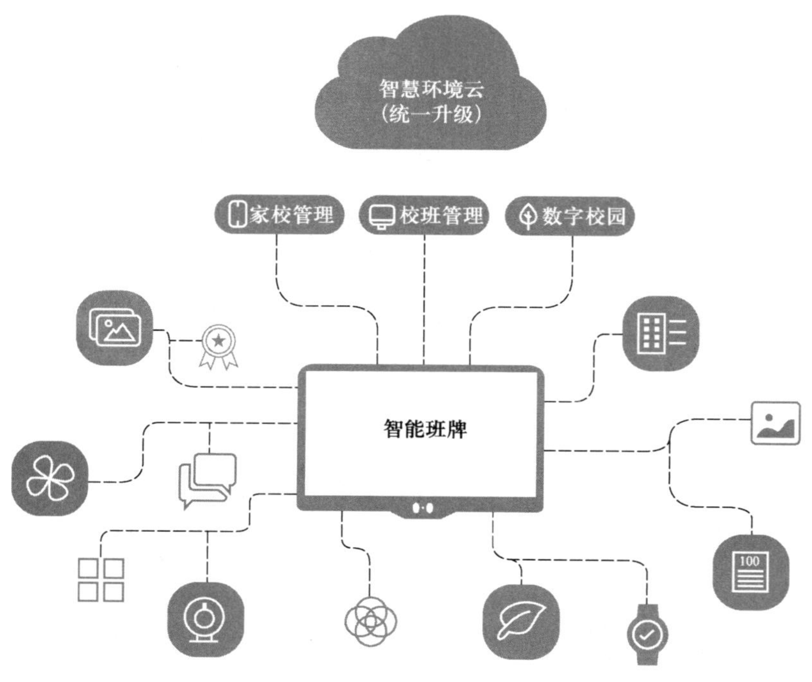

图 12-16　智能班牌

2. 未来展望

人工智能在教育管理中得到应用，会对教育管理的发展起到促进作用，但也存在挑战。管理者要用好这把双刃剑，回归教育本质，准确理解技术，有效利用技术，真正做到智慧地运用技术解决教育问题，提高教学效果。

第一，教育管理将更具前瞻性。预测是人工智能的重要功能。人们把一定程式、数据、前提条件写入智能系统，用其对最终结果进行模拟和预测。预测是管理活动中举足轻重的环节。在人工智能问世前，人们就已用各种方法来预测管理结果了，如德尔菲法。预测的对象除了结果，还包括与管理计划相关的诸因素，如影响计划实施的前提条件、可能困境、可行纠偏措施等。集控制论、信息论、统计学及数学学科知识于一体的人工智能，拥有强大的大数据综合处理、复杂程式分析、可能性概率估量、可视化图像模拟、多维计量建模等功能，其综合性的预测效果显然比单一专家预测（知识结构单一、凭经验推理）要好很多。

第二，促成教育管理数据化、透明化与理性化。以深度学习、跨界融合、人机协同、群智开放、自主操控为特征的人工智能，其发挥作用的前提是拥有大量的有效数据。俗话说，巧妇难为无米之炊。没有数据的人工智能，根本无法发挥作用。人工智能依托数据而存在，这必将促进教育管理数据化进程。数据化即是将各项具体指标按一定方法进行明确计量、科学分析、精准定性的过程。数据化作为人工智能的手段和目的，必将使教育管理不再是模制化管理，一切将有据可依。

第三，重构教育管理监督与纠偏体系。“预警抓苗头，监督常态化”，人工智能具有强大的监测和预警功能，这是其被交口称赞的原因之一。当实时状况与预设条件不一致时，预警程序就会启动，以便管理者在第一时间发现问题、采取应急处置方案、执行纠偏措施。甚至在某些时候，人工智能的自适应系统可自动采取解决办法。同时，人工智能的数据化、可视化将为第三方教育评估（或监测）机构的工作提供便利。

第三节　智慧教育案例-科大讯飞

科大讯飞股份有限公司（以下简称科大讯飞）是亚太地区知名的智能语音和人工智能上市企业。自成立以来，长期从事语音及语言、自然语言理解、机器学习推理及自主学习等核心技术研究并保持了国际前沿技术水平；积极推动人工智能产品研发和行业应用落地，致力让机器“能听会说，能理解会思考”，用人工智能建设美好世界。在教育领域，科大讯飞通过人工智能技术的深度应用，构建覆盖教育主场景的数字化和智能化教与学环境，提出“类脑”计划，以“因材施教”为导向，搭建智慧教育生态体系全平台，涵盖教（智慧教学）、学（智慧学习）、考（智慧考试）、评（智慧评价）、管（智慧管理）五大领域，如图 12-17，助力提升教育公平和质量。基于科大讯飞世界前沿的人工智能技术和优质学习资源，实现精准教学与个性化学习，真正实现因材施教，为师生减负增效。目前，科大讯飞智慧课堂为 2 万多所学校提供基于全场景教学数据的因材施教解决方案；帮助教师备课时间平均减少 53%，批改作业时间平均减少 42%，课堂效率提升 26%；帮助学生减少 40%的不必要作业量，及时解决作业难题，显著提升学习兴趣和学习成效。

近年来，我国的教育事业得到了极大的发展，但也不可否认还存在一些需要改进的地方。比如以下方面：

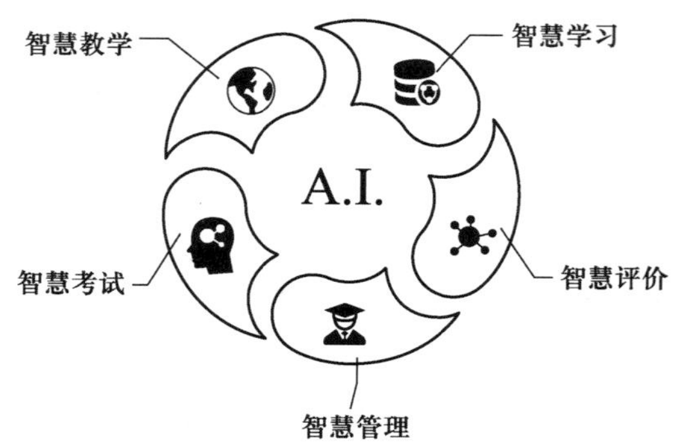

图 12-17　科大讯飞智慧教育生态体系

（1）教育均衡的问题。农村偏远地区等经济欠发达地区普遍存在师资力量不足，教学资源匮乏以及开不足、开不齐、开不好课等问题，特别是语言类、实验类、音乐等素质拓展类学科尤其明显。

（2）师生负担重且时间分配不合理的问题。根据国家社科基金“中学专任教师工作量状况及标准”课题研究，教师每周工作时间超过 54.5 小时，全年作业批改量达 1.2 万本，大多数教师为了完成备课、批改作业等，需加班工作，且大部分时间用于批改作业等重复性工作；中学生每天学习时间超 12 小时，大多数中学生平均睡眠时间不到 7 小时。

为解决以上问题，科大讯飞助力因材施教和个性化学习，也助力师生的减负增效。比如在课堂场景下，科大讯飞智慧课堂有效链接课前、课中、课后。科大讯飞“智学网”可以提供备、教、改、辅、研、管全方案，截至 2019 年年底已应用于全国 16 000 余所学校，服务师生超过 2 500 万人，记录 350 亿条过程化学习数据，生成各类数据分析报告逾千万份，其智能批改功能帮助老师批改作业时间减少 42%。

（一）智慧考试应用案例

1. 英语听说教考平台

英语听说教考平台是在英语中高考改革背景下，依托科大讯飞智能语音及人工智能技术，开发的集英语听、说、教、学、考、评于一体的区级教学、考试综合解决方案。该平台提供海量丰富的教学资源和考试资源，支持组织区级联考、校级模考和班级日常测试；可帮助教师开展英语听说课堂教学活动，支持学生进行个性化自主学习；并且能自动汇总统计学生的考试记录和学习记录，形成考情分析报告和学情分析报告，辅助教师进行教学研究和教学决策。

2. 智能评卷系统

讯飞启明智能评卷系统，基于科大讯飞自主知识产权的手写识别、自然语言理解、智能评测等人工智能核心技术设计研发。能够实现对除选择题以外的所有题型的空白题检测，以及对语文作文、英语作文、英语翻译、文综类简答题、英语填空题题型的计算机智能评卷，同时针对语文作文与英语作文，还能够有效检出考生作答内容与试卷题干内容或外部范文内容高度相似的异常答卷。该系统特色有：

（1）实现了空白题的检测：可根据检测的结果，由系统完成空白题的自动评分，也可与人工评分比对和校验，减少差错。

（2）实现疑似雷同、疑似抄袭题干的检测：通过识别手写答案内容和比对分析，识别出答案雷同和抄袭题干的试卷，可有效帮助考试主管部门对考试作弊和“套作”行为进行判定。

（3）实现多种题型的智能评分：实现了作文（语文、英语）、论述题、填空题、证明题的智能评分，在识别手写答案内容的基础上，采用相关的人工智能技术，按照评分标准，由系统自动完成评分。评分结果可与人工评分比对，用于评卷质量检测监控，提高评卷质量，也可直接采用系统的评分结果，减少人工评卷的工作量。

3. 英语听说智能模拟测试系统

智能模拟测试系统的流程图如图 12-18 所示。智能模拟测试系统首先收集用户信息，然后通过对用户信息的分析以及教师或教研员的选择，来创建考试任务，并发放考试任务，在用户答题完毕后，将试卷及用户信息进行汇总上传，然后使用数据分析技术进行智能评分，生成报告。用户和教师等人员即可根据所生成的报告进行分析，以获得相关的措施进行下一步的智能教育选择。

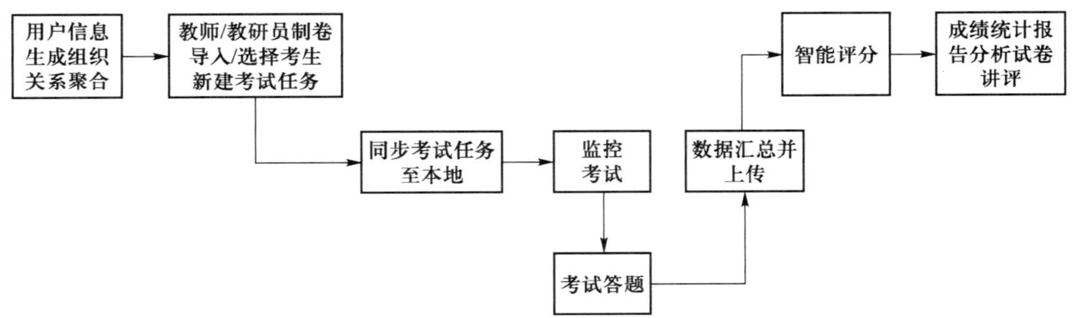

图 12-18　智能模拟测试系统流程图

英语听说智能模拟测试系统以正式考试为依托，集成科大讯飞持续突破的智能语音评测技术，能够实时组织英语听说区级联考、校级模考和班级测试。系统不仅能够提供全真的英语听说模拟测试环境，还能在考试结束后对考生语音进行自动评测，生成区级、校级、班级和学生个人的英语听说水平诊断分析报告，帮助教师开展针对性教学，帮助学生实现个性化学习，提高学生英语听说水平。

考试只是教育工程中的一个环节而已，其最主要的目的之一是检验学生某一阶段的学习效果，检测学生是否掌握了所学知识。所以对于教师和学生来说，一场考试的结束并不意味着学习的终止。通过考试反映出来的知识漏洞，可以更好地帮助学生进一步掌握知识。

（二）区域智能教育云

区域智能教育云是在一定区域范围内，依托智能技术和云服务方式建设的，集资源、教学、学习、管理、公共服务等于一体的区域教育信息化云服务平台。具体来说，区域智能教育云基于智能教育关键技术，融合 5G 网络等最新技术，以信息技术设备设施建设为基础，以教育大数据汇聚与分析为核心，以统一基础服务为支撑，以整合现有网络信息资源和不断完善系统服务功能为重点，整合基础设施、教育资源、教育管理、教育公共服务等内容，打造智能、标准、开放、安全的区域智能教育云基础服务平台，使其成为区域教育数据存储、交换、运算以及网络管理服务、应用服务的中心和枢纽，为区域内所有学校提供各类网络应用服务。其总体架构如图 12-19 所示。

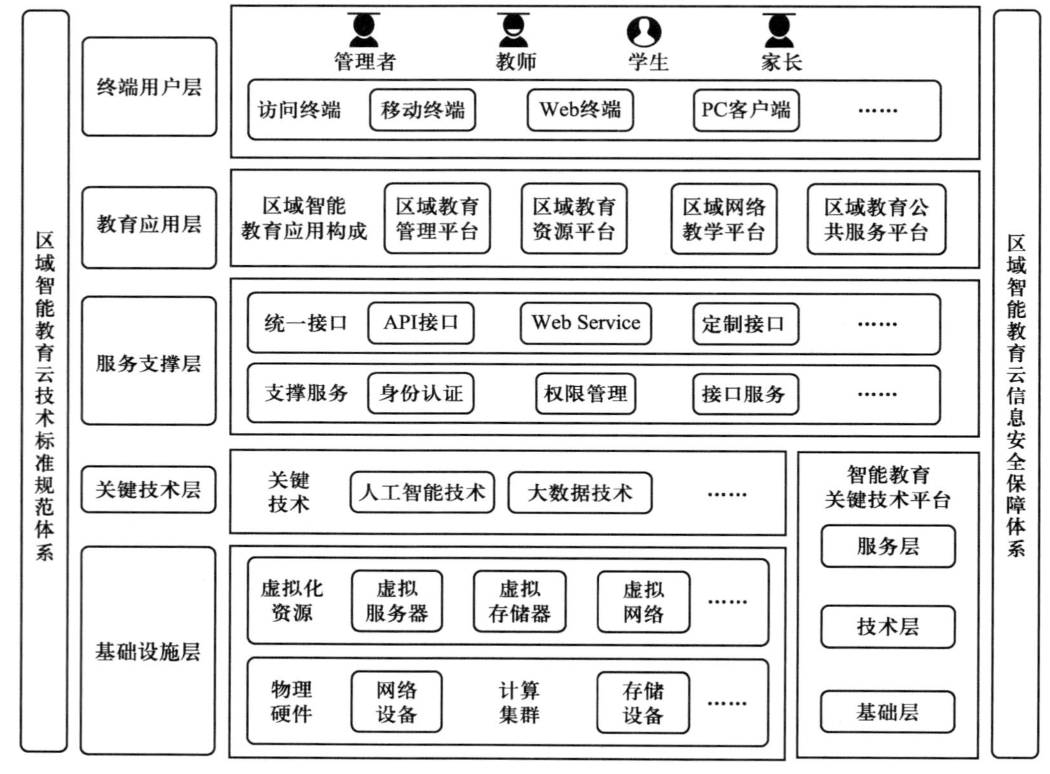

图 12-19　区域智能教育云总体架构

教育信息化 2.0 背景下，科大讯飞致力于依托云计算、大数据、人工智能技术，构建教育行业应用生态，为区域提供教育云综合解决方案，实现区域与学校一体化建设，使教育云成为区域和学校的教育信息化基础架构。安徽基础教育云平台（见图 12-20）根据安徽省本省实际需求，重点建设云基础设施、云公共支撑平台、云教育资源、云应用平台和人人通空间等系统。通过优质资源共建共享和开放互通体系，打造人人通网络空间，推进信息技术与教育教学深度融合，实现教育教学思想、理念、方法和手段创新。平台在整合原有教育资源基础上，扩充中小学数字教学资源库，集成大量基于云服务的应用，面向农村学校推送专递课堂和在线课堂，现已面向 300 万师生提供网络学习人人通空间。同时，为全省中小学 10 万多间教室配备了班班通多媒体教学设备和教学软件，实现优质资源直达课堂，全面促进了优质资源共建共享，推动了安徽教育信息化快速发展。

图 12-20　安徽基础教育云平台

2020 年春季学期延期开学，安徽基础教育资源应用平台因为强大的稳定性、流畅性等特点，以及优质、丰富的教学资源受到了广泛的欢迎及肯定。

1. 门户统一

区域教育云门户系统立足各角色用户的核心场景，通过场景串联实现应用、信息、数据和服务的统一集成与汇聚，面向各类用户提供统一的产品价值呈现板块和一体化的品牌感知度，从而提升用户体验，如图 12-21 所示。

通过区校一体、入口统一，解决区域建设与学校应用脱节的问题，实现应用、资源统一运营和运维。通过数据收集、分析、管理、安全保护，实现数据成果积累、应用数字化监控，指导应用效果提升。

2. 开放能力

通过开放平台融合丰富的第三方应用，建立教育管理信息化应用生态系统、数字化教师专业发展、数字化教研、学生数字化学习等生态系统。并逐步扩大建设范围，逐渐降低采购成本和企业的维护成本，为促进教育信息化产业的发展、提高学校的教育信息化水平发挥作用，为教育应用的开发和推广建立了一个公平、透明的生态系统，如图 12-22 所示。

以往开放标准难度大，通过建立标准规范，解决应用孤岛的问题，实现新老平台、

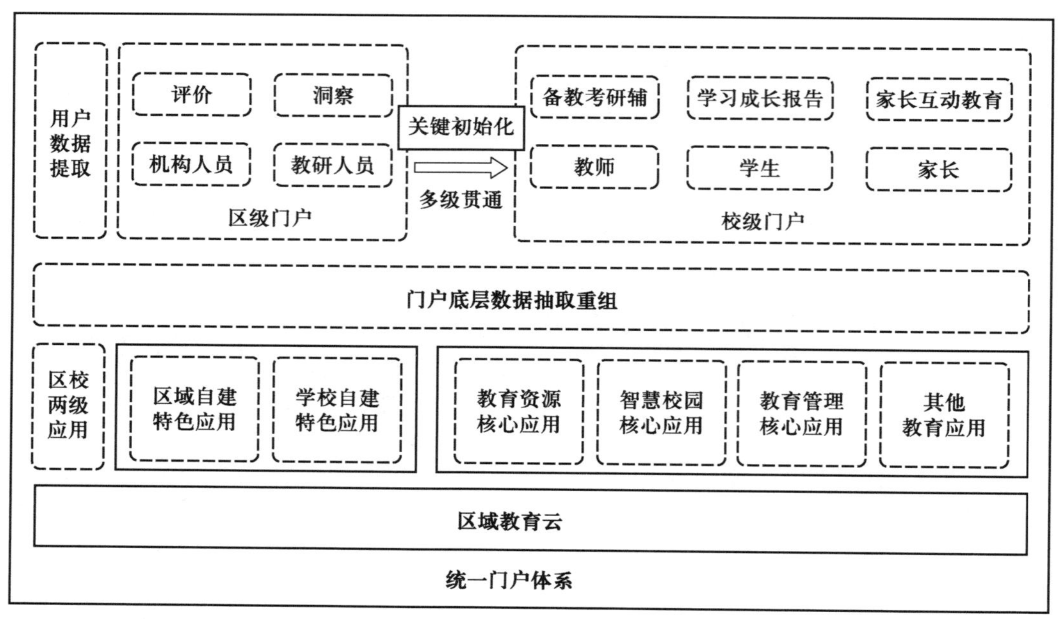

图 12-21　统一门户体系示意图

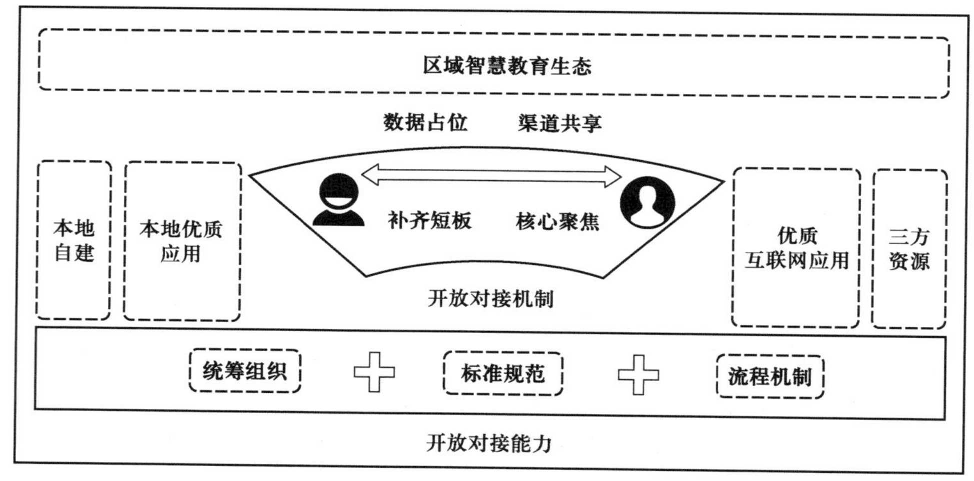

图 12-22　开放对接能力示意图

应用系统的有效整合、持续性建设。通过平台多级建设规范，解决省、市、区（县）多级重复建设问题，实现多级纵向服务融合、业务协同。通过应用按需发放，解决教育信息化千篇一律的现象，实现“千校千面”的个性化应用组合。

（三）智慧教学应用案例

智慧教育的应用是发挥智能技术在教育行业中的价值，打造新型教育模式的必然路径。结合教育行业的特性，通过运用智慧教育的关键技术和平台，结合各类智慧教育场所和支持系统开展教学活动，实现了智能技术与教育的深度融合。

1. 科大讯飞智慧课堂

智慧课堂是指以建构主义等学习理论为指导，以促进学生核心素养发展为宗旨，利用物联网、云计算、大数据、人工智能等智能信息技术打造智能、高效的课堂。通过构建“云-台-端”整体架构，创设网络化、数据化、交互化、智能化学习环境，支持线上线下一体化、课内课外一体化、虚拟现实一体化的全场景教学应用；推动学科智慧教学模式创新，真正实现个性化学习和因材施教，促进学习者转识为智、智慧发展。

科大讯飞智慧课堂实现课前、课中、课后环节的有机融合，先学后教、以学定教。借助于大数据和人工智能技术，在课前，学生预习的情况可以反馈到教师端，并生成大数据报告，教师可根据学生的学情有针对性地备课；课堂上，教师可实时掌握学生的动态化学情数据，根据学情调整讲课方式，并且能利用海量信息化教学资源让课堂更加生动，利用信息化的手段让教学形式更加多元化；课后，根据每个学生所掌握的知识点不同，教师可以布置个性化作业，“千生千面”。在人工智能的帮助下，教育和教学更加有针对性，教育和教学质量都得以大大提升。如图 12-23 所示。

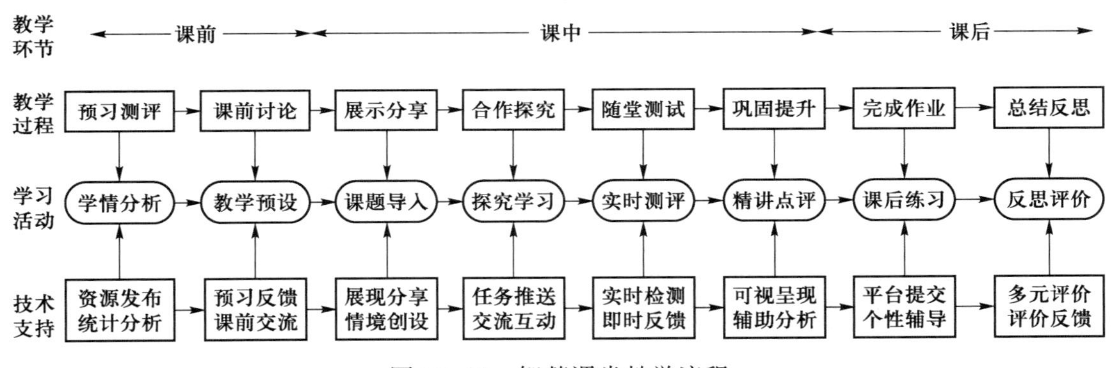

图 12-23 智慧课堂教学流程

2. 大数据精准教学系统

由科大讯飞研发的大数据精准教学系统深度挖掘数据价值，帮助学校提升备、教、改、辅、研、管的精准性与学生学习的有效性；借助大数据与人工智能技术实现基于学生常态化学情的精准诊断分析和优质资源推荐，全面提升教学效率与传统课堂教学容量。基于大数据和人工智能技术，生成每个学生的知识图谱，根据知识图谱和学生的学习路径，推送不同的视频学习资源；根据学生的考试、学习情况，推送错题、变式题练习，让学生更有针对性地提升学习效果。如图 12-24 所示。

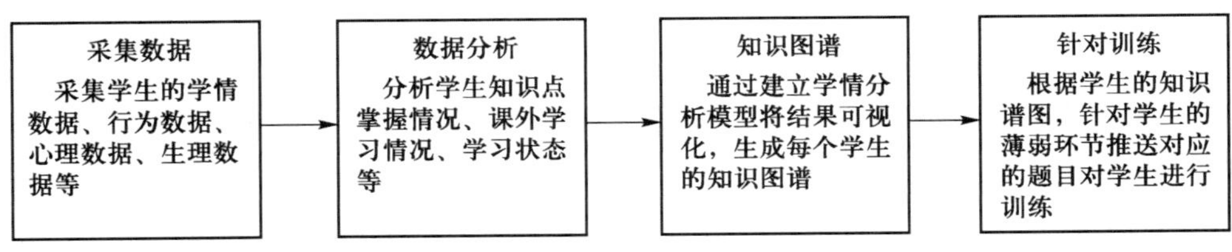

图 12-24 大数据精准教学流程

大数据精准教学系统主要功能包括智能组卷、智能考试、智能练习、智能评价以及智能管理。

（1）智能组卷。智能题库提供海量优质资源，包含 600 多万道中学全学科试题资源，30 多万套精品试卷资源。支持多级资源体系，涵盖通用题库、区本题库、校本题库、个人题库资源体系。针对教师上传的 Word 试卷，系统自动标注知识点。提供 6 种组卷方式，包括知识点组卷、同步组卷、学情组卷、专项组卷、模拟组卷（数、理、化、生、史）、双向细目表组卷。如图 12-25 所示。

图 12-25　智能组卷系统示意图

（2）智能考试。智能考试包含 A. I. 考务、智能采集、智能批改等功能。A. I. 考务可以为组织考试提升 50%的效率，智能采集则为学校提供多种智能便捷的数据采集方式以满足不同场景的需求，智能阅卷减轻教师 85%以上的批改工作量。考后根据不同学段、不同区域、不同角色为区域、学校提供多维度、灵活可配置的分析报告。汇聚历次学业数据，将教育理论与大数据技术相结合，帮助教师诊断班级及学生阶段学情，针对薄弱项进行资源推荐。

（3）智能练习。智能练习分为两个板块：特色学科练习，比如作文练习（英语）、听说练习（英语）、朗读练习（中文）；其他学科练习，比如学习任务练习、答题卡练习、同步课时练习、校本练习。如图 12-26 所示。

（4）智能评价。智能评价既可以通过分析单次数据从而为区域管理者、学校管理者、教师提供多维度、灵活配置的分析诊断报告，如联考报告、校级报告、班级报告、学科报告、学生报告，又可以通过分析历次数据从而提供班级历次分析、学科历次分析及学生历次分析，以及期中期末主动推送阶段复习报告。以学业成绩为基础评价教师教

图 12-26　练习中心示意图

学效果，通过相关指标维度，实现对教学效果的增量评价。

（5）智能管理。智能管理有教学监管和增值评价两个模块。教学监管实现对学校考试、练习、资源等的自动统计，生成管理看板。增值评价“以入口定出口”，以学业整体、班级均衡、层级流动等多个维度的增量变化情况评价教师教学效能。

第四节　启示与讨论

智慧教育是以数字化信息和网络为基础，在计算机和网络技术上建立起来的对教学、科研、管理、技术服务、生活服务等校园信息的收集、处理、整合、存储、传输和应用，使数字资源得到充分优化利用的一种虚拟教育环境。通过实现从环境（包括设备、教室等）、资源（如图书、讲义、课件等）到应用（包括教、学、管理、服务、办公等）的全部数字化，在传统校园基础上构建一个数字空间，以拓展现实教育的时间和空间维度，提升传统教育的管理、运行效率，扩展传统校园的业务功能，最终实现教育过程的全面信息化，从而达到提高管理水平、提升就业率的目的。

传统的“班级授课制”教学中长期存在不足，如始终“以教师为中心”、基于经验的教学预设、难以即时评测、师生互动不够、缺乏课内外协作互助等，许多学校试图解决这些难题，但在传统的模式、传统的技术条件下难以找到有效的解决办法。科大讯飞的智慧教育借助于智能化课堂教学平台，利用大数据挖掘和学习分析技术，实现了基于数据的教学决策、即时的评价与反馈、立体化的交流互动、智能化的资源推送和可视化的教学呈现，增进了课堂学习的交互与协作，有效地解决了传统教学的难题。对于具体的课堂教学来说，数据是反映教学效果的最显著的指标。比如，学生识字的准确率、作业的正确率、多方面发展的表现率，积极参与课堂教学的举手次数、回答问题的次数、时长与正确率，师生互动的频率与时长等。基于课堂教学数据进行学习分析，使智慧课堂从依赖于存在教师头脑中的教学经验转向依赖于通过教学数据对学生的学习行为进行判断和制定教学决策的分析，依靠数据说话，实现了基于数据的课堂教学。

智慧教育的实施基于物联网、云计算、大数据、移动互联网、人工智能等新一代信息技术，采取“云一台一端”的服务方式，部署和应用智慧教育的信息化、智能化学习环境，其主体由智能平台、智能端应用工具、智能云服务等组成。智慧课堂信息化平台提供学习资源管理与服务、教育信息管理、多元化评价等功能，通过教室内多种终端设备的无缝连接和智能化运用，打破了传统意义教室的黑板、讲台和时空概念，使传统课堂布局、形态和环境均发生了重大变革，为师生之间、生生之间的沟通、交流与互动提供了极为方便的条件，无论是课前、课中，还是课后，通过智能端工具及其与云平台的对接，可以无障碍地进行任何时间、任何地点的交流互动，实现了教与学的全时空、立体化沟通与交流，重构了教学流程结构，使传统教学发生了结构性变革。

智慧教育作为一种新型的教学形态，通过构建和应用基于智能信息技术的理想学习环境，有效解决了传统教学过程中存在并难以解决的问题，确立和增进了学生的主体地位和主动学习意识，同时通过对学生学习情况的分析与挖掘，可以做到因材施教，定制个性化的学习方案。

智慧教育具有如下典型特征：

1. 智能化

智能化是教育信息化的发展趋势之一。海量数据蕴藏着丰富的价值，在知识表示与推理的基础上，构建算法模型，借助高性能并行运算可以释放这种价值与能量。未来，教育领域将会有越来越多支持教与学的智能工具，智慧教学将给学习者带来新的学习体验。在线学习环境将与生活场景无缝融合，人机交互更加便捷智能，泛在学习、终身学习将成为一种新常态。

2. 自动化

与人相比，人工智能更擅长记忆、基于规则的推理、逻辑运算等程序化的工作，擅长处理目标确定的事务；对于主观的东西，如果目标不够明确，则较为困难。例如，数学、物理、计算机等理工科作业，评价标准客观且容易量化，自动化测评程度较高。随着自然语言处理、文本挖掘等技术的进步，短文本类主观题的自动化测评技术将日益成熟并应用于大规模考试中。教师将从繁重的评价活动中解放出来，从而有精力专注于教学。

3. 个性化

基于学习者的个人信息、认知特征、学习记录、位置信息、媒体社交信息等数据库，人工智能可以自学习并构建学习者模型，从不断扩大更新的数据集中调整优化模型参数。针对学习者的个性化需求，实现个性化资源、学习路径、学习服务的推送。这种个性化将越来越呈现出客观、量化等特征。

4. 多元化

人工智能涉及多个学科领域，未来的教学内容需要适应其发展需要。例如，美国已经高度重视STEM学科的学习，我国政府高度重视并鼓励高校扩展和加强人工智能专业教育，形成“人工智能+X”创新专业培养模式。从人才培养的角度分析，学校教育应更强调学生多元能力的综合性发展，以人工智能相关基础学科理论为基础，提供基于真实问题情境的项目实践，侧重培养学生的计算思维、创新思维、元认知等能力。

5. 协同化

短期来看，人机协同发展是人工智能推动教育智能化发展的一种趋势。从学习科学的角度分析，学习是学习者根据自己已有的知识去主动构建和理解新知识的过程。对于人工智能来说，新知识是它们所无法理解的，这时，学习者就需要教师的协同、协助和协调。因此，在智能学习环境中，教师的参与必不可少，人机协同将是人工智能辅助教学的突出特征。

人工智能在教育中的应用为推动人工智能与教育的融合创新发展指明了方向。在当前国家大力发展人工智能的政策引领下，我们不仅要从本质上认识人工智能的核心要素与驱动力，把握其典型应用特征，还要能够顺应其发展趋势。以数据驱动引领教育信息化发展方向，以深化应用推动教育教学模式变革，以融合创新优化教育服务供给方式，将是未来的发展趋势，也是人工智能时代教育发展的鲜明任务。

智慧教育虽已取得较好成果，但还存在一些问题和不足需要进一步探索。例如，针对学生的个性化差异和选择性学习需求，结合新课程改革加强智慧教育的深层次应用，探索分层教学、走班教学等新的教学方式，适应新课改、新高考的新要求；围绕教育大数据的采集、汇聚和处理，加强大数据、人工智能等新技术的应用，利用教学大数据挖掘分析、建立智能教学系统等新手段，促进教学的智能化发展。这些问题既是新课改不断深化产生的新要求，也是现代科技与课堂教学融合创新的必然趋势，需要着眼于长远，把握本质，不断探索，持续推进技术支持下的教育变革。

思　考　题

1. 什么是智慧教育？智慧教育包括哪些模块？
2. 互联网对教育的影响与改变体现在何处？
3. 在智慧教育的实施中，信息管理起了哪些作用？
4. 对于智慧教育未来的发展趋势，你有什么样的设想？

即测即评

第十三章 智慧医疗与健康

智慧医疗与健康是在新一代信息技术深入发展和智慧城市有力推动下，人的健康管理与医疗信息化、医疗智能化交相融合的高级阶段。从广义上说，智慧医疗是指扩展人们的医疗健康理念，以人的健康状况为核心，以人的健康活力为目标，以技术产品创新、商业模式创新、制度机制创新为带动，调动和激发社会医疗健康服务资源，提供便捷化、个性化、经济性、持续性的医疗健康服务。从狭义上说，智慧医疗是综合应用云计算、物联网、大数据为代表的新一代信息技术以及生物技术、纳米技术，整合卫生部门、医院、社区、服务机构、家庭的医疗资源和设备，创新医疗健康管理和服务，形成全息全程的健康动态监测和服务体系。

智慧医疗与健康是智慧城市巨大系统中的一个部分，是通过医疗物联网、医疗云、移动互联网、数据融合、数据挖掘、可穿戴设备，将医疗基础设施与IT基础设施进行融合，并在此基础上进行智能决策，跨越了原有医疗系统的时空限制和技术限制，实现医疗服务最优化的医疗体系，促进人身心健康。与传统的医疗健康服务相比，智慧医疗倡导为每个人提供全程的保姆式医疗健康服务。

在不久的将来，医疗行业将融入更多人工智能、传感技术等高科技，使医疗服务走向真正意义的智能化，推动医疗事业的繁荣发展。在中国新医改的大背景下，智慧医疗与健康正在走进寻常百姓的生活。

你可以从本章了解到：

1. 智慧医疗与健康相关概述

2. 医疗物联网、智慧医院、电子病历、远程医疗、健康管理跟踪平台及智能医疗典型特征

3. 智慧医疗案例

第一节　智慧医疗与健康概述

一、智慧医疗诞生的背景

目前在医疗领域，我国主要面临两大挑战。一是优质医疗卫生资源缺乏、过度集中，医疗卫生体制机制不够完善，导致难以满足人民的医疗健康需要，各地普遍存在“就医难、就医贵”“三长一短”的现象；二是中国已步入老龄化社会，在“未富先老、未备先老”及养老、医疗、长期照料服务等社会保障制度不完善的情况下，如何解决世界上规模最庞大的老年群体的医疗养老问题，成为我国目前和未来几十年内面临的重大社会问题和民生问题。

智慧医疗诞生的背景，源于现有医疗体系的一些缺陷。具体包括：

（1）国民健康意识提升。自“十三五”规划中明确提出大健康概念后，人们对诊疗保健的需求也发生了质的变化，从被动、应对性的就医诊疗，逐渐转向主动、常态性的预防保健。

（2）人口老龄化医疗需求增加。2000 年中国进入老龄化社会。目前，中国已经成为世界上老年人口最多的国家。据国家统计局最新数据，近几年，中国 60 岁以上老年人口数量不断增长，2013 年突破 2 亿，占比仅 14.9%，2017 年达到 24 090 万人，占比突破 17.3%。随着人口老龄化程度加深，未来中国老龄人口将进一步增加。人口老龄化的加剧将带来老年群体医疗、保健需求的急剧增长。

（3）慢性病患病率提高。快速城市化、缺乏运动的生活方式、随性的饮食习惯以及日益增加的肥胖度加剧了慢性病的上升趋势，特别是癌症、糖尿病、高血压。预期到 2026 年上述三种疾病的发病率将分别提高至 0.7%、14.4%及 27.8%，即发病率或出现翻倍。慢性病患病率的上升，将产生长期用药及科学疾病管理成本，带动中国医疗开支增加。

（4）医疗资源分布不均。截至 2018 年 6 月底，全国医院 31 710 家，同比增加 1 991 家。其中，公立医院 12 121 个，民营医院 19 589 个。与 2017 年 6 月底比较，公立医院减少 445 家，民营医院增加 2 436 家。其中，山东和四川医疗资源最为丰富，医院数量超 2 000 家，13 个省市医院数量在 1 000～1 999 家，有 500～999 家医院的省市有 9 个，不足 500 家医院的省市有 6 个。值得注意的是，北京、上海、天津、重庆医疗资源较为丰富，西部地区则相对贫乏。

（5）卫生技术人员缺口大。2017 年全国卫生技术人员 898.8 万人，与上年比较，卫生技术人员增加 53.4 万人。其中，执业医师 339.0 万人，注册护士 380.4 万人。每千人口执业医师 2.44 人，每千人口注册护士 2.74 人。据《全国医疗卫生服务体系规划纲要（2015—2020 年）》，2020 年每千常住人口执业（助理）医师数为 2.5 人，每千常住人口注册护士数为3.14人。按照现状，中国医疗水平与目标仍然存在差距。也就是说，中国卫生技术人员缺口依旧很大。

（6）5G加速大数据和人工智能发展

5G网络支持200亿个连接的设备、212亿个连接的传感器，可以秒传以G为单位海量字节的数据。强大的传输能力促进远程医疗等应用落地。

为了应对以上挑战，我国需要建立一套智慧的医疗信息网络平台体系，使患者用较短的等疗时间、支付基本的医疗费用，就可以享受安全、便利、优质的诊疗服务，从根本上解决“看病难、看病贵”等问题，真正做到“人人健康，健康人人”。以物联网、云计算、大数据、移动互联网为代表的新一代信息技术日渐深入城市生产生活，为我国医疗健康问题的解决提供了良好的方向。新一代信息技术应用于医疗领域，借由数字化、可视化模式，使有限医疗资源让更多人享用。从目前医疗信息化的发展来看，随着医疗卫生社区化、保健化的发展趋势日益明显，通过射频仪器等相关终端设备在家庭中进行体征信息的实时跟踪与监控，构建有效的物联网，可以实现医院对患者或亚健康人群的实时诊断与健康提醒，从而有效地减少和控制病患的发生与发展。移动互联网正引发医疗向个性化、移动化方向发展。到2015年，超过50%的手机用户将使用移动医疗应用，智能胶囊、智能护腕、智能健康检测等产品将会得到广泛应用。可借助智能手持终端和传感器，有效地测量和传输健康数据。新型医疗的商业模式也在市场中日渐成熟，推动医疗健康服务面向更广泛的人群。

二、智慧医疗的内涵

智慧医疗首次亮相是在2009年1月28日美国工商业领袖举行的一次会议上。席间，IBM首席执行官向总统奥巴马抛出了“智慧地球”的概念。这一概念是指利用物联网技术建立相关物体之间的特殊联系，利用计算机将其信息予以整合，以实现现实世界与物理世界的融合。IBM还针对智慧地球在中国的应用，提出了包括智慧电力、智慧医疗、智慧城市、智慧交通、智慧供应链和智慧银行在内的六大推广领域。

智慧医疗主要是通过新一代的物联网及云计算等信息技术，通过感知化、智能化等方式将医疗卫生建设中有关的物理、信息及商业基础等相关事物进行自我完善、自行管理的过程。在学术研究中，智慧医疗并没有统一的定义，而是随着新技术不断发展，新兴医疗和保健手段纳入到智慧医疗的范围。它主要包括以下三个组成部分：一是信息化的医疗提供方，即医生和专家利用互联网或多媒体进行远程监护和治疗的过程，以及这一过程中所涉及的各层级的医院系统；二是基于安卓和iOS等移动终端系统的医疗健康类App应用；三是为患者和医疗提供方相互联系提供支持的信息技术。

智慧医疗的内涵是多方面的，对于不同的受众有着不同的含义。

（1）对于公众，智慧医疗首先意味着更便捷可及的医疗服务，使公众需要医疗服务时，可以随时随地通过信息技术的辅助，便捷地获取一个公平、安全的医疗服务环境；其次，智慧医疗意味着更便宜的医疗服务，通过诊疗信息在各个医疗机构间实现互联互通，提高医院医疗设备的使用效率，降低病人的看病成本，同时提高就诊效率；最后，智慧医疗将带来更全面的健康服务，为公众建立涵盖个人全面信息的健康档案，通过信息技术和传感技术，使公众随时掌控自己的健康情况，进行主动的疾病预防与及时有效的疾病干预，减少公众的患病率。

（2）对于医疗机构，智慧医疗将解决医疗资源配置不合理、缺乏医疗服务分级引导等问题，使不同医疗机构间的医疗资源得到合理分配；智慧医疗将有助于提高医疗服务质量，保障医疗服务安全，通过建立患者健康数据库、用药知识库并结合移动终端和物联网技术，帮助医务人员确认患者既往病史及用药情况，大大增加用药准确度和安全性；智慧医疗基于物联网技术高度灵活和信息采集自动化的特性，将帮助医疗机构更高效地进行管理工作。

（3）对于企业，智慧医疗催发了医疗服务平台化的盈利新模式，通过建立自诊问诊平台和医联信息平台，在向患者提供便捷服务的同时，也为医疗机构和医药企业带来大量潜在客户；智慧医疗与可穿戴设备结合，将助力医疗垂直细化企业（如专注于血压、血糖）提高用户黏度，进一步扩大市场占有率；借助互联网的发达和医药电商政策红利的推动，企业可大力拓展互联网药品的销售渠道，减少流通成本，增加盈利空间。

（4）从卫生主管部门来看，信息技术和大数据的收集，可用来构建更为科学的分级诊疗模式。数据的运用可以帮助卫生部门进行疫情监测、疾病防控、临床研究、医疗资源调度、健康远程监控，乃至地方的医疗政策制定。目前，国内部分城市也提出了智慧医疗的建设理念和方案。其中，上海市制定了覆盖医疗保障、公共卫生医疗服务和药品保障的智慧医疗蓝图；北京市以智慧医疗建设为契机，建立了覆盖急救指挥中心急救车辆、医护人员以及接诊医院的急救医疗信息协同平台；武汉市计划未来 5~10 年建成智慧卫生信息系统；苏州市推出了手机挂号系统，市民既可通过手机登录指定网站在市区部分大型医院付费挂号，又可实时查看医院的挂号情况；云南省与 IBM 共同打造医疗信息化资源整合平台。

可穿戴技术、物联网、移动互联网、大数据、云计算等新一代信息技术的快速发展，为智慧医疗提供了强大的技术支撑。当前智慧医疗引领着医疗服务行业的创新。

（1）可穿戴技术。可穿戴技术是 20 世纪 60 年代美国麻省理工学院媒体实验室提出的创新技术，主要探索和创造能直接穿在身上，或整合进用户衣服或配件的设备的科学技术。其最核心的理念是让人们能够更便捷地使用智能化的设备，而感觉不到它的特殊存在。可穿戴健康设备是把可穿戴技术应用于健康领域，对用于身体情况的检测、运动数据的统计及健康状况的改善的设备的统称。

（2）物联网。利用物联网技术，通过对医院工作人员、病人、车辆、医疗器械、基础设施等资源进行智能化改造，对医院内需要感知的对象加以标识，进而通过各种信息识别设备进行识别，并反馈至信息处理中心，对信息进行综合分析、及时处理，提升医疗行业管理的精细化。

（3）云计算技术的发展。相关数据显示，随着影像归档和通信系统（PACS）不断普及，医院的影像数据呈几何级数增长，而在医疗行业，仅 PACS 的数据就占到医院数据总量的 70%～80%，这就对存储提出了更高的要求。目前 50%以上的医院集中存储容量在 5T 以上，其中近 30%在 5～10T，对这些数据的存储、管理成为医疗信息化的一个重点。云计算技术可将存储资源、服务器、网络资源等虚拟化，按需提供资源，且具有安全、方便、提高效率、降低成本等优势，为存储不断增长的影像数据提供了新思路。

（4）大数据技术。随着我国医疗信息化建设不断推进，以及人们对个人健康管理的关注，医疗数据量将会持续增长。如何充分挖掘这些医疗大数据，使其产生价值，为患者、医院、医生等服务是智慧医疗需要关注的重点，未来大数据分析可以在疾病监控、辅助决策、健康管理、医保监管等领域发挥重要作用。例如，通过大数据辅助决策可以实现医疗人员为患者提供个性化和区域化治疗，模仿干预措施，预防流行性疾病，改善和监督医护工作者的医疗护理等。

三、智慧医疗的目标

近几年来，云计算、大数据、物联网、移动互联网等技术的发展，为卫生信息化水平全面提升提供了良好的发展机遇与技术保障，同时也引出了智慧医疗的概念——以人的全生命周期健康管理与医疗服务为核心，以信息技术为支撑，实现跨部门医疗信息共享、跨平台医疗业务协同，在准确、全面采集人群健康信息、公共卫生信息的基础上，充分利用卫生资源，实现高效安全的医疗卫生服务。这种健康理念及医疗体系具有广阔的前景。

我国智慧医疗的具体目标应该包括如下几个方面。

（1）以移动通信为支撑，以智能手机为载体，推动移动健康技术应用，普及手机挂号、检验检查结果查询、用药提醒、康复指导，为居民提供方便、快捷的医疗服务，实现扁平化诊疗模式。

（2）实现卫生资源的合理利用及服务对象的精确管理。健康人能利用智能手机获得移动健康服务，管理自己的健康，预防疾病；推进物联网及移动技术应用，实现与医疗设备的互联，使病人能将检测结果实时发给自己的医生，减轻医患双方的服务成本及负担；医生能将所管辖病人的病历存入移动计算机或手机，实时关注病人的治疗方案和结果。

（3）利用云计算和移动医疗减少庞大的慢性病医疗支出。让被管理的慢性病人（如糖尿病患者、高血压患者等）通过智能终端进行自我管理，大幅度节约医疗成本。

（4）实现诊疗模式创新。应用物联网、无线网，实现通过便携式移动设备为边远地区病人检测，并提供医生远程诊断（如研制开发手机听诊器、可以连接在手机上的移动超声设备等）：对城市社区病人实施社区医疗中心给予指导、病人在家自我检测、医生远程诊断的就近就医模式，大幅度提升医疗服务效率，方便医生和病人，减少交叉感染，同时大幅度降低交通等出行成本，也有利于环境保护。

（5）围绕实现居民全生命周期的健康管理，发展健康服务业，提供健康指导、电子病历、医患交流等个性化服务，疾病控制与预防、人群保健、环境监测等公共服务，医疗相关知识、技能、产品等关联服务。

（6）实现健康服务延伸。网上医生浏览与预约；网上缴费，透明消费，控制医疗费用增长；对药品功能及不良反应进行监测等。

（7）促进医疗服务的精准化。在医院信息化的基础上，实现专科医疗服务的精细化、智能化。包含内科、外科、妇科、儿科及老年健康等专科健康业发展，远程医疗、移动医疗、健康服务链等医院服务功能的优化与拓展。

（8）提供高度共享的区域健康服务，扩大医疗服务的可及性。以医院信息化辐射，全面提升高端优质卫生人力资源的利用率。

（9）以智慧医疗加强医疗服务的针对性，使医疗资源得到合理准确使用，使急病患者得到及时治疗，慢病患者得到全面指导。

智慧医疗将为患者、为居民、为社会带来诸多好处，提升社会福利。首先，智慧医疗将推动医疗和养老领域的公共服务均等化，有利于平衡不同区域间医疗资源分布不均的现状，并提升城镇化医疗公共服务的供给质量。为了解决看病难的症结，智慧医疗可以确保农村和地方社区医院与中心医院链接，从而实时地听取专家建议、转诊和培训，突破城市与乡镇、社区与大医院之间的观念限制，全面地为所有人提供更高质量和惠民的医疗服务。智慧医疗作为一项蓬勃发展的产业，也会引导人口向产业链所在城市圈聚集，引导人口科学合理分布。

其次，智慧医疗有利于防控慢性病，从而降低城镇化医疗支出水平。慢性病已经成为中国的头号健康威胁，在每年约 1 030 万各种因素导致的死亡中，慢性病所占比例超过 80%。此外，慢性病在疾病负担中所占比重为 68. 6%。经测算，2010—2040 年，如果每年能将心血管疾病死亡率降低 1%，其产生的经济价值相当于 2010 年国内经济生产总值的 68%或多达 10. 7 万亿美元（按购买力平价计）。相反，如果不能有效应对慢性病，这些疾病势必将加剧可以预见的人口老龄化、劳动力人口降低所造成的社会影响。而且，健康劳动力人口相对于患病的被扶养人群的比例降低，将增加经济发展减速、社会不稳定的风险。

再次，智慧医疗系统能有效提升医疗机构的运营效率，对解决看病难、看病贵有促进作用，并且其自身的市场潜力是巨大的。医疗服务的现状、医院内外以及医患关系都将发生新的变化，医疗服务将会更加弹性与开放。例如，电子病历与疾病信息平台的建立，都将有助于实现医院无纸化，并进一步打通病患信息的共享机制。医疗研究人员通过系统获得大量准确和珍贵的医疗信息，获得大量高质量的有效案例，不但可以及时对大规模的疾病暴发做出准确的预测，更能够推进国家医疗行业的发展；医院管理系统在智慧化后，可以使管理变得更有效，药物供应商也能因为实现及时和准确的药品配送而节省大量成本，保险公司更可因为对病人情况的有效跟踪而提升服务质量。

智慧医疗使社区服务中心、疾病防控专家、二三级医院、基本药物配送物流以及医保报销部门之间的协作成为可能，还可以及早预防重大疾病的发生，并实时地实施快速和有效响应。智慧医疗还具有普及性的特征。当整个系统都可以得到革命性的转型，高效、高质量和可负担的智慧医疗，将可以解决现在城乡医疗资源不平衡以及大医院的拥挤情况，政府也可以付出更少的成本去提高对医疗行业的监督，从而提高和营造国民的生活质量和整个社会的和谐氛围。

另外，智慧医疗还可以激发创新。站在医疗最前线的研究人员或医疗专家，可以针对某些病例或者某种病症进行专题研究，智慧医疗的一体化信息平台可以为他们提供数据支持和分析技术，推进医疗技术和临床研究，激发更多医疗领域内的创新发展。

四、智慧医疗的组成

智慧医疗由三部分组成，分别为智慧医院系统、区域卫生系统和家庭健康系统。

（一）智慧医院系统

智慧医院系统由数字医院和提升应用两部分组成。

1. 数字医院

数字医院包括医院信息系统（Hospital Information System，HIS）、实验室信息管理系统（Laboratory Information Management System，LIS）、医学影像信息的存储系统（Picture Archiving and Communication Systems，PACS）和传输系统以及医生工作站，实现病人诊疗信息和行政管理信息的收集、存储、处理、提取及数据交换。

医生工作站的核心工作是采集、存储、传输、处理和利用病人健康状况和医疗信息。医生工作站包括门诊和住院诊疗的接诊、检查、诊断、治疗、处方和医疗医嘱、病程记录、会诊、转科、手术、出院、病案生成等全部医疗过程的工作平台。

2. 提升应用

提升应用包括远程图像传输、大量数据计算处理等技术在数字医院建设过程的应用，实现医疗服务水平的提升。比如：① 远程探视，避免探访者与病患的直接接触，杜绝疾病蔓延，缩短恢复进程；② 远程会诊，支持优势医疗资源共享和跨地域优化配置；③ 自动报警，对病患的生命体征数据进行监控，降低重症护理成本；④ 临床决策系统，协助医生分析详尽的病历，为制定准确有效的治疗方案提供基础；⑤ 智慧处方，分析患者过敏和用药史，反映药品产地、批次等信息，有效记录和分析处方变更等信息，为慢性病治疗和保健提供参考。

（二）区域卫生系统

区域卫生系统由区域卫生平台和公共卫生系统两部分组成。

1. 区域卫生系统

区域卫生平台包括收集、处理、传输社区、医院、医疗科研机构、卫生监管部门记录的所有信息的区域卫生信息平台；包括旨在运用尖端的科学和计算机技术，帮助医疗单位以及其他有关组织开展疾病危险度的评价，制定以个人为基础的危险因素干预计划，减少医疗费用支出，以及制定预防和控制疾病的发生和发展的电子健康档案（Electronic Health Record，HER）。比如：① 社区医疗服务系统，提供一般疾病的基本治疗、慢性病的社区护理、大病向上转诊、接收恢复转诊的服务；② 科研机构管理系统，对医学院、药品研究所、中医研究院等医疗卫生科研机构的病理研究、药品与设备开发、临床试验等信息进行综合管理。

2. 公共卫生系统

公共卫生系统由卫生监督管理系统和疫情发布控制系统组成。

（三）家庭健康系统

家庭健康系统是最贴近市民的健康保障，包括针对行动不便无法送往医院进行病患救治的视讯医疗，对慢性病以及老幼病患远程的照护，对智障、残疾、传染病等特殊人群的健康监测，还包括自动提示用药时间、服用禁忌、剩余药量等的智能服药系统。

第二节　智慧医疗的典型技术特征

一、医疗物联网

近年来，物联网概念在全国乃至全球都成为热点，物联网技术被称为继计算机、互联网之后世界信息产业的第三次浪潮。在我国，物联网是信息化和工业化发展和融合的必然结果。在医疗健康领域，物联网形成了具有行业特色的医疗物联网。

1. 医疗物联网概述

医疗物联网技术是智慧医疗的核心。医疗物联网的应用方式是指依据医疗过程的需求，将各种信息传感设备，如射频识别装置、感应器、移动智能手机、激光扫描器、医学传感器、全球定位系统等装置，与互联网结合起来而形成的巨大网络，并将这些信息传感设备通过医疗物联网技术与所有的资源链接在一起，进而实现资源的智能化、信息共享与互联。

近年来，医疗物联网蓬勃发展，尤其是 RFID 技术在医疗行业的应用愈加广泛，医疗物联网中间件也日趋完善。

医疗物联网架构如图 13-1 所示。随着采集层、传输层技术的发展以及医院新业务点的出现，医疗物联网可以轻易、便捷地在物联网中间件平台实现升级与拓展。基于医疗物联网中间件，融合科技的进步，兼容医院新业务的开展，大幅度降低系统升级与拓展的成本，解决了新通信技术与老系统兼容性问题。

目前，医疗物联网中间件已有完整的产品应用及解决方案，比如移动门诊输液系统、婴儿安全系统、消毒供应室管理系统、输液监护感应系统、移动临床信息系统、护士移动查房系统、医疗垃圾跟踪系统、医院手卫生智能督查系统、医院设备资产管理系统等。

RFID 技术是医疗物联网的关键技术，在医疗行业的应用愈加广泛。它涉及病人流动管理、病人安全管理、药品管理、血液管理、门禁安全管理、资产追踪、医疗器材追

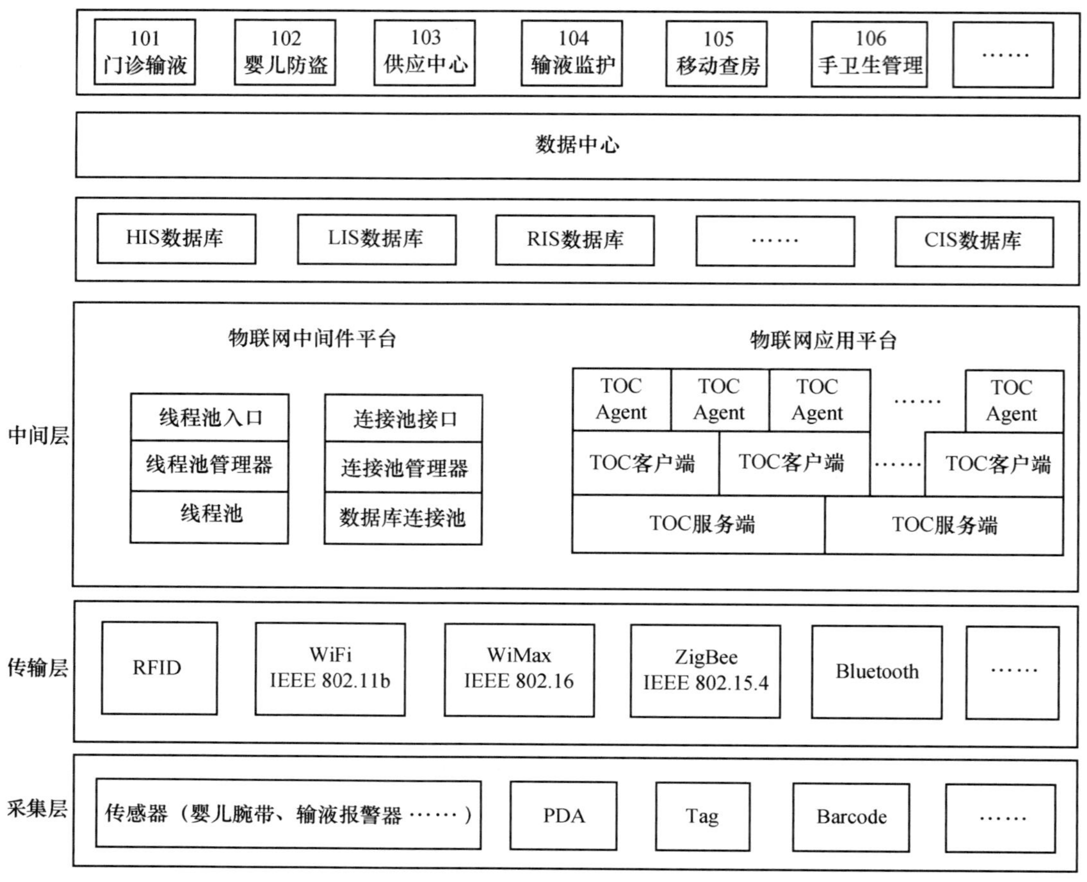

图 13-1　医疗物联网架构

踪、实时定位系统、供应链、工作人员识别等，有助于医院节约劳动力、提高医护人员工作效率、有效防范因操作失误引发的医疗事故、节省医疗成本以及增加安全性等。基于 RFID 技术的医院信息系统在医院的应用既涵盖医院员工、病人、病人亲属等在医院工作、就医、生活的方方面面，又涵盖对医疗设备、药品、救护车等的管理。由于和医院的日常管理和生活息息相关，相比其他管理信息系统，基于 RFID 技术的医院信息系统建设的成功，更能直接体现医院优越的管理素质，更能让员工、病人、病人亲属和外来访客们感受到贴心的关怀。

2. 物联网医疗的典型应用场景

在医院中，RFID 主要应用于流程优化、人员管理、资产管理、门禁安防等领域。

（1）流程优化。

RFID 贯穿于医院管理和服务的整个流程，并通过与各应用系统和平台结合，可优化就诊流程、住院流程、诊断流程等，而且可以循环使用，降低运作成本。以就医流程为例（见图 13-2）。对于就医者来说，RFID 从挂号、医生诊断、检验、医嘱、缴费到领药、住院、出院，通过 RFID 标签和读取器自动录入和读取，减少了就医的麻烦，节省了就医时间，大大提高了就诊效率。

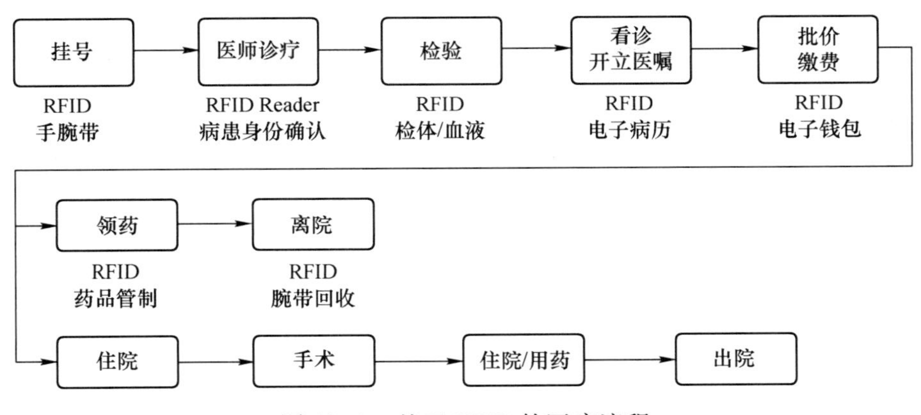

图 13-2　基于 RFID 的医疗流程

（2）人员管理。

对象：人员管理的对象包括病患人员、医护人员、工作人员等。

技术：腕带式、胸卡式超高频 RFID 电子标签；智能视频（人脸识别、场景研判、行为分析）；电子地图及无线定位技术等。

实现功能：就诊流程、自助挂号、电子病历、住（出）院管理、病房巡检、区域准入、智能门禁、日常考勤，以及精神病患者、老人、儿童、急诊患者、传染病等特殊人员定位，防止新生儿误报或被盗，活动轨迹描述等。在传染病等病区患者的体温等身体状态的监测，降低了感染传染或扩散的概率等。

（3）资产管理。

对象：资产管理的对象包括药品、医疗耗材、消毒器皿、医疗设备、血液、急救车辆等重要医疗资源。

技术：RFID 电子标签及兼容条形码技术，实现对贵重物品和日常物品的全覆盖；电子地图技术及无线定位技术。

实现功能：物品（药品）智能管控、跟踪、定位与防盗、消毒包管理和溯源；物品（药品）目录管理；物品（药品）实时自动盘点、耗材消耗智能统计；设备状态自动提醒（维护提醒、年检提醒、报废提醒等）；血液制品溯源管理；车位管理和急救车智能派车等。

（4）门禁安防。

对象：重要场所（手术室、ICU、无菌室、放射室、化验室、妇产科、婴儿房等）；核心办公区；传染病区、精神病区；医院敏感区域和周界。

技术：RFID 超高频电子标签、智能视频（人脸识别、场景研判、行为分析）、光纤周界安防技术。

实现功能：重要场所（放射区、消毒室、ICU 区等）和核心办公区（挂号收费处、住（出）院处、门诊药房、实验室等）的授权准入；传染病区和精神病区的授权准出和准入、精神病患的活动定位；人员进出记录、活动轨迹查询和追溯；母婴防盗；敏感区域人员行为分析（徘徊、翻越、奔跑、跌倒等）和自动报警；周界人员自动感知（光纤传感技术）。

二、电子病历

电子病历是医疗机构、医务人员对门诊、住院患者（或保健对象）临床诊治和指导干预的、使用信息系统生成的文字、符号、图表、图形、数据、影像等数字化的医疗服务工作记录，是居民个人在医疗机构历次就诊过程中产生和被记录的完整、详细的临床信息资源。它可在医疗服务中作为主要的信息源，取代纸质病历，并提供超越纸张病历的服务，满足所有的医疗、管理和法律需求。

电子病历的实施虽然不能帮助提高治疗方案的效果，但是却可以帮助改善医疗状况。传统纸质病历具有许多不足，例如医生潦草的字迹、不便于保存等。从理论上讲，电子病历是可以在世界上任何一个地方获取、存储、交换、使用和分析的重要医学病历，虽然过程中需要增加投入时间、精力，但在应用过程中就会体现出它巨大的优势。患者就诊时就可以马上提供病历，上面还给出了建议和药物名称，从而降低医疗支出，改善医疗水平和质量，减少医疗过失。同时，使用电子病历也可以避免不必要的重复进行的抽血检验、X 射线检查，以及其他诊断检查。实际上，至少 10%的这类检查是多余的，而每年为此浪费了数十亿美元。

电子病历系统是基于计算机和信息网络的电子病历采集、存储、展现、检索和处理系统。电子病历系统强调发挥信息技术的优势，提供超越纸质病历的服务功能。电子病历系统从三个方面展现了其主要功能：医疗信息的记录、存储和访问功能；利用医学知识库辅助医生进行临床决策的功能；为公共卫生和科研服务的信息再利用功能。尽管从概念上可以严格区分电子病历与电子病历系统，但由于两者关系非常紧密，有时并不严格进行区分。

近年来，随着医嘱、检验、PACS、心电、手术麻醉等各类临床信息系统的应用，完整的临床数据集成、展现及智能化应用成为电子病历发展的方向，其核心价值是满足临床诊断现场的信息需求及能够有效地改善医生的临床决策，主要表现在具有医疗过程管理能力、电子化临床路径、闭环医嘱、临床知识库和临床辅助决策支持系统的实施应用等。如图 13-3 所示。

电子病历系统是以患者为中心的全医疗过程的数据记录，是建立在医嘱、检验、医学影像、心电、手术麻醉、护理等各类临床信息系统基础上，满足临床诊疗现场的信息需求，改善医生临床决策的综合信息平台，其发展应用最大限度地代表了数字化医院的建设水平。

在电子病历建设过程中，应转变过去那种把病程记录编辑器作为核心内容的建设思路，而应把无纸化存储、一体化展现、智能化应用作为电子病历建设发展的目标。

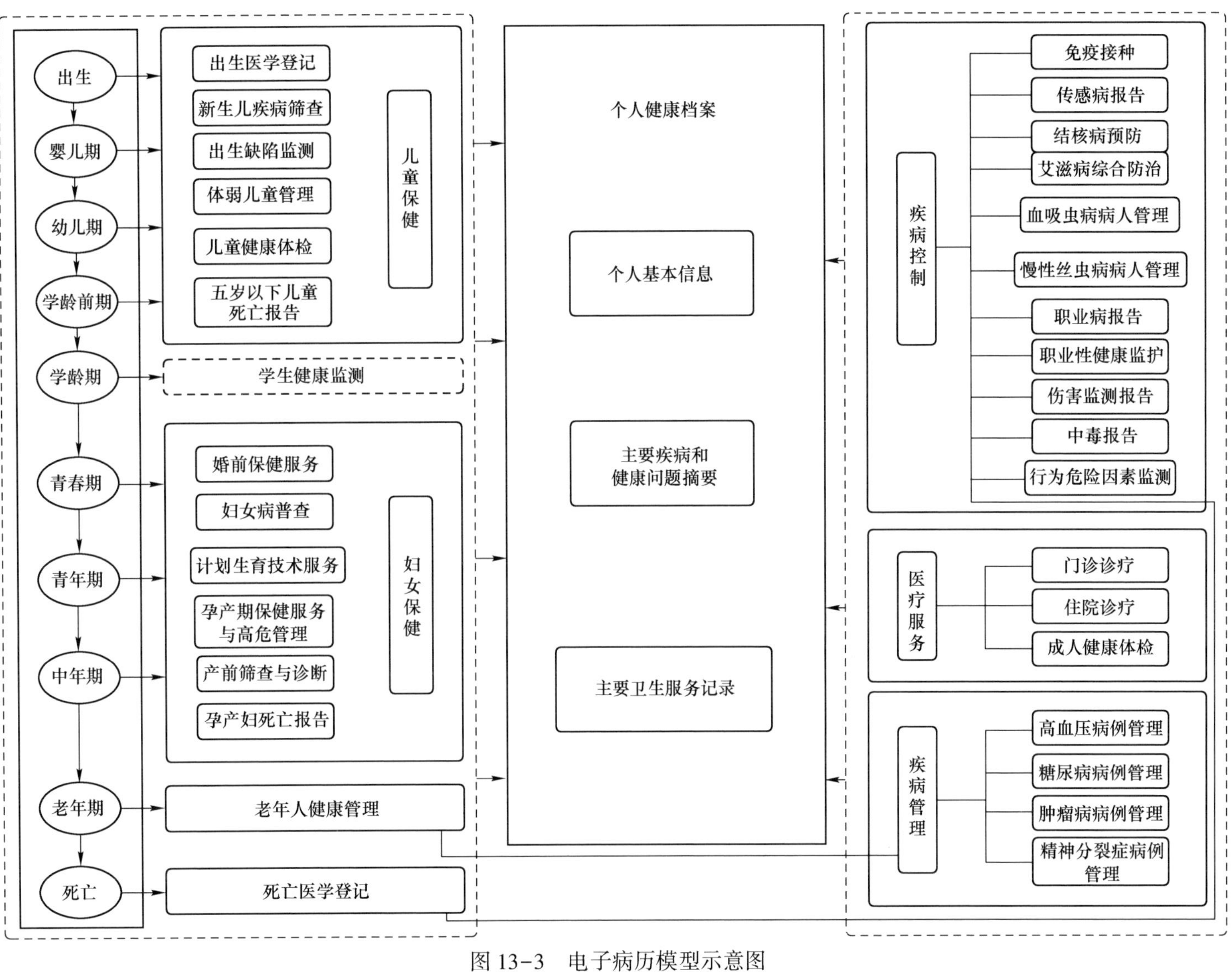

图 13-3　电子病历模型示意图

无纸化存储是实现电子病历的必要条件，如果一家医院还达不到无纸化存储的要求，就不能称为真正意义上的电子病历。但实现无纸化电子病历需要具备全面性、可读性、真实性、隐私性和安全性等基本条件。

一体化展现是指电子病历的内容主要通过集成展现系统进行展现。它以图形化界面全面展示病人的诊疗信息，减少医务人员多次启动不同子系统的重复操作，可直观有效地调阅、查询、检索、对比不同的诊疗信息，实现快速浏览、书写等各种功能，极大地提高了工作效率，为医生提供了利用患者信息的最有效途径。

智能化应用能够有效地改善医生的临床决策水平，是电子病历系统的另一核心价值，主要表现在具有医疗过程管理能力、电子化临床路径、闭环医嘱、临床知识库和临床辅助决策支持系统的实施和应用。

为了实现电子病历的主要功能和核心价值，其必须由一系列的系统构成。美国HIMSS认为，电子病历应该包括临床数据中心、临床决策支持系统、受控医学术语、计算机支持医嘱录入系统、药品管理系统和临床文档应用程序组成的复杂多变的应用环境。

电子病历是建立在临床数据中心基础之上的。临床数据中心处于中心位置，受控医学术语可以帮助提高临床数据中心的数据质量，以满足临床决策支持系统和实现临床路径等工作流组件的要求，计算机支持医嘱录入系统能够为临床医护人员提供强大的支持。临床数据中心、计算机支持医嘱录入系统、药品管理系统以及电子药物管理记录相结合能有效地提高患者安全和减少或排除医疗错误，将这些软件与受控医学术语、临床决策支持系统和工作流组件等结合在一起，并在电子病历系统统一架构下规划建设，能够形成完整的电子病历系统。电子病历系统还应该为跨区域的电子病历数据交换提供接口，支持数据/信息转换功能，为个人健康档案的实现打下基础。

电子病历系统分为狭义的和广义的两种电子病历系统。

（1）狭义的电子病历系统，包含：① 企业级病人主索引（EMPI），因为电子病历是围绕个体患者组织所有的数据的，即“以患者为中心”，而EMPI是医疗机构内部全局唯一的患者标识，所以不管是临床信息系统还是临床数据中心，都是以EMPI来组织个体患者的信息。② 受控医学术语，使电子病历信息结构化和标准化，以满足信息交换和二次利用。③ 数字签名、时间戳、隐私保护等关于电子病历管理与安全的相关系统。④ 在EMPI、受控医学术语、数字签名、时间戳、隐私保护等基础上构建的临床数据中心，以满足电子病历的综合浏览和跨机构共享。

（2）广义的电子病历系统包括所有与电子病历有关的系统。除了狭义的电子病历系统所包含的内容外，还包括以下主要内容：① 完善的临床信息系统和其产生的临床数据，完善的临床信息系统是电子病历的主要信息来源。② 临床医护工作站。临床医护工作站作为临床信息系统的重要组成部分和电子病历系统的核心部件，既是电子病历的信息源，也是电子病历最重要的展现载体。同时，医嘱作为临床活动的源头，是贯穿整个临床信息系统的一条主线。③ 集成平台。使各个临床信息系统间的信息数据实现共享和具有互操作性，并实现电子病历的标准化采集，以满足科研和区域医疗的需求。④ 临床决策支持系统、知识库和闭环医嘱管理等系统。很大程度上避免了由于医护人员知识的局限性带来的医疗差错，提高了临床诊疗水平。

三、影像大数据挖掘

1. 影像数据挖掘特点

影像数据挖掘是非结构数据挖掘的一种，它有如下几个主要特点：

（1）影像数据一般具有相对的含义，而结构化数据一般具有绝对的含义。

（2）影像内容的理解具有主观性的特点，对影像信息可以有多种不同理解，并依赖于影像表示方法和应用领域专业知识。

（3）影像信息中包含影像数据对象的空间关系信息。从目前的影像数据挖掘技术的现状来说，原始影像一般还不能直接用于影像数据挖掘分析，必须进行预处理，以生成可用于高层次挖掘的影像特征库。影像数据挖掘的一般流程通常包括影像的存储、影像的预处理、影像的搜索、影像的挖掘和展示等步骤。

2. 影像数据挖掘方案

目前，影像数据挖掘方案主要有功能驱动型模型和信息驱动型模型。

（1）功能驱动型模型

所谓功能驱动型模型是以不同的功能模块来组织，功能驱动的影像数据挖掘是针对具体应用的特定要求来设计数据挖掘方案的，通常包括：① 影像采集模块——从影像数据库中抽取影像数据。② 预处理模块——提取影像特征，并把特征信息存放在特征数据库中。③ 搜索引擎——利用影像特征信息进行匹配查询。④ 知识发现模块——对影像数据进行算法分析，以发现数据的主题、特征、关系等规律。

（2）信息驱动型模型

所谓信息驱动型模型，是针对影像的原始信息开展基于内容的影像数据挖掘的方案。该方案基于原始特征的对象或区域信息，利用挖掘算法和专业知识将整幅影像进行有意义地分割，然后开展高层次地计算与挖掘分析，从而推导出具有高层次语义的、易用的、易于理解的模式。

信息驱动模型方案将影像信息划分为以下 4 个层次：① 像素层——由原始影像信息和原始影像特征组成，如像素点、纹理、形状和色彩等。② 对象层——处理基于像素层原始特征的对象和区域信息。③ 语义层——结合专业知识从识别出的对象和区域中生成高层次的语义概念。④ 知识层——可结合与某一专业相关的文字和数字信息发现潜在的领域知识和模式。

在信息驱动方案中，像素层和对象层主要进行影像处理、对象识别和特征提取，而语义层和知识层主要进行影像数据挖掘和知识整合。该方案可以在每个层次上以及不同层次间开展数据挖掘分析。

3. 影像数据挖掘算法

与结构化数据挖掘的步骤和算法相类似，影像数据挖掘的技术主要包括两种，一种是影像数据预处理技术，如去噪、对比度增强、影像分割等；另一种是特征提取和模式技术；如分类、规则提取、预测和聚类等，既包括有监督学习也包含无监督学习。下面，我们就简单介绍一下有监督学习的分类技术和无监督学习的聚类技术。

（1）分类技术

基于影像数据的分类技术流程主要分为以下 3 步：① 建立影像表示模型，对已进行类标记的影像样本数据进行特征提取，并建立每一影像的属性描述。② 对样本数据集进行训练和学习，得到具有相当分类精度的分类模型。③ 根据分类模型对未标记的影像数据集进行自动分类判别。

影像数据分类的挑战性，在于如何建立低层可视特征和高层语义分类间的映射关系。

（2）聚类技术

基于影像数据的聚类技术，是根据没有先验知识的影像数据分布，将无类别标记的影像数据划分为有含义的不同簇，通常包括以下 4 步：① 影像特征提取和选择。② 建立影像相似性模型。③ 尝试不同的聚类算法。④ 评估最佳的分组方案。

影像数据聚类的挑战性，在于如何在分簇未知的情况下，如何科学地找到一个最佳的分类方案。

四、智慧医院

社会和经济发展，生活水平提高，使人们对医疗保健的需求越来越高，希望能够在更具人性化、更加智慧的医疗环境下就诊。智慧医疗不仅改变了医院传统的管理模式、医疗习惯，也影响到医院的建筑设计。智慧的医疗环境通过建筑物的结构、设备、服务和管理，根据用户的需求进行最优化组合，从而为用户提供一个高效、舒适、便利的人性化建筑环境。它是集现代建筑、现代通信网络、现代控制网络和现代计算机于一体的技术。

智慧的医院设施主要包含建筑智能化、通信自动化、业务专业化三部分。其中通信自动化具体有：

1. 手术示教系统

手术示教系统能将手术室内医生的手术过程、细节信息以及手术室内的各种医疗设备的视频资料，在没有人数或空间限制、没有病菌感染忧患前提下，都真实地、全方位地呈现到实习医生，或观摩人员的眼前。包括实时互动的手术直播、中央控制、病档管理、音视频课件制作以及线上学习管理等模块。

2. 护理呼叫系统

护理呼叫系统由安装在病区护士站的呼叫主机和分别设置在病房床头、病房卫生间、病人随身配备的呼叫分机、走廊显示屏组成。一旦病人按呼叫按钮，护士站的主机就发出声光报警信号，走廊显示屏同步显示呼叫床位号，护士人员便可以立刻赶往病房处理紧急情况。

3. 电子叫号系统

电子叫号系统由分诊台、子系统管理控制计算机（与分诊台合一）、系统服务器、管理台、信息节点机、信息显示屏、语音控制器、无源音箱、呼叫终端（物理终端或虚拟终端）、分线盒组成。在每个科室配置一套子系统。多个子系统联网组成整个医院的电子叫号系统，电子叫号子系统之间与系统服务器之间通过内部协议互相通信。

4. RFID 识别系统

RFID 识别系统依托医院无线网络，利用 RFID 识别技术实现对院内各类人员的身份识别与定位，也对医疗设备、药品识别定位。系统可实施院内分区管理，对重要的设备和人员身份进行实时追踪，全面提升医疗质量。

5. 隔离探视系统

特护、隔离和监护等无菌病房及严重的传染病房，探视家属是不得入内的，通过该系统可以方便实现探视者与患者之间交流沟通，极大体现了医院人性化的服务。

6. 无线对讲系统

无线对讲系统具有机动灵活、操作简便、即按即通、语音传递快捷、使用经济之特点，是实现生产调度自动化和管理现代化的基础手段。无线对讲系统对于大楼、写字楼、公寓等综合性建筑群的安全保卫、设备维护、物业管理等各项管理工作带来了极大的便利。

7. 远程探视系统

面对面沟通是人们对于彼此交流的一种基本需求，这种交流方式比起只通过语音、文字来进行沟通更加有效、清楚，而在表达方式上更丰富、更亲切、更符合人们的习惯。但医疗行业由于其行业自身的特殊性，有时不允许病人与家属或其他相关人员进行近距离接触，以减少传染性疾病传播的可能。远程探视系统可以提供病患人员与亲属之间的网上探视，以及与外地亲友的远程多人非接触式会面。在治疗期间做到隔离而不封闭，可以正常地与家人、朋友、同事、领导进行“面对面”的交流。目前网络和 PC 的发展已极其普遍，当病人患有传染性疾病被隔离无奈与家人分开的时候，病人家属只需到 VCON 网站免费下载一个 HDVpint 软件终端试用版，安装在家中计算机或网吧计算机中，即可与朝思暮想的亲人“见面”。

8. 大屏幕显示系统

在医院设置 LED 大屏幕、条屏和多媒体触摸查询工作站，病人就诊前就可了解医院发布的最新信息、窗口服务信息、医院简介、服务项目介绍、常用收费标准介绍、科室位置示意图、科室平面示意图、专家特长介绍、专家门诊时间安排表、银行卡使用须知等信息。

9. 视频会议系统

会议室将建设成为集会议、培训、学术交流等于一体的多功能会议场所。为了能更充分发挥其功能，设备配备应采用先进的、现代化的电子会议设备。利用多种显示手段，展示各种多媒体资料、图文信息，进行国际、国内交流等活动。

10. 多媒体查询系统

多媒体查询系统应用范围非常广阔，主要是公共信息的查询。随着医院向信息化方向发展和计算机网络在国民生活中的渗透，信息查询都以多媒体查询系统显示内容的形式出现。通过本系统，就诊人员可以自助查询相关信息，能有效减轻医院内医护人员与患者间的信息不对称情况。

11. 合理用药电子预警管理系统

合理用药电子预警管理系统平台功能主要实现药品使用和归总等环节的管理，即事前预警、事中控制、事后分析，从而为医生在看病诊疗过程中对药品的使用提供辅助。实现的主要功能有：

（1）用药预警监测。实现对医药处方监测审查和提示，及时预警药品安全问题，并对异常信号自动监测，及时预警可疑药品不良反应、假药劣药和异常用药。例如，单张处方不能超过 500 元，除非到医师或主任处特殊批复；抗生素流程及用量使用限制等。

（2）医药记录审计。可以在事后根据实时开药记录进行审计管理。

（3）医药查询统计。实现对医院和内部人员的抗生素使用排名等信息统计与详细内容查询；通过对关键数据比较，从而发现开药用药的问题及原因，例如药物异常情况等。

（4）对医疗行为全过程、全方位的动态管理与监督。

（5）整合医学科研资源，使医务人员快速掌握最新医疗技术和方法。

合理用药电子预警管理系统平台通过与智慧医疗卫生信息平台的集成，实现对全市医疗服务机构药品采购、开方、使用、归档过程中的预警信息进行掌控。

五、远程医疗

远程医疗是指以计算机技术、遥感技术、遥测技术、遥控技术为依托，充分发挥大医院或专科医疗中心的医疗技术和医疗设备优势，对医疗条件较差的边远地区、海岛或舰船上的伤病员进行远距离诊断、治疗和咨询。

远程医疗是一项旨在提高诊断与医疗水平、降低医疗开支、满足广大人民群众保健需求的全新的医疗服务。目前，远程医疗技术已经从最初的电视监护、电话远程诊断发展到利用高速网络进行数字、图像、语音的综合传输，并且实现了实时的语音和高清晰图像的交流，为现代医学的应用提供了更广阔的发展空间。国外在这一领域的发展已有 40 多年的历史，而我国只在最近几年才予以重视和发展。

在我国，应用远程医疗有着十分重要的意义。

首先是在一定程度上缓解了我国专家资源、人口分布极不平衡的现状。我国人口的 80%分布在县级以下医疗卫生资源欠发达地区，而我国医疗卫生资源 80%分布在大中城市，医疗水平发展不平衡，三级医院和高、精、尖的医疗设备也以分布在大城市为多。即使在大城市，病人也希望能到三级医院接受专家的治疗，造成基层医院病人纷纷流入市级医院，加重了市级医院的负担，造成床位紧张，而基层床位闲置，最终导致医疗资源分布不均和浪费。利用远程会诊系统可以让欠发达地区的患者接受大医院专家的治疗。另外，通过远程教育等措施也能在一定程度上提高中小医院医师的水平。

其次是缓解了偏远地区的患者转诊比例高、费用昂贵的问题。中国幅员辽阔、人口众多，边远地区的病人由于当地的医疗条件比较落后，危重、疑难病人往往要被送到上级医院进行专家会诊。这样，到外地就诊的交通费、家属陪同费用、住院医疗费等给病人增加了经济上的负担。同时，路途的颠簸也给病人的身体造成了更多的不适。而许多没有条件到大医院就诊的病人则耽误了诊疗，给病人和家属造成了身心上的痛苦。据调查，偏远地区患者转到上一级医院的比例相当高；平均花费非常昂贵，除去治疗费用外的其他花费，还需要诊断费用、各种检查费用、路费、陪护费、住宿费、餐费等，病人几乎无力承担。而远程会诊系统可以让病人在本地就得到相应的治疗，大大减少了就诊费用。

远程医疗主要具备以下特点：① 在恰当的场所和家庭医疗保健中使用远程医疗可以极大地降低运送病人的时间和成本。② 可以良好地管理和分配偏远地区的紧急医疗服务，这可以通过将照片传送到关键的医务中心来实现。③ 可以使医生突破地理范围的限制，共享病人的病历和诊断照片，从而有利于临床研究的发展。④ 可以为偏远地区的医务人员提供更好的医学教育。

远程医疗通过使用远程通信技术、全息影像技术、新电子技术和计算机多媒体技术，发挥大型医学中心医疗技术和设备优势对医疗卫生条件较差及特殊环境提供远距离医学信息和服务。具体而言，远程医疗主要包括在线问诊和远程手术两种模式。

在线问诊是远程医疗服务的新兴模式，它是基于互联网来为病患提供在线的诊疗服务。与网上医院相比，在线问诊是一种新型的服务模式，而网上医院可能具备在线问诊的服务内容，也可以不具备在线问诊的功能而只是提供预约、挂号、缴费、报告自查等服务内容。在线问诊可以是通过医院这个主体来提供服务，而现在更多是医生在第三方服务平台上为患者提供服务。凭借实时、便捷、廉价的服务，在线问诊很快就得到了众多用户的接纳。在我国医疗健康服务市场，由于传统门诊体系本身存在着多项严重问题，所以在线问诊的优势更加明显。

传统问诊体系中，不同地区、不同医疗机构之间医疗资源分配严重不均。一、二线城市的大医院聚集了全国最好的医疗资源，而广大的乡镇、农村地区则资源严重匮乏。病人在选择医疗机构时努力向大医院集中，有条件的病患即使小病症也要占用优质的医疗资源，而农村地区的病患无处问诊。于是就造成了一方面大医院存在着严重的问诊拥挤，一方面非核心医疗机构面临着病患不足的尴尬，医生资源利用率非常低。而且，门诊受到固定上班时间的限制，病人就诊需要从家中赶到医院，还受到交通与距离的限制。

由于以上种种原因，人们对于去医院就诊这件事情比较排斥，他们觉得为一点小毛病不值得跑去医院排队，费时费力最后只得到五分钟的问诊。这类人群不愿意去医院就诊，不代表他们不想要解决身体的不适，所以他们都将成为在线问诊的潜在用户。在去医院就诊的人群中，不需要现场治疗的比例高达七成，这七成病患也可以通过在线问诊服务解决自己的问题。

随着互联网的发展，提供各种健康资讯的渠道越来越多，大量的健康理论充斥于人们的生活当中，然而哪些可信、哪些虚假，人们难以分辨，有些健康资讯甚至只是健康产品的广告。一方面大量虚假信息泛滥，一方面人们对可靠的网络健康信息需求强烈。在这种情况下，可信赖的、便捷的医疗健康信息渠道建设势在必行，它们可以只是提供健康建议，而不需要进行专业的医学治疗。在线问诊模式就是在这样的背景下应运而生的。在这种模式下，用户得到的医疗健康建议全部来源于专业的医学人员，具有很高的可信度，再加上平台自身的公信力，更能满足大部分用户对健康信息的需求。

作为一种新兴的医疗健康服务模式，在线问诊平台没有成功的经验可以借鉴，大部分初创公司都还在摸索可能的盈利模式。有些平台主要通过向用户或者雇主收费来实现盈利，也可以通过数据价值的进一步挖掘，以及将线上用户引流到线下合作的医院或者药店来获取利润。

（1）面向病患收费。面向病患收费是在线问诊最常用也是最直接的盈利方式。无论哪种类型的在线问诊平台，都有采用这种方式成功盈利的先例，具体包括单次服务收费和包月收费两种收费模式。不同的平台收费标准不同，一般来说视频问诊收费稍高，通过文字信息咨询的问诊收费稍低。有的平台也会根据不同的服务主体设置不同的收费级别。

在美国医疗行业，问诊费用普遍较高，问诊收入是医生收入的重要来源，因而在线问诊收费具有很大的成本优势。而我国医疗机构问诊收费并不高，所以网上平台并不会显得收费低廉。国内在线问诊的优势在于能够为用户提供更好的就诊体验，用户不再受限于时间、地点，也不需要排队挂号，提出的问题很快就会得到回应。

很多在线问诊平台在开始的时候对用户完全免费，等到用户数量积累到一定的规模，再通过更专业的服务开通付费模式。届时，基础的问答服务仍然保持免费，以此吸引更多的用户加入平台，而更为专业和复杂的问题则需要转向付费服务或者导流到线下医疗机构才能解决。如果用户对时效性要求较高，需要针对性的互动服务，往往就会选择付费的在线服务。

（2）向企业雇主收费。向病患收费是最常见的收费模式，除此之外，有些平台的收费模式是向企业雇主收费。企业雇主是购买医疗保险的主体，尤其是在欧美地区，医疗保险和其他相关的健康服务已经成为基本的员工福利。基于此，很多在线问诊平台将自己的客户定位于雇主群体，向这类群体售卖在线问诊服务。

雇主付费模式的成功，其前提之一就是这项服务能够纳入国家医保体系。而在国内市场，医保机构并没有参与远程医疗服务体系，因而雇主付费模式暂时还很难得到推广，只有很少的雇主愿意为员工的远程医疗服务买单。在这种背景下，在线问诊平台若要发展雇主付费模式，只能选择与保险公司合作，将服务内容整合到保险产品之中。这样，雇主在购买健康保险的时候就自动购买了远程医疗服务。

（3）挖掘数据价值。随着大数据技术的发展，数据已经成为越来越重要的商业资源。通过与医疗服务相结合，进一步挖掘数据的价值，成为在线医疗服务发展的新方向。比如与药厂合作，可以提高新药研发效率；与医疗机构合作，能够改善临床疗效，筛选出更有效的治疗手段等。在线问诊平台拥有大量的用户，长期下来积累的用户健康数据规模巨大，如果方法得当，很可能从这些大数据之中挖掘出巨大的经济价值。

（4）O2O 模式下的导药导医。通过与线下实体医疗机构和药店合作，将线上平台的用户引流到线下的合作机构，以促进线下销售来实现平台自身的盈利，是国内在线问诊初创公司经常会采取的盈利模式。用户在线上平台完成问诊之后，通常会去药店购买对应的药品或者去医院进行深入的诊治，这就是生成导医导药模式的基础。

导医是将需要去医院进行深入诊疗的用户导流到合作的医疗机构，在线问诊平台根据导入的流量向医院收取一定比例的佣金。然而这种模式实施起来存在着一定的问题，资质高的医院已经人满为患，并不缺少病人，所以没有导流需求，而需要网站导流的医院往往资质较差，用户不愿意去。

导药是将具有购药需求的在线用户就近倒流到合作药店，甚至直接导流到药店的在线销售平台，然后由药店送药上门，在线问诊平台则根据导流流量或者用户在药店的消费情况抽取佣金。这种模式成功的关键在于平台对药店资源的整合情况，如果平台整合了足够多的药店，就很容易实现盈利。

六、健康管理跟踪平台

健康管理跟踪平台与区域卫生信息平台对接，为老百姓提供自身可以参与其中的医疗健康卫生应用，是区域卫生信息化建设的重要组成部分。从医疗救治为重点过渡到预防保健与医疗救治相结合为重点，建立以居民自我健康跟踪和医生健康跟踪相结合的区域健康卫生管理体系。没有老百姓的参与是不全面和不完善的，也无法让老百姓体会到区域卫生信息化带来的切身好处。实现全城全员的健康管理跟踪应做好两个方面的工作。

一方面，将个人的病前、病中、病愈和医疗健康卫生的诊前、诊中、诊后相结合，通过健康管理跟踪，让全城老百姓病前可以进行健康咨询。诊前可以远程问诊、预约挂号；病中可以积极诊疗，诊中保障就医和用药安全；病愈可以自我健康监测，诊后得到康复指导等。

另一方面，提倡个人健康生活，每人每年体检一次的理念。从个人健康自我管理的体检前、体检中、体检后出发，通过健康管理跟踪让老百姓体检前可享受到孕期检查、儿童健康体检、成人健康体检、老人体检、高血压等慢性病管理、用药、预约健康服务等健康提醒服务；体检中可监测到当前的健康状态；体检后可针对自身的健康进行健康分析评估、在线健康监测、健康咨询，对检出有患病情况可及时进行治疗。

健康管理跟踪平台功能覆盖整个医疗健康过程的医疗健康领域服务及辅助服务，主要有以下 15 个功能。

1. 个人健康档案自我管理

健康管理跟踪平台提供个人健康档案，记录了全城老百姓自我健康管理信息、记录在社区服务站建立的健康档案和健康体检信息、记录在医疗机构就医的电子病历信息、记录在专业体检机构进行体检的信息。健康管理跟踪平台以个人健康档案为中心，进行个人和家庭成员健康档案的创建、更新、查看，对个人健康和个人医疗信息在何时、何地进行了哪些医疗健康服务等进行实时跟踪和自我管理。个人通过自身和家庭成员健康档案的建立，通过对家庭医生建立个人健康档案和家庭成员健康档案的确认和更新，使健康档案持续保持高度的有效性，为开展个人医疗健康卫生提供了强有力的基础性支持。

个人健康档案自我管理为政府全面诚信就医监督机制的建立，提供了真实、可信、有效的数据信息；为全区域建立全人群跟踪提供了实名认证的基础；为老百姓诊前、诊中、诊后享用各种就医服务提供了有效支持。

个人健康档案自我管理为全城老百姓提供了连续记录个人在病前、病中、病愈以及动态记录健康卫生的情况，使老百姓在各个医疗机构进行就诊、体检的各类电子病历可以实现在线监管。对需要共享自身健康档案的内容进行权限设置，保护了个人信息安全。

个人健康档案自我管理中的家庭成员健康管理，使老人、小孩、孕产妇、行动不便的人，通过家庭成员的帮助也可积极地参与到全民健康管理跟踪中来。

个人健康档案自我管理为医护专业人员提供了连续、动态的信息跟踪，为医护专业人员完善健康档案而上门难的问题提供了有效解决途径，减轻了医护专业人员进行健康档案维护的工作量。

2. 健康咨询

健康管理跟踪平台提供的健康咨询是为全城老百姓提供诊前、诊后、体检前、体检后的全过程服务。老百姓在就诊前通过健康管理跟踪平台能与社区家庭医生、医院专科医生互动。这样就能为老百姓提供疾病预防和保健服务、提供远程咨询，为轻微症状患者提供建议性轻诊断；在诊后、体检后对老百姓检出后的状态进行健康指导。居民与家庭医生通过健康咨询加强沟通，可在线实时跟踪辖区居民的健康状态，提高家庭医生与居民签约的有效性。患者与医生通过健康互动，改善了医患关系，改进了就医体验。老百姓与体检医生通过健康分析互动，提高自我健康的保健意识，对疾病预防和自我健康管理起到了积极作用。

健康咨询，创建了一个开放式医患互动的平台，增加了医患信任，为缓解医患关系起到了积极作用。政府可以根据不同的健康咨询问题以及热点关注度，予以有效的宣传和纾解，积极引导老百姓从注重医疗救治转向医疗健康并重。老百姓借助信息化等多种手段在互动平台上开展健康教育和个人自我健康教育，从而提高自我健康的管理意识。

健康咨询，为老百姓提供了诊前、诊后、病前、愈后、体检前、体检后的健康指导服务。通过健康咨询，老百姓的轻微症状得到了及时有效的建议性轻诊断，使老百姓不用为小病在就医路上耗时耗费，节省了医疗机构的有限资源。通过有效渠道为老百姓的健康问题进行指导，使老百姓不出家门即可享受到医疗健康服务。

健康咨询，为医护专业人员开展个人健康教育、个人健康指导提供了路径，对社区慢性病患者、老人、孕产妇提供健康咨询为社区家庭医生开展有效、全方位的健康卫生保健工作提供了支持。

3. 预约挂号

健康管理跟踪平台提供预约挂号作为患者诊前的一项公共服务措施。预约挂号记录了老百姓准备什么时间去哪家医疗机构，就诊哪个科室、哪个医生的需求信息。通过收集全城老百姓的就医需求信息，可统计排名哪家医疗机构、哪个科室、哪个医生最受患者青睐，哪个时间段老百姓最愿意来医院就诊。

通过预约挂号分析，政府可以通过患病人群诊前的动态，对改善就医的整体环境制定对应的措施。通过预约人数统计与门诊挂号人数统计的对比分析，进行事中实时监管，关注每小时、每日、每周、每月预约挂号的占比，通过对各分时段就诊预约的调整，缓解就诊高峰，使卫生资源在正常时间段均衡利用。可以通过预约医疗机构、预约科室、预约医生的排名分析，看哪些卫生资源是不足或需要优化的，事后进行合理调整。分时段预约，患者不用从一大早挂号后就等在医院就诊，可以使老百姓错开就医，大大减轻了公共资源的消耗。

预约挂号是一项惠民利民的措施，解决了老百姓担心不能挂上号而凌晨排队的问题。同时，结合个人健康档案的实名认证机制，在预约挂号时以实名措施进行号源发放，杜绝了医院“黄牛”现象，维护了社会治安，保障了老百姓公平就医。

预约挂号，疏导了部分就医人群，极大地改善了医生问诊时大批患者围观的现象，使医院门诊就医环境得到了改善。通过有效分析预约挂号的数据信息，医生问诊可以达到最大饱和度和最小接诊量。通过数据分析可以使问诊人数与号源人数找到平衡点，创新式解决“三长一短”中问诊时间短的问题。

4. 预约复诊

健康管理跟踪平台提供预约复诊服务。复诊是对前一次诊疗的延续，对患者从患病开始至治愈进行一个全病程的跟踪，有利于提高患者治疗效果。预约复诊记录了老百姓预约复诊时间、预约复诊医院、预约复诊科室、预约复诊医生。通过对预约复诊记录的分析，可以得知各个医院平均对一个病程的治疗周期，对相同的病历各个医院的治疗周期，为建立全区域的疾病治疗周期提供基数参考，为构建全城医疗单位对疾病治疗效果的跟踪时效体系提供基础，为完善全区域、各个医疗单位的医疗质量体系、医疗成本控制体系提供源端追溯。

预约复诊是对整个医疗过程精细化管理的一个环节。预约复诊治疗的患者，错开时间治疗，可以有效解决挂号难、号贩子钻空子的问题。一个疗程内的治疗最好都是同一医生，这样医生了解病情进展，才能有针对性地治疗，并且复诊预约能节约大夫的时间，便于大夫提高诊疗效率。

通过预约复诊，可以提升医院医疗过程的精细化管理水平，提高医疗质量，降低医疗成本，使老百姓的就医过程得到安全保障，就医时间大为缩短。

5. 预约检查

健康管理跟踪平台提供预约检查服务。预约检查记录了老百姓何时去哪家医院、哪个科室、做什么检查。通过预约检查存量，医疗单位可以根据设备实际情况进行排班确认，使设备在整个医疗就诊时间段能充分利用。以预约检查为起点，记录患者何时检查、哪位医生检查、报告医生是谁、在哪个设备上进行的检查记录。通过对这些记录的统计分析，可以对日检查率、周检查率、月检查率、设备使用率、医生工作率等信息进行对比分析，实时监管对卫生设备资源的利用情况，及时有序调整资源，使患者检查有序进行。

通过预约检查，可以有效使医疗机构的检查设备均衡使用，使设备在正常工作时间有序运行，解决因就诊高峰期带来检查人数多与检查设备超负荷使用的问题，确保老百姓能安全、放心检查。

6. 预约体检

健康管理跟踪平台提供预约体检服务。预约体检服务记录了老百姓准备何时去哪里做什么样的体检内容的信息。一般体检内容会比较全面，涉及占用检查设备和医生资源，社会上普遍存在医院专门开设的体检中心、专业的体检中心机构。体检中心大多在上午进行体检，故体检的有效时间有限。为了避免与大型团体客户在同一天体检，体检人员提前预约，预先约定体检时间、体检人数、体检类型等事项，预先确定体检流程，这样有利于节约体检客户的时间，体检中心也可以事先安排工作，使体检过程更加人性化。

提倡健康生活，老百姓一年一次体检是需要的。为有需要的老百姓提供预约体检服务，使老百姓通过预约服务提前知道体检流程、体检内容、体检注意事项。通过体检检查老百姓的自身健康状态，对检出病患可以进行及时的治疗，对未检出病患的提供保健指导。

通过预约体检老百姓可以自我展开自我健康跟踪管理。体检中有异常的及时进行治疗，治愈后根据社区医生的康复指导进行诊后健康保健、健康监测。体检中未有异常的可进行自我健康信息的录入、维护、跟踪，定期体检。

预约体检为检查设备等卫生资源的合理利用提供了依据。预约体检与自我健康管理跟踪结合，为老百姓提高疾病防治、未病预防意识产生了积极影响，使老百姓有一个正确的健康自我管理观念。

7. 慢性病管理

健康管理跟踪平台提供老百姓慢性病自我管理功能。慢性病自我管理提供社区卫生常见慢性病的自我管理功能，包括高血压自我监测与管理、糖尿病自我监测与管理、脑卒中自我监测与管理、冠心病自我监测与管理等。慢性病管理包括记录老百姓既往病史、生活方式、服药方式、锻炼运动方式和饮食习惯等信息，记录血压、血糖、心率、腰围、体重等生命体征信息。通过对自身监测数据的分析提供慢性病分析评估报告，指导老百姓改善饮食习惯、加强适度运动锻炼、坚持体征数据监测、进行合理用药等。

通过慢性病自我管理和监测，慢性疾病患者的健康状况、健康功能可以维持在一个满意的状态。通过慢性病自我管理和跟踪、在线慢性病指导和宣传等，改变不良的生活方式，有效减少疾病危险因素，减少用药，节约社区成本，使老百姓医疗保健成本降到最低。

老百姓慢性病的自我管理和监测与社区家庭医生的慢性病管理相结合，通过社区家庭医生的在线指导、远程咨询，有效提高老百姓自我健康管理意识，使社区已患慢性病人群得到持续、有效的治疗和控制，使慢性病患者血压控制率、血糖控制率在合理监测范围内。

8. 保健管理

健康管理跟踪平台提供老百姓自我康复保健管理功能。保健管理涉及人的整个生命过程。从人群角度分，可以包括孕产妇保健、儿童保健、老人保健等。孕产妇保健记录产前、产时、产后的孕期信息，记录何时怀孕、末次月经时间、预产期、产检时间、不同阶段做哪些检查、胎儿生长情况等。同时为孕妇提供孕产期保健知识、准爸爸和准妈妈注意事项等。儿童保健从儿童从出生开始记录身高、体重、营养情况、疫苗接种情况等成长信息，提供儿童生长曲线等儿童成长数据分析。老人保健连续记录老人的血压、心率、血糖、运动、饮食习惯信息，并提供锻炼运动指导、饮食情况分析、血压变化趋势等健康数据分析。

通过老百姓自我保健管理，起到未病先防的作用，可实时监管全区域的高血压、糖尿病等的防治，为降低人群慢性病患病率提供积极的帮助。

9. 自我健康监测

健康管理跟踪平台提供居民自我健康监测功能。居民自我健康监测内容包括自我健康监测和自助健康监测。自我健康监测主要指居民通过健康管理跟踪平台中自身录入的健康数据进行管理。系统为居民提供血压控制分析、血糖控制分析、体重指数控制分析等。通过数据分析，为居民提供健康指导、健康套餐等内容服务。自助健康监测指居民通过可穿戴设备或自助体检设备进行监测，同时将数据上传到健康管理平台，以便进行自我健康监测与分析。

健康管理跟踪平台以移动手机终端和无线健康指标测量仪器为载体，更好地为用户提供连续、综合、适宜、经济的家庭成员健康服务。帮助医护人员及时、全面地了解用户家庭成员的健康状况和相关生理指标，有针对性地开展预防、保健和医疗服务。

健康管理医疗智能检测终端主要适用于家庭。它区别于医院使用的医疗监测仪器，具有操作简单、体积小巧、携带方便等特点，并且满足了人们对家庭健康状况监测越来越多、越来越高的要求。简单实用、功能齐全的新型家庭医疗智能检测终端已经走入家庭，成为人们生活中必不可少的用品。运动、生活习惯监测仪能监测到人们的每天运动情况（每天的步行步数、运动强度以及每天睡觉和起床时间的生活习惯），能有效地进行健康生活方式提醒。智能健康手机终端是便捷健康沟通和查阅器，是居家健康管理“大管家”。

10. 健康提醒

健康管理跟踪平台提供健康提醒功能。健康提醒作为个人自我健康管理的辅助手段，提醒老百姓按时进行自我健康监测、保健管理、保健检查等。通过对儿童健康信息分析，记录何时需要进行儿童体检、何时需要进行疫苗接种、每日注意健康等事项并预先进行提醒。通过对慢性病患者的健康信息分析，记录何时血压测量、何时服用高血压药、季节变换应注意事项等。通过对孕产妇的记录信息分析，提醒准妈妈何时需要进行产检、每个孕期需要注意事项、对产检信息进行数据分析并指导准备妈妈平时如何进行保健孕育。

11. 健康分析评估

健康管理跟踪平台提供健康分析评估功能。健康分析评估提供从 1 岁至老龄阶段的健康数据分析。健康分析评估内容有个人健康数据信息汇总，通过对健康数据信息分析进行心血管疾病风险评估、糖尿病风险评估、癌症风险评估、生活方式评估、运动膳食总体评价评估、健康改善行动指南、个性化膳食处方、个性化运动处方等。

通过健康分析评估帮助个人找到健康风险因素，改善个人健康，改变不健康生活方式，降低自身发病风险，预防或控制疾病的发生。

12. 药品信息查询

健康管理跟踪平台为老百姓提供药品信息查询服务。老百姓可以通过药品信息查询，对药品进行比价，可选择价格便宜的药品，通过网上支付、货到后付款等方式实现网上购买药品和保健品。

13. 疾病知识库查询

通过健康管理跟踪平台，可以选择自查问诊模块，点击人体模型，被点击部位颜色变深，继续点击会进入症状问答模式，模拟医生问诊，选择伴随症状，按临床发生相应疾病门诊率、住院率直接列出所有具备以上症状疾病的名称，最可能得的疾病排在第一位，根据提示可以继续搜索治疗方法。

14. 在线商城

健康管理跟踪平台提供在线商城功能，针对有个性化健康管理需求的人群，提供健康管理服务，提供血压仪、血糖仪、体重计、可穿戴设备、生物电中医治疗设备等商品信息服务。

15. 健康社区服务终端

健康社区服务终端是健康管理跟踪平台提供社区健康服务的一个载体，也是各种医疗、健康管理机构在院外的健康服务终端，集自助的健康监测与专业的医疗健康服务于一体，能够为大量的诊前、诊后随访人群、慢病人群、亚健康人群、老龄人群等提供就近的健康管理。社区健康将诊前、诊中、诊后的部分服务覆盖到居民家门口，送到居民手中。

健康社区服务终端针对不同人群采用不同服务提供方式：一是面向年轻人或会使用智能手机居民的掌上App，提供预约挂号、预约体检、健康报告、健康评估分析、报告查询、健康资料录入、网上支付等服务；二是面向老人或不会使用智能手机居民的社区健康服务终端，一站式提供健康监测、健康评估分析、自助缴费、预约挂号、预约体检、报告查询等服务。另外，与在线商城对接，健康社区服务终端还为老百姓提供网上药店、药品配送、可穿戴设备、个性化健康服务、在线支付等服务，便于居民进行个性化健康管理定制，以满足不同层次人群对自我健康管理的不同需求。

第三节　智慧医疗案例

一、案例1：IBM的智能医学影像分析

IBM以10亿美元收购医学成像设备提供商MergeHealthcare，后者主要帮助医院存储和分析CAT断层扫描、X射线以及其他医学影像。IBM计划将Merge的技术整合到自身的Watson人工智能技术中。IBM认为，Watson的认知计算能力在医学造影方面完全可以辨别患者应该接受X射线、CAT还是核磁共振，现在独缺的是客户以及医学影像资料，而这恰好也是Merge可以提供的资源。

目前，医疗数据中有超过90%来自医学影像，但是这些数据大多要进行人工分析。如果能够运用人工智能技术分析医学影像，并将影像与医学文本记录进行交叉对比，就能够极大地降低医学诊断上的失误，帮助医生精准诊断，挽救患者生命。

IBM的Watson计划想法很好，但是依然存在着诸多挑战。最大的问题在于如何证明这个计划的效果，如何向健康保险公司证明Watson的投资物有所值。具体地说，即Watson计划能否真正地让患者得到准确的诊断，传统的放射科医师忽略的诊断方面的问题能否让IBM的智能技术发现。

（一）中国人“数字肺”项目

进入数字化时代，数字化、标准化、网络化、海量存储和大数据的应用，已成为医学发展的主流方向和重要标志。大数据的发展，要求医院改变传统的医疗模式，把疾病的早预防、早诊断、早治疗等服务放在第一位考虑。随着人们期待更好的医疗卫生保健服务，从出生到死亡的全程医疗服务也已经成了医疗管理新模式的发展方向。通过互联网络把预防、诊断和临床作业过程纳入到数字化网络中，实现这些重要任务的核心环节就是医学影像信息化，充分体现大数据、实时在线、多点传输与共享给现代医疗带来的好处。

在国内据报道，北京医院等国内知名大医院联合与合作，开展了中国人“数字肺”项目——基于医学影像大数据的呼吸系统疾病辅助诊断平台。项目以构建具有统计学意义的中国人“数字肺”，揭示支气管、肺血管和肺实质结构与不同主要肺部疾病之间的

关系，通过采用数据挖掘与量化分析技术，分析、处理和量化 COPD、支气管哮喘、支气管扩张、肺间质性疾病、肺栓塞和孤立性肺结节的评价体系和诊断标准。目前，该项目已经在健康成人支气管树不对称分叉特性的研究、低剂量 CT 扫描的对支气管定量测量的评价研究、吸烟对肺组织损伤的纵向研究、肺血管改变与肺气肿定量的动态评估等方面取得了进展，获得了一系列卓有成效的研究成果。

（二）影像大数据——早期肺癌筛查平台

在大数据盛行的今天，大型影像诊断设备结合大数据分析提供更准确的诊断报告显然是越来越可行和越来越可靠的事情。据报道，上海多家大型医疗机构合作开展了“上海地区早期肺癌的影像学筛查及诊断研究”项目。该项目通过多家医院多中心采集、共享并研究早期肺癌病例数据样本，制定早期肺癌高危人群预警指标，进而建立一套肺癌筛查及早期诊断的最佳方案和标准流程。同时，在多中心研究基础上，建立可拓展、可挖掘的上海市早期肺癌患者数据库。该平台涵盖调查问卷、患者信息管理、影像阅览、肺结节 CAD 检测、结构化诊断报告、远程会诊、病人随访、统计分析等筛查全过程，为研究项目提供坚实技术基础。目前，该早期肺癌筛查平台已实现上海多家三甲医院数据互联，支持多家医院在线实时会诊、资源共享。此外，通过人工智能技术自动精准识别小肺结节，可帮助医生减少漏诊。

针对早期肺癌难以发现、容易漏诊的问题，该早期肺癌筛查平台融入了肺癌计算机辅助检测（CAD）引擎，可自动精准识别影像中直径更小的肺结节，计算并提供结节大小、密度等量化参数供医生参考。同时，参考世界先进成熟的肺癌筛查平台，采用结构化报告，实行“双盲模式”——第一份报告不参考 CAD 检测，作为初诊；第二份报告参考 CAD，完成终审报告，人机相互对照参考，改变以往早期肺癌筛查中医生仅靠主观诊断的筛查模式，以减少漏诊概率。

（三）影像数据挖掘应用

人脑是高度复杂的时空动力系统。基于神经影像大数据，群组独立成分分析（ICA）作为一种信息驱动型算法，被广泛应用于探索人脑系统的时空特性。据文献报道，中国科学院心理研究所研发出一种在多被试神经影像数据中挖掘被试分组（亚组）的群组 ICA 方法——gRAICAR。模拟数据显示，gRAICAR 可以精确地揭示脑功能网络的个体间差异。进而，基于实际静息态功能磁共振成像数据，gRAICAR 不仅能够估计每个脑功能网络的被试间的一致性，揭示被试间在脑功能上的相似关系，而且可以据此探测具有较高一致性的亚组。gRAICAR 成为完全的信息驱动方法，为科研人员基于数据产生进一步的科学假设提供参考，将为深入挖掘神经影像数据，为建立与心理精神相关脑功能疾病的神经影像标志提供有力工具，为“开放式神经科学”提供方法学支撑。

gRAICAR 可以说是影像数据挖掘在神经学领域中的一个应用。当然，影像数据挖掘肯定会在更广泛的医学领域中发挥重要作用，必将成为现代医学走向智能医疗的一个利器。

二、案例 2：远程手术机器人“达·芬奇”

“达·芬奇”机器人手术系统以麻省理工学院研发的机器人外科手术技术为基础。IntuitiveS urgical 公司随后与 IBM、麻省理工学院和 Heartport 公司联手对该系统进行了进一步开发。FDA 已经批准将“达·芬奇”机器人手术系统用于成人和儿童的普通外科、胸外科、泌尿外科、妇产科、头颈外科及心脏手术。

“达·芬奇”机器人由三部分组成：外科医生控制台、床旁机械臂系统、成像系统。

（1）外科医生控制台。主刀医生坐在控制台中，位于手术室无菌区之外，使用双手（通过操作两个主控制器）及脚（通过脚踏板）来控制器械和一个三维高清内窥镜。正如在立体目镜中看到的那样，手术器械尖端与外科医生的双手同步运动。

（2）床旁机械臂系统。床旁机械臂系统（Patient Cart）是外科手术机器人的操作部件，其主要功能是为器械臂和摄像臂提供支撑。助手医生在无菌区内的床旁机械臂系统边工作，负责更换器械和内窥镜，协助主刀医生完成手术。为了确保患者安全，助手医生比主刀医生对于床旁机械臂系统的运动具有更高优先控制权。

（3）成像系统。成像系统（Video Cart）内装有外科手术机器人的核心处理器及图像处理设备，在手术过程中位于无菌区外，可由巡回护士操作，并可放置各类辅助手术设备。外科手术机器人的内窥镜为高分辨率三维（3D）镜头，对手术视野具有 10 倍以上的放大倍数，能为主刀医生带来患者体腔内三维立体高清影像，使主刀医生较普通腹腔镜手术更能把握操作距离，更能辨认解剖结构，提升了手术精确度。

“达·芬奇”机器人的出现，也使得远程手术成为可能。只要实现机器人机械手和操控台的联网，医生无论在世界的任何一个角落，都可以为患者实施手术。据 Computer World 报道，美国佛罗里达州的一家医院已经成功测试了远程互联网手术操作，通过遥控机器人，实现了近 2 000 千米的人为控制，而接下来的重点，则是如何缩短滞后时间。这意味着，未来患者可以在任何一家医院，接受知名专家的手术。

远程手术的关键设备是一款常见的“达·芬奇”手术机器人，但添加了互联网系统，测试内容则是模拟腹腔缝合，整个过程非常顺利。测试中发现的问题是滞后性，其范围从 200 毫秒至 600 毫秒不等，但专家称 600 毫秒以内的滞后，在现实中对手术的影响是微乎其微的。相比之下，互联网的稳定性则是更关键的问题，如何保证互联网故障不会发生、服务器如何抵抗黑客恶意攻击，是目前尚待解决的问题。

不过，相关专家认为，远程手术对于提升医疗服务是具有积极意义的。美国尼克尔森中心已经投入 490 万美元研发远程医疗系统。除了在军事方面发挥重大作用，在民间医疗、无国界医疗援助等领域，也具有广泛前景。

事实上，目前用于腹腔镜手术的机器人，已经拥有极高的可靠性和安全性。在发达国家医疗机构的手术室中，机器人系统的应用非常广泛。如美国已经拥有 2 000 台以上的手术机器人，执行 80% 的前列腺癌手术及 41% 的子宫切除手术。它们能够精确到毫米，不会因为劳累而不稳定，同时可实现一些极难的操作手法，可以说是外科医生的得力助手。

由于我国人口众多，经济发展和医疗资源极不平衡，中心城市和沿海发达地区经济水平高，医疗资源丰富，而边远地区经济相对落后，医疗资源匮乏。同时，我国80%的大医院集中在中心城市和经济发达地区，需要进行大手术的患者一般要到中心城区，由于地域造成的就医困难，患者经常会错过最佳手术时机。通过远程手术可以把边远地区患者与大医院知名专家连在一起，最大限度地将大城市大医院的优势资源向外辐射。远程手术在战场救护、抗震救灾等特殊环境下都具有极其重大的意义。

常规手术中，对于一些特殊手术（如神经手术、心脑血管手术等），由于病灶位置确认、手术创口、手术时间等具有一定的限制，人工手术的误差会加大手术风险。通过内镜技术、3D CT成像，通过局部手术部位高清放大或提供3D影像，并使用特殊的手术机器人，能够有效缩短病灶查找时间、减少创口、缩短术后愈合时间、提高手术成功率。

通过影像设备，将手术场景直接传送到远端的专家计算机上，通过专家的现场手术指导，合理选择下刀方式、角度、部位，实现远端专家与手术医生的合作，也能够提高手术质量，而手术影像的记录和播出也是医学示教的典型用途。

通过实施远程手术，可以实现如下价值：

（1）提高边远地区医疗水平。远程手术可以将本地医务工作者同国内外医学专家联系在一起。一方面将大城市高端专业的医疗资源向边缘地区辐射，提高其诊疗水平；另一方面通过交流、沟通和指导，使其在专业技术水平上得到极大提高，有利于医务人员的培训，特别有利于提高边远地区医疗服务质量。

（2）提高手术精确性。远程手术使用三维影像技术，向手术医师提供高清晰的三维影像，突破了人眼的极限，并且能够将手术部位高倍放大，使手术观察效果更加精准。同时，优质的影像也是远程手术指导的基础。

（3）增加灵活性和便捷性。在患者身处偏远地区或合适的手术专家无法及时抵达的情况下，如在农村、山区、海上、战场甚至天空，远程医疗能使患者得到良好诊断和治疗。利用远程医疗技术，手术医生可以通过远端控制机器人来完成诊断和手术。因此，在未来出现突发意外时，处在不同地域的专家仅需一套远程手术设备，便可及时进行会诊、开展手术、挽救患者生命。因此远程手术设备小型化、便携化，将会是未来发展的方向之一。

但在实施远程手术的过程中也存在一些问题：

（1）知识产权与成本问题。远程手术的成本比较高，每台医用机器人的最高成本可达130万美元，目前我国没有完全知识产权的类似技术产品，因此在设备费用、维护上都存在很大限制。全世界仅有不足300家医院可实施机器人手术，因此机器人手术的成本无法迅速降低。即使不适用医用机器人的远程手术成本也远比本地手术高，且难以降低，这也是造成远程手术推广困难的重要原因之一。

（2）标准、规范和法律问题。当前在美国使用机器人手术无论是使用什么系统，用来进行手术计划的每一道程序都必须得到政府部门的批准，具有严格的安全、社会、医学、伦理等审核程序。我国在此领域缺乏相关标准的制定和管理要求，对此类服务也缺乏价格核定的规范，此外执业许可、相关医疗安全、医疗事故核查与法律裁定都存在明显空白。这些标准、规范和法律问题也影响了远程手术的推广。

(3) 远程手术的技术限制。远程手术的优势是显而易见的，但与任何依赖于电信技术的工具一样，它的身上同时也存在着安全隐患。外科医生和机器人之间的通信一般都是在公共网络上进行的，如果所在区域网络状况较差，通信将会受到影响。就以医生通过屏幕上的图像来抓取血管为例，如果他们并没有习惯这种时间延迟，他们可能认为他们移动到了正确的距离，但是事实上医生的操作太快了，有可能穿刺动脉或器官。另外，在手术过程中有太多不可预测的因素，例如病人突然脉搏降低、呼吸困难、药物过敏等，这些问题都会导致手术过程中出现风险。

三、案例 3：CardioNet 远程心电监护

CardioNet 不仅仅是一个移动心脏监测设备制造商，更重要的是心脏监测服务提供商，其主要产品 MCOT（Mobile Cardiac Outpatient Telemetry，移动心脏门诊遥测）可以通过传感器为患者提供一天 24 小时的心脏数据监测服务，并将数据传输至便携式监控器（借助泰利特（Telit）公司开发的 CC864-DUAL 蜂窝模块进行数据的实时传输）。监控器监测到心律异常时（患者自身此时往往尚未意识到），自动将心电图发送至位于加州或宾州的 CardioNet 监测中心监测中心每周 7 天、每天 24 小时都有心脏监测专家进行数据分析，一旦发现异常可及时诊治。与普通心脏监测仪器相比，CardioNet 的优势在于：① 设备便携；② 实现了监测数据的实时传输，可以介入移动医疗产业链；③ 拥有后端专业的医疗服务平台，可以对监测数据及时反馈，可以实现心脏监测的真正意义。到目前为止，MCOT 方案已成功诊断了 20 万名以上的患者，并帮助 41%的患者发现了以前并未诊断出的严重心脏问题。

CardioNet 已通过 FDA 审批，监测效果获得了临床数据的支持。Journal of Cardiovascular Electrophysiology 发表的临床试验结果表明，在一个为期 30 天、涉及 300 名患者的多中心临床试验中，CardioNet 用于心律失常的诊断优于传统方法 3 倍。CardioNet 对发作性房颤诊断率为 41%，而传统心律不齐检测方法 LOOP 诊断率为 15%；在晕厥或晕厥前状态患者中，CardioNet 对发作性心律失常的诊断率为 52%，而传统心律不齐检测方法 LOOP 诊断率为 16%。此外在实际应用中，CardioNet 的临床优势包括：① 诊断率高，在其他方法没有诊断出来的患者中，53%的患者通过 CardioNet 成功诊断出了心律不齐；② 紧急报警效果好，20%-30%的患者触发了紧急报警系统；③ 辅助诊断效果好，医生根据 CardioNet 系统的建议，为 67%的患者改变了治疗方案。

CardioNet 的盈利主要来源于向保险公司和研发机构收费。公司 2012 年收入就已经达到 1.1 亿美元，其中 9 360 万美元来自患者服务（大部分由 Medicare 及商业保险公司支付），830 万美元来自研发服务。

1. 与保险公司合作锁定客户

由于 CardioNet 心脏监测系统可以帮助医疗保险公司减少长期开支，得到了保险公司的青睐。2013 年 6 月 10 日，CardioNet 宣布与美国 United Healthcare Insurance（联合健康保险公司）签订为期 3 年的合作协议，将为 United Healthcare Insurance 的所有医保客户提供服务，以此锁定超过 7 000 万名的客户。协议涵盖 CardioNet 的所有监测产品以及后端的技术服务，且报销比例高于联邦医疗保险，为医保客户使用 CardioNet 的服务提供了激励。这一合作让投资者清晰地看到可穿戴医疗设备的巨大潜力。

2. 监测数据可以提供给科研机构用于研发

CardioNet 的监控中心可以积累大量监测数据，主要客户包括药企、医疗器械公司，主要服务包括临床实验管理、设备租赁、数据监测。通过收购 Agility（为医疗器械研发提供心脏监测数据的公司）进入研发服务领域，2012 年 8 月收购 CardiocoreLab（为药品研发提供心脏检测数据的公司）进一步拓展研发服务的范围。

四、案例 4：春雨医生

家住黑龙江哈尔滨的任女士，刚做完剖腹产手术生下女儿，有一天下床突然发觉双腿发麻，她便抱着尝试的心态将自己的病情输入到春雨医生移动医疗 App 里。5 分钟后，北京积水潭医院的驻院医师安岩大夫给出了神经炎的诊断和详细的治疗方案。任女士使用的春雨医生是一款以“问诊”为主要功能的移动医疗应用，用户可免费提问，由相关医生进行解答。如果想指定名医或有个性化需求，则要缴纳医生开出的问诊费用。

2011 年成立的春雨天下软件有限公司是一家专注于移动健康业务的互联网公司，其手机 App 春雨医生向用户提供免费的自诊和问诊服务，上线 5 个月就吸引了 180 万名用户。截至 2022 年年底，春雨医生已拥有 1.55 亿用户、66 万公立医院执业注册医师和 3 亿多条健康档案数据，每天有 39 万个健康问题在春雨医生上得到解答，累计服务患者超 4 亿人次，已成为国内为数不多的大型互联网医疗服务提供方。

春雨在线问诊，以真实临床医生手机接诊，涵盖全部 17 个一级科室，免费为用户提供图文、语音、电话等多种方式进行健康咨询，可以实现 3 分钟智能接诊和 7×24 小时响应，是家庭医生、分级诊疗和慢病管理的主要入口。

（一）春雨医生的主要功能

1. 个人健康数据管理

春雨医生采用了流数据健康管理技术，对来源数据进行采集并以可视化的表现形式，将用户的运动、饮食、体重、血压、血糖等多种人体数据进行全方位汇总，让用户随时随地了解自身的健康状况。

2. 自我诊断

实用、全面、精准的自我诊断功能可以让用户在没有医生协助的情况下，学习医学常识。春雨医生的自我诊断功能支持多种查询方式，用户可自行查询疾病、药品和不适症状。而在自我诊断的背后，囊括了最全面的药品库和化验检查库、美国 CDC 40 万样本库、医院药店地理数据库和春雨医生多年以来积累的超千万条信息的交互数据库。为了保证自我诊断的精准度，春雨医生还采用了智能革新算法，该算法支持多症状查询和查询疾病发生概率。

3. 医生个人网络诊所

医生可以在春雨医生平台上开设自己的个人网络诊所，对所提供的服务项目和服务价格进行自定义。

对于医生而言，春雨医生可以帮助医生将碎片时间利用起来，让医生以便捷的互联网沟通方式增加收入，树立个人品牌，积累患者，为个人执业做准备。并且可以在医患多向互动之外加大数据系统辅助，降低误诊率。也可以打破医院界限，进行学术互动，提高医生整体的诊疗水平。

对于患者而言，患者可以随时随地进行快捷问诊，降低时间、空间及费用。并且可以预防过度医疗，让小病不大治，大病不耽误。而远程会诊和多方意见使得患者对病患知情权得到大幅度提升。

春雨个人网络诊所服务是“线上+线下”的全流程就医服务。通过“线上咨询+线下就医”的方式为会员提供持续的健康管理，包括专属家庭医生、三甲专家预约、完善电子健康档案等。

4. 医药电商服务

传统的医药电商经营模式与其他电商一样，以流量为中心。而春雨医生打破了这一模式，开创了私人医生干预指导下的服务电商模式，以患者关系为纽带，以私人医生服务为中心。除了在线咨询、电子健康档案、社区等基于互联网的服务之外，春雨医生还经营着健康产品和药品等产品。

（二）春雨医生的特点

春雨医生的服务方式具备以下特点。

1. 建立医患之间长期持续的“强关系”

春雨医生专注于为移动互联网用户提供免费而专业的“轻问诊”服务，每个用户的问题都能在 3 分钟之内得到回应，创造了良好的用户体验。春雨医生希望借助这种服务构建新型的、良性的、长期的医患关系。

在欧美地区，长期负责某个家庭医疗健康情况的私人医生是医疗系统的构成基础，他们对患者的服务是长期的、持续的，医患关系也是一样，而这正是我们国家所缺少的。在我国，人们只能去医院寻求医疗健康服务，医患之间的关系大都是一次性的，私人医生只存在于少数的上层社会家庭。

春雨医生很早就开始着手建立长期的医患关系，在推出“轻问诊”服务之前，已经尝试了定向咨询、包月服务等形式。接下来，春雨医生将全面推行私人医生服务，建立医患之间的强关系和长关系。这些服务包括基于移动互联网的长期线上咨询、数据检测、产品推荐，以及打造用于医患交流的社区。

2. 专业化的队伍和服务

春雨医生是一款准入门槛很高的手机应用。为了保证服务的专业性，春雨医生十分重视医生服务团队的资质。春雨医生的签约医生团队，要么是主任、副主任医师，要么是来自三甲医院的具备 5 年以上临床经验的医生，要么是医学博士学位的教育背景。在问诊方式上，春雨医生支持图片、文字、语音三种方式，用户无论采用哪一种方式问诊，都会得到很快的回复。

3. “免费+收费” 的双重模式

国内移动医疗健康起步较晚，慧眼独具的春雨医生由此切入，不需要面对激烈的竞争。在专业数据方面，春雨医生引入美国 FDA 40 万个样本的数据库，用户可以精确地查询到近五年来各种病的详细数据，深入了解相关病症，此举开创了国内医疗行业的先河。另外，春雨医生还支持 LBS 搜索功能，为用户提供某个地域内所有医疗机构的详细位置及其他所需信息。

由于处于创业初期，积累用户是第一要务，所以春雨医生采取了“免费+收费” 的商业模式，每天对前 200 个问诊提供免费服务，对超出部分增值收费，但是春雨医生不参与这部分收入的分成。春雨医生获取商业价值的方法是数据出售，通过平台采集用户数据，然后将处理过的数据提供给药厂、药店、医院，实现价值变现。

4. 用“服务电商” 取代“流量电商”

以天猫药馆为代表的传统医药健康产业电商平台只是售卖商品，通过引入更多流量来增加销售，获取更多利润。但是，医药健康产品流量转化率很低，所以这种方式注定不会成功。

用户对此类产品是精准的，不会多买，只是非处方药品计生用品可能重复购买，但这类产品的价格很低，不会带来很大利润。更重要的是，医药健康产品的购买决策权往往在医生手中，必须有医生的干预才会出现安全有效和重复的购买。因此，对于药品电商来说，想要增加销量，必须在用户决策和用户回访两方面下功夫。

通过私人医生服务建立长期的医患关系，就相当于为用户提供了一个了解自身健康状况的长期决策人，来帮助用户做医疗健康产品的购买决策。通过为用户建立的电子健康档案，春雨医生可以轻松获取用户的相关数据，通过对这些数据的分析，可以进一步了解用户的消费行为，从而吸引用户回访。

春雨医生并不像传统的电商那样以流量为中心，而是通过为用户提供一系列的服务，解决药品电商的两大瓶颈。与做电商平台相比，春雨医生更倾向于做一个用户沟通平台、用户管理平台和持续购买服务平台。春雨医生的运营中心是服务，流量只是服务带来的副产品。

思　考　题

1. 什么是智慧医疗？它由哪几部分组成？
2. 智慧医疗的目标有哪些？
3. 智慧医疗诞生的背景是什么？
4. 谈谈你对物联网医疗的理解。
5. 电子病历能够给医务人员提供哪些帮助？
6. 智慧医院设施主要包含了哪些具体系统？
7. 为什么说我国的远程医疗应用有着十分重要的意义？
8. 健康管理跟踪平台功能覆盖整个医疗健康过程，尝试思考平台目前缺失的功能。
9. 与传统的医药电商经营模式相比，“春雨医生”的服务电商模式有哪些优势？

即测即评

参 考 文 献

[1] 魏毅寅，柴旭东．工业互联网技术与实践［M］．北京：电子工业出版社，2017.

[2] 李兴国．信息管理学［M］．4版．北京：高等教育出版社，2016.

[3] 顾东晓．医疗健康案例知识发现与智能决策方法［M］．北京：高等教育出版社，2020.

[4] 李伯虎，张霖等．云制造［M］．北京：清华大学出版社，2015.

[5] 哈斯高娃，张菊芳，凌佩，等．智慧教育［M］．2版．北京：清华大学出版社，2017.

[6] 刘邦奇，吴晓如．智慧课堂：新理念、新模式、新实践［M］．北京：北京师范大学出版社，2018.

[7] 任萍萍．智能教育：让孩子站在人工智能的肩膀上适应未来［M］．北京：电子工业出版社，2020.

[8] 奥拓·布劳克曼．智能制造：未来工业模式和业态的颠覆与重构［M］．北京：机械工业出版社，2015.

[9] 中国电子技术标准化研究院．智能制造标准化［M］．北京：清华大学出版社，2019.

[10] 刘邦奇，吴晓如．中国智能教育发展报告［M］．北京：人民教育出版社，2019.

[11] 中国信息通信研究院，可信区块链推进计划．区块链白皮书［R］．2018.

[12] 工业和信息化部，财政部．智能制造发展规划（2016—2020年）．2016.

[13] 中国信息通信研究院，中国人工智能产业发展联盟．人工智能白皮书［R］．2018.

[14] 黄斌．创意者经济："互联网+文创"发展新阶段［J］．中国经济报告，2017（5）：64-67.

[15] 钱坤．从"治理信息"到"信息治理"：国家治理的信息逻辑［J］．情报理论与实践，2020，43（7）：48-53.

[16] 张晓娟，唐长乐，王文强．大数据背景下美国政府信息管理法规与政策的拓展［J］．情报资料工作，2016（4）：26-31.

[17] 刘业政，孙见山，姜元春，等．大数据的价值发现：4C模型［J］．管理世界，2020，36（2）：129-138+223.

[18] 徐宗本，冯芷艳，郭迅华，等．大数据驱动的管理与决策前沿课题［J］．管理

世界，2014（11）：158-163.

［19］孙建军，顾东晓．动机视角下社交媒体网络用户链接行为的实证分析［J］．图书情报工作，2014，58（4）：71-78.

［20］李月琳，张建伟，张婳．螺旋式与直线式：在线健康医疗平台用户与医生交互模式研究［J］．情报学报，2021，40（1）：88-100.

［21］李纲，王施运，毛进，等．面向态势感知的国家安全事件图谱构建研究［J］．情报学报，2021，40（11）：1164-1175.

［22］马费成，周利琴．面向智慧健康的知识管理与服务［J］．中国图书馆学报，2018，44（5）：4-19.

［23］李月琳，章小童．数据驱动的信息行为研究的回顾与展望［J］．信息资源管理学报，2018，8（2）：13-27.

［24］艾兴，赵瑞雪．未来学校背景下的智慧学习：内涵、特征、要素与生成［J］．中国电化教育，2020（6）：52-57+103.

［25］徐若然，周博雅，朱伯健，等．一体化智慧医疗体系的构建与发展策略研究［J］．中国医院管理，2018，38（1）：72-74.

［26］杨善林，丁帅，顾东晓，等．医联网：新时代医疗健康模式变革与创新发展［J］．管理科学学报，2021，24（10）：1-11.

［27］杨善林，丁帅，顾东晓，等．医疗健康大数据驱动的知识发现与知识服务方法［J］．管理世界，2022，38（1）：219-229.

［28］杨雪洁，顾东晓，梁昌勇，等．在线健康社区中慢性病用户知识采纳行为研究［J］．信息系统学报，2020（2）：67-76.

［29］张艳丰，王羽西，邹凯，等．智慧城市信息安全影响因素与关联路径研究——基于扎根理论的探索性分析［J］．情报科学，2021，39（5）：34-40+46.

［30］倪明选，张黔，谭浩宇，等．智慧医疗：从物联网到云计算［J］．中国科学：信息科学，2013，43（4）：515-528.

［31］张海涛，刘伟利，栾宇，等．重大突发事件的情景图谱构建［J］．情报学报，2021，40（9）：924-933.

［32］郭华东，陈润生，徐志伟，等．自然科学与人文科学大数据：第六届中德前沿探索圆桌会议综述［J］．中国科学院院刊，2016，31（6）：707-716.

［33］Gu D，Su K，Zhao H. A case-based ensemble learning system for explainable breast cancer recurrence prediction［J］. Artificial Intelligence in Medicine，2020，107：101-858.

［34］Gu D，Liang C，Zhao H. A case-based reasoning system based on weighted heterogeneous value distance metric for breast cancer diagnosis［J］. Artificial Intelligence in Medicine，2017，77：31-47.

［35］Feldman J，Liu N，Topaloglu H，et al. Appointment Scheduling Under Patient Preference and No-Show Behavior [J]. Operations Research, 2014, 62 (4): 794-811.

[36] Kohli R, Tan S L, et al. Electronic Health Records: How Can IS Researchers Contribute to Transforming Healthcare? [J]. MIS Quarterly, 2016, 40 (3): 553-573.

[37] Gu D, Deng S, Zheng Q, et al. Impacts of case-based health knowledge system in hospital management: The mediating role of group effectiveness [J]. Information & Management, 2019, 56 (8): 103-162.